altromondo editore

100% MADE IN ITALY

Iride

**DOMENICO COCUZZI
SCIAMPLANIN**

ISBN: 978-88-6281-270-2

copyright 2008, Altromondo Editore
www.altromondoeditore.com
soluzioni grafiche e realizzazione
THE FACTORY

Domenico Cocuzzi

SCIAMPLANIN

Ricordi

Forse ritornando in questi luoghi, un giorno, ricordando le storie che cercavo di raccogliere, rivedrò con occhi diversi ogni aspetto, ogni piccolo avvenimento, ogni tragica situazione da cui volevo trarre delle insignificanti morali.
Il Maestro ha cercato di guidarmi, di farmi capire i perché nascosti di un mondo che non mi appartiene, con i suoi modi funambolici e a volte straordinari, inimmaginabili.
Guardavo un mare tempestoso con un cielo pieno di nuvoloni carichi di acqua e mille lampi e tuoni, il vento scuoteva impietoso quattro poveri pini che a stento cercavano di tenersi gli ultimi aghi. Guardavo tutto questo con malcelato piacere, aspettavo la pioggia, volevo vedere sollevate e sbattute a riva le poche e malconce imbarcazioni attraccate vicino ad un improbabile molo di sassi e terra. Il Maestro mi era accanto, inespressivo, poi, dopo un lungo silenzio incominciò a dire: «Ti ricordi di quella povera vecchia che incontrammo lungo la strada di Ben Bechir?» Non ricordavo nessuna vecchia, non ricordavo niente in particolare.
«Di cosa parli? Spiegati meglio»

«Era una vecchia vestita di stracci, senza scarpe e camminava al centro della strada. Ci guardò come se avesse visto una orrenda creatura e fuggì in mezzo alla campagna. Tu, povero miserabile, ridevi, non potevi credere di far paura, non ti sentivi terrificante.» Continuavo a non capire e a non ricordare.
«Ma come faccio a ricordare? E poi, che c'entra questa tua vecchia con i miei pensieri? Quanta gente incontriamo durante un giorno qualsiasi, senza sapere nulla delle loro vite e della loro storia, senza porci nessun tipo di domanda che la possa riguardare. Ti meravigli che non ricordi una cenciosa vecchia fuggita al nostro passare?»
Il Maestro mi guardava perplesso e pensieroso: «Ti ricordi l'aereo? Volava basso, quasi toccava le punte più alte degli alberi. La vecchia correva, fuggiva da noi e dall'aereo. Reggeva con la bocca il velo e si stringeva le mani attorno alla vita. Allora! Ricordi adesso?»
Il mare s'increspava sempre di più, il vento cresceva e finalmente nella mia mente apparve un'esile figura che correva incerta lungo la strada, un aereo che volava sopra le colline basso e veloce da far paura e poi quel terribile rumore di lamiere contorte, di esplosioni continue e quel puzzo di bruciato nauseante.
Ma non era realtà, non avevo mai visto quella scena. Eppure era lì nella mia testa sempre più nitida con tutti i particolari. Il camion risaliva lentamente la strada, era rosso compatto, sul davanti spiccava un deserto con le dune di sabbia finissima. L'aereo ebbe una brusca impennata, invece di riprendere quota venne giù come un uccello abbattuto da un colpo di fucile. Veniva giù con un'ala puntata verso il basso. A pochi metri dal prevedibile schianto, i motori presero a tuonare potenti. Il velivolo rimase, per pochi attimi impercettibili, sospeso e, poi velocemente risalì nel cielo con un frastuono assordante.
La vecchia correva, cadeva, si rialzava e correva di nuovo, inseguita dal mistero, dal terrore di oggetti ingovernabili. Il camion prese a sbandare, le ruote stridevano sull'asfalto nel tentativo di cercare una presa impossibile, finì con le ruote sulla cunetta di terra. La parte motrice s'impennò e poi ricadde sulla strada, capovolta. Il rimorchio con tutto il carico si staccò e fu catapultato

oltre la cunetta, ricadendo con grande frastuono in mezzo ai terreni circostanti la strada. La motrice con le ruote per aria continuò la sua corsa fra stridii e scintille, travolgendo tutto quello che incontrava al suo passaggio. La vecchia si girò inorridita, solo per vedere quell'ammasso informe di lamiere che le stava piombando addosso.
Ebbe ancora il tempo di inginocchiarsi e la vidi scomparire sotto la cabina del camion, che spezzò la sua vita in quell'alba deserta, su una strada deserta davanti ai miei occhi increduli.
«Va bene, ora ricordo e con questo? Non sono immagini vissute. Perché lo strazio di questo ricordo?»
«Cosa vorresti ricordare? Le cose più belle? La giovane di Casablanca e non occupare il cervello con le carni straziate di una vecchia cenciosa e soprattutto sconosciuta? Eppure una vita è stata stroncata sotto i tuoi occhi, avrebbe almeno dovuto cambiare momentaneamente il corso dei tuoi pensieri. Ma non è così, non possiamo schiacciare il mondo sotto il peso delle sue tragedie, immani, terrificanti. Permane una memoria storica dell'evento che mai produce consapevolezza per il futuro. Cosa avresti potuto imparare da quel ricordo? È meglio rifugiarsi nel ricordo degli abbracci della bella creatura di Casablanca, la prostituta bambina che viveva nella villa dorata costruita per lei dai suoi ricchi amanti. Non è così?» Come sua abitudine non aspettava risposte, le sue domande retoriche avevano già predisposto qualsiasi risposta.
Era vero, avevo conosciuto quella creatura attraverso i racconti di un piccolo faccendiere ormai sui cinquant'anni. Era costui un personaggio così viscido e squallido che provavo ribrezzo al solo pensiero di averlo davanti. Ma, fra le innumerevoli smargiassate che mi propinava non potevano mancare le sue esperienze sessuali. Non si aveva mai la certezza di aver ascoltato storie vere o fanfaronate. Si rimaneva nel dubbio, la sua antipatia mi impediva di indagare a fondo, sebbene solleticato da una strana curiosità. Nonostante il ribrezzo e l'antipatia continuavo a frequentarlo. Inizialmente lo conobbi per futili motivi di lavoro. Vantava amicizie di tutto rispetto a suo dire. Imprenditori locali, governatori, uomini d'affari (così lui li definiva). Gente che viaggiava con-

tinuamente fra Parigi, Roma, Tunisi, Algeri, Casablanca, gente importante. Non la finiva mai di tessere lodi di questo e di quello o di parlarne così male da rendersi quasi comico ai miei occhi.
Aveva un'età indefinibile fra i quarantacinque ed i cinquantacinque anni, portati sicuramente male: era completamente calvo, la pancetta da sedentario s'innestava su due zeppi secchi e ridicoli che avrebbero dovuto essere le gambe, le guance sembravano quelle di un mastino napoletano.
A compenso di questo sfacelo naturale, che lo rendeva brutto ed osceno, aveva due braccia possenti e muscolose, come quelle di un culturista ed una presumibile forza da lottatore. Gli occhi erano piccoli e furbi di un colore anonimo, tanto è vero che non lo ricordo. Lo chiamavo scherzosamente Ortega, ma si chiamava realmente Ortega Y Gonzales Anarumma, di origine messicana-italo-sarda.
Aveva il vezzo di importunarti a qualsiasi ora del giorno, iniziando a snocciolare una lunga litania di storie su tutto quello che gli era capitato nella sua lunga vita. Pur continuando a fare quel che stavo facendo e senza mai guardarlo negli occhi, per non incoraggiare la sua prosopopea o la sua rappresentazione di persone e cose vocianti, parlava, parlava per lunghissimo tempo, rispondeva alle sue stesse domande lasciate cadere nel vuoto: «Ah certo è così! E come potrebbe essere diversamente. Io lo so, tu la pensi come me, cazzo. Sì questo è un posto di merda, cazzo, ma se vuoi divertirti ti faccio conoscere delle fiche incredibili. Senti questa! Ora te la racconto: mi è capitata a Tunisi. Cazzo che fica! Se poi ci vuoi andare ti do l'indirizzo. Ma senti...»
In quei momenti, senza avere la forza di prenderlo a parolacce per cacciarlo letteralmente via, rimpiangevo il silenzio o le incredibili argomentazioni del Venerabile.
Passivamente ascoltavo Ortega e quelle storie sempre uguali. Una sola volta mi interessai alle sue millanterie, non era solo curiosità, sentivo in quello strano parlare una assonanza tragica e perversa che stuzzicava i miei sensi. Ancor prima della fine, mi ripromettevo di andare a Casablanca.
L'avventura che si accingeva a raccontarmi Ortega iniziava a Roma solo qualche anno prima. Il protagonista, a suo dire, un

certo Ovale o qualcos'altro, era un suo amico, un galantuomo sempre assatanato di sesso, di professione indefinibile, procacciatore di affari per sé e per gli altri, un sensale ed un erotomane allo stesso tempo. O meglio, così si presentava, la realtà del suo lavoro era ben altra: «Ma...» disse con l'atteggiamento di chi la sa lunga e a tempo debito saprà meravigliare gli astanti con rivelazioni per ora solo annunciate, «...non voglio anticiparti nulla, vedrai dopo. Questo signore Ovale era un tipo veramente speciale e misterioso. Nel periodo in cui l'ho conosciuto stava cercando una donna, dovunque gli capitasse. La sua occupazione era selezionare donne di qualsiasi tipo e professione, la sua predilezione erano le prostitute giovanissime. Gli davano il senso della trasgressione moralmente non punibile. Ma era anche un uomo senza scrupoli, con il fiuto per gli affari proibiti. Bada bene» continuò a dirmi Ortega, «la storia che ti racconterò potrebbe sembrare realmente accaduta. Ovale stesso mi consegnò prima di...»
Fece una lunga pausa di sospensione, tanto che mi provai a sollecitarlo:
«Allora? Prima di cosa?» ma lui riprese impassibile assumendo lo stesso fare sornione del Venerabile: «Non voglio svelarti anzitempo la fine del nostro uomo, ecco stavo dicendo che mi consegnò un taccuino scritto fitto fitto di suo pugno che ancora oggi conservo. Fra le altre informazioni vi era questa storia.» Nel dire si chinò ed estrasse dalla sua borsa un quaderno con la foderina di cartone nero, macchiata qua e là.
Cominciò a sfogliarlo davanti ai miei occhi: «Vedi, questo può essere un documento importante e pericoloso o forse può rappresentare la fervida fantasia di uno scrittore in erba. Chi lo sa con certezza? Chi lo può dire. Comunque ora, se avrai pazienza, ti leggerò alcuni pezzi, o se preferisci te lo lascio così potrai leggerlo con calma. Ricordati che è un documento segreto.» Quest'ultima frase la pronunciò fra il serio ed il faceto, come di persona che pur volendo dare importanza a quel che dice, cerca di sminuirne l'impatto definendo la cosa che sta per dire insignificante o semplicemente ridicola. Non avevo nessuna voglia di ascoltare Ortega, ma il plico sgualcito mi incuriosiva, volevo leggere

quel che vi era scritto. La sua presentazione aveva destato la mia attenzione. Di punto in bianco avevo voglia di scoprire chissà quale incredibile storia, ma volevo farlo in privato, senza dare alcuna soddisfazione al terribile rompipalle che mi stava davanti. Non potevo credere che si trattasse di fatti realmente accaduti, restava il dubbio ed una sensazione di profonda incertezza. Alla fine, se avessi voluto soddisfare la mia curiosità, non mi sarebbe rimasto che andare a Casablanca, ricostruire fra reticenti testimonianze le presenze di una giovane prostituta e di un anziano mestatore di loschi affari.
Come al solito troncai la discussione con la scusa dell'enorme lavoro che mi restava da fare ma lo pregai di lasciarmi il quaderno. L'avrei restituito il giorno dopo.

Il viaggio

L'aereo già rullava sulla pista apprestandosi al decollo. Stavo partendo, ignaro della nuova realtà che mi attendeva, ma che avevo ardentemente cercato d'immaginare. Aspettai con ansia l'atterraggio per scoprire finalmente il mio mondo nuovo.
In quell'ottobre inoltrato il caldo era ancora soffocante all'aeroporto di Tunisi. Incolonnato per espletare le pratiche doganali, vidi subito un inconfondibile cartello con su scritto il mio nome.
«Bonsoir, monsieur. Mi chiamo Charnie. Mi hanno mandato ad attenderla, spero che abbia fatto un buon viaggio e benvenuto in Tunisia.» Prima che riuscissi a rispondere si era già caricato dei miei bagagli ed avviato verso l'auto posteggiata fuori dell'aeroporto, sicuro che lo avrei seguito.
Facemmo un rapido giro della città prima di fermarci in un ristorante. Charnie parlava francese, lentamente, per farmi capire. Le luci sono tenui, il rapido passaggio non permette di soffermarsi ad osservare le architetture e l'organizzazione della città.
Mangio svogliato e senza appetito una sogliola lessa rinunciando

ai piatti locali. Charnie aspetta di fuori, credo che mi abbia detto di aver già cenato. Riprende il viaggio, la destinazione è nota.
La notte non permette di veder nulla se non i giochi delle nuvole che si rincorrono, si sovrappongono, si scompongono sotto la luce della luna. L'aria è fresca adesso e sembra tersa e pulita.
Ci lasciamo alle spalle Tunisi, passando per cenciose periferie abitate da gente ancora più povera e miserabile di quel che si può immaginare, ma questo lo scoprirò dopo. Lungo la strada, l'autista mi mostra dei recinti illuminati come campi di concentramento, dentro vi hanno sistemato circa duecento rifugiati palestinesi provenienti da Beirut ovest.
Charnie è stanco, domani deve tornare a Tunisi: «Pardon, monsieur, avez vous le permis pour conduire?» Cambio subito di posto. L'auto è maneggevole non trovo nessuna difficoltà. La strada è piccola e senza segnalazioni, ha le canalette alla francese, per permettere il passaggio dei carretti tirati dai buoi, dagli asini, senza rovinare il manto bituminoso, e delle innumerevoli persone che vanno a piedi. Ogni tanto i fari illuminano uomini e donne, che camminano al fianco della strada lontani da qualsiasi centro abitato.
La meta è ormai vicina vedo i cartelli lungo la strada che ne indicano la distanza. L'autista ha dormito tutto il tempo, sono costretto a svegliarlo.
È stato tutto predisposto per il mio arrivo: la stanza è al terzo piano di un edificio poco distante dal paese. La sveglia è per le sei della mattina. Mi butto sul letto, non ho disfatto le valigie. Cerco di dormire, ma un profondo senso di tristezza pervade ogni mio pensiero. Mi sforzo di trovare qualcosa di familiare, ed infine apro l'antologia fantastica di Borges, a caso. Comincio a leggere e subito mi accorgo che è un antidoto che dà i suoi frutti: *Un vecchio incontrato per caso, regala un giornale ad un giovane avventuriero che ama giocare ai cavalli. Il giornale ha un'unica particolarità: è del giorno dopo.* Chiudo il libro, il brano lo conosco, l'ho già letto e questa volta dormo sul serio.

Il misterioso quaderno

Gli scritti contenuti nel quaderno non avevano ancora un ordine definitivo. Sembravano bozze da correggere ed ultimare. L'autore aveva scelto la terza persona pur essendo temi autobiografici, o almeno spacciati per tali, i riferimenti erano lasciati all'intuizione. Non si era in grado di valutare il giorno o l'anno degli avvenimenti. I luoghi sebbene precisati non erano poi definiti. Ma soprattutto mancavano le informazioni necessarie a catalogare una fantomatica organizzazione criminale che aleggiava per tutto lo scritto. Muoveva uomini per tutta l'Europa, imbastiva trame spettacolari pur di foraggiare illeciti traffici. Tutto questo nell'ombra più assoluta, con ordini impartiti tramite plichi postali, e pagamenti effettuati con trasferimenti di valute su piazze e mercati sempre diversi.
Inizialmente avrei voluto fotocopiare le pagine del quaderno, ma poi pensai che prima era preferibile analizzare sommariamente il contenuto. Passai il resto del pomeriggio nel dubbio se sfogliare o meno il manoscritto, che ammiccava con la sua copertina nera

tutta sporca sulla mia scrivania. Non mi feci tentare ed aspettai. In serata inoltrata, riposi tutto nella borsa, presi l'automobile e tirai diritto fino all'albergo. Non persi tempo, sprofondai nella poltrona ed iniziai a leggere.

La giovane puttana

Era giovane, aveva un vestito rosso, le labbra truccatissime quasi scolpite spiccavano a rilievo sul viso cereo e liscio. Gli occhi sembravano muoversi con una loro amabile ed autonoma mobilità. Guardava tutto e forse niente. T'invitava con espressione vogliosa a tirare giù la chiusura lampo. La sua piccola mano non esitava ad infilarsi nell'apertura e a stringere il membro palpitante e turgido.
Lui era un maturo signore di cinquant'anni, la testa ormai completamente calva, una leggera prominenza al di sotto della cintura dei pantaloni denunciava la sua sedentarietà. Sicuramente era un uomo ricco e di successo, nel campo di affari poco precisati e misteriosi, comunque leciti, a suo dire. Sai, mi diceva Ortega con fare sapiente, è una di quelle persone che trafficano con tutto.
Non avrebbe mai perso l'occasione per soddisfare la sua profonda voglia di sesso. La sentiva nascere dall'interno delle viscere fino a soffocarlo con un nodo alla gola. In quei momenti avrebbe potuto violentare chiunque avesse la parvenza di una donna giovane e ben messa.

Girava come una belva assetata nei meandri di quella soffocante città nella speranza d'incontrare la prostituta ideale, la puttana regale, la sua puttana incontaminata ma vogliosa solo del suo sesso. Sui luoghi d'incontro aveva a lungo pensato. Non potevano essere affollati, dovevano essere isolati quasi a preservare la sua riservatezza, la sua dignità di uomo maturo. La città si andava trasformando, migliaia di uomini e donne si riversavano nel suo ventre da terre lontanissime e sconosciute. Gli uomini si apprestavano a fare i lavori più umili, più faticosi. Le donne per lo più venivano avviate alla prostituzione sia dai loro conterranei che da organizzazioni criminali, sempre pronte a trasformarsi per accrescere i loro affari. E così, a poco a poco ogni strada periferica, ogni spazio appartato diventava un casino ambulante. La gente masticava sesso a tempo di record, chiusi nelle lamiere di un'auto posteggiata dietro una siepe o lungo una strada. Mentre l'offerta dei corpi, sempre più svestiti, diventava ossessionante. Corpi di ogni razza. Corpi di uomini trasformati in donne a colpi di silicone. Ma lui cercava la sua puttana ideale, purificata e rinata per trasmigrazione di anima da chissà quale regina vissuta in epoche lontanissime. Stava finendo l'ennesimo dei giorni da lui impiegati a girovagare da un postribolo all'altro. La luce della sera rendeva più difficile la ricerca.
La donna sculettava moderatamente cercando di mettere in mostra le sue lunghe gambe. Il vestitino a malapena copriva un francobollo di mutande, la camicia era legata alla vita appena al disotto dei seni turgidi che tradivano la sua giovane età. L'uomo fermò l'auto, abbassò il finestrino e sporgendosi rimase a guardare. La donna si avvicinò sorridendo, si passava la lingua da un lato all'altro della bocca: «Cinquanta con la bocca e se vuoi puoi scopare.»
La guardava, mentre un nodo alla gola tradiva la sua emozione. Forse era lei quella che cercava. Non poteva che essere lei. Ma perché non l'aveva trovata prima?
«Allora andiamo?»
«Dai sali» sibilò perentorio, aprendo lo sportello. Nel salire, la giovane fece in modo di far scivolare il vestitino fin sopra i fianchi, mostrando così le morbide gambe affusolate ed il rigon-

fio del suo monte di Venere. Allungando la mano sulla coscia dell'uomo: «Dammi i miei cinquanta e poi vai a destra.»
Sembrava diventato di pietra, i suoi movimenti si erano come rallentati. Sentiva il calore di quella mano premuta sulla sua coscia, sentiva il profumo di mille fiori che attanagliava i suoi sensi, sentiva nell'aria il realizzarsi di un suo sogno lungamente covato. Macchinalmente tirò fuori dalle tasche il denaro richiesto senza perdere mai di vista le mutandine di pizzo nero che facevano bella mostra sul sedile a fianco. Innestò lentamente la marcia e la sua mano, lasciando la leva, si depose leggera nel mezzo dell'incavo delle cosce. Al tatto sembravano ancor più morbide che a vederle. Sentiva la testa ovattata, le membra rilassate, mentre lentamente una erezione si faceva strada fra le pieghe dei pantaloni. La giovane spostò la sua mano sul membro: «Gira ancora qui a sinistra e poi fermati siamo arrivati.»
Macchinalmente eseguì l'ultima manovra posteggiando la vettura fra la strada e la siepe. Avrebbe voluto guardarla, rimirarla, ma la ragazza fu velocissima. Tirò via quel che le restava del vestitino, si slacciò lateralmente le mutandine, si tuffò sul suo membro ormai durissimo, non prima di averlo avvolto in un igienico preservativo. Lei succhiava e lentamente lisciava le sue palle. Mentre a lui non rimase che distendersi e carezzare quei capezzoli duri che premevano sulla sua pancia. Cominciò a provare un piacere profondo, avrebbe potuto eiaculare lì all'istante, ma stoicamente si ripromise di resistere. Continuarono così per un tempo che gli sembrò infinito tanto erano dolorosi i suoi sforzi nel resistere al desiderio di esplodere in un orgasmo violento. La giovane, sempre stringendo nella mano i testicoli dell'uomo, fece in modo di farlo stendere sul sedile. Con una agile mossa fu sopra di lui a cavalcioni. Sentì lo stridore delizioso della penetrazione mentre si faceva strada fra sete ovattate e quasi ne percepì il rumore. Poi lei sapientemente spinse a fondo il bacino facendosi compenetrare. Ma come provò a muoversi sentì che ormai l'uomo cedeva all'orgasmo eiaculando. Lui ruppe ogni ritegno e stringendola sopra il bacino la spinse furiosamente contro il suo membro in preda alle convulsioni finali. Mugolò e gemette come un toro nell'arena, mentre lei sorrideva laconica ed ormai distan-

te. La sua performance professionale era terminata. Non doveva più fingere piacere o atteggiarsi a libidinosa. Si staccò dall'uomo ed in brevissimo tempo già aveva indossato i suoi indumenti. Lui rimase sdraiato, il preservativo penzolava gonfio lateralmente alla sua gamba. Guardò come se appartenesse ad un altro quella metà del corpo con il lembo della camicia quasi a coprire le stagionate nudità. Non gli sembrò un bello spettacolo. La ragazza ora aveva fretta: «Dai rivestiti, dobbiamo andare, il lavoro per me non è finito. Ci sono già altri clienti che aspettano.»
Lentamente si tirò a sedere. Tolse il preservativo gocciolante dal viscido membro, ridotto al pari di un pezzo di bollito. Con un fazzolettino cercò alla meglio di pulire lo sperma rimasto attaccato alla gamba e alla pancia. Poi guardò di nuovo la ragazza: «Dai, toccami ancora, ti pago una nuova prestazione.»
Ed allungò una mano a carezzare le gambe. Sentiva di poterla amare di nuovo, avrebbe potuto restare con lei tutta la notte. Lei lo guardò come si può guardare una merda appena calpestata e senza nascondere la sua inquietudine cominciò a dire: «Sai che così non si può fare. Tu adesso mi riaccompagni e te ne cerchi un'altra. Tanto non ne mancano. Oppure fatti una bella passeggiata e fra un paio di ore torna di nuovo. Ma ora non posso è contro le regole»
«Ma come? Quali regole? Io ti pago nuovamente. Vuoi di più?. Bene ti do di più. Quanto vuoi?Cinquanta, cento, centocinquanta? Dai, cazzo, quanto vuoi?» E mentre parlava aveva preso il portafoglio con le mani ancora sporche, lo aveva aperto e lo mostrava alla ragazza, invitandola a servirsi a piacimento del suo contenuto. Lei ebbe un attimo di esitazione, poi avendo intuito il profilarsi di un autentico affare, avanzò la sua inderogabile richiesta: «Mi dai cinquecento e lasci fare a me. Tu dovrai stare buono e tranquillo. Non preoccuparti ti farò toccare il cielo, scoperai da dio per una volta nella tua vita. Ti farò leccare la mia fica» e, mentre parlava, spostò lateralmente le mutandine, scoprendo due labbra rosa voluminose ricoperte da una leggera peluria. Con un gesto sapiente vi inserì l'indice ed il medio aprendole a forbice, mettendo in evidenza l'interno carnoso ed umettato. Poi con l'altra mano scoprì il seno, piccolo e duro, e

cominciò a carezzare il capezzolo, rendendolo simile ad un proiettile. Lui si sentì alla mercé dei desideri che correvano straboccchevoli lungo ogni molecola della sua pelle. Già il suo membro si rigonfiava in una nuova e più turgida erezione, la sua bocca si era seccata, la testa gli sembrava che stesse per scoppiare da un momento all'altro. Si proiettò sulle gambe della donna per coglierne tutta la fragranza, per assaporare il suo sesso. Ma con grande sveltezza lei si sottrasse alle sue carezze e con la mano che fino a pochi attimi prima aveva titillato l'interno della sua vulva, bloccò la faccia dell'uomo. Egli avvertì l'afrore acidulo del sesso che emanava dalle dita impregnate: «Eh no! Prima mi dai i miei cinquecento» la sentì dire.
Non esitò più di tanto e con gesto malfermo ed affrettato porse le banconote alla donna. Lesta le chiuse nella sua borsa ed ancora più svelta di prima inserì sul membro eretto dell'uomo un nuovo preservativo. In preda ad una sorta di delirio, questa volta afferrò la giovane cingendo in una morsa l'esile vita e schiacciandola con il torace addosso al sedile. Con l'altra mano fece definitivamente saltare le mutandine di pizzo nero così pure la camicetta già completamente sgualcita. La ragazza non perse tempo ad assecondarlo, alzò le gambe a toccare il vetro anteriore e si lasciò penetrare fin dove avrebbe potuto. Lui si muoveva violentemente dentro di lei, mentre con voracità baciava il suo collo ed i suoi piccoli seni, prima uno poi l'altro. Sentì le mani dell'uomo sospingere i glutei verso l'alto ed un dito insinuarsi prepotentemente lungo lo sfintere. Lei cominciò ad avere strane sensazioni. Quell'orribile individuo, che la schiacciava così violentemente, stava risvegliando i suoi istinti sopiti.
Sentiva qualcosa che la scuoteva da dentro, e strano a dirsi era qualcosa di piacevole. Aveva sempre più voglia di essere amata, di sentire quel ruvido dito risalire lungo le sue viscere. Avrebbe persino desiderato baciare quelle labbra bavose. Gioiva nel toccare le braccia muscolose dell'uomo che così saldamente la abbracciavano. Nello stesso tempo non poteva rinunciare alla sua etica professionale, al suo modo di essere puttana. Non avrebbe trasgredito alla regola, mai godere con i clienti, osservare il massimo distacco, se necessario pensare a scene quanto più lonta-

ne dal sesso. Intanto lui la incalzava con movimenti ritmici e suadenti, con baci prolungati, con carezze appassionate. All'improvviso si sentì letteralmente girare, quasi fosse sospesa nel vuoto invece di essere nel chiuso ristretto di un'automobile. Si ritrovò carponi mentre l'uomo da tergo iniziò a sospingere il suo membro là dove prima aveva lungamente inserito il dito. Avrebbe voluto sottrarsi, ma le sue sculettate non fecero che facilitare una ancor più profonda penetrazione. Sentì quel membro caldo risalire lungo l'orifizio anale, mentre mani potenti s'inserivano nella sua vulva fino a farla finalmente gridare di un piacere per troppo tempo represso. Gridava e si dimenava sospingendosi all'indietro e sperando che quegli attimi non finissero mai. Poi all'improvviso scoppiarono nella sua testa i più variopinti fuochi artificiali e più s'intensificava il frastuono più il suo piacere raggiungeva livelli parossistici. Capì allora di essere arrivata a un orgasmo a lungo cercato che l'avrebbe lasciata senza forze e volontà. E mentre lei mugolava e gioiva, lui riuscì a venire per la seconda volta.

Jendouba-Ben Bechir

La mia avventura inizierà fra poche ore. Il deserto è lontano con tutto il suo fascino, le dune, la sabbia finissima, impalpabile, quasi un borotalco. Qui ci sono solo pianure e collinette a distesa, verdi e coltivate. Non esiste nient'altro tutt'intorno solo qualche poverissima baracca, ricovero dei pastori durante le intemperie. La campagna sembra ben curata e lungo la strada s'incontrano camioncini stipati di donne che vengono condotte a lavorare la terra. I lati della strada sono affollati di gente vestita nelle fogge arabe, che va a piedi, non saprei dire dove o da dove provengano. È un'interminabile processione che si sposta alle prime luci dell'alba. Le rovine di un'antica città romana contraddicono il paesaggio. Sembrerebbero un miraggio, ma la loro consistenza con le pietre ben levigate, con le colonne di marmo ancora intatte, appaiono subito troppo reali. Tutta la zona ha conosciuto splendori ormai dimenticati; i terreni fertilissimi devono aver incoraggiato gli "antichi romani" a creare insediamenti con tutte le caratteristiche della loro città natale: il tempio, il teatro, le terme, il foro, gli stessi sistemi di canalizzazione delle acque di spurgo,

unico collegamento fra le innumerevoli ville residenziali. Oggi le pecore si aggirano in questi posti con la più assoluta tranquillità, brucando l'erba fra un mosaico raffigurante la caccia al leone, e un consunto pavimento di marmo. Il pastore accoccolato sopra un capitello, fuma la sua sigaretta e scruta i sassi con indifferenza. Ai margini delle rovine, a ridosso di una collinetta, sorgono delle casupole di fango, mentre tutt'intorno giocano bambini a piedi nudi, vestiti alla meglio.
Sta facendo giorno, il sole, di un colore rosso scuro si avanza all'orizzonte, i fumi della notte ovattano ancora l'aria; una donna, con il velo saldamente tenuto sulla bocca, si affanna attorno ad un vecchio forno fatto anch'esso di terra. Sono forni tramandati dall'esperienza delle generazioni passate, sembrano botti di vino tagliate a metà, vi si brucia dentro la legna, quando tutto è ben caldo, s'incolla alle pareti, nella parte esterna, l'impasto di farina integrale, precedentemente preparato. A cottura ultimata, il pane, di sapore molto vicino alla pizza bianca, si stacca da solo ed è pronto per essere mangiato.
Occorrono circa venti trenta minuti di auto per arrivare a destinazione, dove si sta costruendo un grosso centro industriale. La stagione in questo periodo è ancora indecisa, a giornate bellissime si alternano piogge ininterrotte che trasformano strade e campagne in un'enorme e unica pozzanghera. L'area dove stanno sorgendo gli impianti è un brulicare di uomini e macchine. Enormi gru tengono sospesi, con i loro cavi d'acciaio, telai di capannoni che dovranno essere montati, mentre gruppi di operai si affannano tutt'intorno gridando per meglio guidare l'operazione. Più in là si opera con strumenti simili a cannoni sparando sabbia lungo le pareti di serbatoi, altri saldano tubi, scavano buche, preparano ferri per ricoprirli con gettate di calcestruzzo, che cola denso e rumoroso dalle bocche di betoniere.
Ad un attento sguardo, la razionalità che emerge dalla prima sommaria visione, appare più un fatto casuale che un elemento determinatosi con chissà quale sforzo enorme di volontà. Tanti piccoli fatti quotidiani, in seguito ho avuto modo di esaminarli e verificarli, distruggono la perfezione della macchina produttiva, riducendola al compromesso con la realtà e i costumi della gente

che vi opera. Permea su tutto una conflittualità dettata alcune volte da esigenze a prima vista incomprensibili: ecco ad esempio il furto della plastica di rivestimento che protegge strumenti costosi e delicatissimi, oppure l'assalto alle casse d'imballaggio delle apparecchiature per recuperare legno da utilizzare in mille modi diversi, ma anche per accendere il fuoco sotto immancabili teiere. Perfino il cruccio di capisquadra impotenti alla ricerca dei propri operai da governare, nascosti in chissà quale angolo dell'enorme cantiere, diventa, alla fine, un fatto dettato dalla normalità.

Dopo un non lungo periodo di osservazione ci si accorge di essere testimoni di un esercito che va ogni mattina allo sbaraglio. Il contadino prelevato dalla sua campagna crede di poter continuare anche nella nuova situazione con le sue vecchie abitudini, ma è difficile trattenere e accudire un asino nel trambusto di un centro industriale in costruzione. Sono tante le particolarità che stridono e rendono perplessi: ho visto scaldare vivande con la fiamma ossidrica, ho visto operai dormire dentro enormi tubi, mentre altri stavano cercando di saldarlo; ho visto abbigliamenti da lavoro che avrebbero fatto ben figurare un clown al circo.

Se sorprendente fu la conoscenza di un mondo del lavoro locale, altrettanto sorprendente fu la conoscenza della comunità degli espatriati e apprendere le leggi convenzionali che ne regolano i rapporti.

È finito il primo giorno di lavoro, si fa ritorno all'albergo. La notte già avvolge tutto, una leggera nebbia rende ancor più evanescente il paesaggio. I visi che mi circondano sono assorti e pensosi, l'animosità del giorno si trasforma in silenzio carico di ricordi, d'immagini lontane.

La proposta

La storia era ricca di particolari degni del migliore cronachista porno.
Te la faccio breve: ovviamente i due amanti trovavano sempre piacevoli i loro incontri. Finché una sera l'uomo propose alla ragazza di lasciare Roma per trasferirsi a Casablanca, in Marocco. Lui avrebbe provveduto a tutto. Aveva già pronta una villa prestigiosa con sauna e piscina, dove avrebbe ricevuto i suoi clienti selezionati e danarosi, gente ricca, imprenditori arabi, finanche sceicchi e sultani. E poi avrebbe avuto servitù a piacimento, governante, cuoche, autisti, giardinieri. Sarebbe stata servita e riverita come una vera signora.
Lei si lasciò cullare dal mondo di sogni che le veniva proposto, si lasciò irretire dalle suadenti parole del suo maturo amante, avrebbe finalmente lasciato quella vita di merda che conduceva, sempre con la paura di tutto, di essere malmenata, derubata, uccisa o di prendersi quella strana sifilide moderna. Bisognava guardarli bene i clienti, era vero, ormai lei aveva l'occhio allenato, sapeva subito riconoscerli, ma averne la certezza matematica

era ben altra cosa. Evitava accuratamente i drogati, gli emaciati, i pustolosi, i paranoici, gli emofiliaci, gli schizofrenici, gli handicappati, gli omosessuali attivi, ma la casistica si allungava di giorno in giorno e la sua attenzione non sempre era al massimo. Quel lavoro diventava sempre più orribile anche se redditizio.
Alla sua giovane età, solo diciannove anni, e nel mestiere da due, già poteva permettersi di viaggiare in Porsche e di farsi le vacanze alle Maldive, lontana da tutti gli stronzi del mondo.
Certo aveva avuto fortuna, la concorrenza cominciava a diventare sfrenata. Sapeva di ragazze sedicenni messe a battere ancora vergini, tutte di origine straniera per lo più serbe, nigeriane e così via. Ora si presentava l'opportunità di dare un calcio a tutto questo lerciume, avrebbe sempre lavorato, ma solo un cliente ogni tanto un paio di volte al mese. Il resto del tempo avrebbe oziato, avrebbe curato il proprio corpo. Ora, invece, di uomini ne conosceva a decine per sera, di tutte le fattezze, per lo più orribili, puzzolenti, ipocriti, ignoranti, villani ed anche violenti. Tutti sfatti dalle brutture della loro vita infelice, tutti con la speranza di sentirsi finalmente animali selvaggi ed egocentrici, con il solo desiderio di soddisfare se stessi senza pensare all'altro. Con i pensieri viaggiava in quel nuovo mondo alla ricerca di sensazioni sopite e perdute. Avrebbe rivisto albe e tramonti seduta sulla spiaggia ad ascoltare musiche esotiche, avrebbe ballato ritmi orientali fino a estenuarsi.
«Sì, sì, partiamo al più presto. Dammi solo il tempo di vendere le cose che non mi occorreranno, di acquistare dei nuovi vestiti»
«Aspetta, con calma, devo organizzare tutto per bene. Prima però dovremo passare a Parigi. Dovrai stare un paio di giorni in una clinica di un mio amico. Vedrai tornerai ancor più bella di adesso e soprattutto sarai di nuovo vergine, come la tua mamma ti ha fatto. Chiunque ti avvicinerà non saprà mai della tua vita passata. L'intervento è di una semplicità oscena. Non devi preoccuparti»
«Che intervento, di che cazzo parli? Non voglio fare nessun intervento della malora. Che c'è che non va? Sarai scemo? Ho le più belle tette della zona, le gambe più lunghe, il viso da attrice, che altro vuoi? Non lo vedi? Sono la più ricercata, c'è la fila di

auto ferme per ore ad aspettarmi per dieci minuti d'amore. Ah no, no! Non faccio nessun intervento. O così o non se ne fa niente. Ciao e grazie»

«Eh aspetta, non dire cazzate! Ascolta bene prima di aprire la boccuccia. L'intervento serve a renderti di nuovo vergine. Chi te lo farà è un esperto che ha ricucito mezzo mondo femminile arabo. È di una semplicità estrema. Ti anestetizzano localmente la patata, e poi applicano internamente un piccolissimo punto, di quelli che si auto disintegrano, proprio lì, dove prima c'era il velo virgineo. Tornerai a essere una bambina di primo pelo. Lo sai quanto guadagnerai con quest'accorgimento? Cifre inenarrabili, faremo soldi mostruosi e sicuri. L'unica accortezza è fare questo lavoro un paio di giorni prima dell'incontro amoroso. Lo sai, è usanza nei paesi arabi sposare donne sempre vergini, essere i primi a deflorare la giovane consorte, ne va dell'onore e del rispetto in particolare dell'uomo. Le donne non sono così costumate, amano divertirsi, amano la vita per quello che riesce a dare. Il più delle volte arrivano al matrimonio con qualche esperienza alle spalle e pertanto sono obbligate a ricrearsi la verginità persa, pena la rinuncia al sospirato matrimonio. Vi sono dei dottori specializzati che fanno solo questo e illegalmente e giovani ragazze che si sono operate almeno cinque o sei volte. In questo modo va tutto a posto. L'uomo potrà mostrare, la sera del suo matrimonio, lo straccio intriso di sangue e sperma agli amici che aspettano fuori della porta dell'alcova nuziale, la donna avrà il rispetto dovuto alle signore perbene che si sono fatte rompere il culo solo dai propri mariti. I genitori dell'uno e dell'altro possono tranquillamente concludere il loro contratto, vista osservata l'ultima clausola condizionante. Per te ho scelto una clinica a Parigi con tanto di equipe medica, non avevo pensato al medico sudicione arabo. Magari ti guarda e prima di darti il punto ti fa assaggiare il suo affare, tanto uno più o uno in meno che differenza fa?»

Il reduce

Il reduce dalle foreste del Gabon e dello Zaire racconta le sue avventure. Il vino, ma anche l'aspetto confidenziale della cena, creano l'atmosfera:
«Dovevamo tagliare i fusti di legno pregiato per poi esportarlo verso l'Europa. Un fiume portava a valle i tronchi, dove venivano caricati sulle navi. La vita, laggiù, non era così brutta come si può pensare. Per certi aspetti è stata un'esperienza indimenticabile. Pensate che, sul far della sera, quando le luci del giorno si tingevano di un rosso vermiglio, ci addentravamo nella foresta guidati dai neri locali. La natura era così diversa, così irruente che incuteva timore. Vi erano delle piste di terra battuta ricavate da vecchi sentieri che s'intrecciavano l'uno con l'altro, come in un gioco labirintico. L'inesperienza poteva essere fatale. Non era raro sentire di gente smarritasi e mai più ritrovata, come inghiottita nella mostruosa dimensione verde, o di altri, troppo intraprendenti, assaliti e uccisi dagli animali. Bisognava essere molto prudenti, lasciarsi dietro segni vistosi, per ritrovare con sicurezza la strada del ritorno.

«Le guide pretendevano, come compenso della loro prestazio[ne] l'uso dei nostri fucili per la restante nottata. Ci portavano s[ui] margini di una radura, dove l'acqua di una sorgente aveva creato un laghetto. Dopo aver lungamente annusato l'aria e verificato la direzione dei freschi venticelli, ci trovavano un punto di osservazione. L'attesa di solito era di breve durata, per primi uscivano dalla foresta gli elefanti, bevevano si spruzzavano, barrivano di gioia e lentamente ritornavano sui loro passi. Era poi la volta delle zebre, delle antilopi contornate da uccelli i più diversi e variopinti. Non era facile vedere i grandi predatori, oppure i gorilla. L'ansia dell'attesa, l'emozione annullavano ogni altro pensiero. Restavamo fermi, in silenzio attenti ai rumori inconsueti, pronti a scorgere il più piccolo movimento, alla fine stressati, indolenziti dalla lunga immobilità, facevamo ritorno al campo soddisfatti e già progettando nuove uscite.»

Le storie si dilungavano, tutti avevano qualcosa da raccontare. Le ascoltavo interessato e curioso, facevo domande, chiedevo spiegazioni ma tutte le discussioni si esaurivano in un attimo prima dell'inizio di uno stupido spettacolo televisivo. Così trascorrevano le serate, alcune volte monotone altre volte interessanti.

L'intervento

Osservare Parigi come una turista, non le riusciva. Il pensiero correva subito a quel maledetto intervento. Aveva una paura fottuta del male fisico. Non sarebbe mai potuta essere un'eroina che stoicamente resiste al dolore procuratole dai suoi aguzzini.
Avrebbe rivelato facilmente il più delicato dei segreti, sarebbe bastata la sola minaccia di violenza. Si preoccupava persino della puntura di ago dell'anestesia. Ma darsi vergine all'arabo significava intascare cinque milioni in un sol colpo. E questo sì che era un bell'andare. Poi l'avrebbe ripetuto, i clienti non sarebbero mancati.
Il taxi correva veloce sul lungo Senna. Era arrivata a Parigi da poco più di un'ora. Il tempo necessario a recuperare i bagagli e a fare la telefonata in clinica come gli aveva detto il suo complice, amante, amico, e chissà cos'altro. Non aveva ben chiaro il posto da assegnare a quel brutto individuo che così pesantemente era entrato nella sua vita. Certo non lo amava, scopavano bene insieme. Se a questo avesse aggiunto anche una sorta di facilità nel farla diventare ricca e felice avrebbe potuto essere l'uomo più attraente del mondo.

Per l'occasione indossava vestiti sobri, un paio di jeans e una maglietta larga, senza nessun filo di trucco. Poteva senz'altro sembrare una studentessa di buona famiglia. Certo non era stato facile lasciare l'Italia, le sue vecchie amicizie, la sua mamma, anch'essa ancora dedita alla professione. Il padre come normalmente avviene in questi casi non l'aveva mai conosciuto. A quattordici anni già portava soldi a casa. Uno degli amanti della madre l'aveva violentata alla bella età di tredici anni, lo strano a dirsi è che aveva goduto per la prima volta nella sua vita. Non era rimasta sciocata, psicologicamente a pezzi, al contrario, il giorno dopo pregò il suo violentatore di scoparla nuovamente.
Sempre più spesso si ritrovavano nel letto in tre, finché una mattina vennero i carabinieri, per storie di traffico di droga e rapine in banca. Lui svelto saltò fuori dal letto e tutto nudo cercò di impugnare la rivoltella. Rimase crivellato di colpi con la mano dentro il comodino. Lei ricordava solo il fumo acre della polvere da sparo e le macchie di sangue sul cuscino. L'uomo morì riverso nella camera da letto, la faccia irriconoscibile spappolata dalle mitragliette dei carabinieri. A distanza di anni ricordava quella scena con tranquilla noncuranza. Non fu scossa allora, non lo era nemmeno adesso. La madre si consolò nel giro di una settimana, portandosi a casa un ubriacone ma simpatico ometto, pieno di sollecitudini e virtuoso del clarino.
Intanto il taxi era arrivato a destinazione, pagò la sua corsa, prese i bagagli e si avviò verso l'ingresso della clinica. Era un fabbricato nuovo, circondato da un parco, non avrebbe potuto dire se si trovasse dentro la città o subito fuori. Varcò la porta a vetri e si ritrovò in un'accogliente reception hall completamente bianca. Erano bianche le pareti, bianchi i mobili, bianchi i vestiti e le persone che vi si muovevano dentro. Bianca la faccia dell'infermiera che le chiese chi attendeva e chi fosse. Non capiva la lingua, intuiva dalla mimica e dalle movenze logiche le domande. Ripeté più volte il nome scandendo le sillabe: «Aspetto il dottor Artois e il signor Ovale. Ho un appuntamento per questa mattina»
«Pardon, monsieur Ovale? Oui, oui, oui dottor Artois. Sì certo, mi scusi ma non conosco il signor Ovale.»
Consultò la sua agenda, prese i documenti, chiamò gli inservien-

ti. Arrivarono con una sedia a rotelle, dove la fecero accomodare per portarla in una stanza, anch'essa bianca con il letto bianco, con l'armadio bianco. La pregarono di indossare il camice bianco e di togliersi i suoi vestiti, e uscirono lasciandola sola e senza nessun'altra spiegazione. Rimase pensierosa e timorosa. Guardava il letto, la finestra, la porta. *Ma dove sarà quel cazzo di Edo Ovale? Poteva almeno aspettarmi?Stronzo e coglione due volte. Che faccio io adesso?*
Aveva paura, timore di quel nuovo ambiente. Aprì la porta, il corridoio era vuoto e silenzioso, di fronte le luci dell'ascensore si accendevano e spegnevano sui diversi numeri dei piani. Che piano era? Non lo aveva visto prima. Guardò ancora e vide la freccia che indicava l'uscita di sicurezza con un grosso tre in rosso. Stava al terzo piano. Una certezza. L'ascensore si arrestò sul numero tre, si aprirono le porte ed apparve Ovale con un signore in camice bianco, il dottor Artois.
«Ah! Finalmente eccoti qui. Che bella sorpresa! Hai fatto buon viaggio? Volevo venirti a prendere all'aeroporto, ma sono rimasto bloccato. Allora ti piace? Dai che ce la sbrighiamo in un paio di ore. Poi ti porto a vivere da gran signora.» Lei lo guardò un po' meravigliata ma sollevata. Cominciava a riacquistare la sua tranquillità.
«Ah scusatemi, ti presento il dottor Artois, la signorina Ilaria Cucirini.» Strinse la mano del dottore, era un uomo giovane, con un naso adunco e due labbra sottili, con due occhi resi ancor più piccoli dalle spesse lenti che li coprivano. Ovale con la sua faccia a palla sembrava un adone al confronto.
«Su signorina si prepari. Le analisi le ha portate vero? Vedrà che faremo in fretta.»
Il dottore parlava un italiano strascicato ma comprensibile. Rientrarono nella stanza, fu invitata di nuovo ad indossare il camice. Si chiuse nel bagno lasciando i due uomini a parlottare, si spogliò in un attimo lasciandosi le mutandine ed uscì di nuovo.
«Vedrà» stava dicendo Artois, «non si accorgerà di niente. L'intervento vero e proprio dura in tutto un'ora, fra la preparazione, l'anestesia, il tempo per individuare il punto esatto. Insomma non stia a preoccuparsi...»

Si girarono a guardare la buffa figura che si presentava ai loro occhi. Ilaria avvolta nel camice che le arrivava fino alle caviglie, i capelli raccolti in una lunga treccia, ai piedi portava ancora i mocassini. Il medico la pregò di distendersi sopra il lettino, di lì a poco sarebbero arrivati gli inservienti per portarla nella sala operatoria.
«Non ha mangiato niente, vero?»
«No, niente»
«Bene!» Intanto le aveva preso il polso, mentre con l'altra mano le comprimeva il ventre per poi rilasciarlo velocemente. «Bene, bene.» Le diede un buffetto sulla guancia e sorridendo con le inesistenti labbra uscì. Ovale aveva appena iniziato a parlare dei loro progetti futuri quando arrivarono due infermieri che portarono via Ilaria.

Il reduce

Il reduce dalle foreste del Gabon e dello Zaire racconta le sue avventure. Il vino, ma anche l'aspetto confidenziale della cena, creano l'atmosfera:
«Dovevamo tagliare i fusti di legno pregiato per poi esportarlo verso l'Europa. Un fiume portava a valle i tronchi, dove venivano caricati sulle navi. La vita, laggiù, non era così brutta come si può pensare. Per certi aspetti è stata un'esperienza indimenticabile. Pensate che, sul far della sera, quando le luci del giorno si tingevano di un rosso vermiglio, ci addentravamo nella foresta guidati dai neri locali. La natura era così diversa, così irruente che incuteva timore. Vi erano delle piste di terra battuta ricavate da vecchi sentieri che s'intrecciavano l'uno con l'altro, come in un gioco labirintico. L'inesperienza poteva essere fatale. Non era raro sentire di gente smarritasi e mai più ritrovata, come inghiottita nella mostruosa dimensione verde, o di altri, troppo intraprendenti, assaliti e uccisi dagli animali. Bisognava essere molto prudenti, lasciarsi dietro segni vistosi, per ritrovare con sicurezza la strada del ritorno.

«Le guide pretendevano, come compenso della loro prestazione, l'uso dei nostri fucili per la restante nottata. Ci portavano sui margini di una radura, dove l'acqua di una sorgente aveva creato un laghetto. Dopo aver lungamente annusato l'aria e verificato la direzione dei freschi venticelli, ci trovavano un punto di osservazione. L'attesa di solito era di breve durata, per primi uscivano dalla foresta gli elefanti, bevevano si spruzzavano, barrivano di gioia e lentamente ritornavano sui loro passi. Era poi la volta delle zebre, delle antilopi contornate da uccelli i più diversi e variopinti. Non era facile vedere i grandi predatori, oppure i gorilla. L'ansia dell'attesa, l'emozione annullavano ogni altro pensiero. Restavamo fermi, in silenzio attenti ai rumori inconsueti, pronti a scorgere il più piccolo movimento, alla fine stressati, indolenziti dalla lunga immobilità, facevamo ritorno al campo soddisfatti e già progettando nuove uscite.»
Le storie si dilungavano, tutti avevano qualcosa da raccontare. Le ascoltavo interessato e curioso, facevo domande, chiedevo spiegazioni ma tutte le discussioni si esaurivano in un attimo prima dell'inizio di uno stupido spettacolo televisivo. Così trascorrevano le serate, alcune volte monotone altre volte interessanti.

Il cimitero

Vorrei avere anch'io il sacro libro delle "Trasformazioni", il letterato Wu aveva modo, così, di difendersi dai mostri creati dalla fantasia di un mago malvagio e crudele: ora guerrieri dallo sguardo satanico, ora dolci fanciulle che si rivelavano essere orrendi serpenti pronti a colpire.
Non ho modo di trasformarmi. Fra qualche tempo sarò preda di centrifughe impazzite, di turbo rumorosi ed angoscianti, sarò diserbato, pulito e bollito nelle enormi caldaie, sommerso nell'anidride carbonica e nel latte di calce, sarò costretto a bere una putrida melassa mista ad olio combustibile, solo alla fine, purificato, potrò cristallizzarmi o lievitare come un asceta in un immondo barile d'acciaio. Intanto girovago in questa infinita tristezza sperando nel mio divenire. Chissà! Forse ancora di condensazione o rarefazione, è Talete che lo suppone. Se l'aria si genera dalla rarefazione dell'acqua e l'etere dalla rarefazione dell'aria, se la terra non è altro che condensazione dell'acqua, potrò ancora scegliere la mia sintesi universale.
Mentre mi accingo a scoprire la verità trovo un cimitero, cos'al-

tro poteva capitarmi nel mare della pena? Le tombe sono state devastate da una pala meccanica che eseguiva uno scavo. Erano tutte allineate per un centinaio di metri. I loculi erano circoscritti da quattro tavelloni di mattone scuro e lavorati a mano. Sono visibilissime le impronte delle dita che hanno plasmato l'argilla e la paglia prima d'infornarli in forni rudimentali.
Guardando attentamente si può notare una diversa colorazione del terreno nella parte inferiore del loculo. È probabile che sia stata messa della sabbia mista a sostanze odorose sul fondo, prima di adagiare il corpo privo di vita. Precisare l'origine e datare il cimitero è un'impresa difficile senza strumenti adeguati, è fuori dubbio che la sua esistenza risale a più di duemila anni fa.
Emergono qua e là, nella terra sconquassata dalla pala, pezzi di anfore votive, di oggetti comunemente utilizzati nella vita e costretti a far compagnia in eterno al defunto. Alcuni sono decorati sobriamente, altri sono rudimentali. Tutto lascia capire che siamo di fronte ad un cimitero di povera gente, servitori o schiavi utilizzati per lavori nei campi circostanti.
Inavvertitamente m'imbatto in un teschio; è piccolo e mal conservato, il fango ha riempito tutte le cavità, è difficile dire se di uomo o donna o finanche di bambino. L'impressione è orrida, mi assalgono mille dubbi, mille domande, mi sembra di profanare un luogo sacro, di disturbare un riposo durato duemila anni. Sono lì che osservo, tocco, scavo con la presunzione dell'uomo di mestiere.
A debita distanza, un gruppo di arabi con le facce corrucciate assiste al mio girovagare. Non si sono avvicinati ma sicuramente in cuor loro hanno maledetto la mia curiosità, la mia bramosia di trovare chissà quale cimelio fra quelle misere rovine. Il fango sommerge lo stivale fino alla caviglia, a stento riesco a camminare nel cunicolo; seguo le tracce delle tombe disseminate per tutto lo scavo e forse ancor di più in là. Non trovo nessuna pietra con scritto in una lingua straniera od antica, arabo, latino o chissà cosa, notizie di qualche rilievo.
Calpesto cinicamente solo ossa consunte, pezzi di terracotta, alcuni lavorati altri no, manici di anfore; l'enorme quantità dei reperti riduce il loro valore. La mia stima è prossima allo zero.

Decido così di rimandare al giorno dopo la ricerca, sperando di essere più fortunato. Si è alzato un vento forte, piove. Chiuso nella stanza ascolto i rumori che provengono da fuori: una porta si è messa a sbattere, una finestra cigola ed ogni cosa sembra ululare. La fantasia eccitata mi porta a pensare a eventi carichi di orrore, a scene truculente piene di ammazzamenti, di morti che ritornano, di vendette consumate a distanza di secoli. Mi preparo a ricevere ospiti maligni, anime che hanno per sempre perso la strada del riposo, cadaveri decomposti. Ma l'attesa si prolunga ed il sonno vince tutte le mie allucinazioni.

La mattina di buon'ora sono già nella zona dello scavo. Ho intenzione di approfondire la mia ricerca e pertanto questa volta non ho dimenticato gli strumenti necessari: un male e peggio per scavare nella terra, un pennello per pulire gli oggetti che troverò, una leva di ferro se per caso dovessi imbattermi in uno scrigno pieno di monete d'oro o chissà quali altri tesori, guanti per non essere contaminato da pestilenze scoppiate qualche migliaio di anni fa. La pioggia continua, insistente. Il punto esatto lo ricordo bene, era fra lo scarico meccanico di vagoni e la recinzione fatta con pannelli di cemento. Nonostante i miei sforzi non riesco a ritrovare lo scavo. Eppure era lungo più di un centinaio di metri e largo almeno un metro con cumuli di detriti sui suoi lati. Giro come impazzito da un punto all'altro di quella che credevo essere la zona interessata. Il fango è riuscito a penetrare nei miei stivali, la pioggia ora viene giù a vento bagnandomi il viso; gli strumenti mi pendono dalle mani, segni evidenti della mia follia. Eppure non posso aver sognato, ho prove consistenti, il cimitero esiste sotto i miei piedi. Come spiegare i cocci di terracotta, i resti di anfora, le ossa consunte che custodisco nella mia baracca? Non può essere stato un sogno o una fantasia ad occhi aperti. Ci deve essere una spiegazione molto più semplice, meno contorta. Gli arabi sono sempre lì che mi guardano, infagottati nei loro caratteristici mantelli di ruvida stoffa. Questa volta si sono rifugiati sotto un capannone dalle ardite intelaiature metalliche. Hanno acceso un fuoco che sfrigola bruciando legni bagnati, ed osservano attenti. Alla fine mi decido, li affronterò. So di essere un guerriero defraudato della sua preda, non sarà facile mentire

o sottrarsi alla mia ira. Mi avvicino al loro misero falò. Fanno cenni di saluto, borbottano qualcosa di incomprensibile e poi attendono. Devono aver capito che ho qualcosa da chiedere.
Le mie domande sarebbero state ficcanti e precise, ma la lingua così differente è un ostacolo insormontabile. Non parlano né capiscono il francese, tanto più il mio francese aggrovigliato da barbone ignorante. Non restano che i gesti e la mimica. Inizia così un pezzo teatrale improvvisato: mi sbraccio, indico, muovo la testa, saltello, faccio disegni nella melma e loro immobili guardano e tacciono. Vedo quei visi rinsecchiti che esprimono niente, con le barbe incolte, infreddoliti, hanno capito tutto ma non quello che a me interessa. Un asinello poco lontano si mette a ragliare e a scalciare, una teiera consunta dall'uso, tutta annerita, sbuffa sul fuoco, un cavaliere sale sul suo cavallo bianco, va nella pioggia e nel vento. La mia "rappresentazione" volge al termine, non so cosa altro inventare, non ho ottenuto una sola risposta, mi sono affumicato gli occhi ed i vestiti. Sconsolato e sconfitto abbandono il terreno.
La baracca mi accoglie con tutta la polvere ed il topo nascosto a rosicchiare chissà cos'altro. L'acqua scroscia violentemente sul tetto di lamiera, un rumore assordante di mille picchiettii sovrasta ogni cosa. Rivedo il mio bottino, è lì, come ieri, non si è mosso né volatilizzato. Il mio indagare finisce ancor prima di iniziare. Sul tavolo di lavoro fa bella mostra di sé un ordine di servizio, perentoriamente dispone la chiusura dello scavo lungo lo scarico meccanico nella stessa nottata, evidentemente del giorno prima. La scarna spiegazione alludeva a difficoltà nel far riprendere i lavori in quella zona se prima non si fossero seppelliti di nuovo i resti di un cimitero antico. I pregiudizi o forse il rispetto della pace dei morti hanno così spezzato sul nascere le mie velleità archeologiche. Intanto continua ad infuriare una vera e propria tempesta. Già vedo l'impianto affondare, le lamiere contorcersi, i mezzi cingolati inghiottiti nell'inferno della melma pastosa, il forno schiantarsi a terra, l'esercito dei mercenari allo sbando, in preda al panico, fuggire per non soccombere sotto il cumulo delle macerie. Il cielo si è riempito di fiocchi gialli, volano sospinti dal vento in tutte le direzioni, le lamiere di copertura di un enor-

me magazzino sembrano fogli di carta colorata che si dondolano nel vuoto. Ormai tutti fuggono a cercare un riparo sicuro. La baracca diventa una moderna babele: filippini, arabi, tedeschi, francesi, italiani ognuno parla nella propria lingua e racconta le ultime vicissitudini. S'informano di questo e di quello: «L'ultima volta che l'ho visto stava aiutando ad ancorare la duecentodecima, la Madonna, quel vento lì ti prende per la pancia e ti butta via come uno straccio.» «Mi ricordo in... ma qui...» «Se aprono le dighe in Algeria, sono cazzi, la Mejerda traboccherà e la vallata diventerà un lago.»
È tutto un confabulare indistinto, impreciso. Si attende quel che di peggio può accadere, curiosi di vedere, di palpare reazioni, di godere intimamente il senso di una tragedia che non ci tocca, lontana.
Mi sento inebriato da tante novità, si dissolve per un attimo la monotonia di sempre. L'ammiraglio ha preso posto sulla tolda della nave, impartisce ordini concitati: «Calarsi tutti nelle scialuppe. Mi assumo la responsabilità...» Il riso mi gorgheggia nella gola, vorrebbe uscire violento senza riguardo in faccia ai ridicoli, ai miseri tronfi, vorrebbe calpestarli, ucciderli per le loro idiozie, seppellirli dopo averli massacrati, dardeggiati, infangati, umiliati, pestati, torturati ed infine impalati con la dovizia del turco Abidaca, costruttore della diga sul fiume Drina.
Gli eventi naturali sanno pure essere clementi, la furia si placa, le nuvole si diradano e resta il pantano di sempre mentre il sole torna languido a risplendere.

Il risveglio

Ricordava le luci, i medici già tutti infagottati nei loro vestimenti e poi una puntura nel braccio, non ricordava altro. Ora si trovava distesa nel letto della sua camera, con la testa ovattata, la bocca impastata. Un apparecchio alla sua destra pulsava al ritmo dei suoi battiti cardiaci. Provò ad allungare la mano per toccarsi, scoprì di avere un ago conficcato nella coscia. Un tubicino di plastica la collegava ad una bottiglia di vetro piena di un liquido incolore, sopra la sua testa. Le venne da pensare che prendessero troppe precauzioni per un intervento da nulla. Un miserabile punto nella fica aveva prodotto quel gran casino. Ma non aveva terminato la sua riflessione che comparvero nella sua stanza il dottor Artois con un infermiere. Ovale non era venuto questa volta.
Intanto il medico aveva iniziato a parlare: «Come si sente? Bene, voglio sperare. Non deve preoccuparsi, abbiamo avuto un leggero contrattempo ma è già tutto sistemato.» Sorridendo le aveva preso la mano. «Domani o al massimo dopodomani potrà uscire da qui, si ricordi i controlli, almeno una volta al mese. Dovrà seguire la cura che le indicheremo»

«Ma che sta dicendo» cominciò a dire incredula, «lei si sta sbagliando con qualche altra paziente. Io non ho niente, dovevate solo mettermi uno stramaledetto punto.» Pensò a come suonava ridicola la sua frase.
Il dottore si guardò intorno, guardò il suo collaboratore. E poi con tono rassicurante: «Ma su via, certo che non ha niente. Le sto solo dicendo che deve controllarsi. Tutti noi faremmo bene a fare delle visite ed analisi ogni tanto. Nel suo caso sarebbe preferibile avere un ginecologo di fiducia, un consulente sessuale. Oggi purtroppo si corrono pericoli tremendi e il mestiere che lei ha scelto è uno dei più a rischio. Senza pensare ad altri pericoli che adesso non dirò. Ma lei lo sa che esiste la "bomba cazzo"? Mi scusi il termine ma è solo un fatto tecnico. Sì, esiste la "bomba cazzo", come la bomba carta, la bomba molotov e così via. È una particolare bomba che si attiva con il rapporto sessuale. Una volta attivata al malcapitato non rimangono che pochi giorni di vita. Una forma di priapismo demolirà la sua vita. Inizialmente gli sembrerà di aver ritrovato una potenza virile inattesa, ma poi soffrirà le pene dell'inferno che lo condurranno alla morte lentamente ma inesorabilmente.» Guardò la faccia sbigottita di Ilaria e subito si riprese: «Mi scusi di nuovo, ho divagato, non volevo impressionarla. Ecco, mi raccomando si riguardi e si controlli molto spesso. Ora la salutiamo così potrà riposare. Il suo amico le fa i migliori auguri e si è ripromesso di passare nella serata.» Poi rivolgendosi in francese all'infermiere diede ordini prima di uscire.
Ilaria rimase di nuovo sola e piena di dubbi. Non aveva capito niente di quello che aveva detto il dottore. Si ricordava solo della "bomba cazzo", bel nome per un oggetto di morte. Tutto il resto non aveva senso per i suoi ragionamenti. Certo che non era stato un intervento ambulatoriale. Avevano messo persino la flebo, il monitor per il controllo delle sue attività vitali.
Comunque se l'era cavata, ora l'avrebbe dovuta sentire l'ignobile individuo. Innanzitutto il prezzo pattuito doveva essere aumentato almeno del doppio e poi ognuno per sé. La prossima volta gli avrebbe ricucito il cervello, altro che. Cominciava a sentire dolore nel basso ventre, non era una cosa piacevole. Si sentiva raggirata ed umiliata da uno stronzo senza valore.

Lei, la dea dell'amore, la troia felice e felice di esserlo, presa per il culo da un insignificante individuo. La sua vita trasformata, se non distrutta da una stupida storia di facile arricchimento. Che cosa le mancava a Roma? Niente, aveva tutto o quasi. Era pur vero, il suo lavoro era come qualsiasi altro, a volte noioso, a volte pieno di soddisfazioni. Non avrebbe fatto la puttana a vita. Prima o poi avrebbe smesso. Non come sua madre, ancora a ciucciare cazzi a quarantacinque anni. Prima o poi avrebbe avuto modo di togliersi di mezzo dalla strada. Il coglione che aveva incontrato quella maledetta sera , continuava a pensare. Le aveva fatto credere che gli sceicchi erano tutti pronti a tirare fuori cazzi e soldi, come macchinette. Per il momento doveva stare bella e sbragata in un letto d'ospedale senza sapere esattamente quale intervento aveva subito.
Si sentiva sempre più indolenzita, eppure lei lavorava con la fica, dovevano saperlo. Sarebbe stato come tagliare le mani ad un chirurgo.
Merda, alla faccia di quel merdoso dottore, la "bomba cazzo!" Ma che avrà voluto dire? Priapismo? E cosa è? Roba da mangiare? Chi li capiva? Lo sai che puoi fare, cara Ilaria, alza il culo e scappa, lontano da questa banda di pazzi. Vaffanculo tutti, Ovale gli sceicchi e mettici pure Gesù, che non guasta mai.
Continuava a pensare e ripensare. Cercò di alzarsi, ma i dolori al basso ventre si facevano più acuti. Riprovò di nuovo, ma il risultato fu una fitta nella vagina che le tolse ogni forza e la velleità di fuggire. Ristette immobile nel letto, mentre lacrime copiose scesero lungo il viso. Piangeva come non aveva mai fatto, piangeva dalla rabbia e dalla disperazione, piangeva per l'impotenza, finché non si addormentò.

Primo Levi e Pitagora

Ho rivissuto Primo Levi della "Chiave a stella". Non ho riletto il suo libro, ho ritrovato i personaggi.
Il capo campo di un'impresa che fa i montaggi meccanici è un uomo anziano, con un viso rubicondo incorniciato da capelli bianchi. Ha degli occhi vispi sempre in movimento che vagano sugli interlocutori senza mai soffermarsi. Gli piace raccontare le imprese che lo hanno coinvolto anche se non da protagonista principale. E parla, parla per tempi lunghissimi in un dialetto lombardo molto stretto che a stento riesco a capire ed ancor peggio a riportare: «Avevo dei saldatori io, che questi qui non sono in grado nemmeno di leccargli il culo. Professionisti erano, pagati profumatamente e trattati ancora meglio. Ma, per la Madonna, uno di loro ti faceva trenta chilometri di tubo al giorno.
«Pensate! Portavamo loro da mangiare con l'elicottero: tartine imburrate, prosciutto, frutta e dolce, alcune volte ti tiravano dietro il cestino con la roba perché li avevi disturbati. Eh! Erano fatti male, un carattere da cani arrabbiati, ma sul lavoro erano ineccepibili, di una precisione cronometrica. Dipendeva tutto da loro l'avanzamento giornaliero. L'oleodotto si snodava come un

serpentone nel deserto del Sahara, i camion correvano lungo le due piste laterali, immersi in nuvole di polvere, trasportando gli spezzoni di tubo da ventiquattro metri l'uno. Era una continua gara con i tempi; i saldatori gareggiavano per il record giornaliero, i camionisti per la velocità realizzata, i gruisti per la precisione nell'allineamento degli spezzoni di tubo. Le figure più affascinanti erano senz'altro i saldatori.

«Venivano ingaggiati sul mercato di Londra presso un'agenzia che li reperiva in tutte le parti del mondo. In prevalenza erano americani, tedeschi, giapponesi.

«Gli stipendi pattuiti erano elevati. Le imprese di solito non facevano storie per soddisfare le esigenze particolarissime di questi specialisti: elicotteri per il trasporto, cuochi e barman di loro fiducia, attrezzatura sofisticata. In cambio essi s'impegnavano a saldare dai dieci ai trenta chilometri di tubo al giorno.

«Ci potevate scommettere la testa che avrebbero rispettato la media pattuita in qualsiasi circostanza e con qualsiasi tempo. Dovevano essere trattati con molto riguardo, altrimenti lasciavano quello che stavano facendo e se ne tornavano al campo ad annegare i loro dispiaceri nel cognac.

«La sera la trascorrevano giocando a poker, partite interminabili e cruente. Erano capaci di giocarsi il guadagno di un mese intero. Eh! Quelli erano tempi! Uomini duri, avvezzi al lavoro, altro che rammolliti e scansafatiche di oggi. Guardali!» ed indicava con la mano i presenti, «Un po' di pioggia, un colpo di vento ed è un fuggi fuggi nelle baracche a piangere sulle disgrazie, a sognare qualche puttana lasciata chissà dove ed a rincoglionirsi di seghe.» Sembrerebbe intenzionato a smettere. Si guarda intorno, si liscia la faccia con la ruvida mano e poi: «Beh! Ormai mi è rimasto poco tempo, poi ho la mia "valle del destino", la mia fattoria con i prosciutti ben stagionati e vi mando tutti a cagare, care le mie merdine. Per fare i mercenari ci vogliono i coglioni.»

Tutti ridono delle facezie, è un riso un po' triste, goliardico, infine, una voce si leva a chiedere: «Ma cosa è questa "valle del destino"? Ce l'hai sempre in bocca, che cazzo sarà mai?»

«Eh! Che cazzo! Che cazzo! Ma che vuoi sapere tu? Ignorante, terrone di merda abituato a vivere nei letamai. Che vuoi sapere?

Dì! Non lo senti! Il nome è già una poesia!» E tutto impettito ed orgoglioso comincia a scandire: «Val-le del de-sti-nooooo-oo... Lo conosci Fellini? Quella roba di regista come pochi? Lo conosci?»Non attende nessuna risposta: «Ma che vuoi conoscere tu? Non sai nemmeno chi fosse tuo padre. Insomma quel Fellini lì venne un giorno nelle mie terre. Lo accolsi in casa. La mia donna, lesta lesta, nonostante il suo bel culone, imbandì una tavola da far resuscitare un morto: salamelli duri al punto giusto, un vinello frizzantino quel che basta, un pane croccante caldo appena uscito dal forno, formaggi, olive ed una torta di mele soffice e dolce. Lui si complimentava e mangiava di gusto proprio da gran signore qual è.
«Aveva ancora la bocca piena che mi fa: "Avrei scelto le sue terre per girare un pezzo del film a cui stiamo lavorando. Se non ha nulla in contrario potremmo trovare un accordo. È proprio quello che cercavo". Rimase un po' sovrappensiero ed intanto finiva di ingurgitare un pezzo di torta annaffiandola con un bel bicchierotto di vinello. "Sì, 'La valle del destino', proprio così. Se lo ritiene opportuno può consultare i suoi legali, abbiamo ancora del tempo prima di iniziare le riprese". Eh sì, una persona corretta, come poche, un gentiluomo quello lì con due palle così ed un cervello che al confronto il vostro assomiglia a quello della gallina. Puttana di Eva, sapete che gli risposi senza pensarci su due volte? "Ma che affitto, ma che avvocati, io i soldi ce li ho, la mia casa è la vostra". Allora lui mi strinse la mano e disse: "Vedrà che saprò ricompensarla. Gente come lei ai giorni nostri se ne trova poca". Avete capito che disse? Brutti caproni, ignoranti, tanto lo so, parlare con voi è tempo perso, non capite un cazzo, pirloni, facce di culo. Quattro volte ho visto quel film lì e come è bello, una storia che non vi sto a raccontare, da mille e una notte con il dialetto delle mie parti e di quelle di Bologna. Che cinema! E sapete cosa c'era scritto all'inizio, dove tutti lo possono vedere e leggere? Un ringraziamento particolare al signore me medesimo, capito animali? "Per la sua gentile concessione e la sua amabile ospitalità". Ecco ora sapete con chi avete a che fare, adesso lo sapete fannulloni, cialtroni, miserabili. Via! Alzate le chiappe ed andate a lavorare che qui si produce...»

Un altro si alza su e con fare canzonatorio lo rimbecca: «Tu sarai pure un signore, ci avrai la "valle del destino", ma a noi fai mangiare gli avanzi dei maiali.»

La risposta è immediata e calma: «Ma vai a dar via il culo prima che ti attacchi una bistecca dietro l'orecchio.»

La piacevolezza conclude il rude intervallo di mensa fra borbottii, risate, visi indifferenti, si torna a pensare a come impegnare la restante giornata.

Mi avvio con passo lento, il sole splende nel cielo, l'aria è fresca invita a passeggiare. I rumori consueti sono attutiti dall'immensa campagna circostante, da cui proviene un profumo di fiori e di fresco. E mentre così piacevolmente inizio la mia passeggiata, senza più pensare al lavoro e a quello che avrei dovuto fare, vedo un personaggio vestito con una tunica bianca. Al primo sguardo credo di avere davanti un arabo con la sua tradizionale veste, ma il viso è un viso antico, è un viso di un saggio che lungamente ha vissuto. Ora discute, declama parole in versi, parla di melodie celesti, poi all'improvviso tralascia e rincorre un carpentiere metallico. Si aggroviglia cercando di spiegare che il numero è l'essenza di tutte le cose e che in generale l'ordine dell'universo, nelle sue determinazioni, è un sistema armonico di numeri e di rapporti numerici. Il carpentiere ascolta distratto e poco convinto, pensa ad altro, a come imbullonare l'ultima putrella della capriata. L'incorreggibile maestro insiste tenace: l'importante sono le determinazioni ed il loro essere idea universale.

«Ascolta!» continua a ripetere con cadenza monotona, «La prima determinazione ideale universale è l'unità in generale, la seconda la dualità o l'opposizione. Ne convieni?»

Il carpentiere è in preda al panico, cerca una via di scampo da quello che sembra incomprensibile e superfluo. Vede la sua struttura immobile, è fatta di ferro, tutta di ferro; si staglia contro il cielo mentre la luce si affanna a penetrare fra le assi geometricamente ordinate, ineccepibili.

Decide in un attimo, la sua creatura lo salverà. Lesto come uno scoiattolo si arrampica sulle travi d'acciaio e con perizia da acrobata, si issa nella parte più alta della leggera capriata. Sembrerebbe irraggiungibile. Fa parte ormai della struttura, si sta len-

tamente trasformando in metallo. Ma non conosce le risorse del Venerabile; è dietro di lui quasi sospeso nel vuoto e recita la sua lunga verità, la sua idea universale: «Essoterico ti definisco, prescriverò per te cinque anni di silenzio, solo così sarai in grado di capire i pensieri altrui. Formerò in te la tua interiorità, e non temere, la concentrazione non ti priverà dei pensieri né impoverirai spiritualmente. Acquisterai la forza di sopprimere le fantasie che non approdano a nulla e dalla convinzione dell'inutilità delle fantasie, perderai l'abitudine a formarne.» Il carpentiere non sa più cosa fare, subisce l'inutile crudeltà senza comprenderla. Il suo più che essere un fastidio intellettuale è un fastidio fisico. La presenza delle ombre, di una particolare verità brutalmente rivelata lo annichilisce. Sembrava non capire, ora capisce, sente di poter comprendere quello che dice quell'uomo di un tempo lontano. Disturba ormai i suoi pensieri, razionali, logici, compressi in quella volontà del nulla che ci contraddistingue e ci esalta nello stesso tempo. Ora non può ritornare nel suo abituale abbrutimento, sa che può cogliere un'occasione, far parte della casta, far parte di una comunità diversa. I suoi ferri sono lì tutti ancora linearmente disposti, partoriti dalla sua fantasia, partoriti dalla sua capacità; ora sa che sono la rappresentazione della più bieca esteriorità, incarnano il suo essere, come può privarsi di tutto ciò? Qual è la fantasia che non approda a nulla? Come proibirsi i pensieri fantasiosi? Lo avverte, forse! È sempre stato nel giusto, nel giusto da lui stesso definito, e da chi altro? È questa la libertà irrinunciabile, al di là delle idee universali e del loro divenire. Sognare senza realizzare, fantasticare senza mai finire, amare l'inutilità, gloriarsi della propensione al nulla, soddisfarsi delle esteriorità anche se prive d'interiorità lungamente covate. Ora sa cosa deve fare.
Guardo con più attenzione, quasi non credo ai miei occhi! Il carpentiere saltella sulla sua struttura, balla sulle putrelle di ferro, fa le piroette sui bulloni, caprioleggia quasi furioso, infine volteggia al tempo di una musica ideale, una melodia di sfere che proviene dagli spazi siderali. La terra è là, cinquanta metri più in basso, basta poco per raggiungerla, c'è sempre tempo.
Il Maestro sente di aver giocato bene le sue carte e può così ab-

bandonare quei luoghi impossibili. Gli avevano detto che la sua filosofia non può che essere vuota e logora, gli avevano detto cosa non vera. L'ho rincontrato qualche tempo dopo in mezzo alle antichità della bella Cartagine, discuteva amabilmente con dei venditori di rose del deserto e di false monete antiche.

L'aspetto tecnico

Edo Ovale era tornato alla clinica alle cinque del pomeriggio. Si fece accompagnare nello studio del dottor Artois.
«Buona sera, dottore, allora? Tutto bene immagino»
«Ah, salve, non la aspettavo così presto. Può stare tranquillo, la ragazza è pronta. Deve solo riposare per un paio di giorni. La sua predisposizione è totale. D'ora in poi chiunque avrà con lei rapporti sessuali contrarrà una forma di priapismo mortale»
«Ecco, mi spieghi meglio l'aspetto tecnico del problema e le conseguenze su Ilaria. Questo mi piacerebbe sapere. Sarà un veicolo di morte, ma nuocerà alla sua salute? Siete sempre stati evasivi, non mi avete mai dato risposte precise. I suoi colleghi ci hanno persino scherzato sopra. Mi tolga il dubbio»
«Di cosa si preoccupa? Ma andiamo per gradi. Si sieda, ora le spiego. Quando ci fu commissionata la ricerca sugli ormoni steroidi, non sapevamo quali risultati avrebbe prodotto. Gli steroidi sono derivati dell'idrocarburo *ciclopentanoperidrofenantrene*, che risulta costituito da tre anelli *esametilenici* legati ad un anello *pentametilenico*. Gli steroidi comprendono un vastissimo

51

gruppo di sostanze naturali, fra le quali hanno particolare interesse: gli steroidi animali, gli acidi biliari, i cardiotonici agliconi, le saponine, i veleni dei serpenti, gli idrocarburi cancerogeni, gli alcaloidi della morfina, i principi odoriferi del muschio. Lei ormai lo saprà, noi abbiamo lavorato su quelli aventi la proprietà di svolgere nell'organismo un'azione sessuale, sia essa androgena, estrogena o progestativa. In sostanza l'asserzione del sinergismo e dell'antagonismo fra ormoni androgeni, estrogeni e progestativi è documentata dai risultati terapeutici per gli omosessuali. La nostra ricerca si è spinta ben oltre i precedenti limiti. Abbiamo così isolato una sostanza, dalle urine di donne mestruate, che cura l'ipertrofia prostatica, le turbe della sfera sessuale e tante altre cose. Ma, la stessa sostanza arricchita in laboratorio con particolari veleni estratti dall'aspide, in una persona di sesso maschile sana, provoca iperestesia sessuale e priapismo. Psicopatie del tutto curabili normalmente. Ora guardi questa documentazione.» Si alzò dalla sedia della sua scrivania, da uno scaffale tirò fuori un incartamento che depose davanti gli occhi di Ovale.
«Guardi, guardi pure, vedrà, esperimenti sconcertanti che ci hanno indotto a ricercare per la nostra scoperta un utilizzo più redditizio che non la sola cura di malati incontinenti o anafrodisiaci.»
Ovale iniziò a sfogliare i documenti contenuti nella cartella. La sua attenzione fu attratta da fotografie che dovevano essere a corredo della parte scritta vera e propria. Non erano altro che degli enormi cazzi in erezione, alcuni sanguinanti, altri ulcerati, sia sul glande sia sulle pareti, altri ancora invasi da tessuti tumorali.
«Ecco vede la sequenza logica. Una volta assunta la sostanza per via ematica, all'inizio si hanno solo erezioni continue ed un'esagerazione insaziabile della libido fino ad arrivare alla satirasi. La sostanza agisce in particolare sull'ipereccitabilità dei centri cerebrali o midollari. Successivamente, ed in termini di tempo parliamo di qualche giorno, iniziano processi di ulcerazione del pene, che continua ad essere eretto. A questo stadio i dolori diventano insopportabili. Ci sono stati alcuni pazienti che hanno chiesto l'intervento chirurgico per farsi recidere tutto l'apparato

sessuale. Subito dopo la fase ulcerosa prende l'avvio una degenerazione tumorale dei tessuti. Ecco vede quest'altra foto? È stata scattata dopo sette giorni dal contagio Il pene ormai è solo una forma antropomorfa, gli agenti cancerogeni hanno attaccato tutte le pareti. Vede questa escrescenza sul glande, sono allo stadio iniziale, ma la loro pervicacia è devastante in maniera fulminea. In alcuni soggetti si è potuto osservare l'accrescimento delle metastasi ad occhio nudo. Si inglobano nei tessuti cavernosi ed attraverso i condotti urinari e spermali invadono il corpo.»
Il dottore parlava con distacco professorale, avrebbe nello stesso modo potuto esporre gli affreschi della Cappella Sistina, ma evidentemente si trattava di altre cappelle. Ovale sentì un brivido lungo la schiena, non avrebbe più toccato Ilaria. Avrebbe dovuto disfarsene subito dopo: «La vostra arma è perfetta ma ancora non mi ha detto che succederà alla ragazza? Suvvia dottore, non si crei scrupoli, comunque il destino di quella poverina è segnato; in un modo o in un altro bisognerà pur fare.»
Artois restò un attimo pensieroso, per l'ennesima volta ritirò sul naso gli occhiali ed iniziò a dire: «Dalle sperimentazioni finora eseguite, e come lei può immaginare, nella più assoluta segretezza, le cavie attive non sembrano avere segni del male. Si è creata nel loro organismo una sorta di immunità che le rende perfettamente sane.»
Osservò una breve pausa: «Per il futuro ancora non possiamo dire cosa succederà, potrebbe accadere di tutto. Certo è che a distanza di quattordici mesi il loro fisico non presenta alterazioni. Abbiamo però notato altri tipi di modificazioni, soprattutto psicologiche. I soggetti, subito dopo, presentano una sorta di stato catatonico, sono terribilmente passivi rispetto agli accadimenti della loro vita, come se vivessero in un mondo che non ha più interessi. Dal punto di vista sessuale, sembra non abbiano più stimoli, e se costretti all'atto, lo subiscono senza reazioni.»
Artois si alzò di nuovo, girò attorno alla scrivania, si fermò dietro Ovale, poggiò una mano sulla spalla muscolosa e continuò a dire: «Non conosco quali siano i rapporti fra lei e la signorina, ma le consiglierei di troncarli dopo l'affare di Casablanca. Ritengo inoltre che la signorina non debba mai collegare il suo

intervento nella nostra clinica con le spiacevoli conseguenze che esso produrrà sulla persona che lei sa. Questo, mio caro Ovale, è un problema suo, non so che mezzi userà, ma è bene per tutti che le indicazioni ricevute vengano rispettate alla lettera. Lei è stato già pagato e lo sarà ancora di più alla fine dell'operazione, cerchi di non deludere.»
Ovale capì che la sua vita era in pericolo. Si era infilato in un colpo senza precedenti, ma ora provava la netta sensazione di aver commesso un errore. Gli stavano chiedendo di diventare un assassino, doveva uccidere per non lasciare prove che avrebbero potuto ricreare collegamenti con la clinica di Artois. Per questo non era preparato, non aveva previsto l'eliminazione di Ilaria.
Non era così semplice come pensavano. Aveva fatto di tutto nella vita, aveva trafficato con le armi, la droga, aveva riciclato valute sporche, ma non aveva mai ucciso direttamente nessuno. Certo non erano mancate risse, ferimenti, pestaggi. Ricordava ancora il rapimento dell'industriale tedesco. L'aveva visto incatenato e bendato, in quel caso aveva solo prelevato il denaro del riscatto dalla cabina telefonica, per trasportarlo a Ginevra. Aveva pattuito come compenso il venticinque per cento del trasportato. Ma ancora nessuno aveva prelevato dalla banca la somma da lui depositata. Si era ripromesso di non toccare quel denaro almeno per altri dieci anni; non che fosse un delinquente onesto, semplicemente aveva paura.
Vantava un'esperienza significativa nel campo della malavita internazionale, la sua insospettabilità era l'elemento di maggior forza. A lui si ricorreva nelle situazioni più particolari e complesse, quando la discrezione, la segretezza diventava determinante per la riuscita dell'operazione. Quest'ultima ne era un esempio tipico. Aveva sbagliato nel sottovalutarla. Gli era sembrato un gioco da ragazzi, senza nessun pericolo. Tutto iniziò una mattina di autunno al fermo posta della Garbatella, dove avrebbe dovuto ritirare le istruzioni per un nuovo lavoro.
Era una busta color avana. La infilò nella sua capiente borsa, risalì sull'auto e si diresse verso Ostia Lido. Al mare sarebbe stato lontano da occhi indiscreti, la stagione non consigliava certo i bagni, il sole era opaco, una leggera foschia rendeva il paesaggio

marino come ovattato, privo di contrasti. La Cristoforo Colombo era quasi vuota, le vetture scorrevano veloci, solo i semafori rallentavano la corsa. Ovale inserì nel mangianastri la cassetta della sua amata Renata Tebaldi, conteneva le arie più belle cantate dalla famosa soprano. Si deliziò ancora una volta dei gorgheggi e dei virtuosismi di quella voce inimitabile. Gli veniva da pensare che la Callas non avrebbe potuto rivaleggiare con la Tebaldi. E mentre correva l'aria della "Traviata", tirò fuori la busta avana. Cercò di aprirla, ma con una mano gli riuscì difficile. Si portò a ridosso della spiaggia in quel tratto di costa che da Ostia porta a Torvaianica. Davanti a sé il mare rumoreggiava sommessamente, l'acqua era di un colore indecifrabile tanto da confondersi con il colore pallido del cielo e quello sbiadito della spiaggia. Aprì la busta. Le indicazioni erano sempre telegrafiche ma precise. Non si trattava di trasporti questa volta, né di dare assistenza a qualche latitante, né di far pervenire armi in luoghi proibiti e pericolosi. Avrebbe dovuto solo procurare una donna giovane e bella da utilizzare come strumento per alcuni esperimenti scientifici.
I luoghi delle operazioni sembravano essere tre: Roma, Parigi e Casablanca. Altri particolari gli sarebbero stati comunicati successivamente; i tempi non avrebbero dovuto superare i due mesi. La ricompensa per questi suoi servizi era alta, più del previsto: cinquanta milioni subito, già bonificati sul suo conto di Ginevra, altri cinquanta al termine da bonificare sulla chase Manhattan Bank di New York.
Rimase meravigliato, ma sul momento lasciò correre. Forse l'operazione avrebbe richiesto forti spese. In effetti, i costi furono elevati ma non tanto da prosciugare la sua ricompensa. La ricerca della donna finì per trasferirsi immediatamente nel mondo della prostituzione. Quale altra ragazza avrebbe potuto mai contattare e soprattutto convincere al trasferimento all'estero? Aveva avuto fortuna; Ilaria era bella e disponibile per qualsiasi avventura.
Aveva dovuto lavorare giorno dopo giorno. I progressi non erano stati repentini, aveva dovuto sudarli. Guardò di nuovo Artois: «Non vi pare di chiedermi troppo? Ho una mia etica professionale, loro sanno perfettamente che non ho ancora assassinato

nessuno. Il mio utilizzo è sempre stato delimitato, pensate voi a distruggere le prove dei collegamenti. Non sono il tipo adatto. Potrei commettere degli errori in campi non miei.»
Artois sembrò meravigliarsi: «Non riesco a capire cosa lei voglia dire. Non ponga a me quesiti di tal fatta. Si rivolga a qualcun altro. Devoo solo farle le comunicazioni che ho già fatto, il resto è un problema che non mi riguarda. Ritengo che il nostro colloquio possa terminare qui. Io la saluto e le auguro buon viaggio. Troverà la signorina pronta per essere dimessa domani mattina.»
Artois tornò a sedere dietro la scrivania, aprendo una cartella, senza più rivolgere lo sguardo ad Ovale. Quest'ultimo rimase ancora un po', poi si alzò ed uscì.
Lo avevano condannato, pensò, questa sarebbe stata la sua ultima missione. Ma perché? Quale errore aveva commesso? Aveva paura, lui sapeva cosa avrebbero fatto. Era tutto prevedibile. Avrebbero lasciato che trasportasse la ragazza a Casablanca, lì avrebbero conosciuto la vittima. Circuirla e portarla ad avere rapporti con la ragazza non sarebbe stato difficile. Ma eseguito il misfatto sia lui sia la ragazza avrebbero dovuto lasciare il Marocco, rifugiarsi prima in Spagna, e poi trasferirsi a New York.
Gli venne da pensare che non sarebbero mai arrivati in Spagna. Un incidente automobilistico gli sembrò un fatto probabile e sicuro. Se la sua valutazione era esatta, questo significava che non avrebbero corso pericoli fino al loro arrivo in Marocco e sicuramente fino a dopo l'incontro con Kamel Attaya Abduallah.
Chi fosse Kamel Attaya Abduallah lo aveva scoperto di recente. Le sue informazioni non andavano più in là di una semplice nota scritta e di una serie di fotografie che ritraevano l'arabo a passeggio per le strade di Parigi, o seduto sotto il Colosseo, a Roma, con una ragazza bruna. La nota precisava che l'uomo aveva quarantacinque anni, architetto laureatosi in Francia, sposato con due figli, attualmente viveva a Casablanca, dopo aver passato alcuni anni a New York e a Tunisi. Di famiglia agiata, possedeva una fortuna in titoli della società Braunsweig. Amava giocare ai cavalli. Non vi era scritto altro in quelle poche righe che aveva ricevuto circa un mese dopo l'inizio del suo lavoro per quel nuovo affare.

Non aveva diritto a sapere altro. Le motivazioni del perché volevano eliminarlo non erano menzionate né lo sarebbero state in seguito. In queste vicende meno si sapeva, più si era al sicuro. Aveva imparato da tempo a non essere curioso. Mai fare domande, mai aspettare risposte, poteva significare creare sospetti sulla sua attività, sul suo modo di comportarsi.
Kamel Attaya Abduallah, a suo avviso era solo un povero sfigato, che avrebbe fatto una fine atroce e forse nessuno mai avrebbe collegato la sua morte con Ilaria Cucirini, prostituta romana trasferitasi momentaneamente in Marocco a scopo di turismo e forse scomparsa sulla strada che da Gibilterra porta a Cadice insieme al suo uomo del momento, un tale anonimo Edo Ovale. Lo scenario sarebbe stato plausibile, pensava, se non si fosse trattato della sua pellaccia. L'affare prendeva tutt'altro aspetto. Avrebbero dovuto faticare parecchio per farla ad Edo. Non gli rimaneva che attrezzarsi adeguatamente. Sapeva che bisognava vincere sul campo, sparire adesso non sarebbe servito a poco, anzi avrebbe peggiorato le cose. Alla donna non voleva pensare, al momento opportuno avrebbe deciso il da farsi.
Prima di ogni cosa doveva superare la paura. Era una sensazione paralizzante. Una parte dei suoi pensieri si attardavano ad accarezzare la speranza che fosse stato lui stesso ad esagerare nella valutazione. Aveva fornito ampie prove di affidabilità, lui era sempre stato un tipo sicuro per l'organizzazione, mai un problema si era creato per sua responsabilità. Ricordava quando lo fermarono in Ungheria, subito dopo l'ottantanove, lo accusavano di aver trasportato clandestinamente un carico di armi destinato all'opposizione comunista che si stava riorganizzando. Non una parola uscì dalla sua bocca, non un riferimento ai veri responsabili dell'operazione. Non ci furono riguardi per lui, lo torturavano in tutte le maniere, minacce, nottate insonni, finte esecuzioni. Usarono tutti i mezzi, fuorché la violenza fisica.
Dopo due mesi dovettero rilasciarlo espellendolo dal paese come non gradito, e questo fu tutto. Ma avrebbe potuto sconvolgere il mondo con le sue rivelazioni, se solo si fosse deciso a parlare avrebbe fatto tremare le fondamenta di qualche istituzione democratica. Nessuno lo ringraziò per il suo comportamento, né lui

chiese ricompense, non avrebbe saputo a chi chiederle. Fu tenuto in stallo per qualche anno prima di essere riattivato. I suoi lavori furono di poco conto e senza rischio, tanto che si considerava ormai in pensione. Sperava che la parte ottimista dei suoi pensieri fosse quella vincente. Allora tutto si sarebbe accomodato in poco tempo. La conclusione che trasse fu che doveva prepararsi e bene.
Percorse l'intero corridoio, prese l'ascensore e si ritrovò davanti alla stanza dove era ricoverata Ilaria. Socchiuse leggermente l'uscio e vide che dormiva. Richiuse la porta e uscì all'aria fresca a riordinare i suoi pensieri e a decidere cosa fare e come farlo.

La distruzione di Cartagine

Mi sono ritrovato a rimirare il golfo Punico. Sidi Bou Said è un bellissimo paesetto arroccato sul promontorio che delimita il golfo. Tutte le sue case sono di colore bianco mentre finestre, porte, balconi sono azzurre come il cielo che le sovrasta ed il mare che le circonda.
Le piccole strade fatte di ciottoli incastrati gli uni negli altri traboccano di bancarelle che espongono souvenir, tappeti ed oggetti di antiquariato o almeno spacciati per tali, rustici profumi ricavati da erbe locali, borse e pellami. Il Maestro discute amabilmente con i venditori senza mai comperare.
Ogni tanto m'invita a salire, a seguirlo in quel suo andare. Il tempo s'incunea in uno spazio infinito, in uno di quegli universi paralleli che non è dato vedere, le strade si restringono sempre più fino a diventare un punto piccolissimo per poi esplodere a dismisura su di uno spiazzo immenso.
Ora il paese è alle nostre spalle, davanti si apre il mare mentre una barca veleggia tra i flutti ed il sole fa capolino dietro le nuvole che corrono veloci nel cielo. «Eccole» dice, «sono arrivate

di nuovo le navi romane, sono all'imbocco del golfo, fra poco piegheranno ai loro voleri i nemici dell'impero. Puoi vederle, guarda con i tuoi occhi.»
Lo lascio dire, vive nel suo mondo irreale, io scendo le scale fra le felci che nascono all'ombra delle palme assorbendo l'umidità della terra. Ci sono due grotte molto ospitali e siedo comodamente sopra i cuscini, sopra i tappeti berberi. Mi inebrio a guardare. Dovrei descrivere una cartolina o una fotografia delimitata a semicerchio dall'apertura della grotta, ma eccolo ancora: «Aspetta, guarda lì, nel mezzo, fra poco infurierà la battaglia e questa volta saremo testimoni. Il sangue scorrerà, colorerà di rosso il mare azzurro. Le navi affonderanno con tutto il loro carico, la città arderà di un fuoco maligno e tutto il paese sarà ricacciato nella primaria barbarie, reso schiavo, asservito ad un potere più potente, più vivo, più dinamico. Ecco, vedi il tempio, il teatro, il parco abbellito da statue e colonne. Eh! Hanno osato troppo. È come paragonarsi a Dio ed assumerne le vesti.
«Melquiades il molok dell'innovazione, lo zingaro immortale, non riuscì a fare il suo dagherrotipo, la sua presenza non venne rilevata; semplicemente non esisteva, aveva finto di essere, aveva creduto di essere, loro hanno creduto di poter essere.» Bevo il tè e mangio il pasticcino, fumo una sigaretta. La presenza del Maestro mi tranquillizza, è lì vicino che scruta parla, vagheggia e descrive la fantasia:
«Vedo la battaglia infuriare, gli arcieri bersagliano la costa, i frombolieri riempiono l'aria di suoni acuti e micidiali, le catapulte scagliano sassi ricoperti di pece bruciante; e così piano piano si avvicinano sempre più, stringendosi quasi a formare una barriera. Aspetta non te ne andare, vedrai che sbarco, uno spettacolo magnifico, ci vuole ancora un po', soltanto qualche giorno.»
Non ci penso nemmeno, resto seduto, mi farò portare ancora un tè. E, come evocando uno spirito, avverto la presenza di un impeccabile cameriere pronto ad esaudire i miei desideri.
Mi nutro di decadenza, mi nutro di un'aria piena di sospiri e miagolii, mi soffoca questa calma tristezza che si perde su una rupe rossa e su un villaggio di pescatori in dissesto. Sono rimasti solo pezzi di muro sbrecciato, un cortile pieno di erbacce e cate-

ne arrugginite, uno scheletro di barca e più avanti un molo dove sbatacchia un'acqua melmosa piena di terra.

Ecco le navi, si sono avvicinate, ora sbarcheranno i guerrieri dell'aquila imperiale con le loro daghe, con le loro lance; nulla potrà fermarli. Assalteranno le case, strazieranno donne e bambini, razzieranno tutto quello che capiterà, bruceranno ogni cosa.

«Sbrigati, alzati, vieni a guardare meglio!» Rimango seduto, insacco la testa tra le pieghe del giaccone e chiudo gli occhi, tanto è lo stesso.

«Che scempio, che crudeltà! Il sangue scorre; sono rivoli che si riversano nel mare; non uno hanno lasciato vivere, sono stati tutti miseramente trucidati. E la città? Oh che rovina! Le colonne abbattute, i templi degradati, le case distrutte che ancora fumano e cadono pezzi. Li vedi! Sono pazzi famelici. Ora si sono ubriacati, e violentano le donne lungo le strade, in mezzo ai cadaveri dei loro cari. Tirati su dunque! Guarda quello che vedo io, testimonia lo scempio! La doppia e bugiarda città è finita, ora dovranno ricucire la pelle di bue fatta a fette sottilissime per delimitarne i confini. Il verbo essere non potrà più significare solo esistere, la copula dovranno reinventarla, la loro lingua biforcuta, senza la negazione verbale, è stata definitivamente recisa. Quale altro trattato potranno più rompere? Finalmente Elissa piangerà la morte del marito.

«Eccoli! Ormai prostrati, fra le rovine e la distruzione. Distruzione! Sono valsi a poco gli inganni.»

Rinnova l'invito: «Alzati! Esci dall'abbrutimento, assisti alla vita che fugge, alla strage che si compie!»

Le sue parole mi turbinano nella testa senza essere comprese, è una voce lontana che parla. La rupe è lì ancora rossa, sopra di essa hanno costruito una villa che spazia sul golfo, la circonda un parco pieno di alberi, fiori più svariati: è la reggia del novello principe, il moderno tiranno, ammantato nell'immortalità della sua persona spera di poter frenare la rivoluzione che, come gli antichi romani, viene dal mare, da luoghi dove la perdizione si crede sia diventata costume; si fa l'amore nelle strade, i veli sono caduti anche dalle parti più intime, si mangia il maiale, si beve l'alcol, si discute. Mi alzo tirando fuori la testa dal guscio. La

distruzione la conosco è quella che ho nell'animo, che mi perseguita, è quel vuoto senso del nulla che mi angoscia, è la perdizione dell'Io confuso in questa realtà che mi sovrasta e sfugge al mio governo. Guardo attento e finalmente odo le urla di guerra nel polverone della mischia. Le navi continuano il lavoro implacabilmente, le palle di fuoco, scagliate dalle catapulte, solcano il cielo con parabole perfette, rovinando potenti sulla città. Ne seguo una: nettissima si staglia nel cielo, veloce percorre lo spazio che la separa dal suo casuale bersaglio ed inesorabile si abbatte sul tetto di una casa. Calcinacci, fiamme e scintille, polvere, muri che crollano, sono l'effetto devastante. Sorseggio il tè ed addento un ultimo pasticcino alla mandorla; il Venerabile è lì che freme dalla voglia di improvvisare un sermone filosofico sull'apparente ed il reale. Si trattiene a stento, mi sente distratto, lontano.
La giornata sta volgendo al termine, il cielo si va oscurando. Il cameriere ritira i bicchieri ed aspetta di essere degnato della nostra attenzione. Lui non ha paura, non trema dal terrore, è piuttosto impassibile, tanto la guerra arde di sotto, sopra c'è solo calma e tranquillità. Il Venerabile non perde l'occasione, sa di poter lavorare. Li lascio discorrere sulla percezione sensibile e lo sviluppo della conoscenza, la storia della filosofia. Il cameriere è un ottimo uditore, sembrerebbe non perdere una battuta ed annuisce di sovente, ogni tanto ridacchia sotto i suoi baffi arabi, ma è solo eccitazione.
Risalgo le scale fra le felci, mi lascio alle spalle il tormento dei cartaginesi e la mia solitudine. Una locanda mi accoglie. È piccola e la puzza di frittura mista al fumo di mille sigarette quasi nausea. Siedo su di una panca di legno ed aspetto. La gente sbevazza e si insudicia le mani pescando nelle ciotole fumanti il pezzo di pesce da ciancicare. Rivoli d'olio giallo scendono tranquilli dall'angolo delle bocche masticanti. Ogni tanto un risucchio attira la mia curiosità, contorni in musica il fine brodaglia, dopo aver inzuppato fette di pane tranciato, e subito mi volto ma già il rumore s'acquieta e la ciotola torna serena sul tavolo. Sorprendo un robusto coltello a mezz'aria che infilza e soppesa un coscio di pollo rosolato, tronfio del suo misfatto. Un cucchiaio sbatacchia con ritmo sul bordo di un tavolo, mentre sul mio depongono

gamberi fumanti, vino denso ed una brocca di limpida acqua. Intanto rullano i tamburi e suonano trombette, due danzatrici, coperte di stoffe arrotolate agitano fianchi adiposi e ventri rigonfi. Lanciano sguardi invitanti, sorridono con i musi pieni di rossetto e brillantini nascosti fra gli strati di cipria, gli occhi dipinti di nero esprimono solo noia. La musica diventa assordante, le giovani si attardano sinuose intorno ad un'anfora e già qualcuno infila le sue mani nei rigidi corpetti, lasciando penzoloni foglietti di carta colorata. Le sigarette pipettano, la notte fuori incombe, la luce dentro è fioca e tremolante. Il ritmo diventa ossessivo, mentre cadono le stoffe arrotolate ed i rigidi corpetti, scoprendo mutande felpate e spessi reggipetti traboccanti. Girano per i tavoli con le gambe muscolose, strisciando come gatti, menando il culo proteso sulle facce degli astanti. Raccolgono bava e moneta, rimangono fetori sudati.

La musica si va allentando rimane solo un rullo di tamburi, si preannuncia l'eccitante. Le danzatrici scompaiono dietro un cadente sipario, intanto cresce il brusio. Spengono le luci ed alla mia vista sfocata appare un cielo di stelle fatte da mille braci soffiate. Un improvviso tramestio, il suono delle trombette vibra nuovamente acuto nelle orecchie mentre ritornano a calcare la scena le artiste apprendiste. Rimangono solo le mutande felpate, traballa la floscia carne dei seni appassiti nel vortice della danza smaniosa. Ululano gorgheggiano gli spettatori ormai ammaliati dall'insolita visione. Ma la cena è finita, lo spettacolo pure, fra inchini, applausi e fischi, fra mormorii e risate di gente turbata, un po' avvinazzata. Mi attende la notte e l'eterno ritorno dei fantasmi agguerriti che popolano le mie fantasie.

L'ira di Ilaria

La mattina successiva arrivò prestissimo alla clinica, nella sua testa aveva ormai organizzato il piano. La notte non era trascorsa invano.
Ilaria era sveglia e furente, e lo accolse in maniera orrenda. Aveva trascorso la notte insonne, pensando e ripensando a cosa avrebbe mai potuto fare, ma senza trovare nessuna risposta.
«Tu sei il più gran figlio di puttana che io abbia mai incontrato, sei l'essere più spregevole e schifoso che io abbia mai conosciuto, sei riuscito a rovinare la mia vita per il solo fatto di averti conosciuto, tua madre deve aver fatto i bocchini ai cani e tuo padre se lo faceva mettere nel culo dai cavalli. Ti dovrebbero strappare le palle e fartele ingoiare ed ancora non basterebbe per quello che mi hai fatto.»
Sembrò calmarsi per un po', ma subito iniziò con più veemenza: «Parla bastardo, dì almeno qualcosa, sputa la merda che hai nella bocca, raccontami che cazzo mi hai fatto fare? Doveva essere un semplice punto, vedrai non sentirai niente» scimmiottava le frasi consolatorie di Ovale, «ed invece guarda qui» e nel dire allargò la

vestaglia, mettendo in mostra un enorme pannolino leggermente sporco di sangue che copriva tutto il suo basso ventre, «non posso nemmeno pisciare, perché i dolori mi arrivano al cervello. Ma tu pensi di cavartela così?» Aveva cambiato tono di voce, ora non era più stridula, parlava piano scandendo le parole mentre lo sguardo si faceva di fuoco: «Eh no, brutto essere schifoso, tu non conosci Ilaria Cucirini! Ti farò fare a pezzi.» Detto questo sembrò tranquillizzarsi. Ovale non rispose, rimase in silenzio. Poi all'improvviso la sua mano scattò rapida e colpì violentemente la giovane al viso, stendendola a tappeto svenuta. Dalla sua bocca, lacerata internamente, sgorgò un fiotto di sangue. Senza troppi riguardi, la raccolse e la gettò sul letto. Prese un tovagliolo imbevuto di acqua e pulì alla meglio la ferita, tamponò la fronte fino a che Ilaria riaprì gli occhi. Questa volta non disse una parola, lo guardò come non lo aveva mai guardato, piena di paura. Pianse in silenzio, ma non osava neppure alzare gli occhi.
«Adesso smettila di frignare, raccogli la tua roba che andiamo, ci aspettano. Non serve a nessuno l'isterismo e c'è un solo modo per farlo passare alla svelta. Dovresti ringraziarmi»
«Vaffanculo, stronzo, mi hai fatto male. Ci mancava solo questo.» Fece una pausa e poi riprese: «Basta, io me ne torno a Roma. Non vengo da nessuna parte. Sono arcistufa, umiliata e per giunta anche presa a schiaffi. È troppo anche per me. Non mi contare.»
Ovale rimase tranquillo per nulla preoccupato: «Muoviti, non ho tempo da perdere. Se non ti è chiaro, non hai molte altre scelte oltre quella di seguirmi. Con le buone o con le cattive.» Soggiunse con fare minaccioso: «Dovessi addormentarti per tutto il viaggio»
«Ah bene, io allora chiamo la polizia, ci sarà pure qualcuno disposto ad aiutarmi in questo cazzo di posto»
«Fai pure, accomodati. Chiama la polizia. Vedrai chi arriva! Te lo ripeto per l'ultima volta, sbrigati non ho tempo da perdere, forse non hai capito, non stiamo giocando. Abbiamo venduto i nostri servizi per un'operazione che tu conosci. La gente che ha investito nell'affare non può preoccuparsi dei capricci della prima donna. Quelli ci fanno ritrovare con qualche chilo di piombo

in fondo al mare a far compagnia ai pesci. Riesci a capirlo o no? Cosa credi che la villa, le cameriere le governanti nascano dal nulla? Cosa credi che arriviamo noi e rimpiazziamo i più moderni casini mai esistiti? O pensi che gli arabi danarosi si trovino all'angolo delle strade? È tutta questione di organizzazione, che loro ci hanno messo a disposizione, a noi non resta che dar seguito a quanto pattuito e remunerarli con piccole percentuali sui proventi»
«Ma io non lo sapevo» disse meravigliata Ilaria, con un filo di voce, «anche su questo mi hai ingannata. Ma come! Non ho mai voluto la protezione di un magnaccia, ho sempre lavorato per conto mio, arrivi tu e vai ad inguaiarmi con le tue organizzazioni. Tu sei pazzo»
«Beh, senti non farla troppo lunga, ora è così, non posso farci niente. Muoviti e non ne parliamo più.» Intanto prese la valigia della donna e cominciò a riempirla alla meglio con tutto quello che trovava in giro. Prese i vestiti dall'armadio e li gettò sul letto: «Dai vestiti! Per Dio!» urlò con voce rauca. «L'aereo non aspetta, e se non prendiamo quell'aereo ci fanno la festa direttamente qui.»
Ilaria sembrò rassegnarsi. Entrò nel bagno, si ripulì la bocca, le labbra cominciavano a gonfiarsi. Le occhiaie denunciavano la notte insonne, i pianti, lo strapazzo dell'operazione, che suo malgrado aveva subito. Mentre cercava di darsi un aspetto presentabile, ripromise a se stessa di vendicarsi, fosse l'ultima cosa che avrebbe fatto. Ad occhio e croce non aveva molte altre alternative: non poteva scappare, non poteva ammazzarlo lì, non poteva chiedere aiuto, la sua scelta era obbligata.
Di lì a poco riuscirono ad uscire dalla clinica. Un tassì li portò direttamente all'aeroporto, dove presero l'aereo per Casablanca nella stessa mattinata.

Le prostitute

I fari illuminano una strada deserta. Da tempo ormai ho lasciato la locanda dei rustici piaceri. Sono quasi soffocato dalla noia, il Venerabile non si è degnato di entrare.
Un esercito è stato sommerso nella sabbia. È un'immagine di sconfitta che turbina vorticosa nei pensieri. Non arriveranno mai a conquistare terre ancora più povere di quelle possedute. Le concubine, le prostitute che portavano al seguito, sono state sezionate e mangiate. La fame, gli stenti, la sabbia finissima che brucia negli occhi rende la marcia atroce e perduta.
Duemilacinquecento anni fa un esercito approvava la decimazione di se stesso per continuare l'impresa della glorificazione della follia, l'archetipo della volontà di potenza massificata.
La periferia si estende nella melma; le case di fango, rattoppate qua e là da lamiere di auto contorte, distruzione, sono le immagini che si sovrappongono alla macellazione. Un rigagnolo di acque putride si immerge nella palude fra un mucchio di rifiuti ed uno scasso nel terreno. Continua ad infuriare la tempesta di sabbia che tutto oscura.

I bambini corrono e giocano vicino alle acque putride ed ai mucchi di rifiuti di un'enorme palude formata da un mare che stagna senza più forza, nemmeno per scuotere se stesso.
I primi mille sono stati sacrificati per salvare la moltitudine affamata. Mangiano se stessi e maledicono la loro sorte. Tutto dipende dal numero. Il numero può determinare una fine atroce: la propria carne sezionata e masticata.
La determinazione dell'unità mi perseguita, l'opposizione mi angoscia. La lama scintilla nell'aria e precisa recide una testa.
Un gruppo di uomini si è accoccolato a ridosso di una baracca. Avvolti nei loro mantelli marrone scuro, fumano un tabacco forte e puzzolente. Una donna, avvolta nel velo svuota il pitale pieno di merda. Le dune si spostano, si muovono senza ordine stabilito e tutto sommergono, i miseri resti di un esercito in rovina, gli animali stremati, i carri ormai vuoti ed abbandonati, la concubina che vaga sfuggita per riconoscimento d'amore alla sua macellazione.
«Poni fine ai pensieri smaniosi. Non sei ancora stanco di distruzioni. Eppure hai già visto la guerra. Quale strega può averti reso così ansioso?» Lo spettro è seduto al mio fianco. Le sue apparizioni sono improvvise, inattese. Egli conosce i miei pensieri, non bisogna parlare per intendersi. Macbeth urlava e si dimenava contro il fantasma di Banquo. I suoi ospiti lo guardavano perplesso mentre il sospetto s'insinuava nelle loro menti. Chi potrà mai ascoltare le mie grida? È inutile persino inveire.
«Hai ragione non serve, inveiresti contro te stesso. Sono il rimedio all'incombente solitudine, una piovra dai mille tentacoli che ti sovrasta, che lentamente ti droga, trasformandoti in suo oggetto. Stiamo percorrendo uno spazio dove governa l'allucinazione. Più andremo avanti e più il mondo si trasfigurerà ai nostri occhi, finché lo vedremo popolato di gente diversa, di cose ed oggetti perduti in epoche remote, di sogni e storie così vecchie e decrepite da sembrare finte e false. Ci sentiamo sfiniti, sezionati dalla dualità della nostra vita. Guarda la strada che corre, deserta, gli alberi rinsecchiti ancor più spettrali alla luce dei fari, con le foglie ingiallite cadute tutto intorno. Una visione fuggevole ma ripetitiva, eppure affatto reale, la lasci alle tue spalle e subi-

to la ritrovi davanti, pensavi di averla superata eppure non l'hai ancora raggiunta, credevi di averla compresa, catalogata, invece sfugge di nuovo. Fermarsi non serve, è come chiudere gli occhi per non vedere. La soluzione è arrivare, dove non si sa, non si conosce, rimane il percorrere come unica certezza. E il dilemma si ripropone inarrestabile. Ora altro non ti dirò, solo di raccogliere le anime che vagano, la strada ne è piena.» E con quest'ultima frase sibillina il Venerabile si chiude in un silenzio profondo. A nulla valgono le mie esortazioni a riprendere il dialogo, anche se il sermone si andava appesantendo con considerazioni esistenziali. Vorrei capire il significato della frase finale ma non riesco a cavargli un'altra sola parola. Ha appoggiato la testa al sedile, si è addormentato e russa con la bocca aperta.
È la prima volta che lo guardo con attenzione. Non è un bello spettacolo: è vecchio, vecchissimo, la pelle chiazzata gli si è appesa agli zigomi, la fronte è piena di rughe, le labbra sono diventate due fili sottilissimi rientranti, senza più i denti a sostenerle. I capelli li ha persi chissà in quale epoca remota ed il cranio si è puntecchiato con una miriade di efelidi. «Fermati, ferma questo calesse.» Improvvisamente si è svegliato: «Raccogliamo le anime perse!» E nella notte si materializzano due giovani donne che attendono. Aspettano da sempre raccoglitori pietosi. Salgono nella vettura convinte di aver trovato l'autobus che cercavano. Parlano arabo, francese, berbero e s'intendono solo con il Venerabile. E lui che svela i reconditi pensieri che hanno alimentato i sogni della loro triste esistenza, è lui che comprende e traduce.
Sono nate in un bosco di sugheri fra pecore, capre, capanne di fango; il loro piccolo universo non fu mai sconvolto, il tempo passava tranquillo, le stagioni si alternavano con il caldo afoso dell'estate, il rigido freddo delle notti invernali; finché sopraggiunsero le torme di tecnici zuccherieri. In breve tempo sconvolsero la vita del villaggio: cominciarono a scavare nel mezzo della loro vallata, asportando montagne di terra mista a margherite colorate, deviarono il corso dei fiumi, scacciarono via tutti gli animali atterriti dal rumore assordante dei macchinari. In questa repentina opera di demolizione, presto arrivarono al villaggio. Requisirono tutte le capanne, acquistarono a prezzi esorbitanti

rifornimenti e viveri. Con pochi denari s'impadronirono della forza degli uomini validi per i lavori più pesanti ed umili, cambiarono le loro abitudini, gettandoli nel vortice di polvere e rumore fra apparecchiature sconosciute ed orrende, nel mezzo della frenesia dell'avanzamento percentuale mensile. Tutto venne sopraffatto dai container, dai capannoni metallici, dai cessi mobili con doccia a rimorchio, dalle automobili blu che sfrecciavano a qualsiasi ora nelle bianche strade, da melodie ed immagini di altri continenti, da torme di uomini ubriachi in cerca di emozioni e di donne da violentare. Il contatto con la diversità, con la vita caotica e pulsante degli stranieri che occupavano lo spazio a loro destinato, iniziò a modificare pian piano il corso dei pensieri. Si ritrovarono sempre più sovente a sognare il mondo lontano dei tecnici dello zucchero. Avevano visto le fotografie di case costruite diversamente, accoglienti, spaziose, di donne eleganti, dipinte in volto, bellissime, che ridevano felici, sedute nel mezzo di giardini curati, pieni di fiori. Sognavano così il paradiso, sognavano la gioia e la felicità di lasciare viottoli fangosi e polverosi del loro paese, le case piccole, fredde, la vita promiscua fra genitori parenti, fratelli tutti stipati in un unico camerone senza bagni, né divani, né rose alle finestre. Prese corpo così l'idea di vendersi in cambio di una promessa. Bastava poco ed il gioco era fatto. Bisognava contattare un sensale, un ruffiano che avrebbe presentato e descritto le delizie dell'amore agli affamati di sesso. Conobbero così anziani, giovani, rudi e gentili, gente senza scrupoli, timidi e pudibondi. Furono partecipi dei loro momenti di gioia, della loro disperazione, del loro pianto sordo, della loro presunzione e vigliaccheria, del loro misticismo, del loro sadismo. Furono usate in cambio di futili promesse di regalini ridicoli, di denaro senza valore, provarono sensazioni diverse, a tratti furono felici, gioiose, ora avvilite depresse e sporche. Sentirono ventri disfatti adagiarsi sulle calde carni, sprofondarono in abissi senza fondo, si sentirono mordere il collo, i seni, mentre ruvide mani palpavano i glutei, lisciavano le anche ed ebbero la certezza dell'inutilità della loro esistenza, la fatuità dei sogni, l'inganno della civiltà avanzata. Furono cacciate dalle loro case, bandite dal villaggio, sopraffatte dalla vergogna. Furono messe

nelle prigioni bordello, frustate, torturate, depilate e persino rasate, umiliate. Contrassero le peggiori malattie che arrotolarono e distrussero le loro viscere, mentre perdevano i denti e la pelle si squamava. Si svegliarono una mattina con la putrefazione nel corpo; legarono due corde alle sbarre di ferro dell'unica finestra, racchiusero le gole nei filamenti di canapa, si lasciarono nel vuoto spezzandosi le ossa del collo. Rimasero strette per mano, abbracciate con le calve teste reclinate l'una sull'altra; fu l'ultimo gesto di profonda tenerezza e d'infinito amore che non valse a toccare nel cuore gli squallidi aguzzini. Le staccarono in malo modo, le avvolsero in un sacco e le bruciarono come incomodi pacchi nel cortile della prigione bordello.
Ora sono nella vettura gioiose e ridenti ma s'intendono solo con il Venerabile, mi hanno escluso, mi è proibito parlare, posso solo pensare e percepire attraverso quella mia immagine decrepita prima di morire.

Casablanca

Casablanca è una città popolosa che ha subito un'urbanizzazione caotica determinata da un processo di crescita violento e contraddittorio. Il risultato non è edificante, il contrasto fra il moderno centro urbano e l'architettura tradizionale araba, fra i negozi di tipo occidentale e le vecchie botteghe del souk è troppo stridente, un contrasto che colpisce ancor più fra la disadorna periferia, preda di una scalmanata speculazione, e l'armonioso sviluppo del modernissimo centro urbano. L'aeroporto Moahmed V dista circa trenta chilometri dalla città.
La coppia era attesa da un giovane arabo distinto, ben vestito e con un'aria misteriosa, che li condusse con la sua auto alla villa tante volte sognata da Ilaria. In effetti, chi aveva organizzato l'intera operazione aveva predisposto effetti scenografici di indubbio rilievo. La costruzione era lussuosa, lo stile architettonico arabo si accostava in maniera sobria e ricercata con le moderne concezioni occidentali. Gli infissi, gli arredi, erano stati studiati per dare il maggior comfort agli abitanti.
La casa si sviluppava su due piani e su diverse ali, che contor-

navano da una parte un'enorme piscina e dall'altra parte un verdeggiante parco ben sistemato, con cespugli di fiori qua e là a rompere la monotonia del verde. Un muro di cinta teneva lontani gli sguardi indiscreti. Un cancello di ferro battuto permetteva l'accesso nel parco attraverso un viale alberato. Su di un lato dell'ingresso vi era una telecamera che si muoveva lentamente per soffermarsi su tutti gli oggetti in movimento. La villa si trovava non lontana dal parco della Lega araba, in una zona esclusiva, dove costruiscono le loro residenze i facoltosi del posto, fra il boulevard Youssuf Roussel ed il boulevard Rachidi, a ridosso della cattedrale du Sacre-Coeur.

La coppia con l'autista arrivò nel primo pomeriggio. Trovarono tutto più lussuoso di quello che avevano osato immaginare. Ilaria fu condotta da una gentile governante in visita per tutta la villa. Le furono mostrati persino gli angoli più nascosti. Rimase completamente conquistata quando le venne mostrata la sua camera. Vi era persino un ascensore che la collegava direttamente alla piscina. Le tornò il buon umore, si sentiva rilassata come se non avesse avuto più dolori. Avrebbe potuto utilizzare i servizi di una sua personale cameriera. Le sembravano mille anni lontani i due precedenti giorni passati nella clinica di Parigi. Rimaneva quel piccolo dubbio su cosa le avevano realmente fatto durante l'intervento, ma ormai, pensò, devo godermi quel che mi viene offerto.

Ovale rimase tutto il tempo seduto in uno dei salotti del piano terra, in quello adibito alla degustazione del tè. Gli fu consegnata una lettera con preghiera di leggerla subito. In essa vi erano contenute le disposizioni per il lavoro da compiere. Rilesse gli ordini ivi contenuti per ben due volte, poi fece a pezzetti il foglio di carta, li depose in un posacenere e con un accendino bruciò quel che restava. Prevalsero in lui le preoccupazioni per quel che sarebbe dovuto succedere nei giorni a seguire. Non riuscì ad apprezzare niente, l'espressione del suo viso continuò ad essere corrucciata per la restante parte del pomeriggio.

Dalla mattina non aveva più scambiato parola con Ilaria, la villa permetteva il completo isolamento, ognuno dei due avrebbe potuto vivere senza incontrare l'altro.

Attese l'imbrunire poi fece richiamare l'autista dalla solerte governante onnipresente, e si fece accompagnare presso la zona dell'acquario. Casablanca non la conosceva, vi aveva soggiornato per due giorni in tempi non recenti diretto all'interno della Mauritania, ma riconobbe subito il boulevard Moulay Youssef che stavano percorrendo. Poi la vettura si innestò sul boulevard Sidi Mohammed Ben Abdallah fermandosi poco dopo davanti all'indirizzo che aveva fornito Ovale.
Scese dall'automobile facendo segno all'autista di aspettare, non avrebbe tardato molto. Suonò il campanello alla porta di una villetta, dove una targa in ottone avvertiva i visitatori che quella era la sede del consolato della Namibia. Venne ad aprire un vecchio signore dalla pelle olivastra. Fece accomodare Ovale in una sala d'aspetto, pregandolo di attendere. Erano stati avvertiti della sua visita, avrebbero subito provveduto. Scomparve per ricomparire subito dopo con una valigia di cuoio che gli consegnò. Ovale non disse una parola, ringraziò ed uscì.
Salì nella vettura, fece segno all'autista di tornare a casa, e nel frattempo aprì la valigia, tanto per verificare se il contenuto corrispondeva alle sue aspettative. Vi erano più scomparti, quello che a lui interessava si trovava sul fondo, una pistola Beretta calibro nove a canna lunga, uno stiletto, un pugnale subacqueo, un pacco di banconote fra cui dollari, pesetas spagnole, e franchi francesi.
In uno degli scomparti trovò fogli dattiloscritti con una cartina del Marocco e della Spagna. Come al solito non avevano dimenticato nulla. Le disposizioni erano precisissime, nulla era lasciato al caso, ogni cosa era stata pianificata, tutto doveva essere eseguito senza nessuna variazione. Non restava che attendere aspettando l'evolversi degli eventi. Non poteva modificarli nell'immediato, la sua vita era ormai appesa ad un sottilissimo filo.
Stavano procedendo verso casa ad andatura sostenuta quando sentì la vettura rallentare ed arrestarsi. Si affiancarono due guardie nazionali con pistole alla mano. L'autista abbassò il finestrino e senza perdere tempo offrì i suoi documenti parlando in arabo. Poi aprì la portiera ed uscì seguendo i due nei pressi delle loro motociclette. Ci fu ancora un parlottare, Ovale si stava rimetten-

do a leggere le sue carte, quando, con la coda dell'occhio, vide che i due si stavano riavvicinando. Aprì a sua volta la portiera dalla parte opposta, facendo attenzione alle vetture che sfrecciavano con i fari accesi. Ebbe appena il tempo di vedere che le guardie stavano per aprire il fuoco. Spararono diversi colpi che andarono a vuoto ma l'avrebbero sicuramente finito se non fosse intervenuto il suo autista. Questi sparò due soli colpi da una pistola spuntata nelle sue mani, colpendo alla nuca i due sicari.
«Presto, presto, non stia lì a guardare, salga in macchina, dobbiamo andare via da qui» disse, mentre già riprendeva il suo posto al volante, dopo aver recuperato i documenti. Ovale, ancora frastornato ed in preda ad un profondo terrore, aveva visto la fronte di uno dei poliziotti disfarsi, mentre materiale organico veniva proiettato anche sulla sua camicia, si tuffò letteralmente sul sedile posteriore. L'auto partì rombando.
«Ma chi erano? Perché? Che cosa volevano?» balbettava domande.
«Eh chi lo sa? Lo racconteranno ad Allah quello che avevano intenzione di fare. Stia tranquillo, ormai è passato»
«Come sarebbe? Ma adesso ci darà la caccia la polizia locale. Dobbiamo andare via, sparire dal Marocco»
«Stia tranquillo. Quelli non erano della guardia nazionale. L'unica cosa che dovremo far sparire è l'automobile. Per questo non si preoccupi, so io come fare. Appena arrivati, lascio lei sul cancello e vedrò il da farsi. Non dica niente.»
Intanto erano arrivati davanti all'ingresso della villa. La telecamera seguì Ovale, rimasto ormai solo in attesa dell'apertura del cancello. Aveva di nuovo necessità di riflettere, di capire. Le cose si complicavano maledettamente. Percorse il viale alberato con la netta convinzione che da un momento all'altro sarebbero sbucati dal buio nuovi assalitori per ucciderlo, la luce era attenuata dai rami degli alberi e mille ombre si muovevano tutt'intorno. Alla fine vide il portico della villa completamente illuminato e poté trarre un sospiro di sollievo.
Notò che Ilaria non l'aveva aspettato per cenare, la governante gli disse che la donna, la signora, aveva cenato in camera. Ovale non si preoccupò più di tanto, con la valigia di cuoio ben stretta

nella mano si fece accompagnare nella sua camera, che ancora non aveva visto, ripromettendosi di scendere subito dopo per cenare. Svuotò il contenuto della borsa, saggiò diverse volte il peso della pistola, controllò se vi fossero i proiettili, poi cercò il modo di nasconderla nel suo abbigliamento, dopo vari tentativi alla fine la infilò dietro la schiena. Prese lo stiletto e si ripromise di nasconderlo nella nuova vettura che avrebbe portato l'autista. Gli venne da pensare a quel che era successo poco prima, l'uomo che lo aveva salvato non poteva essere un semplice autista. Aveva dimostrato freddezza, precisione di tiro. Sicuramente uno che sapeva il fatto suo. Gli aveva salvato la vita, un attimo d'indecisione e l'avrebbero crivellato di colpi. Ma perché si chiedeva? Senza sapersi dare una risposta. Prese il coltello subacqueo e lo legò alla gamba. Ora si sentiva più sicuro, anche se la paura non lo abbandonò. Il giorno dopo sarebbe stato un giorno importante e delicato.

Habiba

La mattinata stava trascorrendo stancamente. Ovale appena sveglio fece chiamare l'autista. Ma la governante lo informò che Hafif, questo era il suo nome, non era rientrato dalla sera prima. La sua camera era perfettamente in ordine. Per maggior sicurezza aveva fatto scorrere la cassetta che registrava l'immagine della telecamera all'ingresso della villa. Nessuno aveva varcato il cancello dopo il suo rientro.
Appena uscita la governante, entrò la cameriera per rimettere in ordine la camera. Era giovane, un po' goffa. Piccolina e tarchiatella ma soda, bella, di una bellezza particolare, sfacciata, forse un po' volgare. Sembrava scoppiasse dentro il camice bianco che indossava. Decisamente araba, i lineamenti tradivano la sua origine, il colore della pelle, la vezzosità del suo comportamento. Dopo aver chiesto il permesso, iniziò il suo lavoro ma ogni tanto di sottecchi guardava Ovale, che seduto comodamente in poltrona, faceva finta di leggere una rivista: «Come ti chiami?»
«Habiba, signore!»
«È tanto che lavori qui?»

«No, da pochissimo. Siamo state assunte l'altro ieri»
«Chi vi ha cercato per il lavoro?»
«Madame Rochard, la governante»
«Avvicinati, fatti vedere.» La ragazza si avvicinò con fare spregiudicato e timoroso nello stesso tempo. Non guardò Ovale negli occhi, guardava la punta dei propri piedi. Ovale la rimirò attentamente, poi infilò la mano sotto il camice carezzando teneramente le gambe affusolate. La ragazza si ritrasse istintivamente al primo tocco, ma poi maliziosamente si riavvicinò. Ovale non perse tempo, le slacciò il camice, scoprendo un corpo che non aveva immaginato così sodo e carnoso, immerse la testa nel sesso della donna, sentì un odore penetrante e sensuale, con le mani aggredì i glutei, poi di colpo le strappò le mutandine. Habiba fece un salto all'indietro, cercando di coprirsi come poteva: «Sono vergine, signore, vi prego, non rovinatemi. Ho un fidanzato, mio padre ed i miei fratelli sarebbero disonorati. Vi prego!»
Ovale per nulla raggelato dalla rivelazione, in preda ad una foia terribile, promise che non avrebbe profanato il suo tesoro: «Stai tranquilla, vedrai che non ti faccio del male. Su, vieni, fatti toccare.»
La ragazza si riavvicinò guardinga. Ovale la strinse con le possenti braccia, facendola sedere sulle sue gambe, carezzò e morse i duri capezzoli, le toccò il ventre, baciò l'interno delle cosce. Sempre più infoiato, si slacciò i pantaloni, scoprendo un membro eretto e palpitante, afferrò Habiba per i capelli e la costrinse ad un coito orale violento e smanioso. Sembrava quasi che si stesse masturbando con la bocca della ragazza. Alla fine eiaculò, schizzando sperma sulla faccia e sul seno della giovane. Habiba continuò a leccare il glande, mentre con le mani carezzava dolcemente i testicoli. Ovale passò da un'estatica rilassatezza ad una nuova erezione. Delicatamente strinse con la mano la vulva della giovane, trovandola completamente bagnata ed appiccicosa. Morse i seni turgidi e continuò a baciare il ventre, poi introdusse la lingua fra le grandi labbra, impregnandosi degli umori sensuali. La giovane sembrava rapita, completamente alla sua mercé, pensò di penetrarla. Lentamente la spinse in avanti, introdusse piano il glande per un piccolo tratto senza spingerlo

a fondo. Ebbe la percezione di un ostacolo e si ritrasse. Habiba si riebbe dallo smarrimento iniziale ed afferrò il membro guidandolo nel retto. Sculettò e spinse a fondo fino a farsi penetrare completamente sollevando le gambe sopra le spalle di Ovale. Si baciarono lungamente, mentre i movimenti diventavano sempre più smaniosi. Habiba emetteva piccoli gridolini di piacere sempre più lunghi ed intensi, si mordeva le labbra e stringeva a sé i glutei pelosi dell'uomo, graffiandoli con le unghie.
All'improvviso sentirono bussare alla porta e la voce di madame Rochard che avvertiva dell'arrivo dell'autista. Ovale riemerse dallo smarrimento, sfilò il membro dal culo della giovane ed avvertì la governante che sarebbe sceso tra qualche minuto. Habiba rimase nuda ed insoddisfatta sul divano, recuperò il camice e le mutandine e corse nel bagno.
Ovale si riassettò alla meglio, cercò di contenere il cazzo eretto dentro la patta dei pantaloni. Indossò la giacca, provvide ad inserire la pistola dietro la schiena e scese. Hafif lo stava aspettando. Sembrava tranquillo e calmo: «Allora, tutto a posto?»
«Certamente, non c'è più traccia della vettura. Sui giornali di questa mattina non vi è la notizia. Parlano di regolamento di conti nel pieno centro cittadino fra bande rivali. La polizia indaga per far luce. Giovani delinquenti arrestati per piccoli furti. Dei due morti ammazzati nessuna traccia, nessun testimone.»
Mentre parlava depose sul tavolinetto del salone due giornali, uno scritto in arabo ed uno in francese. Ovale afferrò quest'ultimo e guardò le fotografie, poi chiese: «Ma perché hanno cercato di uccidermi? Chi poteva sapere del mio arrivo a Casablanca? Devono sicuramente avermi scambiato per qualcun altro. Ne convieni?»
«Poteva essere una rapina? Hanno visto lo straniero con l'autista ed hanno pensato bene di fermarci. Forse ci seguivano.» Le spiegazioni avevano un sapore posticcio. Ovale non voleva spiegare a quell'uomo il suo progetto. Non si fidava. E se fosse stata tutta una messa in scena?
«Ma i morti avrebbero dovuto esserci, altrimenti qualcuno deve averli occultati durante la notte.»
Hafif era giovane e robusto. La sua faccia butterata non sprigionava simpatia, l'espressione piuttosto dura degli occhi, piccoli e

ravvicinati, incuteva un certo disagio. I capelli crespi e neri tirati dietro le orecchie quasi si confondevano con i baffi alla mongola. Sembrava un gaglioffo uscito dalle riviste di fine secolo, non avrebbe esitato né a sparare né a colpire di coltello.
Ovale continuò a misurarlo ormai convinto di avere di fronte il sicario che avrebbe fatto sparire tutto e tutti nel nulla appena chiusa la partita con Kamel. Doveva assolutamente predisporre un piano per renderlo innocuo.
«Bene, l'auto è pronta? Devo incontrarmi con il saudita, fra poco, mi dispiacerebbe arrivare in ritardo»
«Non si preoccupi, saremo lì puntualissimi. Ma, conosce Kamel, lo ha già visto altre volte, sa come è fatto?»
«No, non lo conosco.»

Policrate e Dario

Il viaggio è stato tormentoso, troppi pensieri tetri mi hanno fatto compagnia. Ho rivissuto storie orecchiate, gli usi e la morale di un popolo che ancora sento lontano, difficile da comprendere. Il loro modo di vivere è saldamente legato alle tradizioni, alla religione. Il governo non ha operato per apportare profondi cambiamenti nella società ed imperano così leggi scritte o non scritte che si tramandano da secoli. La povertà alimenta l'arretratezza e l'ignoranza mentre si moltiplicano i privilegi di una ristretta aristocrazia saldamente legata agli interessi dei governanti.
Il Venerabile avrebbe molto da dire a proposito di governi e governanti, purtroppo questi sono argomenti che non vuole trattare. Le uniche volte che ho provato a chiedere informazioni più dettagliate sulla corte di Policrate e la signoria a Samo, ho ricevuto silenzi o tutto al più mugugni indecifrabili:
«Non attizzare il fuoco con il coltello. In altri termini non devi mai suscitare l'ira e l'orgoglio dei potenti, se non sei più che sicuro di aver già risolto la partita a favore della giustizia. Le accuse possono essere fatte solo quando si è in grado di dimostrare con

prove schiaccianti i crimini commessi. Troppe volte ho visto nelle mie lunghe vite, giovani saccenti perire per improvvida presunzione.

«Pensa alla fine che fecero i giovani nipoti di Adriano che accusarono di sconci misfatti il papa Leone III. Il popolo di Roma li seguì nella loro improvvida avventura, tentarono persino di rendere cieco il vecchio papa, di tagliargli la lingua. Ma la pietà prevalse, furono clementi. Rinchiusero il venerando padre nelle viscere del convento vicino San Giovanni in Laterano, ed in quella notte funesta presero il sopravvento. Gestirono il potere saccheggiando le dimore dei loro nemici ed attesero il giudizio di un supremo imperatore, nella folle convinzione di poter rovesciare un potere forte ed intollerante che si richiamava ai principi della carità e della pietà ma intanto compiva atroci delitti, adulteri e violenze di ogni genere. Scesero a Roma le genti germaniche, traboccava dai loro petti una fama di incorruttibili e di uomini giusti. Avevano l'ardito compito di processare l'apostolo di Pietro, di rendere giustizia terrena al popolo romano oltraggiato e vilipeso. Ma il papa non si assise mai sullo scranno degli imputati, anzi divenne lui stesso accusatore dei suoi presunti giustizieri. Alla fine il verdetto fu univoco, condanna a morte per gli alti traditori, per i temerari che avevano preteso spodestare il regno di Gesù dal suo potere temporale. Fu solo la tardiva pietà del sommo pontefice di nuovo saldamente al comando del suo popolo a salvarli da morte sicura. Vennero inviati in esilio presso la corte di quel Carlo guerriero che di lì a poco vedrà il suo capo incoronato imperatore e *dominus* di tutto l'occidente conosciuto.

«Ma tu volevi sapere di Policrate e della sua corte, ebbene in parte soddisferò la tua curiosità, dico in parte perché la storia di quel periodo è talmente complessa e piena di avvenimenti che difficilmente con poche parole si può dare un'idea concreta ed esatta. Gli anni che vanno dal cinquecentoventi avanti Cristo fino a tutto il cinquecento avanti Cristo sono da considerare come l'acme di tutta la civiltà antica. È il periodo di fioritura dei più insigni intellettuali che sublimeranno gli influssi culturali dell'epoca. Non a caso è in questo periodo storico che si colloca la mia vita» soggiunse non senza una nota di compiacimento, «a Mileto vissero Anassimandro ed Ecateo, quest'ultimo giambografo e storico precursore di Erodoto.

«A Efeso visse Eraclito ed il giambografo Ipponatte. E poi io stesso che provenivo da Samo. È su questa isola che governò il tiranno Policrate finché il satrapo di Sardi, l'ignobile Orete, con uno stratagemma riuscì ad attirare Policrate in Asia Minore. Qui venne ucciso, accoltellato nel sonno, da un sicario. L'ex scriba segreto di Policrate, Meandro, allora prese a governare su Samo, ma i Persiani coronarono il loro disegno inviando sull'isola Silosonte il quale prese in mano le redini del governo come loro vassallo. Tu sai chi era Silosonte? Non lo sai di certo, era il fratello di Policrate, colui che aveva costruito lo stratagemma che portò all'uccisione del tiranno per pura cupidigia di potere. Non si preoccupò minimamente di cadere nelle mani degli odiati persiani, di far divenire Samo un avamposto del loro impero. Quello che a lui interessò fu il regno, il potere indiscusso, la violenza privata, la ricchezza.

«La caduta di Samo permise così ai Persiani di espandersi per tutte le isole dell'Egeo, e successivamente di tentare la conquista della Grecia. Dario poi arrivò persino in Russia ma si fermò sulle rive del Dnieper. Il territorio era talmente ostile, brullo e freddo che preferì riportare la sua armata verso la sua cara terra. Alcuni generali, vogliosi di avventura, cercarono di avanzare un misero dubbio sulla necessità di riportare l'esercito verso i patrii lidi.

«Lo fecero senza mai guardare negli occhi l'austero e crudele monarca. Lo fecero da lontano, come era costume dell'epoca, tenendo la testa inchinata nel mezzo delle ginocchia, prostrati in terra: "Oh! Magnifico ed eccellentissimo sovrano, sommo imperatore, duce supremo, glorioso ed incorruttibile guerriero, indomito arciere, gran re della nostra amata Persia, permettici di sollevare un miserabile dubbio, di chiedere alla sua magnifica signoria di ascoltare per un solo attimo la voce di fedelissimi suoi sudditi, la cui vita nulla vale al cospetto dell'illustre e ammirabile vostra persona".

«Dario li guardò con raccapriccio, sapendo già cosa avrebbe dovuto fare. Gli dispiaceva in fondo, erano stati valenti condottieri

fino a quel momento: "Avanti, parlate, fatemi ascoltare quello che avete da dire. Ma rammentate, non sarò clemente, né tollerante, né indulgente. Punirò la vostra superbia, mortificherò la vostra arroganza. Nessuno ha questo diritto se non direttamente richiesto dalla mia onniscienza. È la legge divina, è la legge degli dei, è la mia legge".
«Un silenzio pesante calò in tutto l'accampamento, si sentivano solo gli sfrigolii dei tizzoni inumiditi nel fuoco. Il freddo era tagliente. Più in là il fiume scorreva vorticoso a tratti, largo e piatto. Ancora pochi giorni e poi la sua superficie sarebbe diventata una spessa lastra di ghiaccio.
«Colui che per primo aveva parlato, continuò il suo ragionamento: "Concedi o sire al tuo esercito di proseguire! Varcheremo questo fiume così come abbiamo fatto con il ponte dello ionico Mandrocle, congiungendo per la prima volta a memoria d'uomo i due continenti. Da allora ci hai condotti vittoriosi per le terre di Tracia, abbiamo varcato senza esitazione il Danubio, le steppe della Bessarabia sono state assoggettate alla tua volontà. Hai sgominato gli eserciti degli sciiti, costringendoli a dileguarsi davanti al nostro avanzare. Il gran re Dario sarà il supremo condottiero di tutte le terre conosciute, tutti dovranno rendere omaggio alla tua regale dinastia. Viva Dario, viva il gran re".
«Fu un sol coro che si levò compatto: "Viva Dario, viva il gran re". Dario sentì un brivido di freddo corrergli lungo la schiena, rassettò la pelliccia fin sotto la gola: "Avvicinatevi voi". Poi rivolto ai suoi servitori: "Portatemi il braciere".
«Prontamente i nobili del suo seguito, che avevano osato parlare, avanzarono sempre in ginocchio fin sotto lo scranno del re, la testa ancor più piegata quasi a toccare con la fronte il freddo terreno. Intanto i servitori avevano posato di fianco all'improvvisato trono un grosso braciere ardente. Dario estrasse la sua spada e la posò fra le braci. Attese in un tragico silenzio: "Per grazia di Ahuramzda io sono fatto in modo che sono amico del bene e non sono amico del male. A me non piace che il misero subisca un torto per causa dell'umile, né mi piace che il potente subisca un torto per causa dell'umile. A me piace ciò che è giusto. Zarathustra, il profeta della nostra religione sa che io sono

nel giusto e che ogni mio atto fa parte dell'ordinamento divino ed è un segno evidente della salvazione". Ristette ancora in silenzio in raccoglimento, poi ordinò perentorio ai servitori, suoi schiavi come tutti gli uomini e donne del regno persiano: "Accecateli, tagliate loro le mani e lasciateli andare per il loro crudele destino per queste terre desolate e fredde". I servitori prontamente rovesciarono i malcapitati, poggiarono rudemente la spada imperiale su quegli occhi inutilmente chiusi.
«Tutti sentirono lo sfrigolio della carne bruciata, tutti videro quelle braccia, moncate delle mani da colpi di scure assestati con controllata violenza, sprizzare sangue finché anche qui non poggiarono la spada arroventata. Cicatrizzarono così le ferite, poi avvolsero i monconi in panni imbevuti di olio di mandorle e cacciarono i poveri disgraziati fuori dell'accampamento al loro crudele destino. Dario ordinò la partenza e l'esercito che contava più di duecentomila uomini riprese la via già percorsa.»
Sapevo che era poco importante ma la mia curiosità era elevata, mi venne spontaneo chiedere: «Tu saprai che fine fecero quei poveri cristi umiliati ed atrocemente feriti!»
«Certo che conosco il loro crudele destino. Cosa ti può far pensare il contrario? Bene, furono abbandonati svenuti, in preda a dolori ancora lancinanti sia agli occhi sia alle mani. Erano ciechi ad esclusione di uno di loro, la spada aveva solo bruciato la palpebra ma non aveva toccato la cornea. Trovarono un rifugio fra gli anfratti della riva del fiume, dove trascorsero più di un mese al riparo dal freddo.
«Ma una notte vennero assaliti dai lupi, straziarono le loro carni saziando una fame repressa da molti giorni. Li sgozzarono e sventrarono, ridussero in polvere le loro ossa, nulla lasciarono di quei corpi.»

Kamel

Kamel attendeva da circa mezz'ora. Una giovane donna occidentale, bella e vergine, tutta per lui per il tempo che avrebbe voluto.
Si prospettava un bel fine settimana. Aveva proprio la necessità di divagare il cervello, troppi pensieri, troppi problemi. Un po' di sesso era quello che più lo tirava. Sapeva dei ruffiani italiani da qualche mese, i suoi amici sauditi non facevano altro che parlare delle giovani europee che vendevano per qualche notte vergini ed illibate per due, tremila dollari. Roba di lusso.
Quel francese dal naso adunco (voleva proprio sperare che non fosse ebreo), il dottore di Parigi, gli aveva promesso una giovane italiana bellissima, nel fiore degli anni casta e pura come una bambina. Doveva assolutamente distrarsi da pensieri molesti.
I pericoli che stava correndo gli sembravano insopportabili. Non riusciva più a trovare attimi di pace, sempre ossessionato dallo stesso dilemma. Come si sarebbero vendicati e quando. Ogni vicolo buio, ogni rumore inatteso, ogni folata di vento improvvisa, ogni voce inascoltata, ogni viso sconosciuto rappresentava il tormento, l'angoscia, la paura primordiale.

Lo avevano fatto avvertire più volte, avrebbe pagato duramente per la vendita di armi agli hasmiti. Suonava come una condanna a morte, ma non ne era realmente convinto. In fondo il Mossad era da anni che non perseguitava gli arabi con i vecchi metodi della rappresaglia. Nonostante tutto viveva con l'incubo di essere accoltellato, sgozzato e lasciato morire in una pozza di sangue.
Sì, ogni tanto faceva un viaggetto, portava qualche fucile mitragliatore, un po' di pistole malmesse, qualche petardo napoletano, proiettili di scarto, tirava su i suoi bei dolloroni e spariva per un po' di tempo. La sfortuna aveva voluto che quegli invasati degli hasmiti avessero dato l'assalto ad un autobus al confine fra Israele e Libano, uccidendo dei bambini che tornavano da scuola. Gli investigatori di Tel Aviv erano riusciti a risalire fino a lui per via della armi che avevano fatto fuoco. Ora viveva giorni non troppo felici. La paura di essere ammazzato lo perseguitava. Girava con una scorta, tre uomini fidati, ma sapeva perfettamente che se avessero voluto prenderlo, non avrebbero trovato alcuna resistenza. Aveva provato a far muovere degli intermediari, promettendo addirittura che non avrebbe più venduto armi agli hasmiti. Tutto inutile, la risposta fu un silenzio di tomba che non prometteva niente di buono. Intanto il tempo passava, finora non aveva avuto nessun preavvertimento, forse avevano capito che lui era solo un povero uomo che aveva scelto un lavoro pericoloso senza motivazioni ideologiche. Ormai non era più giovane, il problema dei palestinesi lo sentiva sempre più lontano e distante dai suoi pensieri. Arafat non lo aveva mai convinto, troppo biforcuta la sua politica, troppo intrisa di calcoli sbagliati, uno per tutti, l'appoggio dato a Saddam Hussein. Era deluso, per anni i governi arabi avevano prodotto fiumi di parole, per l'unità degli islamici, per la riappropriazione dei territori persi nelle disastrose guerre contro Israele, ma l'unica cosa che erano riusciti a fare oltre al cartello del petrolio, guerre fratricide, annientamento di interi paesi, una volta rigogliosi, come il Libano, fame e miseria, repressione, carcere e torture, per gli oppositori.
Niente da dire pensava tra sé, un bel bilancio. Più nefasto di così! Ed il futuro? Non presagiva certo miglioramenti. Il suo paese, la Tunisia, era sempre in bilico fra sviluppo ed arretramento, bi-

sognava saggiare l'aria della mattina per valutare l'orientamento giornaliero dei governanti. Ormai avevano messo a riposo il grande combattente in un finale degno della migliore operetta; un po' di dottori che dichiarano la sua incapacità di intendere e volere, mentre ancora lo scalpitante ottuagenario si professa l'unico ed assoluto condottiero di eserciti inesistenti.
Il nuovo principe lo dichiara decaduto ed elegge se stesso alla guida del paese, con buona pace di tutti. Il vecchio viene rinchiuso mentre continua a minacciare che farà fucilare tutti, che il popolo lo ricollocherà in sella al suo destriero bianco affinché li conduca alla riscossa, verso il progresso e lo sviluppo. Ma il popolo ha ben altri pensieri, ignora il conduttore o il conducente, dimentica all'istante il migliaio di titoli onorifici collezionati, anzi demolisce qualche enorme monumento costruito nei posti più impensati per osannare il mito del novello profeta e della sua rivoluzione sempre promessa ma mai realizzata, e va avanti nelle ristrettezze di sempre, nella confusione di ogni principio.
Kamel non sapeva più quali erano i suoi obiettivi. Ormai pensava solo a far soldi, e a spenderli nelle maniere più impensate. Sempre di più si radicava nella sua testa il mito occidentale, uno qualsiasi: francese, italiano, americano. Uno valeva l'altro.
Sperava solo di poter continuare a vivere tranquillo, passando da una puttanella araba, alla vergine europea, da una macchina di lusso ad una gita in barca fra Jerba, la Sardegna ed ogni tanto la vendita di un carico di armi in alto mare ai serbi di Belgrado, o ai croati di Zagabria o ai bosniaci di Sarajevo. Questa sì, pensava, gente sicura, non ti fa ritrovare in mezzo a casini inimmaginabili. Si scannano tra di loro, si stuprano vicendevolmente le donne, ma non rompono i coglioni ai poveri venditori di armi. Sperava proprio che gli iraniani ne restassero fuori. Aveva già avuto sollecitazioni strane, sconti da fare ai fratelli mussulmani bosniaci. Anche lì, gli infedeli capeggiati da Israele stavano facendo breccia, il tutto per far fuori gli islamici dal cuore dell'Europa, come qualche centinaio di anni fa. Complicazione inutile, era solo questione di tempo. Poteva mai essere che problemi secolari si scaricavano addosso ad un povero venditore di armi? Lui faceva affari, punto e basta. Se i fratelli islamici della Bosnia, così

pure quelli della Repubblica di Banana, avessero voluto armi, avrebbero dovuto pagarle al loro prezzo di mercato, questo sì era giustizia e correttezza. Invece trovavano sempre il modo di appellarsi alle ideologie o alle religioni.

Merda, che mestiere difficile si era cercato. Toccava poi spiegare a quei gentiluomini napoletani o peggio siciliani, che lui praticava sconti ai fratelli islamici, pertanto doveva a sua volta avere uno sconto per quella partita: «Riga dritto Kamel, non ci scassare u' cazzo, caga quel che devi e sparisci. Va' a farti dare nel culo te e tutti gli islamici del mondo.» Il giudizio era per lo più inappellabile, non si poteva continuare ad insistere, ti sparavano sul posto senza troppi complimenti.

Rimaneva così con un pugno di mosche. Dopo aver rischiato il collo, aver perso nottate, aver superato sbarramenti e dogane, motovedette ed ogni altro rischio del genere, gli restava qualche spicciolo giusto per le sigarette. C'era almeno da sperare in Allah: sarebbe stato riconoscente verso un suo figliolo? Tanto gli iraniani o altri fratelli non avrebbero scucito un dollaro in più.

E la concorrenza? Altro capitolo dolente nell'archivio dei suoi pensieri. Tutti, ormai, si improvvisavano trafficanti di armi, gli ex comunisti dell'est europeo erano i più agguerriti. Dalle mille repubbliche dell'Urss arrivavano quelli più spregiudicati. Vendevano tutto il repertorio delle armi sovietiche a quattro soldi, persino carri armati, missili terra - aria, MIG. Avevano trattato anche testate nucleari con buona pace dei protocolli per il disarmo e dell'impegno dei loro governanti contro la proliferazione della armi per la distruzione di massa. Erano irrefrenabili, alcuni asserivano di voler spodestare la mafia dal regno del commercio illecito. Droga, prostituzione, guerre il baricentro del controllo si sarebbe dovuto spostare sempre più verso Mosca, lasciando all'asse Palermo - New York i resti della fine dell'impero. Kamel saggiamente pensava di stare alla larga. Lui non aveva opinioni al riguardo, non si sarebbe mai pronunciato né a favore degli uni né a favore degli altri. Nel suo intimo era però convinto che i russi stavano facendo un gioco oltremodo pericoloso. Non gli erano mai piaciute le rivoluzioni, poi nel campo dei traffici illeciti erano una vera e propria beffa. Vedrà chi vivrà era il suo motto, ed

intanto avrebbe fatto di tutto per vivere il più a lungo possibile.
Il suo referente di Napoli, un certo Antonio Cannamozza, un uomo con un ventre enorme, la testa pelata ed una forza da toro, gli aveva confessato un giorno di particolare loquacità:
«Caro Kamel, quei quattro straccioni ci stanno cacando u' cazzo, vuoi vedere come va a finire? Guarda e riferisci!» e si mise a gridare: «Portatemi quel fetente.» Poi di nuovo rivolto a Kamel: «Abbiamo preso una faccia di culo, stamattina, ci voleva vendere un chilo di roba merdosa prodotta a Mosca.» Intanto erano arrivati i suoi con un povero cristo, secco e morto dalla paura: «Ecco, vedi chi ci vuole fare concorrenza? Merdoso!» mentre gli rifilava un potente calcio nei coglioni. Il russo si piegò in avanti ululando ed Antonio Cannamozza gli prese un orecchio staccandoglielo letteralmente dalla testa, fra schizzi di sangue e grida di dolore. Poi con il suo trofeo nella mano tutta lordata: «Eh adesso mangia o ti stacco le palle, mangia schifoso, mastica bene, assapora. Questa è carne tua. Devi dirlo ai tuoi compari. La prossima volta, prima ti stacco i coglioni e poi te li faccio mangiare.» Il giovane, fra un conato di vomito e l'altro non aveva potuto far altro che masticare l'orecchio ed ingoiarlo, piangendo dalla rabbia e dal dolore, ma in fondo sicuro di aver salvato la pelle in quanto ambasciatore di un messaggio quanto mai esplicito.
Kamel era rimasto sconvolto ma non più di tanto, era abituato a ben altro. Nella sua brillante carriera ne aveva viste già di cotte e di crude. In quel mondo la violenza emergeva ad ogni piè sospinto. Tutto trasudava di prevaricazione. Bastava uno sgarbo, una svista su questioni ritenute di principio ed eri finito. Bene che ti andava ti beccavi una buona dose di calci e pugni e tutto finiva lì. Qualche dente rotto, le ossa ammaccate per una o due settimane e poi tornavi al mestiere sperando in qualche modo di piantare un bel coltello nella pancia del violento. Ma quando trattavi con quella gente era meglio rinunciare a qualsiasi parvenza di vendetta, sempre sì e sissignori, sempre pronti a servire e ad umiliarsi se ce ne fosse stata la necessità.
Una volta aveva richiesto un carico di mine antiuomo, un migliaio per l'esattezza. Al solito erano arrivati all'appuntamento con le loro barche velocissime, tutte dipinte di blu. Erano saliti

a bordo del suo peschereccio ed avevano cominciato a scaricare casse di legno. Sbrigarono tutto in un paio di ore, pagò il pattuito in dollari, ripartirono a gran velocità, mentre lui dirigeva verso il golfo della Sirte dove avrebbe trovato i suoi clienti. Un mese dopo ricevette la sgradita visita di due signori distinti che senza molti complimenti pretesero la restituzione dei loro denari per l'acquisto delle mine. Alla prova dei fatti erano risultate tutte inefficaci, tutta roba vecchia ed ormai fuori uso, spolette incrostate dalla ruggine, polveri inumidite, insomma inservibili. Fu costretto suo malgrado a restituire tutto e a chiedere umilmente scusa e perdono. Quando a sua volta chiese la restituzione dei suoi dollaroni agli uomini di Antonio Cannamozza gli fu risposto in termini gentili e cordiali: «Kamel, lo sai che c'è per te...» Purtroppo lo sapeva, lo sapeva fin troppo bene: «Quelli non sono capaci, sono delle teste di cazzo...» gli venne spiegato in termini forbiti. «Eh! Che gli vuoi mettere in mano roba sofisticata? Per l'amor di Dio, non scherziamo. La prossima volta, caro Kamel, sgnaccagli su per il culo un bel candelotto di dinamite e vedrai come vanno meglio.»
Provò a dire in tono sommesso: «Ma io ho dovuto restituire tutto, mi avrebbero ammazzato»
«Che hai fatto? Hai restituito i dobloni? Ma non è possibile, tu mi vuoi far perdere la pazienza. Non ti faccio così coglione. Su su levati dai piedi che c'ho da lavorare. Fatti dare una sniffata e vai fuori dalle palle.»
Non aveva potuto aggiungere altro, il colloquio era finito, l'udienza terminata. Riprese la strada di casa segnando l'operazione come una sovvenzione all'organizzazione, tanto non avrebbe potuto fare di più. Ma intanto il tempo passava ed i suoi fornitori non si vedevano. Era più di mezz'ora che aspettava. Le piscine ricavate nella roccia erano stupende, la gente che brulicava tutt'intorno non dava la giusta colorazione all'ambiente. Per i turisti era ancora presto, sarebbero cominciati ad arrivare tra qualche mese, per il momento bisognava accontentarsi di clienti locali per lo più squattrinati, esclusivamente uomini senza l'ombra di una donna.
Kamel si era fatto servire una birra da un inserviente annoiato

e distratto, mentre già fumava la quinta sigaretta. Aspettava un italiano, lo avrebbe condotto nella villa affittata per il soggiorno della giovane a lui promessa.

Artois aveva provveduto a dargli tutte le indicazioni necessarie. Quest'ultimo era un medico pronto a tutto pur di fare soldi. Lo aveva conosciuto durante i suoi soggiorni a Parigi. Il dottore possedeva due cliniche dove si poteva stare nascosti e protetti nella più assoluta tranquillità e comodità. Di gente strana ne aveva incontrata molta, mercanti, ladri, speculatori, assassini, spacciatori, truffatori un repertorio di varia bestialità, ma Artois lo sconvolgeva. Non riusciva a catalogarlo in nessun gruppo preciso, era un po' di tutto, nonostante le sue capacità professionali e la sua cultura fossero di livello eccezionale. Avrebbe potuto fare il professore universitario e nello stesso tempo essere il più spietato dei torturatori per il solo gusto di vedere la sofferenza altrui. Avrebbe potuto essere un agente di chissà quale segretissima organizzazione senza che questo potesse minimamente meravigliare Kamel. L'ultima volta che era stato ospite della sua clinica se lo era ritrovato davanti una sera mentre rientrava nel suo residence: «Come va? Mio caro amico è tanto che non ci vediamo. Se mi dai cinque minuti di tempo, ti parlo di un piccolo affare che potremmo fare insieme e di un regalo che ti voglio fare»

«Come vuoi che vada! Al solito. Ora mi tocca stare un po' lontano, c'è qualcuno che mi sta cercando perché pensa che abbia a che fare con la morte di piccoli ebrei. Cazzo, capitano tutte a me»

«E chi ti sta cercando? Chissà che non possa fare qualcosa per te?»

«Ehi amico, non fare il finto tonto. Lo sai perfettamente chi mi cerca e cosa vogliono»

«Aspetta, aspetta sei in errore, io so molte cose ma non tutto.»

Nel frattempo erano entrati nel residence, Kamel aveva offerto un bicchiere di cognac con ghiaccio e seduti sul divanetto dell'anticamera si erano rimessi a parlare: «Alcuni miei clienti mi hanno affidato l'incarico di ricercare un carico di armi scomparso nel nulla prima di arrivare al confine fra l'Ungheria e la Slovenia. Le armi erano destinate all'esercito croato e provenivano dalla

repubblica ceca. I miei servizi si limitano nel contrattare le armi offrendo una cospicua ricompensa a chiunque sarà in grado di farle pervenire ai suoi originari destinatari. Ai miei clienti non interessa sapere chi si è reso responsabile del trafugamento, interessa che tutto vada a buon fine. Io so che tu puoi darmi una mano, ed è questo che ti chiedo»
«Come puoi ben capire così su due piedi non posso darti nessuna risposta. Mi occorre tempo per capire. Scusa, le armi chi le trasportava?»
«Da quel che se ne sa, erano state affidate ad una società di trasporti ceca. È pur vero che esiste l'embargo per la vendita delle armi alle repubbliche della ex Jugoslavia, ma da quelle frontiere si passa con facilità, non fanno troppe storie»
«Che tipo di armi erano? Voglio sperare convenzionali, altrimenti il vostro affare si complica enormemente»
«Beh! Questo non lo so con sicurezza, è certo che vi fossero dei missili terra - aria dell'ultima generazione di fabbricazione russa. So che vi erano schede elettroniche per riparare sistemi di puntamento radar. Altre diavolerie del genere, ma niente di radioattivo»
«Qual è la mia ricompensa in caso di successo?»
«Altissima»
«Chi dovrebbe pagarmi nel caso accettassi?»
«Una banca austriaca su di un conto che tu puoi indicarmi. Di mio ti offro una permanenza a Casablanca con una giovane europea, per rilassarti un po' con una piacevole vacanza. Che ne dici?»
«Dovrei muovermi al più presto. E non posso ritornare in Tunisia, quindi se vuoi che accetti, devi darmi un congruo anticipo, diciamo cinquantamila dollari per le prime spese, poi ti farò sapere»
«Va bene. Puoi disporne già da domani. Per curiosità da dove inizi questa ricerca?»
«Segreti del mestiere, non posso rivelare niente.» Kamel guardò Artois con un lieve ghigno di compiacenza.
«Come vuoi credo proprio che ora andrò a dormire. Bene» continuò a dire mentre si alzava per uscire, «conto che fra una setti-

mana, risolto il problema, ti avrò mio ospite a Casablanca. Non ti deluderò, sarà una primizia prelibata la cosa che ti offrirò. Vedi di non deludermi.»
Kamel rimase solo e pensieroso. Certo la prospettiva di guadagnare un bel po' di soldini non lo disgustava, ma immaginava già quali sarebbero state le difficoltà ed i pericoli. Doveva limitarsi solo ad una trattativa. Ma se veniva usato come tramite per riprendersi le armi con la forza lui era già un uomo morto. Avrebbe dovuto far perdere subito le tracce agli amici di Artois che probabilmente già lo stavano controllando. L'ultimo suo pensiero rimaneva la giovane di Casablanca.
Ora ripensando alla vicenda si compiaceva con se stesso, era stato davvero bravo. Si era preparato per andare a letto come normalmente faceva. Aveva spento la luce e nel buio più totale aveva indossato di nuovo i vestiti, aveva sagomato il letto ed aveva atteso per più di due ore.
Poi era sgusciato fuori dalla porta nel parco della clinica, guadagnando il muro di cinta. Qui con una agilità ritrovata aveva scavalcato ritrovandosi in una stradina buia che correva tutt'intorno al parco. Non aveva perso tempo a scassinare la serratura di una vecchia Renault e, a fari spenti, si era allontanato da quel posto inserendosi in una strada provinciale. La percorse per qualche chilometro poi fermò la vettura e lentamente s'incamminò verso un posteggio di taxi. Si fece accompagnare direttamente all'aeroporto, pronto a prendere il primo volo disponibile per qualche città europea. Da lì avrebbe telefonato ad Artois per farsi depositare i dollari presso qualcuna delle innumerevoli banche di cui si serviva.
La mattina dopo girava per Ginevra, completamente rasato, rilassato e ben vestito.
Da una cabina telefonica si mise in contatto con un uomo di Cannamozza, usato come tramite nelle comunicazioni urgenti. Lo pregò di provvedere ad organizzare un incontro con Cannamozza per lo stesso pomeriggio. Richiamò a distanza di un'ora, nel frattempo spedì un messaggio via fax al suo fedele amico di Tunisi dando disposizione di far bonificare i suoi cinquantamila dollari presso la Banca del credito lionese d'Avignone.

L'incontro con Cannamozza venne confermato, pertanto non gli rimase che prendere un aereo per Roma da dove avrebbe proseguito per Napoli. Cannamozza lo fece prelevare da una sua imbarcazione. Dopo un breve tragitto si fermarono a ridosso di un promontorio e lì aspettò per ben due ore che si facesse vivo qualcuno. Arrivarono con un motoscafo di lusso, si accostarono e solo ad un segnale convenuto permisero a Kamel di trasbordare. Sapeva delle cautele, non le ritenevano mai eccessive.
Antonio Cannamozza se ne stava sdraiato sul divano con i piedi poggiati sopra uno sgabello, l'immancabile sigaretta pendula dalle labbra e con la solita aria dimessa e poco cordiale. Il viso arcigno, le labbra serrate lo facevano sembrare perennemente incazzato con il mondo: «Augurati di non farmi perdere tempo o ti faccio finire in pasto ai pesci, ci siamo capiti guagliò? Dai caca! Che ti scappava di così urgente?»
Kamel sperava di aver intuito giusto: «Ho ricevuto un incarico per trattare una partita di armi sofisticate mai pervenute in Croazia. I miei clienti pagheranno bene chiunque sia in grado di far pervenire la merce al destinatario»
«Ma che vuoi scherzare? Che cazzo stai dicendo! Che significa pagare bene. Questi sono lavori pericolosi, ci vuole un'organizzazione con le palle. Gente brava, pronta a tutto. Avanti! Daccapo spiegami tutto con calma.»
Kamel raccontò per filo e per segno senza nulla dimenticare la storia come lui la conosceva. Appena terminato, Cannamozza si alzò in piedi e cominciò a passeggiare su e giù per il ponte della sua imbarcazione, si sentiva solo lo sciabordare dell'acqua addosso allo scafo ed il garrulo grido dei gabbiani nei loro voli di perlustrazione. All'orizzonte si intravedeva la costa, mentre in alto mare passavano delle navi traghetto dirette con tutta probabilità verso le vicine isole di Ischia o Capri.
«Voglio un milione di dollari. Tutti e subito altrimenti fuori dai coglioni. Prendere o lasciare. Non provare a trattare arabo, che ti taglio la lingua. Se accettano nel giro di qualche giorno avranno le loro armi, altrimenti è come se non avessi mai saputo niente. Noi non ci siamo mai incontrati»
«Bene, devo ripartire immediatamente, così potrò darti la rispo-

sta sera conto di essere nuovamente a Parigi.» Kamel
sta̅ ̅e il coraggio di aggiungere altro. Non aveva nessuna
n̅z̅a che Antonio Cannamozza fosse in grado di recuperare
 ̅i, né se sapesse esattamente chi era il protagonista dello
 ̅rdinario furto. L'unica cosa certa restava la convinzione che
 ̅ operare in quel modo occorreva una forte organizzazione,
 ̅ obiettivi chiari e precisi, con uomini pronti a rischiare la
 ̅opria vita. Non poteva essere un lavoro di qualche transfuga o
 ̅i qualche sbandato seppure spregiudicato. Kamel immaginava
che Cannamozza fosse legato alle famiglie di Cosa Nostra, anzi
ricopriva sicuramente un ruolo di primo piano.
«Nel caso accettassero» aggiunse quando già stava con un piede
sulla scaletta del motoscafo, «come vuoi essere pagato? Ovviamente ad operazione terminata» sottolineò con voce tremante.
«Togli subito dalla testa dei tuoi clienti l'idea che possano darmi
una inculata. Il primo a cui stirerei le pieghe degli intestini tu
sai chi è, e poi nessuno avrebbe pace e tranquillità finché non
mi fossero restituiti i miei soldi. Da buoni amici poche parole.
Pagassero come vogliono nessun problema.»
Non ci furono più parole, Kamel venne accompagnato a Napoli e
così come aveva previsto in serata si ritrovò di nuovo a Parigi. Il
suo residence era stato rovistato da mani esperte ma i segni erano
evidenti. Non si preoccupò più di tanto. Sapeva che l'avrebbero
fatto, sapeva anche che non avrebbero trovato niente che potesse
riguardare i suoi recenti spostamenti. Aspettò come si conviene
a chi nulla ha da temere, aspettò che si facesse vivo Artois, ormai
doveva sapere che era arrivato, lo aspettava.
La sua attesa fu più breve del previsto, stava ancora sotto la doccia quando sentì la voce nasale del dottore che lo chiamava. Indossò l'accappatoio ed uscì dal bagno.
«Tutto a posto, dovete solo trovare un milione e cinquecentomila
dollari, nel giro di una settimana le vostre armi saranno a destinazione»
«Ma il prezzo è enorme, è quasi preferibile lasciare stare.»
Kamel impassibile, mentre si frizionava i capelli con il cappuccio di spugna: «Come volete, dovete però decidere in fretta, così
io potrò dare la risposta nel più breve tempo possibile.»

Artois cominciò a passeggiare avanti e indietro per la stan za più parlare, pensava e pensava celermente: «Bene, puo̴ ai tuoi amici che pagheremo quanto chiesto, metà subito e i a fine lavori. Oggi è mercoledì, al massimo lunedì prossimo tu dovrà esser terminato»
«Puoi stare certo che non vi saranno smagliature nell'operazione. Vi siete messi nelle mani giuste, mani da professionisti. Gente che non sbaglia mai. Occhio però a rispettare i patti. Sono suscettibili non tralasciano nulla. Versate i primi settecentocinquantamila dollari sul mio conto svizzero domani mattina stesso, il resto a ricevimento merce»
«Ora ti lascio, ricordati che sabato dovrai essere mio ospite a Casablanca. Ho una sorpresa per te, vedrai ti piacerà, io non dimentico gli amici. Mi hai aiutato a risolvere un grosso problema, anche se avrai giustamente trovato il modo di lucrarci sopra.»
Kamel lo guardò ammiccante come per dire che quello che sarebbe entrato nelle sue tasche compensava il rischio che si era assunto, ma non aggiunse nulla. Artois uscì dal residence senza più altri commenti.

Kamel a Casablanca

Cannamozza era al telefono, per la prima volta sentiva la sua voce attraverso l'apparecchio: «Bel casino quelle armi!! Quegli stronzi si sparano addosso da tutte le parti. Per poco non facevano fuori due miei guaglioni.»
Erano passati appena tre giorni da quando aveva comunicato la risposta affermativa ad Artois. Questo non faceva che confermare i sospetti di Kamel, le armi erano state sottratte direttamente dall'organizzazione. Probabilmente avevano pagato i trasportatori dopo che qualcuno aveva venduto l'informazione. I russi rimanevano con un palmo di naso o forse avevano già ricevuto la loro parte e si erano disinteressati del problema. Il convoglio era stato così deviato in Ungheria, ora avevano dato il via per farlo finalmente arrivare in Bosnia, attraversando la Croazia. Gli eserciti in guerra, le truppe sbandate di una etnia o dell'altra, i soldati di ventura che impazzavano su quelle terre, dovevano aver creato non pochi problemi agli uomini di Cannamozza. Parlare di truppe regolari in quel pandemonio era pura utopia. Chissà come avevano fatto a consegnare le armi ai giusti destinatari? Doveva essere stata una impresa ardimentosa e problematica.

«Li abbiamo fregati, ho fatto trasbordare tutto su mezzi con le insegne dell'Onu, e nonostante questo ci hanno spedito qualche confettino con i bazooka. Ogni tanto qualche cecchino sparacchiava sui blindati, tanto per tenersi in allenamento. Poi uno stronzo di capitano ha bloccato i miei uomini fino a che non è riuscito a mettersi in contatto con un generale a Zagabria. I kalashnikof puntati nella pancia e zitti. Quei quattro sbandati avevano il dito nervoso sul grilletto, pronti a riempire gli stomaconi dei miei ragazzi, fottuti fetenti, figliacci di baldracca. Voglio un supplemento per la diarrea, diglielo ai tuoi compari altrimenti m'incazzo di brutto. Ma tu lo sai che prima di entrare a Sarajevo c'è stata una vera e propria battaglia con i serbi che l'assediano notte e giorno. Se non ci fossero stati gli elicotteri avrebbero fatto a fettine i miei poveri diavoli.»
Kamel era rimasto a Parigi, ma aveva controllato che effettivamente avessero fatto il bonifico di settecentocinquantamila dollari sul suo conto in Svizzera.
«Ehi Kamel!» continuò Cannamozza, «Fatti preparare una bella valigetta con i miei dobloni, mando qualcuno a prenderla. Bada a non fare scherzi, arabo, ti strappo le mutande» soggiunse ridendo.
Kamel lo vide subito, era come pensava che fosse; anonimo, un po' squallido, la faccia da viscido e l'età indistinta fra quarantacinque e cinquantacinque anni. Però a guardarlo bene si convinse che poteva essere pericolosissimo. Gli occhi soprattutto tradivano una inquietudine di persona abituata a vivere nel pericolo e con l'acqua alla gola ma pronta a colpire veloce come l'aspide.
Vi scorgeva quella luce strana che così tante volte aveva visto nelle espressioni dei suoi interlocutori più avvezzi al crimine e alla violenza. Quelle braccia sembravano costruite per dare strumenti validi ad un killer, nonostante la giacca fuoriuscivano squadrate due spalle degne del migliore lottatore di greco - romana. Avrebbe sicuramente preferito non avere niente da ridire con un individuo del genere. Sicuramente era armato, su questo Kamel non aveva dubbi ma il personaggio a suo avviso prediligeva il coltello, conficcare il coltello nell'addome e farlo poi risalire tranciando tutto fino alla gola. Sul suo autista non aveva

dubbi di sorta, era il suo degno scudiero, ma guai a fidarsi. Doveva essere infido, privo di scrupoli, non avrebbe certo coperto le spalle a nessuno, piuttosto avrebbe colpito.
«È lei Kamel, vero?» disse Ovale in un francese da fare schifo.
«Bene, ci segua l'accompagneremo alla villa, non è lontano da qui.»
Kamel ingurgitò l'ultimo sorso di birra e si avviò dietro ai due. Non aveva automobile, preferiva il taxi, o piuttosto auto con autista, diventava tutto più comodo, specialmente se non si conoscono le città ed i posti dove recarsi.
«È tanto che aspetta? Spero di no»
«No, non si preoccupi, ho avuto modo di guardare il paesaggio e di bere qualcosa. Ma scusate il dottor Artois è già arrivato, o verrà più tardi?»
«Non preavverte mai, arriva sempre all'improvviso» continuò a dire Afif, «è sempre molto impegnato, ma quando può, viene con piacere e trascorre un po' di tempo con noi. Comunque non è ancora arrivato e non sappiamo se verrà. Ma lei non avrà modo di annoiarsi» sottolineò.
Salirono in auto, il percorso fu breve. La governante li accolse in maniera decisamente accattivante. Fu piena di attenzioni per Kamel come se fosse realmente un ospite di riguardo. Finite le cerimonie Kamel venne accompagnato nella sua camera dalla cameriera, la quale lo pregò di attendere, la signora italiana sarebbe arrivata quanto prima.

Kamel ed Ilaria

Ilaria si presentò non senza averlo fatto aspettare più del necessario. Era come Kamel aveva immaginato che fosse, bella e desiderabile, vestita di veli che lasciavano intravedere il suo corpo ben modellato.
L'uomo avrebbe voluto terminare al più presto i convenevoli, ma Ilaria sembrava non interessata. Continuava a parlare cercando di farsi capire senza minimamente conoscere il francese. Parlava di cose inutili e futili, era completamente entrata nel ruolo della verginella al suo primo incontro amoroso. Ogni tanto Kamel cercava di avvicinarla, cercava di stringerla per la vita, di lisciare quel culo morbido e sodo che si scorgeva sotto l'effetto flow dei veli. Ma ella trovava il modo delicato di sfuggire alla stretta, di evitare la mano che prepotentemente si attardava sulle sue curve più o meno nascoste.
Ilaria avrebbe continuato così a lungo facendosi rincorrere, giocando a rimpiattino come il gatto con il topo, ma Kamel cominciava ad ansimare, diventava sempre più audace ed intraprendente; cercava di baciarla poi di insinuare una mano sotto il velo

in direzione del seno, poi provava ad attaccarla sul collo, intanto era riuscito a posare una sua calda manona sul culo cercando di strappare quella seta inesistente. Alla fine colto da raptus e da una terribile foia per la donna che continuava a parlare chissà di cosa, tentò un placcaggio alla vita con tutte le energie che aveva. Riuscì a gettare Ilaria sopra i tappeti e con gesti ancor più brutali e teatrali lacerò la seta di quei veli impalpabili che lo separavano dalle nude carni della giovane.
Con il viso affondato nei seni di Ilaria liberò il suo cazzo dai pantaloni e cominciò a strusciarlo come un cane sulle gambe della donna, ormai rassegnata al suo destino e nello stesso tempo divertita da tanto ardore e da tanto impaccio. Ma fu un solo attimo di smarrimento, poi si ricordò che avrebbe dovuto durare almeno altre ventiquattro ore prima di cedere alle bramosie sverginatorie dell'arabo. Con energica risolutezza sgusciò dalla presa e cercò di riassestare alla meglio i suoi disgraziati vestiti ridotti a brandelli dalla furia dell'uomo. Assunse un'aria contrita di circostanza fra il disperato, l'offeso e la suffragetta figlia di Maria. Quasi quasi avrebbe potuto pure spillare qualche lacrimuccia bella calda tanto per pasticciare un po' gli occhi, dipinti a mestiere.
«Ma signore, che modi sono questi?» Fece una pausa, sperando che l'arabo capisse almeno il senso della sua reprimenda. «Che maniere incivili. Nessuno mai ha osato in questo modo osceno. Vi prego d'ora in avanti di comportarvi con maggiore gentilezza e cortesia. Non sono quella che pensate.» A questo punto piegò la testa verso il basso e con un accento diverso, più malizioso continuò a dire: «Io ho bisogno di più tempo, di parlare con gentilezza, di essere corteggiata, lisciata, sentirmi amata» altra pausa e poi ricordando una frase di un film, «*Je suis vierge*» si ritrovò a dire.
Kamel che aveva comunque inteso il senso delle parole di Ilaria, capì che avrebbe dovuto spendere più tempo del previsto, la ragazza voleva essere lavorata e lui l'avrebbe accontentata, in fondo ne valeva la pena.
Si riassestò alla meno peggio, rinfoderò il cazzo in erezione, non senza qualche difficoltà ed impaccio. Tornò a sedere sul divano

ed intanto cominciò a parlare alla ragazza, pur sapendo di non essere capito. Le raccontò del modo in cui aveva trascorso gli ultimi giorni, la paura di essere raggiunto da sette fanatiche pronte a scannarlo come un maiale, raccontò le sue infelicità mentre Ilaria lentamente si sedeva sulle sue gambe carezzando i crespi capelli. Sentiva il tocco leggero delle dita affusolate sulla cute, sentiva il dolce profumo che emanava quella pelle liscia e vellutata che avrebbe voluto mozzicare, baciare e forse mangiare. Poi le carezze si concentrarono sul collo e sul petto, maliziosamente Ilaria aveva sbottonato la camicia tanto da permetterle di infilare tutte e due le mani sul petto di Kamel lisciandone i peli e saggiando i muscoli. All'improvviso tolse il velo rimastole attorno ai seni e si schiacciò sull'uomo che intanto aveva cominciato a lisciare l'interno setoso delle gambe.

L'istinto lo avrebbe subito condotto a rovesciare la donna sul divano e piazzarle il suo robusto membro nella fica, ma si trattenne. Aveva continuato a parlare, ma ora si era tuffato sui seni mordendoli e succhiandoli tanto da illividirli. Sentì le mani che scendevano verso il suo sesso, sentì che lentamente e non senza fatica riusciva ad allentare la chiusura dei pantaloni e a permettere al suo cazzo di tornare a troneggiare. Ilaria lo lisciava con carezze lunghe e sapienti che partivano da sotto i testicoli per terminare sul glande, ad intervalli ripetuti veniva energicamente scosso con un moto sussultorio, mentre la bocca assaggiava il suo collo taurino. Cercò di ficcare la sua mano nella fica, ma la donna non gli diede il tempo di arrivare a toccarla che già si ritraeva, sciogliendosi dall'abbraccio, rimettendosi a sedere per suo conto.

Kamel, dopo questo secondo round era visibilmente scosso, non si aspettava quella improvvisa reazione, ormai sembrava tutto avviato ad una felice conclusione. Così non era, ora avrebbe dovuto ricominciare tutto daccapo.

Queste battaglie cominciavano a pesargli, l'età aveva i suoi limiti. Se fosse stata una donna araba avrebbe trovato lui il modo per domarla senza tante storie. Ma queste donne emancipate lo arrazzavano, è vero, ma avrebbe sicuramente voluto utilizzare altri metodi diversi, più maschi, più arabi. Almeno su questo avevano

molto da insegnare a tutto il mondo. Quale giovane mussulmana avrebbe potuto fare tante storie senza essere malmenata e violentata?
La verginità era un problema superabile, bastava girarle così naturalmente. Invece l'italiana faceva la preziosa, sembrava remissiva e già pronta, ma poi ci ripensava, e come se pochi istanti prima avessero preso un tè, tornare a sedere normalmente e a parlare di chissà quale argomento. Non sembrava per nulla turbata, di solito le giovani alle prime esperienze sono tutte imbarazzate, eccitate, goffe, maldestre, passive e remissive. Questa riusciva a mantenersi calma, distaccata, come se stesse passeggiando in un parco. Non poteva che essere l'atteggiamento di una professionista ben addestrata, e perché no, di una puttanella da strada priva di scrupoli. Sapeva pure eccitarlo fino al parossismo e poi smetteva di colpo ogni altro movimento e strusciamento. Sapeva inoltre come difendersi e uscire da situazioni perlomeno incresciose.
Che senso poteva avere quest'atteggiamento? Perché mettergli davanti una professionista, se tale era? Domande difficili cui dare risposte. Artois non avrebbe avuto nessun interesse apparente a giocargli un simile tiro. È vero gli piacevano le giovani acerbe ma non disdegnava nemmeno le donne mature, piene di esperienza e di vita. Se lo scopo fosse stato quello di compiacerlo maggiormente, non poteva che apprezzare i loro sforzi ma tanto valeva mettere le cose in chiaro. Mentre così ragionava, guardava fisso Ilaria cercando di leggerle nel volto le risposte ai suoi interrogativi. Più si attardava nel ragionamento, più le idee si confondevano. Rimetteva subito in discussione quello che poco prima aveva dato per scontato. E se fosse stata realmente vergine ma preparata all'incontro da persone capaci ed esperte? In che cosa poteva modificare il modo di comportarsi? E se invece fosse stata ingaggiata dai suoi nemici per ucciderlo? Avrebbe atteso il culmine dell'amplesso per poi pugnalarlo alla schiena o spargli alla tempia. Sarebbe morto sulla fica da valoroso. In fondo i suoi nemici non erano poi così crudeli e malvagi.
Il terzo tentativo non poteva andare a vuoto. Decise di non affrettare le situazioni ma di guidarle tranquillamente al loro natu-

rale porto. Come se nulla fosse già successo, iniziò a discorrere cercando di farsi capire, si era sistemato alla meglio. La giovane era ancora discinta con i duri capezzoli scoperti ed uno straccio piccolissimo di pantalone che lasciava ampie zone del ventre e del culo decisamente scoperte. Ilaria sembrava tranquilla, seduta sul divano aveva persino accavallato le gambe e faceva finta di ascoltare le parole, e le frasi che solo a sprazzi assumevano un significato per lei percepibile.
Mentre così discorreva, lasciò cadere la mano sulla gamba. Lentamente con un movimento impercettibile, cercò di risalire lungo la coscia. Poggiò leggermente la testa sulla spalla della giovane, dapprima la nuca, poi la guancia ed infine posò la bocca sul collo, sleccazzando fra una frase e l'altra la pelle delicata e tenera. Intanto la mano era arrivata all'inguine, e lì si era fermata premendo leggermente il dorso sulla parte carnosa. Ilaria si stava rilassando, si lasciava baciare e toccare, poi decise di muoversi a sua volta. Kamel non perse tempo, in un baleno tolse gli ultimi stracci di velo dal corpo della donna, baciandola profondamente sulla bocca, insinuando la sua lingua languidamente. Intanto si era definitivamente tolto i pantaloni, mostrando la sua erezione. Ilaria vedendo quel cazzo così proteso, gonfio quasi sul punto di scoppiare, decise di farlo eiaculare.
Prima lo carezzò a lungo con le mani, poi lo baciò ripetutamente, infine se lo cacciò quasi fin nella gola. Sentì che l'uomo s'irrigidiva, cercava di stringere con più furore i suoi seni, allora capì che stava per sprizzare sperma. Fece appena in tempo a sollevarsi per vedere dapprima uno spruzzo di liquido e poi un gocciolare continuo e denso. Kamel si distese sul divano cercando di assaporare con voluttà quegli attimi di rilassatezza, quella sensazione di ebbrezza.

La presa di Parigi

Un bosco immenso è quello che si estende ai miei piedi. Abbiamo faticato molto per arrivare quassù lungo una strada di sassi, tutta in salita, attraversata qua e là da ruscelli che sbucano improvvisi dai margini del bosco. Abbiamo visto case poverissime fatte di fango e legna, bambini dai visi rubicondi, che sorridono, incuriositi, rimanendo distanti, vicino alle raccoglitice staccionate dei loro giardini.
Ho sentito il sordo rumore dell'orso, si risvegliano le mie paure, mentre una colomba vola lontana. Il silenzio ritorna e l'ultimo sole stenta ad illuminare questa terra. Rimango immobile sopra la radura coperta di muschio e pietre di uno strano colore rossastro. Gli alberi mi circondano, sugheri, cerri, faggi, e persino abeti, vorrebbero soffocarmi. Ho violato la loro quiete.
Ora muggisce una mucca ed un cane fa eco, un corvo gracchia stridulo, sembrerebbe spaventato, pieno di terrore ma vola libero nel cielo, posandosi di tanto in tanto sui rami più alti. Il sole è ormai alla fine, è rimasto solo un chiarore dietro il monte, dove si è nascosto. Il cielo è limpido e l'aria tersa, rigida di una serata autunnale come tante.

Devo vincere i ricordi, questa eterna nostalgia che squassa ogni mio pensiero. Vorrei godere della solitudine, del silenzio ma mi sento caparbiamente riportare al sogno di felicità diversa, antica. Sono sprofondato in un incubo che lacera ogni mia facoltà di ragionare, pensare. Sono disfatto da un vuoto parlare di idolatrie lontane, di feticci che si sostituiscono alla mia originaria emancipazione. Ascolto litanie lunghissime di gente divenuta eroica agli occhi miopi d'ignoranti saccenti. E ridono gli stolti della loro stessa povertà, gli basta gonfiare l'idolo di plastica che si è creato. È una devozione assoluta senza riserve è come se amassero se stessi, un'ambizione prospettica, adorano già la loro figura divenuta feticcio. Non posso cogliere il silenzio, la solitudine, l'immagine della felicità è robusta non abbandona la mia mente. La mia creatività è alla fine, la mia immaginazione in crisi, spero non mi tocchi adorare l'idolo che rifiuto.

La luna già brilla nel cielo nel suo massimo splendore, riversa una luce opaca, soffusa, nasconde nelle ombre le miserie del giorno, un contrasto di chiari e scuri è quel che si tocca. All'orizzonte si staglia la sagoma di una montagna nel cielo stellato. Sto correndo nel bosco, l'urlo dello sciacallo mi fa rabbrividire, ma so che è lontano, nascosto. Sono rimasto solo nel silenzio della notte, fra umori che palpitano invisibili, fra stridii inconsueti e discreti. Il ritmo dei miei passi si ripercuote come un tamburo di guerra che segna il tempo dell'incombente battaglia. Fuggo l'osceno, il fallimento di una rappresentazione teatrale, fuggo il disinteresse per una parte che non mi appartiene. Corro per vedere sorgere il sole, forse diverso, mentre si allunga la strada e si appresta la battaglia.

D'improvviso un chiarore mi abbaglia, il giorno squassa la notte, la riduce in poltiglia, la sbriciola.

Mi ritrovo in un viottolo polveroso, la strada asfaltata l'ho lasciata da tempo, il bosco è lontano, le sue insidie ormai dimenticate, le paure solo esili ricordi. La campagna si allarga a vista d'occhio, è un mare infinito di verde, dove galleggiano qua e là casolari sparsi, umili abitazioni di gente legata alla terra e alle sue fatiche. Un gruppo di donne è chino in un campo come a pregare un dio satanico e crudele, intanto diserbano, seminano,

levano sassi. Mentre guardo affascinato le ritmiche movenze di quest'antico esercito, riascolto il suono delle parole del poeta: «Je suis le fondateur de la république de la poesia dont tous le citoyen sont des femmes.»
Corro ancora più forte, ho voglia di fuggire la repubblica della fatica, dell'oppressione. Ormai sudo abbondantemente, i muscoli si contraggono tristemente quasi a lacerarsi, ma la mia volontà è ferrea. Attraverso campi, casolari, guado fiumi dall'acqua bassissima, salto siepi e cespugli fin quasi a toccare questo incombente cielo azzurro.
C'è un mostro che gratta nella mia testa, mi pesa, vorrebbe annichilirmi, distruggermi. Il paesaggio è sempre lo stesso, ora ci sono miriadi di fiorellini blu che tinteggiano i campi, le margherite sembrano ritrarsi spaventate. Ma ho appena il tempo di gettare un'occhiata e già sono lontanissimo e purtroppo ancora vicino. Hanno reciso tutte le cime degli alberi, rimane solo il fusto, colonne che salutano la mia corsa trionfale.
Uno scoiattolo è saltato terrorizzato nella sua tana, una lepre mi corre davanti; annuncia il mio prossimo arrivo, prepara gli increduli. Strappo quel che rimane del mio abbigliamento, mi sento ancora più libero e forte, forse riuscirò a superare la barriera che mi divide dalla comprensione di una realtà diversa e della mia. Guardo le pianure sterminate prima di attraversarle, rimiro i terrificanti precipizi prima di superarli ma non oso guardare l'acqua che mi sovrasta dal fondo dell'oceano.
Dovrei già essere inginocchiato sulla terra, sommerso dagli odori pungenti della campagna, invece corro, saltello, mi dimeno. Il sole si diverte ad infuocare la mia testa, a bruciare la mia pelle. La meta è lontana, non so quale sia. Odo voci sommesse che pregano, invocano un dio terribile, vorrebbero essere liberati dalle oppressioni, scuotono pesantemente la fronte sulla pietra già rossa del loro sangue. Un esercito di corpi agonizzanti si trascina lungo una strada polverosa e cantano un inno di speranza, si esaltano in questo canto e dimenticano la loro esistenza.
Un gruppo di essi rosola un agnello sulla brace, altri entrano in un magazzino per acquistare vecchi oggetti, vestiti di anni fa ed intanto cercano di violentare la robusta commessa che dovrebbe

servirli. I giovani assistono impotenti all'infuocarsi del sole e sputano nel fango, altri fumano ansiosi ed aspettano il caffè. La cicogna ha trovato la pappa per i suoi piccoli ben disposti sul comignolo della stazione ferroviaria.
Sono entrato in città dalla parte sbagliata, nudo, illividito, pieno di graffi. Mi aspettavano; ma ora non riescono a vedermi, è arrivato persino un treno, sbuffando, pieno di persone, capre e polli, per assistere al mio trionfo. Con il loro vociare hanno solo disturbato il sonno dei vecchi lustrascarpe addormentati sugli strumenti da lavoro. I benestanti passeggiano avvolti nei mantelli marrone scuro nonostante il caldo afoso. Il fiume scorre lento, scivolando attorno a carcasse di automobili abbandonate nel suo letto, schiumeggia in mezzo agli arbusti che già affollano le rive melmose, lambisce la periferia evitando guardingo un centro che può nauseare. Ma i suoi sforzi sono inutili, basta una carezza, un lieve tocco, per essere contaminati. Fogne rigogliose, ricettacoli dell'immondo, si riversano nell'alveo aggredendo le già misere acque.
Mi hanno visto, ma dovrei indossare le squame del vecchio drago per dar corpo ai loro desideri, dovrei essere l'indomabile eroe saraceno alla presa di Parigi, ma non potrò mai esserlo; dovrei distruggere la loro povertà, le loro disperazioni, dovrei alleviare le loro sofferenze, ma sono impotente. Il rancore e la rabbia per il mio tradimento si trasformano presto in cortei vocianti e violenti.
Assaltano tutto quello che può sembrare irraggiungibile, bruciano le loro aspirazioni in enormi falò, uccidono, massacrano chiunque si oppone alla sopravvivenza di un sogno che soffoca la loro fantasia. Sfidano la morte e sfilano davanti a carri che sputano odio, devastando le loro carni. Cadono in cento ma mille ancora guardano lontano, oltre l'esistente. Aspettano fiduciosi di riprendere la rivolta l'indomani con l'apparire del primo sole.

Transfughi, il bue ed il Capitano

Ovale era preoccupato. Camminava per il salone, cercando di capire che cosa avrebbe dovuto fare. Decise di uscire nel parco passando per la piscina. Gli venne in mente di farsi un bagno, avrebbe potuto rilassarsi un po'. Si sarebbe lasciato cullare dal lento movimento dell'acqua. Entrò nello spogliatoio, tirò via tutto il suo abbigliamento, infagottò la pistola nella camicia.
In mutande quasi simili ad un costume per via del colore, nero antracite, ritornò sui suoi passi, gettò su di una sdraio il pacco, e si tuffò nell'acqua tiepida. Si lasciò galleggiare, si rovesciò sulla schiena, guardava in alto nel cielo, socchiuse gli occhi e solo allora ricordò che quello era l'ultimo giorno. Avrebbero dovuto fuggire l'indomani mattina, nella giornata che stava trascorrendo avrebbe dovuto a tutti i costi prendere contatti con quelle brave persone che traghettavano transfughi.
La Spagna esige un visto per i magrebini. Sulla costa marocchina dove la miseria non è mai stata sconfitta arriva l'immagine di una Spagna e di un'Europa ricca e gioiosa, spontaneamente si cerca di guadagnare Tarif provincia di Cadice, punto estremo del continente, un semplice villaggio andaluso pieno di storia.

Insieme agli emigranti in cerca di fortuna, tentano la traversata su battelli improvvisati da pescatori marocchini e spagnoli, trafficanti di droga, servizi segreti di tutto il mondo, delinquenti in fuga dai loro paesi d'origine. Su di una imbarcazione di appena sei metri di lunghezza prendono posto venti, venticinque persone. Il punto di ritrovo di questa varia umanità è Ceuta.
A Tangeri, nei fatti centro di smistamento per i clandestini che arrivano da Tunisi, Cairo, Tripoli ed Algeri, Lagos, Abidijan, Monrovia e Dakar, avviene il contatto e lo smistamento. Le autorità marocchine tralasciano completamente di controllare questo traffico umano. La costa andalusa, da Almeria a Cadice, si è trasformata in una vasta zona di sbarco notturno. Solo la Croce rossa di Tarifa effettua più uscite per ogni eventuale assistenza alle imbarcazioni in difficoltà. Tutti i clandestini sono animati da propositi da ultima spiaggia, hanno degli approssimati riferimenti che cercheranno di sfruttare appena arrivati alle loro presunte destinazioni.
Appena sbarcati, i più fortunati vengono prelevati da camionette che li portano verso nord, gli altri saranno costretti ad errare a piedi nelle campagne circostanti, affamati, pieni di paura, sempre con il pericolo di essere ripresi e ricondotti sull'altra sponda. In Spagna l'immigrazione clandestina non è ancora un reato. Per alcuni, in particolare i neri dell'Africa centrale, non si sa dove rinviarli, chiusi nel loro mutismo o con nazionalità dichiarate di pura fantasia, restano così sospesi anche per alcuni mesi in una terra di nessuno a ridosso della frontiera. Gente dimenticata da tutti e da se stessi, in attesa di chissà quale improbabile favorevole decisione delle autorità spagnole.
Sovente le imbarcazioni si rovesciano con tutto il loro carico umano nelle acque. Non sempre i soccorritori riescono ad arrivare in tempo per salvare vite umane. Il bollettino dei morti è lungo e tragico: ventuno in marzo, diciannove in maggio, trentasei in agosto. Ma l'esatto numero dei decessi non si saprà mai, nessuno sa dire il numero esatto degli imbarcati subito dopo il naufragio, nessuno mai andrà a piangere i propri parenti annegati. Vengono seppelliti, lì dove sono stati rinvenuti, in fosse comuni.
L'acqua era tiepida, Ovale restava immobile galleggiando alla

deriva ed intanto cercava di ragionare. La missione sembrava avviata ad una rapida e positiva conclusione. L'arabo era stato condotto nella tana della tigre, ne sarebbe uscito ormai pronto per una clinica psichiatrica e successivamente per il cimitero. I suoi clienti avevano così orchestrato e portato a termine la loro crudele vendetta. Lui avrebbe ripreso la strada del ritorno, forse si sarebbe dovuto sbarazzare della ragazza, ma non era nel suo stile.
Sperava nell'intimo che qualcun altro avrebbe fatto quel che lui non gradiva fare. Due cose sfuggivano al suo mosaico ricostruito; la prima, che poteva definirsi una obiezione di fondo: perché mai operare in questo modo contorto e dispendioso per praticare una vendetta; la seconda il motivo che aveva originato l'incidente della sera prima con i due poliziotti uccisi di cui nessuno aveva dato notizia. Questa rimaneva una vicenda oscura e non priva di preoccupazione, essa si inseriva in un quadro dove risultava difficile comprenderla. Sarebbe stato tutto più logico e razionale senza quella dannata vicenda. Perché due poliziotti avrebbero dovuto volere la sua morte? Perché Hafif era stato così pronto a difenderlo, ad uccidere e successivamente a rimuovere ogni prova? Come mai nessuno aveva visto niente pur essendo accaduto nel centro cittadino in una strada sempre trafficata?
Per Ovale rimanevano inspiegabili quesiti. Certo non potevano lasciarlo tranquillo. Era sicuro che l'autista avrebbe potuto chiarire ogni mistero, ma come fare per carpire i suoi segreti? E se fosse stato proprio lui il tassello che mancava al suo mosaico?
Decise di muoversi, aveva molte cose da fare. Sarebbe dovuto andare a Tangeri a parlare con i traghettatori, per preparare la sua fuga. Uscì a malincuore dalla piscina, si avvolse nell'accappatoio e si diresse nello spogliatoio. Si rivestì e chiese alla governante di chiamare Hafif, doveva subito partire. Nell'arco di pochissimo tempo, l'autista si fece trovare pronto con il motore della vettura acceso all'ingresso della casa. Partirono alla volta di Tangeri. Il viaggio non fu breve, ognuno preferiva pensare ai propri problemi, senza parlare. Ovale guardava distrattamente il panorama che scorreva veloce davanti ai suoi occhi, una natura brulla con pochi alberi, un terreno piuttosto arido anche se coltivato, qualche casolare qua e là.

Il traffico si era diradato, subito dopo la periferia di Casablanca era diventato quasi inesistente. Ogni tanto incontravano vecchie Peugeot trasformate in taxi per lunghe distanze, il resto era composto da camioncini che trasportavano di tutto, persino grappoli di persone aggrappate fortunosamente alle sponde del cassone, scosse ad ogni buca, sollazzate dall'andamento del ruvido fondo stradale.
La loro velocità era sostenuta, viaggiavano ad oltre centotrenta chilometri orari, con i finestrini chiusi e l'aria climatizzata che dava un senso di comodità e rilassatezza.
Ci vollero quattro ore per raggiungere Tangeri. Hafif sembrava espertissimo anche di questa città, in brevissimo tempo arrivarono al punto di ritrovo per i transfughi in cerca di imbarcazioni. Era uno squallido bar, vicino al porto, pieno di uomini intenti a bere tè e birra e a fumare puzzolenti sigarette marocchine, mentre nuvole di mosche girovagavano posandosi di tanto in tanto ora su di un bicchiere ora sopra sputacchi freschi color tabacco. Una nenia in sottofondo dava il giusto tocco arabo all'ambiente. Ovale toccò la sua arma prima di uscire dalla vettura, e si avviò seguendo Hafif nel puzzolente bar. L'autista parlottò con un anziano inserviente, il quale dopo un po' indicò la porta di un retrobottega. Hafif gli fece cenno di seguirlo. La porta si aprì su di un vasto locale pieno di cassette, l'aria era sicuramente più fresca e più respirabile. Attraversarono tutto il locale e si ritrovarono sulla spiaggia antistante al porto senza aver visto anima viva. Vi erano dei tavolinetti con delle sedie, presero posto ed attesero. Due vecchi pescherecci erano stati tratti a secco; pitturati di un verde brillante, ora delimitavano la proprietà del bar, insieme con una vecchia rete bucherellata.
La loro attesa non fu lunga, dalla stessa porta da cui erano usciti, comparvero due donne, senza nessun preambolo sedettero dove loro avevano trovato posto ed in francese fecero capire che il pagamento per un passaggio sulla costa spagnola andava fatto in anticipo ed era di mille franchi francesi. Ma Ovale chiarì che lui avrebbe voluto affittare l'intera imbarcazione, senza avere altri trasportati a bordo. Le due donne rimasero sconcertate, non si aspettavano la richiesta: «Caro signore» iniziò a dire una di esse,

«le nostre barche trasportano fino a venti persone per volta, per mille franchi ognuna, per un totale di ventimila franchi.
«Questa è la tariffa, prendere o lasciare. La garanzia della partenza è data dal pagamento in anticipo, i nostri uomini escono in mare anche con la tempesta. Allora che decidete di fare?» Hafif avrebbe voluto contrattare, ridurre quanto richiesto, chiedere uno sconto, ma Ovale lo fermò quasi subito, tirò fuori un blocchetto di banconote francesi e ne contò ventimila alle due donne.
L'appuntamento era per l'indomani sera a Ceuta. Ovale non avrebbe dovuto sbagliare, vi sarebbe stata una sola imbarcazione, quella da lui prenotata.
Ripartirono alla volta di Casablanca. Hafif era stato silenzioso per tutto il tempo, ora iniziò a dire: «Avrebbe potuto prendere la barca per la metà esatta di quello che le ha dato. Questa è gente infida, ora penseranno che lei può disporre di cifre ragguardevoli, potrebbero persino tentare di rapinarla durante il tragitto, e dopo gettare il suo corpo in pasto ai pesci. Il suo istinto non ha dato i giusti consigli»
«Ti ringrazio delle preoccupazioni Hafif, ma realmente non sono stato a ragionare. Avevo solo voglia di fare in fretta, e riguadagnare Casablanca al più presto. Ora mi rendo conto di aver agito in modo sbagliato. Cosa posso fare per evitare questo possibile pericolo?» Ovale, nonostante la risposta, non era preoccupato.
«Penso che dovrà avere più occhi del normale, non perdere di vista nessun membro dell'equipaggio, non permettere mai a nessuno di avvicinarsi, trovarsi un posto dove sia impossibile qualsiasi attacco alle spalle. E poi in definitiva raccomandarsi alla sua buona fortuna, ne avrà bisogno. Purtroppo la gente che viene trasportata da queste barche di solito viaggia nell'anonimato, non ha nessun interesse a far sapere chi è e dove va. Per lo più è povera gente senza più radici, quindi anche se vengono uccisi, difficilmente si riesce a sapere chi fossero e da dove venissero.
«Nel suo caso, lei ha tutto l'interesse a viaggiare in incognito, a far perdere le sue tracce a tutti i possibili agenti o poliziotti del Marocco e della Spagna»
«Come tu saprai, il mio unico interesse è di eliminare qualsiasi punto di contatto con l'organizzazione che ha messo a disposizio-

ne la villa e di scomparire nel nulla entro pochissimo tempo, così nessuno mai potrà ricollegare gli avvenimenti che seguiranno.
«Le indicazioni che ho sono chiarissime, ma non riesco a comprendere ancora gli arcani misteri che si celano in queste decisioni. Sono un semplicissimo ingranaggio di un meccanismo molto più ampio cui vengono impartiti ordini perentori non discutibili. Io devo solo eseguirli e nel migliore dei modi. Sapevo della tua presenza nella villa, sapevo di quella della governante ma non mi avevano preavvertito della cameriera. Spero non debba essere un problema. Ritengo che anche per te vi siano stati degli ordini ben definiti, puoi tranquillamente parlarne con me.» Ovale cercò di bluffare, sperando che Hafif parlando si lasciasse sfuggire qualche informazione per lui importante. Ma l'arabo fu laconico: «Come lei sa, io rispondo direttamente al dottor Artois, è lui il mio unico collegamento, io eseguo le sue direttive, non faccio altro. In questo caso devo solo farle da autista, se si eccettua l'incidente dell'altra sera, mi sembra di non aver fatto altro.
«Per la cameriera ho chiesto io direttamente l'autorizzazione per poterla assumere, e comunque è persona estremamente fidata. Non si preoccupi per lei, sparirà come noi tutti entro domani.»
Il discorso sembrava esaurito ma Ovale cercò ancora di sondare: «Prima di questo incarico cos'altro facevi?» chiese in maniera disinvolta. «Ho pensato che la tua capacità di tiro e la tua freddezza facessero di te un uomo avvezzo a vivere nel pericolo»
«Lavoravo nell'esercito di Israele, facevo l'istruttore per il tiro e la difesa personale. Io sono natio di Gerusalemme, anche se sono vissuto sempre in Tunisia prima ed in Marocco dopo, con un breve intermezzo in Francia.» Poi assumendo un tono confidenziale continuò a dire: «Io sono un infiltrato» mentre un lieve sorriso inarcava le sue labbra.
Ovale non prese troppo seriamente le confidenze di Hafif, poteva essere tutto ed il contrario di tutto, a lui interessava solo sapere se avesse ricevuto ordini che lo riguardavano, ma capì che sarebbe stato impossibile carpire il ben che minimo segreto.
«Da quanto tempo sei in Marocco?»
«Ormai da tre mesi circa. Ma precedentemente ho lavorato da queste parti per tre anni. Facevo la spola tra Casablanca e Tange-

ri. Poi successivamente fui inviato a Parigi dove conobbi il dottor Artois, una persona di tutto rispetto, dotato di un'intelligenza sfolgorante»
«Ma il dottor Artois cosa fa oltre al medico chirurgo?»
«Lavora come tutti noi per salvaguardare il popolo di Israele dalle minacce del mondo arabo. Non è un agente del Mossad se è questo che sta pensando né tanto meno lo sono io, altrimenti non sarei stato qui a dirlo»
«Ma lavorate per qualche organizzazione, o forse direttamente per il governo?»
«Io sono semplicemente assoldato, vengo pagato, questo è il mio lavoro, e vengo pagato direttamente dall'esercito. Il dottor Artois fa parte di una organizzazione politica che opera in Israele e all'estero. Cercano consensi per conquistare seggi nel parlamento. Si autofinanziano ricorrendo all'aiuto di grossi personaggi che vivono un po' in tutto il mondo. Ogni tanto si preoccupano di perseguire un criminale che si è sporcato di qualche orrendo delitto. È una versione moderna dei persecutori di criminali nazisti»
«Ma i governanti israeliani sono al corrente di queste operazioni parallele portate avanti clandestinamente in altri paesi dai propri onorevoli cittadini?»
«Lei mi chiede troppo, come posso sapere io cose così importanti e delicate? Non mi chieda questo, non saprei cosa rispondere. Piuttosto racconti qualcosa di lei e della ragazza, sono convinto che anche voi condividete gli stessi principi dei miei amici.»
Il tono della voce non sembrò sincero alle orecchie esperte di Ovale: «Anch'io vengo pagato per le mie operazioni, fini politici non ne persuego, preferisco comunque fare qualcosa per una giusta causa. Ma non mi scandalizzo del contrario, basta che sia ben remunerata la prestazione. Sono un professionista con una sua deontologia, non mi piace uccidere né uomini né animali. Non amo la caccia, preferisco lavori di routine, di contorno, avrei preferito fare l'analista finanziario, ma tant'è, basta non recriminare sul modo in cui si spende la propria vita.»
Confessò a se stesso che forse stava diventando sincero, non praticava l'arte della bugia.

«Devo dirle la verità, mister Ovale, io sapevo altre cose sul suo conto, comunque non ha senso parlarne.»Come volendo cambiare discorso, continuò dicendo :«Fra poco saremo a Casablanca. Domani i nostri destini saranno divisi chissà se ci rincontreremo, spero di sì»

«Ah! Quanti chilometri mancano? Chissà se Ilaria ha terminato il suo lavoro!» La strada s'inerpicava su di una collinetta piena di cespugli, ogni tanto una pianta di fico d'India esponeva i suoi frutti ancora acerbi, mentre nella sottostante pianura s'intravedevano piccoli casolari circondati da staccionate fatte alla bene e meglio con legno recuperato dagli avari arbusti.

Hafif si accingeva a superare un'ultima curva quando si trovarono davanti un vecchio carretto tirato da un bue messo per traverso. La sua frenata fu tempestiva ma inutile. La vettura cozzò violentemente sulla ruota posteriore fatta di legno e metallo, i vetri andarono in frantumi mentre i passeggeri vennero proiettati in avanti. Ovale riuscì a tenersi sul sedile anteriore ma Hafif venne sbalzato sulla strada. Il carro si capovolse tirandosi dietro il vecchio bue. Stavano ancora riprendendosi dallo smarrimento iniziale, cercando di capire se tutte le ossa erano ancora al posto loro, quando degli uomini occuparono la scena.

Uno scialle copriva i loro visi, ma nelle mani mostravano potenti fucili a ripetizione. Ovale estrasse la sua pistola quasi inconsciamente, la paura gli irrigidiva la mano che la teneva, ma sapeva che era la sua unica possibilità. Iniziò a sparare a casaccio cercando di colpire le figure che si muovevano ora goffamente davanti ai suoi occhi. Vide uno degli uomini che si tuffava dietro il carro e da lì iniziò a sparare sull'abitacolo, un altro uomo si stava rotolando lungo la scarpata della strada. Continuò a sparare cercando solo di contare il numero dei colpi. Poi sentì altre detonazioni provenire dal lato opposto della strada, pensò ad Hafif riavutosi dal primo stordimento. Tutt'attorno fischiavano i proiettili, i vetri della vettura erano andati tutti in frantumi.

«Uscite dall'automobile presto, sta andando a fuoco.» Sentì la voce concitata dell'autista. Qualche colpo doveva aver bucato il serbatoio del carburante che ora fuoriusciva prendendo fuoco. Ovale cercò di aprire la portiera ma risultò bloccata. Allora si

risolse ad uscire dal finestrino laterale. Cadde pesantemente battendo la spalla sull'asfalto, strisciò rapidamente verso il ciglio della strada mentre Hafif continuava a sparare in direzione del carro. Ma gli aggressori non rispondevano più al fuoco, presumibilmente erano fuggiti dopo i primi colpi.
«Allora come va? Niente di rotto?» Vide l'autista in piedi con la pistola in mano che intanto si guardava intorno. «Devono essere scappati.»
L'automobile ormai bruciava con un fumo denso e puzzolente. Con quel mezzo non sarebbero più potuti andare da nessuna parte. Il bue continuava a fare strenui sforzi per rialzarsi, senza però riuscire nell'intento. Ovale si palpò la spalla indolenzita, ma oltre quello non aveva altro di cui lagnarsi. Hafif perdeva sangue da un ginocchio escoriatosi al momento dello scontro. «Chi poteva essere questa volta? Non so proprio spiegarmela.» Ovale era perplesso e preoccupato. Ma capiva perfettamente che non avevano avuto intenzione di uccidere. Erano solo degli avvertimenti, per ora incomprensibili: «Qualcuno ha deciso di farle la pelle, anche se lo fa in modo molto dilettantesco. È certo che aspettavano noi. Il perché siano poi scappati non saprei proprio che cosa dire. Forse non volevano rischiare. Il che significa che allora si sono appostati da queste parti ed aspettano il momento più favorevole per finirci»
«Questa sì che è una bella iattura. Ora oltre a non avere più nessun mezzo di locomozione siamo anche diventati dei bersagli viventi.»
Ovale non voleva darlo a vedere ma ormai era in preda ad una paura sottile tanto da non riuscire a riflettere con determinazione e celerità. Sarebbe stato fermo, sdraiato sul lato di una sconosciuta strada per Casablanca in Marocco per il resto dei suoi giorni, se Hafif non fosse rimasto lì con la mano tesa. Si risollevò scrollandosi di dosso la polvere, ricordò che aveva ancora due colpi nella pistola. Hafif stava perlustrando la zona sottostante senza riuscire a distinguere nulla. Ovale cercò di sollevare il carretto liberando così il bue dalla sua scomoda posizione. Alla fine riuscì nel suo intento, con uno sforzo da pesista ed aiutato dalla continua pressione del bue il carretto riguadagnò la sua normale

posizione. La ruota non era stata danneggiata, l'animale sembrava ora soddisfatto di essere stato liberato.
Hafif tornò dalla sua perlustrazione. Ora rimaneva il problema di come continuare il viaggio. In un casolare nella pianura sottostante si poteva distinguere un vecchio Peugeot con pianale. I due si guardarono negli occhi ed insieme cominciarono a discendere lungo il costone della collina, evitando accuratamente la strada. Saltavano da un sasso all'altro con fare circospetto, calpestando rovi e cespugli.
Il sole era ancora alto, faceva caldo, e la polvere si appiccicava alla pelle mista al sudore. La discesa fu più lunga del previsto, ma tutt'intorno non vi era più anima viva. Qualche improbabile passante avrebbe avvertito la polizia più vicina che era andata a fuoco una vettura senza passeggeri a bordo. Nessuno si sarebbe degnato di approfondire le indagini, il fatto sarebbe stato presto archiviato. Raggiunsero il casolare, era più grande di quello che sembrava.
Hafif, nascosta la pistola, gridava in arabo parole inequivocabili ma senza ottenere risposta alcuna. Continuò per un tempo sicuramente troppo lungo per Ovale e le sue paure. Poi alla fine si decise ad entrare.
La casa sembrava abbandonata, la porta era semplicemente accostata, ma all'interno i proprietari avevano lasciato tutto come se fossero fuggiti all'improvviso, una pentola sbuffava sul fuoco di una cucina a gas, mentre sul tavolo rimanevano fagiolini che qualcuno aveva iniziato a pulire. La casa consisteva in una cucina da cui si accedeva direttamente in altre due stanze, un cortile esterno ed una casupola per il ricovero degli animali e degli attrezzi.
«Ci hanno fregati! È sicuramente un trappola.» Ovale con la voce rotta non trovò altro da dire, mentre guardingo si girava da tutte le parti pistola alla mano, ormai pronto a soccombere sotto il primo fuoco nemico. Ma Hafif prontamente gli fece cenno di tacere, riguadagnò l'uscita solo per vedere la loro unica speranza di locomozione che sgommando ed alzando un polverone si allontanava dal casolare.
«Ora sì che siamo fregati» cominciò a dire l'autista, «chissà come

faremo a tornare a Casablanca! Ci sono ancora un centinaio di chilometri, il centro più vicino non so nemmeno dove sia»
«Forse in casa hanno un telefono, cerchiamolo!»
«Ma cosa dice? Questi non hanno la corrente elettrica, vuole che abbiano il telefono? Siamo tagliati fuori»
«Beh torniamo sulla strada, passerà qualcuno alla fine. Chiederemo un passaggio. Non abbiamo altra scelta.» Senza perdere altro tempo ripresero il sentiero che avevano percorso precedentemente e cominciarono a risalire la collina. Questa volta era più faticoso. Ovale sudava copiosamente, ad intervalli regolari si rigirava a guardare la valle con la netta sensazione di trovarsi a far da bersaglio.
Quando riguadagnarono la sommità la vettura era ormai un cumulo di rottami fumanti, il bue se ne stava comodamente a brucare la sterpaglia tutt'attorno, avendo già dimenticato le sue passate disgrazie. Hafif fece segno ad Ovale di salire sul carretto, a sua volta si accomodò sul predellino, strattonò le cinghie che legavano il muso dell'animale, il quale prudentemente si mosse riprendendo la strada dalla quale era venuto. Certo, la velocità era limitata, non si poteva pretendere di più, ma il carretto rotolava comodamente.
«Intanto non rimaniamo fermi e se passa qualche automobilista avremo tutto il tempo per farlo arrestare. Non è ancora periodo di vacanze, altrimenti queste strade sarebbero state affollate di vetture. Vi è solo un traffico locale, per lo più scarso.»
Passarono una buona mezz'ora a traballare sul carretto, avevano ridisceso la collina e si avviavano lenti lenti verso la loro meta, poi sentirono l'inconfondibile rombo di una vettura che procedeva nel loro stesso senso di marcia. Hafif discese prontamente, arrestò il bue, posizionandolo trasversalmente alla strada, occupando così tutta la carreggiata. Ovale saltò dal carretto nascondendosi nella cunetta laterale.
Una vecchia Mercedes procedeva ad una modesta velocità, il conducente vide in tempo il carretto con il bue ed un giovane arabo che si sbracciava facendo segni con le mani, si fermò ormai sicuro di essere alla mercé di predoni del deserto degli anni duemila. Hafif con tutta la sua calma si avvicinò allo sportello

dell'intimorito viandante: «Mi scusi, signore, siamo rimasti vittime di un incidente e non sappiamo come raggiungere la più vicina città. Non avrebbe la cortesia di accompagnarci?»
Il viandante riavutosi dalla sorpresa iniziale e quanto mai ben disposto per il pericolo scampato, non ebbe esitazione a far accomodare i due nella sua vettura, mentre il bue, senza più nessun pungolo ricominciò a brucare la sterpaglia.
«Dove eravate diretti? Io vado a Casablanca»
«Oh! Viva Dio!» scappò detto ad Ovale, «Finalmente un colpo di fortuna. Andiamo anche noi in quella città. Saremmo già dovuti esser lì, purtroppo l'incidente non ci ha permesso di continuare il viaggio con la nostra vettura. Ah mi scusi, io mi chiamo Edo Ovale ,questo è il signor Hafif mio amico di sventura»
«Io sono il Capitano Curiel, ormai in pensione, ho abbandonato il mare e le navi per dedicarmi all'archeologia. Ma sono un dilettante, e nonostante i miei sforzi ancora non sono riuscito a scoprire nessun reperto di qualche valore storico. Gli antichi romani hanno impestato il mondo con le loro costruzioni, non si trovano che resti romani. Io avrei voluto trovare segni tangibili delle dominazioni assiro-babilonesi, non mi rimane che arrendermi all'evidenza. Voi siete turisti? O siete venuti per altri affari?»
Ovale prontamente rispose: «Noi siamo operatori turistici, ricerchiamo posti per proporre vacanze alternative, viaggi organizzati pieni di avventura. Nei periodi morti girovaghiamo in cerca di esotiche località. Quest'anno abbiamo avuto la cattiva idea di perlustrare il Marocco ed ecco qui quello che ci è capitato. Se non fosse passato lei, saremmo stati ancora a sobbalzare su un vecchio carretto.» La Mercedes filava a non più di settanta chilometri orari, il Capitano era un guidatore prudente e snervante per la fretta maledetta di Ovale.
«Era vostra quell'automobile andata a fuoco che ho incontrato poco fa? La polizia si stava chiedendo chi fossero i proprietari. Gli agenti sono stati avvertiti da un contadino che passava per caso lungo quel percorso. Lo stesso continuava a dire che aveva sentito numerosi colpi di arma da fuoco.»
Era difficile rispondere negativamente, non avevano affatto l'aria dei turisti in viaggio con mezzi di fortuna. Ma Ovale non si perse

d'animo: «Siamo stati assaliti da una sorta di predoni del deserto. Per fermarci non hanno esitato a sparare per fortuna senza conseguenze. Certo è che ce la siamo cavata per il rotto della cuffia»
«E perché non avete aspettato la polizia?»
«Dovevamo rischiare il ritorno di quei banditi? Per che fare poi? Per denunciare senza nessun seguito l'aggressione? Abbiamo preferito spostarci dal posto dell'incidente, sperando di trovare qualcuno che ci desse un passaggio per il villaggio più vicino. Ed eccovi qui» soggiunse alla fine Ovale.
«Giusto, avete preso la decisione più saggia. Una volta, ricordo, eravamo in rada in un piccolo porticciolo della Cornovaglia, quando fummo colti da un improvviso temporale. L'acqua veniva giù a catinelle, le onde del mare si abbattevano pesantemente sul ponte della mia nave. Avevamo due sole scelte, uscire in mare aperto e rischiare il naufragio, andando incontro alla tempesta, o restare passivamente ad aspettare che da un momento all'altro le onde spaccassero in due il mio vascello. Preferii la prima ed ebbi fortuna, andando incontro ai marosi, dopo un po' trovai una sorta di bonaccia che ci permise di restare tranquilli finché non fu tutto finito e tornò a splendere il sole.»
Lentamente la Mercedes del Capitano Curiel arrivò alla fine alla meta tanto desiderata. Ovale non credeva più ai suoi occhi quando capì di essere finalmente arrivato a Casablanca.
«Ho sempre guadagnato il porto programmato con le mie navi, caro il mio signor Ovale. Spero di rincontrarvi in circostanze migliori la prossima volta, e state lontani da certi percorsi, sono pericolosi»
«Lei è stato veramente gentile, non so come ringraziarla» rispose Ovale scendendo dalla vettura, seguito dal taciturno Hafif che durante tutto il viaggio non aveva detto una sola parola.
«Hafif cerca di fermare un taxi» ordinò e mentre l'autista si allontanava continuò con fare circospetto a parlare: «Senta Capitano, io sono nei guai, può aiutarmi? Saprò compensarla bene. Mi dia il suo numero di telefono la chiamerò io, così potrò spiegarle tutto.»
Il Capitano senza mostrare una eccessiva sorpresa prese dalla tasca della giacca un bigliettino da visita e lo consegnò nelle mani di Ovale: «Chiami pure questa sera mi troverà a quel numero.»

La storia

Ascolto Rachmaninov, la sonata numero due, mi sembra terribilmente struggente, l'andirivieni del violino e del piano mi crea una predisposizione d'animo melensa, sognante, quasi dovessi all'improvviso correre dietro ai miei sogni mai realizzati. Ho la percezione di toccarli, si vivificano davanti alla mia macchina da scrivere ancora contornati da una nebbia che si va dissipando piano piano. La sonata intanto si trasforma in una lotta, il piano cerca di sopraffare il violino e viceversa, ma dopo un lungo rincorrersi l'equilibrio si ristabilisce, i due strumenti si placano e sembrano quasi accarezzarsi, baciarsi lentamente, mormorarsi nelle orecchie dolcissime parole d'amore. Crescono insieme con una ritrovata passione, ora quasi si esaltano mentre il suono diventa un virtuosismo melodico. Le mie storie corrono sulle ali di questa melodia cercando gli strumenti per materializzarsi, di essere di nuovo realtà, sebbene rivisitata da una mente allucinata, alla ricerca di una filosofia della tragedia ormai superata, fuori luogo.
È una ragazza alta dai lunghi capelli corvini, il viso marcato da

due labbra prominenti e sensuali, il portamento austero e quasi arrogante ma negli occhi si può leggere tutta la sua timidezza scrutandoli attentamente.
Ama la contraddizione, ama viverla, è un esempio di insoddisfazioni e frustrazioni accumulate nel tentativo di operare un cambiamento a partire dal proprio vissuto personale, rappresenta l'impossibilità a rispettare le norme non scritte della sua società. Ha sempre immaginato di varcare la porta del proibito, di conoscere finalmente la diversità, di praticarla oltre che covarla nell'animo; l'uomo, il simulacro da rispettare ed amare, l'uomo arabo, il padrone incontrastato persino della vita della donna lo immagina a volte deleterio strumento di violenza privo di sensibilità, proteso solo a conservare il suo misero dominio, a difendere le sue prerogative di maschio cui tutto è concesso. Nello stesso tempo è così saldamente legata alla sua terra, alla sua famiglia, conserva i valori archetipi delle società contadine, da non poter vivere in nessun altro posto all'infuori di questo.
È una rivoluzionaria, l'ho già vista con il vessillo in mano della sua rivolta difendere le barricate dei suoi convincimenti. È una terrorista istintiva, potrebbe materialmente sparare, uccidere, distruggere, se non fosse plasmata ed impregnata di un romanticismo e di una capacità d'amare a volte quasi religiosa.
Ho cercato di parlare con lei, ho dovuto rincorrerla in mezzo ai campi, attraverso fiumi in piena ed infine scavalcare montagne di diffidenza. La prima volta che sono riuscito ad avvicinarla non ho avuto la forza di esporre nessuna delle mille domande che mi ero riproposto di fare, ho finito con il parlare della teoria della conoscenza citando a piene mani, in maniera sconclusionata da Engels; sarei comunque rimasto in tema rivoluzionario se non avessi confuso la trasformazione della "cosa in sé" e l'interiorizzazione della "cosa in noi".
Mi ha ascoltato come si ascolta un pazzo, guardandomi con quei suoi occhi di vivido carbone senza mai battere ciglio, quasi stessi rivelando la storia della futilità quotidiana. Non mi rimase che fuggire, andai a rinchiudermi in una grotta a fumare le erbe dei miei tristi sogni.
Passò un tempo lunghissimo, orecchiavo agli angoli delle strade

le sue gesta, ma nonostante avesse organizzato la rivolta dei buoni salvando persino un carcerato da sicura perdizione, la gente continuava ad odiarla. Odiava il suo ribellismo, la sua diversità, odiava la sua capacità di amare.
Sembra quasi che essa rappresenti i loro desideri repressi e nello stesso tempo l'incarnazione delle loro colpe mai redente che a stento tentano di affiorare nelle coscienze.
Girovagavo nel borgo medievale ricercando notizie della sua storia, mi sedevo, cercando di essere ignorato, dentro bar fumosi ed ascoltavo conversazioni incomprensibili.
Lei era scomparsa nel tempo indefinito delle mie perdizioni, avevo ripercorso il viaggio della prima volta senza trovarla, un grosso uccello nero orrendo nel suo fulgore mi aveva continuamente scoraggiato regalandomi tavolette d'acido che serravano il mio cervello in una morsa terribile.
Una sera, avvolto in uno scuro mantello che mi nascondeva, trovai un posto accanto ad una tavolata di amici intenti a bere. L'alcol aveva tolto ogni freno inibitorio e la loro conversazione si trascinò nel campo dell'inverosimile dove ebbi modo di capire. Uno di essi raccontò così di aver violentato in un'unica serata una donna e le sue due bambine di quattordici e nove anni. Si addentrò nella descrizione di particolari così scabrosi da creare un senso di turbamento negli animi degli astanti.
Mi risultava difficile pensare con la logica della genealogia della morale: in sé offendere, far violenza, sfruttare non può essere nulla di illegittimo, l'uomo aggressivo è sempre più vicino alla giustizia. Ed intanto diventavo sempre più piccolo dentro il mantello che celava il mio presentimento. Sì! Sentivo che la storia aveva solidi legami con la mia rivoluzionaria, non sapevo ancora quali.
Infine le conversazioni tacquero, le birre erano tutte finite, ognuno così si avviò alla sua reggia camminando con passo malfermo fra gli oscuri vicoli del borgo.
Con fare guardingo e strisciando a ridosso dei muri seguii uno di quegli uomini fin dentro la sua casa. Zar, questo era il nome, aprì la porta della camera, la moglie dormiva, i capelli sciolti formavano una macchia scura sul candido lenzuolo. Più in là, su un lettino fatto di tavole, dormiva la figlia più piccola.

Nella camera vicina dormivano le altre due figlie, rispettivamente di dieci e quindici anni. Al solo vedere il corpo della donna, velatamente coperto, avvertì un nodo alla gola, un desiderio folle s'impossessò del suo animo. Senza esitare le fu sopra, e baciandole il collo e rudemente palpando le carni intiepidite dal sonno la possedette. Placato così il subitaneo desio, riverso nel letto ancora vestito, ristette a pensare mentre già un triste dubbio s'insinuava nella sua testa. Si girò e rigirò diverse volte, si metteva le mani nei capelli, sbuffava rumorosamente, finché il dubbio non divenne certezza. Allora come un toro imbestialito, si levò dal letto ed urlando: «Puttana!! Puttana!! Mille volte puttana!!» menava terribili colpi sulla povera donna che aveva ripreso a dormire. Sempre più furente, l'afferrò per i capelli e la gettò per terra, continuando a colpire quel corpo già dolorante. Non un grido uscì dalla bocca della povera donna, si rannicchiò incredula aspettando che si placasse la rabbia del suo uomo. La bambina svegliata dal frastuono, piangeva ed invocava la sua mamma. Le sorelle più grandi, anch'esse svegliate dal trambusto, attendevano con terrore che venisse il loro turno. Si erano abbracciate e piangevano in silenzio quando intravidero sulla soglia della porta la robusta figura dell'uomo che avanzava. Si era tolta la cinghia dei pantaloni e con questa iniziò a colpire le due avvinghiate per meglio proteggersi: «Puttane!! Siete tutte puttane!!» strillava, «Ho una casa piena di puttane!!» ed intanto continuava il pestaggio. Dopo un po' sembrò calmarsi.
Guardavo la scena che avveniva dieci anni prima, i muri della casa mi restituivano la testimonianza, ascoltavo i suoni dell'irrazionalità, le grida di dolore nel silenzio più assoluto.
Avvertivo la presenza dell'irraggiungibile rivoluzionaria e ricostruivo la sua storia. Ebbi voglia di ubriacarmi, era orribile essere solo un cronista impotente. Uno stupido amanuense che si apprestava a registrare avvenimenti senza nulla poter fare per variarli. Crollava la mia teoria del cambiamento, la mia cultura del divenire. Ebbi voglia di morire in quella casa. Mi lasciai andare scivolando sul pavimento respirando gli odori della solitudine. Ristetti così sopraffatto dalla realtà immodificabile. Passarono anni, poi mi immersi di nuovo nella notte del borgo medievale.

I bar stavano chiudendo, gli inservienti cacciavano a pedate i clienti ubriachi. Altri si abbrutivano sulla strada vomitando, urlandosi dietro le rabbie represse, pestandosi. Era lo spettacolo della mia tristezza, la recita teatrale della mia profonda angoscia. Dalle bocche contorte dai colpi subiti scorrevano rivoli di sangue come lunghe litanie di un dolore infinito.
Una mano toccò leggermente la mia spalla. Era Mohamed, un uomo che nella sua vita aveva violentato sette donne compresa la propria figlia minore, era stato quattro volte in prigione, l'ultima moglie lo aveva lasciato per fare la puttana in un borgo vicino. Mi guardò negli occhi, i suoi erano divenuti completamente rossi, spiccavano su di un viso butterato ricoperto di barba incolta di due giorni, i capelli rasati corti facevano della sua testa un solo pezzo con il collo taurino: «Io so quello che cerchi» parlava sulla mia bocca riversandomi i suoi mefitici odori, «Lei non è più qui. È sulle montagne coperte di fiori. Siamo in molti a cercarla, ricordati comunque che è intoccabile, nessuno la può raggiungere.
«Lei è diversa, è la mia vita restituita. Ero un uomo finito, alla deriva, sommerso dalle calunnie di esseri spregevoli, lei mi ha salvato, ha creduto alla mia innocenza. Ricordati che sono pronto a morire per lei, ad uccidere, non osare mai guardarla negli occhi.»
Scomparve così nell'oscurità dei miei pensieri lasciandomi una nuova testimonianza. Nei bar ormai vuoti stagnava il puzzo di mille sigarette fumate, restavano le miserie di poche ore di disperazione consumate nella speranza di annientare le proprie esistenze.
Il borgo si andava popolando di fantasmi che non trovavano la pace nel riposo notturno.
Un bambino era seduto sul bordo del marciapiede. Tossiva rumorosamente continuando a tenere fra le livide labbra un mozzicone acceso. Mi guardò con gli occhi inebetiti.
Era Naufel uccisosi a undici anni: «La mia casa è lontana dalla scuola, devo attraversare un fiume. Quando ero più piccolo mio padre mi portava a cavallo, poi un giorno mi disse: "Ora sei grande puoi andare da solo". Quel giorno pioveva, aveva piovuto tutta la notte, il fiume traboccava dagli argini, non ebbi il corag-

gio di attraversare né di tornare a casa. Andai a vendere sigarette in un villaggio vicino. Cercai una grotta dove dormire durante le fredde notti, mangiavo quello che trovavo e piangevo per la mia mamma. Ma come potevo dire al mio papà che non avevo attraversato il fiume? Fu allora che decisi di morire.
«Quell'ultima notte, nella grotta fu lei che mi trovò. Fu lei che mi prese fra le braccia cercando di riscaldare il mio corpo intirizzito. Fu lei a baciare i miei occhi a riversare sul mio viso le sue calde lacrime di disperazione. L'amo più di ogni cosa, l'amo più della mia mamma, lei mi ha dato l'ultima felicità. Non cercarla qui, è sulle montagne coperte di fiori ma non toccarla o morirai atrocemente. Lei è diversa, lei è irraggiungibile, lei è la mia vita adesso.»
Il bimbo era scomparso rimaneva soltanto il mozzicone di sigaretta acceso; al suo posto si erano come materializzati, dalle nebbie della mia lunga notte, tre individui di giovane età: «Basta non cercarla più!!» Mi dicevano in coro: «Le montagne coperte di fiori sono lontane dovresti consumare la tua esistenza per raggiungerla. Il percorso è tortuoso pieno di insidie, i serpenti si annidano nelle crepe della terra, sotto i sassi; il tempo è inclemente, soffrirai il caldo ed il freddo, sarai costretto a mangiare le tue stesse carni.»
«Io ho pestato la bionda parigina.» «Io ho violentato la filippina.» «Ed io ho conficcato il mio coltello nel ventre della mia serva.»
«Ma lei ci ha ucciso restituendoci alla vita diversi. Comparve un giorno con dei doni nelle mani, c'invitò tutti a prenderli, ci parlò dell'amore, ci mostrò le pieghe della città in rivolta, il ventre molle della violenza inventata. Ci sputò nel gozzo il filamento celeste dedicato al suo corpo. Fu come ingurgitare una colata d'acciaio che massificò le nostre viscere. Alfine ci baciò sugli occhi sgretolando così la visione del simulacro del nostro onore. Ora non cercarla più, è sulle montagne coperte di fiori, lei è diversa, lei è irraggiungibile, lei è la nostra vita adesso.»
Avevo almeno delle testimonianze, avevo delle storie da recuperare attraverso i non - sense, ma comunque un filo, sebbene sottile, da seguire.
La notte incombeva, erano appena passate le tre della mattina.

Aprivano le saune per purificare i fedeli che si recavano a recitare le preghiere delle prime ore, avrebbero invocato il loro dio per lenire in qualche modo gli innumerevoli mali, per riempire le loro misere vite di una speranza, di una fievole luce per l'incerto avvenire. Aprivano i fornai, mentre ancora gli spazzini continuavano a ramazzare i rifiuti del giorno prima.
Era scesa una nebbia fitta, bagnava i miei capelli, imperlava di piccolissime gocce d'acqua il mio mantello, ovattava la scena della mia profonda desolazione. Mi sentivo più solo, ancora più coperto e nascosto. Quel mondo adesso assumeva aspetti irreali allargava la dimensione temporale quasi a riacquistare la realtà dei sogni; un elemento di semplicità in risposta alle aggrovigliate complessità di un sistema che sempre meno riuscivo a percepire.
Ero immobile, fermo appoggiato a un vecchio lampione, aspettavo un segno, ancora una piccola indicazione che mi avrebbe permesso di continuare la mia ricerca.
Tutto sarebbe stato inutile, l'inutilità della mia attesa doveva essere evidente. Riapparve il grosso uccello nero ancora più spaventoso della prima volta, ingurgitai le sue terrificanti tavolette d'acido e caddi in un delirio di follia. Folle di giovani baccanti danzavano per le strade, una pioggia di petali di fiori colorava lo spazio di mille colori, suoni melodiosi riempivano il silenzio, mille riflettori aprirono le tenebre abbagliando i miei occhi.
E in questa dimensione mi riapparve di nuovo. Era cinta di veli che cadevano fin sotto i suoi piedi, collane e diademi ornavano il collo e la testa: «Eccomi allora! Che cosa vuoi chiedermi? Non conosci già le risposte? Perché ti ostini a non comprendere quello che già hai compreso? Devi solo continuare a riflettere su queste verità che hai, da tempo, intuito: l'emancipazione può abbattere tradizioni millenarie, ma il pensiero del permanente ci rassicura, sono le cose che divengono che ci fanno paura. Il mondo è disponibile basta intervenire su oggetti calcolabili, l'impensabile diviene una non realtà. Ora non ti rimane che ricostruire l'esplicito e forse troverai il linguaggio, ma ricordati sempre che non è un gioco.»
Pian piano mi risvegliai, tutte le membra del mio corpo erano intorpidite, la testa mi doleva in maniera incredibile. Tutto era

come ricordavo che fosse escluso le visioni che si erano dissolte con le nebbie del mattino. Ero di nuovo sconfitto, non avrei mai saputo ricostruire uno dei tanti labirinti di Borges. Evidentemente le parole che ancora ricordavo dovevano avere un senso, il problema rimaneva trovarlo.

Il pensiero del permanente ci rassicura, sono le cose che divengono che ci fanno paura. Fin qui poteva essere semplice, se non ci fosse stata di mezzo quella contraddizione del divenire.

Il mondo è disponibile basta intervenire su oggetti ben definiti. Può voler dire non cimentarsi con l'ignoto, determinare una propria esistenza nell'ambito del già stato senza porsi mete diverse o obiettivi di respiro più ampio. Può anche significare che la disponibilità del mondo è data dalla conoscenza, l'emancipazione permette di delineare le certezze.

Le due interpretazioni si escludono a vicenda, eppure ambedue interpretano un testo, un mistero su cui vale la pena soffermarsi.

L'altra frase: *L'impensabile diviene una non realtà.*

Sembrerebbe una citazione filosofica idealistica ed evidentemente in contraddizione con qualsiasi presupposto materialistico, quindi lontano dalla realtà che finora ho vissuto, l'impensabile può divenire una realtà, è questione di condizioni, e poi, romanticamente, non si può limitare la fantasia. La ricostruzione dell'esplicito per la determinazione del linguaggio è un affare da Chandler. Qual è la mia capacità oggettiva di ricostruire l'esplicito. Un mio esplicito forse esiste, ho la certezza di essere divenuto un criminale, un orrendo assassino, sto ricostruendo i miei misfatti, un linguaggio difficile, contorto, incerto. La discriminante che potrei avere attraversato è in questa logica, ho trasgredito le norme, ho abiurato un sistema, ho sfaldato le regole del gioco in maniera forse subdola.

Ora potrei essere un ricercato, in questa nuova dimensione di giustizia, l'assurdo dei miei sogni. Ho passato un limite, che non mi era consentito attraversare. Lo sto scoprendo a poco a poco, ma la mia capacità di analisi mi porta sicuramente alla verità.

Un istrionico personaggio mi aiuta, è lui che guida la mia ricerca. È una sibilla, va interpretata di volta in volta per non cadere nei suoi giochi di parole che hanno il solo obiettivo di deviare.

Ma ritornando al punto di partenza: sono un criminale. Il primo interrogativo, qual è il crimine commesso, questo ormai mi sembra di saperlo; ho deflorato le vergini che custodiscono il sacrario dell'emancipazione contraddittoria. Non sempre l'ovvio può essere razionale. Il secondo interrogativo che va risolto: come ho potuto compiere il misfatto? Ma ancor prima di questo va specificato il movente. Potrei tentare una risposta ma sicuramente va ulteriormente approfondito l'aspetto relativo al movente. La liceità della contraddizione ormai è un fatto acquisito, nel caso specifico, riferito all'emancipazione, può essere incomprensibile, ma il non rispetto per incomprensione non esula dalle colpe.
Le vergini che custodiscono il sacrario dell'emancipazione; è una contraddizione che stride terribilmente: viene quasi spontaneo dire «Defloriamo le vergini e abbattiamo il sacrario.»
Il movente è quindi un piacere logico filosofico. Risolto il problema del movente, sebbene in modo approssimato, resta il secondo interrogativo: come ho potuto compiere il misfatto? La storia insegna che per realizzare grandi imprese si ha sempre la necessità di inventare grandi stratagemmi. Decisi così di assumere le sembianze di un dio. Passai anni interi nella scuola degli asceti, dove appresi l'arte di erigere la mia persona e ammantarla di una luce divina. Alla fine dell'estenuante corso ero ormai in grado persino di digiunare per tre giorni e tre notti, di restare senza dormire e in una posizione ieratica, pregare nell'immobilità più assoluta. Potevo essere scambiato per un profeta, un nuovo dio sceso a redimere gli uomini.
Colmo di questo bagaglio divino, decisi di dare inizio alla mia opera. Risalii la montagna del sacrario, a piedi nudi, vestito di un abito lungo e bianco che copriva la mia persona, i capelli divenuti lunghissimi erano raccolti da un nastro di seta, anch'esso bianco.
La scalata fu lunga e dolorosa, i miei piedi erano tutti lacerati dalle rocce, le mani graffiate, il mio lungo vestito bianco si era lacerato e sporcato. Nonostante tutto riuscii ad arrivare in sommità. Arrivai trafelato, distrutto, l'unica mia volontà fu di stendermi sul morbido muschio che ricopriva la roccia. Dormii non so quanto, ma al risveglio mi attendeva un'amara sorpresa: il sacrario non

esisteva, l'enorme palazzo con le colonne che mi avevano descritto non c'era. Non restavano che aridi cespugli e un meraviglioso cielo azzurro; più in basso, una coltre di nuvole basse circondava il picco della montagna. Le descrizioni che mi erano state fatte non potevano essere false, tratte da pura fantasia.
La mia sibilla, il personaggio istrionico, mi aveva guidato verso la comprensione della realtà del sacrario. Ero sicuro di aver bene interpretato. Continuavo a pensare a quest'angoscioso dilemma, mi ripetevo mille volte le risposte che mi erano state date, intanto il tempo passava inesorabilmente.
Avevo esplorato ogni anfratto della montagna, conoscevo ogni suo segreto nascondiglio, ma non avevo ancora trovato il minimo indizio che potesse condurmi alla verità rivelatami.
Mentre ero intento in un'ultima disperata ricerca, fui colto da una tempesta di neve. Il cielo si era fatto cupo, il vento aveva spazzato la vetta della montagna, cercando di strapparmi il consunto vestito bianco. Poi improvvisamente sembrò calmarsi e cominciò a cadere lentamente la neve. Grandi fiocchi bianchi si dondolavano nell'aria e leggermente si posavano sulla terra. Il freddo intenso mi attanagliava, cercai così un rifugio.
Nel mio peregrinare, avevo scoperto una grotta, un enorme buco che si apriva nella roccia, ma non mi ero fermato ad esplorare il suo interno. Vi entrai per ripararmi dalla tempesta. Era umida e buia e contrariamente al solito ebbi paura di restare. La bufera infuriava, la neve mulinava roteando in spirali strettissime, le folate di vento la spingevano fin dentro. Mi feci coraggio e decisi di restare. Piano piano m'incamminai verso il fondo oscuro della grotta. I miei occhi si stavano abituando al buio, riuscivo a vedere i rivoli d'acqua che scendevano dalle pareti.
Era già più di mezz'ora che camminavo, l'ingresso era ormai lontano, solo un tenue bagliore, quando mi trovai davanti ad una biforcazione. Un cunicolo scendeva verso le viscere della terra, un altro risaliva. Decisi di prendere il primo. Discesi per lungo tempo con i piedi immersi in un rigagnolo d'acqua. La paura mi aveva completamente abbandonato, mi sentivo eccitato, come se stessi per scoprire un enorme tesoro.
I miei presentimenti si rivelarono giusti: dopo un'ultima curva

cominciai a vedere una luce scintillante; la luce del sole non poteva essere, secondo i miei calcoli, doveva essere notte inoltrata, doveva trattarsi di una luce artificiale o di qualche stranissimo fenomeno. Accelerai i miei passi, e finalmente scoprii quello che avevo lungamente cercato.
Il cunicolo finiva in un'enorme caverna, nel centro si ergeva maestoso il sacrario con il suo imponente colonnato. Mi sentii pervaso da un senso di rilassatezza, finiva la mia estenuante ricerca, ero felice come non lo ero mai stato, realizzavo un sogno lungamente covato.
Ma le mie fatiche non erano finite, restava uno strapiombo di venti metri per essere nella caverna.
Strappai minutamente il consunto vestito, legai le fettucce che avevo così ottenuto, mi tolsi il nastro che legava i capelli e lo arrotolai su una roccia saldandolo alla lunga corda. Nudo, lacero e sporco, iniziai la discesa lungo il costone, poco tempo dopo poggiavo i piedi su di un tappeto di erba fresca e riposante. Esausto mi coricai su di essa riempiendomi del soave profumo che emanava e presto mi addormentai. Il risveglio fu del tutto infelice. Mi ritrovai legato da catene solidissime a ridosso di una parete umida in una cella piccolissima e buia, un collare di ferro mi cingeva il collo. Non ricordo come mi avevano trasportato né chi mi trasportò nella cella che ora mi ospitava.
Non passò molto tempo e i miei carcerieri si fecero vivi. Erano donne bellissime e affascinanti vestite solo di un panno arrotolato sui fianchi. Mi guardavano con occhi inespressivi, guardavano il mio corpo piagato come se fosse stato un tronco d'albero. Una di esse mi avvicinò una ciotola versandomi il contenuto nella bocca. Ingoiai tutto avidamente senza sentire nessun sapore, un'altra mi pulì le ferite e applicò su di esse un unguento che leniva ogni dolore. Poi, così come erano venute, andarono via senza aver detto una sola parola. Il giorno dopo si ripeté la stessa scena, ma alla fine una di esse mi domandò: «Perché sei venuto? Perché ti ostini a restare in questo stato di allucinazione? La tua emancipazione passa attraverso la sofferenza forse? O pensi che per averla debba essere distrutta quella degli altri? Dov'è la tua comprensione dei fatti? Come puoi solo dalle apparenze reali o meno che sia-

no, come puoi credere nella tua capacità se comprendi la vita solo dalle sensazioni che provi? Noi, vestali, abbiamo già risolto i tuoi dubbi. Per te è meglio morire, morire subito, finalmente sconfitto troverà termine così il delirio, l'incapacità di ragionare serenamente, l'impossibilità di liberare il cervello dalle ragnatele di irrazionalità che lo sovrastano e imprigionano.
«È meglio morire per te, è la sola soluzione visibile, o annientarsi. Immagini rivali inesistenti, il cavaliere dalle nobili origini si crea i suoi nemici che turbano le notti insonni per poi sconfiggerli al mattino successivo e ritrovarli risorti nell'incombere della notte. La tua vita è un sogno alienante, piena di figure artefatte. È meglio morire per te, è il solo modo di emanciparti e di emancipare.
«Come puoi credere che da particolari della quotidianità degli uomini possa essere tratta la filosofia... Come puoi pensare di deridere gli altri attraverso la tua falsa immagine... Come puoi continuare a proporre un te stesso diverso, un te stesso culturale, una personalità che sprigiona sicurezza e competenza senza considerare il mondo una terra di ignobili ignoranti, cialtroni senza senso che vagano privi dell'altisonanza delle proposizioni accademiche... È questa l'emancipazione o non è il contrario... ? Puoi anche credere di distruggere la verginità delle custodi, di abbattere il sacrario che tu definisci contraddittorio, ma quale sarà il risultato, te lo sei mai chiesto? Bene ora hai di che riflettere.»
Poi, rivolta alle altre vestali: «Lasciatelo libero, nel sacrario dell'emancipazione non esistono prigioni reali, solo quelle che noi stessi ci creiamo, i vincoli di cui ci circondiamo, i legami che non riusciamo a sciogliere. Egli può andare, può stare in mezzo a noi.»
Ero libero senza catene. M'immersero in acque profumate lavando il mio corpo, mi cosparsero di essenze tonificanti, dipinsero i miei occhi e le mie labbra. Infine mi diedero una nuova veste bianca. Sembravo rinato, ero tranquillo rilassato, i pensieri si adagiavano su prati ameni pieni di margherite. Le crude parole della vestale, ora erano lontane, forse le avevo già dimenticate.
Mi avevano portato in una sala circolare, dalle finestre entrava una luce soffusa, l'aria che respiravo profumava di dolci aromi

di b..o. Mi sdraiai sopra cuscini di seta finemente ricamati e
lì r..si immobile, come a voler assaporare il più lungamente
..ile una nuova serenità interiore.
..iovani donne si muovevano con grazia e leggerezza, por-
..no vasi pieni di vivande dalla dolce fragranza, fiori, nettari
bere, deponevano tutto sopra una tavola e silenziosamente
..civano. Mi servivano come fossi un dio, il loro dio. Tutto sem-
..rava rispecchiare il mio progetto iniziale, ma dovevo sapere che
esse conoscevano la mia vera realtà. Stavano coltivando il loro
carnefice come fosse il loro salvatore. Mi rilassai ancora di più
sprofondando nei cuscini, chiusi gli occhi per meglio assaporare
la beatitudine che pervadeva il mio corpo. Sognai la sibilla che
mi aveva guidato fino al sacrario: mi era seduta davanti, mi guardava senza parlare. Il suo sorriso aveva qualcosa di misterioso e
beffardo. Poi mi carezzò le guance, mi baciò teneramente sulla
bocca: «Guarda il tuo viso, quegli occhi così truccati, le labbra
marcate, guarda i tuoi capelli, così finemente intrecciati, e il tuo
corpo, ormai è quello di un dio.
«Avvicinati, voglio carezzarlo, voglio toccare la tua pelle vellutata, e baciami, baciami lungamente, non mi hai forse rincorsa
per questo?»
La baciavo avidamente, la stringevo al mio petto come volessi
farla divenire parte di me stesso. Il suo profumo m'inebriava, la
desideravo.
Riaprii gli occhi come sopraffatto da tanto ardire, mi ritrovai
circondato dalle giovani vestali che si attardavano sul mio corpo,
qualcuna mi carezzava, un'altra mi baciava. Mi erano tutte attorno mi scrutavano curiose, avide di conoscere la loro perdizione.
Avevo la sensazione di poter osare tutto, i miei pensieri, i miei
desideri sarebbero stati esauditi prontamente.
Ero fermamente convinto che non avrebbero visto il me stesso
esteriore da loro già ampiamente modificato, guardavano quel
me stesso interiore che per tanto tempo avevo preparato all'impresa.
Sapevano quello che avevo desiderio di fare, mi stavano mettendo alla prova. Non avevo più scelte, o attuavo il mio progetto o
sarei dovuto morire. Quale atroce, incredibile contraddizione.

Amavo la mia sibilla, amavo il suo continuo mistero, l'amavo più di qualsiasi altra cosa. Era lei che mi aveva spinto a rompere le catene, i legami che attanagliavano l'animo, era lei che m'invitava a osare. Profanare, distruggere un'emancipazione apparente non sarebbe servito a liberare lei, ma me stesso. Ora mi era tutto chiaro. Quale piacere logico filosofico? Il trasgredire la regola diventava un fatto di sopravvivenza. Era la mia emancipazione in gioco, la mia comprensione di una realtà che troppo a lungo avevo voluto celare. Emergeva adesso prepotente e m'impartiva degli ordini ben definiti: «Distruggi la tua antica emancipazione, spezza le catene, libera il tuo animo, accetta la realtà, non farti sovrastare.

«L'alternativa è morire, morire lentamente, di un dolore atroce che annienterà ogni tua volontà fino a ridurti una larva, un oggetto vuoto che potrà essere depositato ovunque, perché niente e nessuna cosa potrà ricoprire gli spazi per una parvenza di vita.»
Mi massaggiavano le gambe, i muscoli del petto, sempre più mi sentivo rilassato, ogni muscolo del mio corpo, dolcemente sollecitato, si distendeva. Mi sentivo estasiato sopraffatto da una droga mille volte più potente di quelle finora conosciute, avrei persino avuto la forza di volare.

Decisi di attuare il mio piano, avrei distrutto il sacrario dell'emancipazione, avrei ucciso le castità di vestali pronte ad adorare un falso dio: «Lasciatemi, voglio parlare, voglio farvi conoscere i miei pensieri.» Feci una pausa:

«Il mio solo obiettivo è di distruggere la vostra emancipazione contraddittoria, sono qui nelle vesti di un carnefice, non avrò pietà della vostra bellezza e leggiadria.» Ridevano felici, invece di essere atterrite, ridevano beate. «Farò crollare il vostro sacrario, nessun uomo ne troverà più traccia. Quando uscirò da qui, lascerò solo della misera polvere. La vostra storia potrà solo essere ricostruita nei sogni, i diseredati della conoscenza dovranno capire che liberarsi significa solo sciogliere le proprie catene, non entrare nei luoghi di culto per apprendere la fede emancipatrice. Sono un malato che aspetta paziente il suo dottore. Tutto quello che posso fare è facilitare la sua venuta, nessun ostacolo si dovrà frapporre fra me e lui. Se questo significa uccidere, ucciderò.»

Ridevano ancora e sembravano ancora più dolci, infine una di esse iniziò a parlare:
«Perché ti affanni tanto a spiegarci quello che vorresti fare. Se pensi di aver capito dovresti allora sapere che siamo solo una tua creazione. Tu puoi tenerci in vita come sciogliere nell'aria onirica da cui ci hai tratto. Dipende esclusivamente da te, non dovrai né uccidere, né distruggere, non dovrai violentare nessuno solo te stesso, basterà pensare alla nostra non esistenza e tutti i tuoi amletici dubbi saranno risolti. Puoi farlo. È questo che devi chiederti, puoi realizzare questo progetto, puoi archiviare una parte della tua esistenza, puoi distruggere quello che hai costruito. Ebbene se puoi farlo, fallo adesso o non avrai più la forza.»
Non avevo saputo scegliere ancora una volta. Ero rimasto in bilico fra l'osare, ma al solito non realizzai nessuna scelta.
Ero stato comunque un criminale, avevo compiuto un misfatto, pensandolo, progettandolo, studiandolo nei minimi dettagli, senza poi compierlo. In che cosa potevo differire da chi realizza il pensato? Dov'era la differenza? Non riuscivo a scorgerla.
Ero stato uno dei più terribili criminali, mi viene ora da aggiungere, avevo mistificato la storia, me ne servivo per mio compiacimento e non importa se la storia è solo un piccolissimo frammento dell'immensa storia letteraria. Non solo l'avevo mistificata, ma l'avevo usata per mio proprio diletto, quale enorme delitto! Alla fine dell'avventura nessuno poteva essere in grado di capire cosa fosse e cosa rappresentasse la sibilla, cosa fossero e rappresentassero le vergini vestali del sacrario dell'emancipazione e perché permaneva il senso di una non scelta argomentata. Chi poteva ancora una volta trarmi dagli inganni della storia araba? Chi? Se non il mio grande Maestro ancora comunque latitante. Aveva lasciato che dispiegassi la mia fantasia, aveva lasciato che arrivassi in fondo alla strada dove lo steccato interrompe definitivamente l'accesso e nessuno può aggirarlo. Aveva lasciato che arrivassi al bivio dove decidere se uccidere la mia fantasia o uccidere la mia realtà. Aveva lasciato che le rendessi incompatibili a vivere insieme, in definitiva aveva voluto punire il mio ardire. Questo era il mio grande crimine, questo era il mio delitto, la mia trasgressione.

Le vestali ora ridevano, si schernivano della mia goffaggine, mi guardavano con disprezzo: «Distruggici» mi incitavano, «se ne hai il coraggio, prendi la nostra verginità, abbatti il sacrario, ma ricordati che rimarrai ancorato per sempre alla più cruda realtà.»
«La sibilla ti consiglia nel giusto, la sua emancipazione passa attraverso la tua scelta, in un modo o nell'altro essa sarà libera, potrà riappropriarsi della vita. Vuoi che ti spieghiamo ancora, o vuoi che recitiamo la tua rappresentazione? Non dimenticare di ringraziare il Venerabile è lui che ti sta conducendo sulla via di questa piccola conoscenza.»
Questa volta mi fu difficile credere alla presenza del Maestro, non si era mai mostrato né tanto meno aveva osato parlarmi. Il suo rapporto con il mio essere si era evoluto, tanto da divenire una presenza costante ma discreta. Era questo che dovevo pensare?
«Su, su! Chiaritemi il mistero, non vi fermate. Fatelo recitando, fatelo come volete, continuate a dire.» Tutte le giovani donne si levarono, correvano urlando in tutte le direzioni ed alla fine si raggrupparono in cerchio con le mani levate al cielo. Sembrava una danza propiziatrice. Il cerchio si aprì e nel centro comparve la mia sibilla vestita da vestale.
Essa come le altre viveva in quel regno dove la vita è legata ad attimi lunghissimi di fantasia. Si avvicinò eterea come non mai, visibile ma impalpabile: «Vuoi ancora spiegazioni, diventerebbe banale.»
Le note della sonata numero due di Rachmaninov si rincorrono ancora sovrastando il ticchettio della macchina da scrivere.

La complicazione

La giornata stava volgendo al termine. Presero un taxi e velocemente si fecero accompagnare alla villa. La governante sembrava preoccupata.
«Vi hanno cercato ripetutamente da Parigi, monsiuer Ovale. Volevano avere vostre notizie e devono farvi una urgente comunicazione. Monsiuer Artois spera che lei potrà chiamarla al più presto. Attende una sua telefonata nel suo studio, alla clinica. Successivamente ha chiamato un altro signore che non ha voluto lasciare il proprio nominativo. Ha solo detto che lei avrebbe capito ed avrebbe sicuramente chiamato la persona giusta.»
Hafif guardava Ovale ancora più sorpreso: «Ma come, questo significa che monsiuer Artois non verrà.» Intanto Ovale stava cercando di mettersi in contatto con la clinica di Parigi. Avrebbe avuto delle spiegazioni.
«La signorina e monsiuer Kamel si sono visti?»
«No, non hanno lasciato la loro camera. La cameriera ha portato su del tè e del caffè ed è tutto.»
Intanto continuava a trafficare con il telefono cercando di pren-

dere la linea per la Francia. Provò ripetutamente ma ottenne in risposta il suono continuo dell'occupato. Non era una giornata fortunata. Sapeva di dover chiamare al più presto il suo numero segreto, chi altro avrebbe potuto lasciare un simile messaggio? Non poteva farlo davanti a tutti, preferì salire in camera. Mentre stava componendo il numero ricordò che più volte gli avevano ricordato di chiamare esclusivamente da cabine pubbliche. Riagganciò il telefono e continuò a provare con Parigi. Cosa mai aveva da dire Artois, si chiedeva, non era certo una telefonata di cortesia la sua. Questa volta qualcuno rispose dall'altra parte: «Ah! Mister Ovale ero in pensiero, non sapevo come rintracciarla, devo trasmetterle una complicazione di cui solo ora ci siamo resi conto, le spiegherò poi i particolari. Qualcuno sta cercando di ricattarci se non consegniamo la formula del nostro prodotto che voi state sperimentando. Hanno già detto di essere pronti ad uccidere se non eseguiamo i loro ordini alla lettera. Il modo in cui sono venuti a conoscenza del nostro segreto rimane ancora un mistero, ma sanno i più reconditi dettagli. La prego di stare all'erta, potrebbero cercare di rapire la signorina Ilaria. Purtroppo non siamo ancora riusciti a capire chi possano essere i ricattatori. Sembra una organizzazione ben provvista di mezzi e decisa sicuramente a passare all'azione nel caso non venisse accettato il loro diktat.» Dall'altro capo del telefono ci fu silenzio, Ovale cominciava solo ora a capire.

«Beh questo cambia i termini del problema» si ritrovò a dire con un tono di voce estremamente calmo e tranquillo. «Mi dica almeno se posso fidarmi del suo autista e della servitù della villa?» «Massima fiducia, da oggi sono a suo completo servizio. Cerchi di portare in salvo la ragazza, adesso diventa indispensabile. Liberatevi dell'arabo al più presto, ho già dato disposizioni al riguardo ad Hafif»

«Non commetta altre sciocchezze, dottore! Se ci lasciamo dietro un morto ammazzato, non usciamo più da questo paese. Creda so io come fare, non dia più nessun ordine a mia insaputa. Ora le passerò di nuovo Hafif, lo fermi e dia chiare indicazioni su come procedere.»

«Mi raccomando nuovamente la ragazza. Deve essere ricondotta

viva o morta nella nostra clinica. Per nessuna ragione al mondo il suo corpo può essere abbandonato. È tutto nelle sue mani ora, vedrà che sapremo essere riconoscenti.»
Ovale non ebbe tempo di replicare, il telefono era stato riattaccato, nonostante la sensazione che ci fosse qualcuno ad ascoltare chissà in quale posto del mondo, o in alternativa in qualche parte della villa. Non aveva potuto dire quello che già era accaduto, il tentativo di ucciderlo, così miseramente fallito, l'attentato così goffamente portato avanti e chissà cos'altro ancora. Avrebbe voluto chiedere altri particolari ad Artois. Provò a riformare il numero, ma ormai la linea sembrava interrotta, i segnali erano inequivocabili. Non gli restava che chiamare i suoi interlocutori, ma non l'avrebbe fatto dalla villa. Doveva assolutamente trovare il modo di uscire senza essere notato.
Ridiscese nel salone, chiese di vedere immediatamente Hafif. La governante non perse tempo, nel giro di pochissimi minuti l'autista venne rintracciato e portato davanti ad Ovale.
«Scusa Hafif ma non abbiamo tempo. Devi assolutamente procurarti un nuova automobile, entro questa sera. Non deve essere una vettura rubata, la voglio perfettamente pulita. Domani mattina all'alba dobbiamo già essere fuori Casablanca. La governante e le due cameriere è preferibile che partano questa sera stessa.»
Era stato sufficientemente categorico, tanto da non concedere risposte al suo interlocutore.
L'autista uscì immediatamente, era stato catechizzato da Artois. Per la governante e le due cameriere avrebbero provveduto più tardi ad accompagnarle in un posto sicuro dove sarebbero rimaste finché fosse stato necessario. Ad Ovale non restò altro che uscire per trovare una cabina telefonica. Non dovette fare molta strada, entrò nell'albergo all'angolo della strada. Ottenne subito la linea: «Sì, mi dica. Spero di non essermi sbagliato. È lei che mi ha cercato?» Senza nessun altro preambolo si sentì rispondere: «Porti immediatamente la ragazza a Napoli, in via Volturno numero due. Ci interessa il suo corpo. La può portare viva o morta. Siamo intesi? Non amo parlare per telefono perciò non stia a fare domande. La aspettiamo per dopodomani al massimo.» Dall'altra parte il telefono venne prontamente riagganciato. Ovale restò

con la cornetta sollevata ad ascoltare un rumore di sottofondo fastidioso ed intollerabile ma in quel momento non era distinguibile dalle sue orecchie.

Ora sì che si trovava in un profondo casino. Non aveva molte alternative e non aveva nemmeno il tempo per riflettere. Avrebbe dovuto agire all'impronta, ma le difficoltà a prima vista erano innumerevoli. Lentamente elaborò un suo piano più o meno ragionevole. Era già trascorsa un'ora e lui aveva già bevuto un tè ed un Martini nella buvette dell'albergo. Aveva visto gente entrare ed uscire, aveva sentito l'indistinto parlottio nella hall con gli inservienti sempre pronti ad aprire le porte, a salutare in maniera reverenziale chiunque si trovasse ad entrare con la più anonima faccia da straniero, a farsi carico dei bagagli e a raccogliere le mance che nessuno scordava di dare. Compose il numero del Capitano e prontamente ottenne la linea.

«Capitano è lei? Spero si ricordi, ci siamo lasciati solo qualche ora fa. Le devo chiedere un grosso favore, sono purtroppo in guai terribili»

«Mi dica, vedrò quel che posso fare per lei»

«Bene, vengo subito al problema, spero di avere successivamente modo di spiegare ogni minimo dettaglio. Lei saprebbe condurre una di quelle imbarcazioni a motore, tipo peschereccio, attrezzate solo per il trasporto di persone? Non credo ci siano strumenti a bordo. Dovrebbe essere una navigazione a vista orientandosi con le stelle, sono circa due ore di mare»

«Eh! Come può mettere in dubbio un fatto del genere ragazzo mio! Ho navigato con tutte le bagnarole di questo mondo, sono più preciso di un computer una volta che ho esaminato le carte nautiche. Ma il punto non è questo, è perché ha bisogno di me? Qualsiasi marinaio potrebbe fare al suo caso, tanto più se sono marinai del posto dove recarsi»

«Le spiegherò anche questo, ora sappia che non ho altra alternativa. La zona dell'imbarco è Ceuta, lei la conoscerà sicuramente, il punto di arrivo è una zona tra Almeria e Cadice nella costa andalusa, a nostro piacimento. Saprò essere riconoscente, mi chieda quello che vuole.»

Il Capitano sembrò pensare poi rispose: «Beh! Non stia a preoc-

cuparsi, ho giusto bisogno di una bella sovvenzione per le mie ricerche archeologiche. Ma come faremo a tornare? Con la stessa imbarcazione o dovremo scegliere altre strade? Immagino che tutto questo venga fatto all'insaputa della polizia, della guardia costiera? Dico bene?»
«Purtroppo mi trovo ad agire nella massima riservatezza. Di una cosa può essere certo, non stiamo trasgredendo nessuna legge se si esclude l'espatrio clandestino. Voglio ricordarle che in Spagna questo non è un reato, e nel Marocco viene diligentemente ignorato, nessuno ostacola i transfughi pur sapendo cosa avviene nei pressi di Ceuta. Giunti sulla costa andalusa lei può tornare indietro con la stessa imbarcazione, noi prenderemo per altre destinazioni. Allora ci possiamo incontrare direttamente domani mattina, partiremo di buon'ora. Se non la disturba io verrei con la sua vettura, mentre Hafif procederà con un'altra automobile»
«Non ho alcuna obiezione, ci vedremo domani, mi telefoni prima di uscire.»
Ovale aveva fatto tutto quello che aveva da fare. Gli rimaneva una unica incombenza, Kamel ed Ilaria. Era la parte più difficile inoltre avendo dato la sua parola di risolvere il problema a suo modo ora non poteva tirarsi indietro.
Ritornò alla villa. Camminava per quel viale alberato guardingo, ma nello stesso tempo pensieroso. Si trovava ad un bivio, a prima vista sembrava non dover esserci alcun dubbio sulla strada da percorrere. Ma era questa estrema facilità che lo rendeva perplesso. Quali sarebbero state le conseguenze della sua scelta?
Non aveva bisogno di star molto a riflettere. Sapeva già che lo avrebbero perseguitato fin in capo al mondo, nessuna organizzazione lo avrebbe salvato dalla vendetta di Artois e dei suoi amici. L'altra strada era ancora più pericolosa ed incerta. Se poteva sperare in una qualche soluzione pasticciata per il suo caso che presto si sarebbe aperto, considerando la prima ipotesi, non altrettanto avrebbe potuto dire se lo sgarro lo avesse fatto all'organizzazione. Avrebbero sguinzagliato killers per tutto l'orbe terracqueo sulle sue tracce. Non avrebbe avuto più un attimo di tregua. Non si sarebbe più potuto fidare nemmeno del conducente dell'autobus di qualche sperduta isola dei mari tropicali. Con-

cluse che non aveva alternative. Ma nello stesso tempo avrebbe dovuto mettere in moto un piano per sfuggire in maniera definitiva dalla collera del dottor Artois.
La strada era poco trafficata, la serata era fresca e calma, nel cielo già brillavano numerose le stelle, mentre una luna dimezzata faceva capolino da dietro una nuvola colore viola scuro. Lontano, qualcuno ascoltava musica araba, una nenia d'amore struggente. Ormai aveva imparato, il tema difficilmente cambiava, un amore grandissimo, fortemente contrastato che si risolveva o in maniera tragica o con la felicità di tutti. Durante un suo soggiorno in Tunisia, si era fatto tradurre un testo da un amico, parlava di un giovane che avrebbe voluto essere una farfalla per girare non visto attorno alla sua amata, seguirla in tutto il suo quotidiano peregrinare, essere sempre con lei anche nei momenti meno opportuni, infine avrebbe voluto essere una formica per esplorare inavvertito ogni parte di quel corpo tanto amato. La nenia continuava con ritmi sempre più incalzanti man mano che il giovane diventava sempre più audace nella descrizione delle parti da esplorare, finché una mano, delicata, non lo schiacciava contro la pelle per eliminare quel leggero fastidio che crea un animaletto petulante ed insistente.
Ovale camminava sempre più lentamente, assaporava quell'aria calma e tranquilla della sera. Ripensava alle cose che avrebbe dovuto fare con sempre maggiore distacco.
Che triste realtà era la sua? Questo che sperava dovesse essere un compito facile e privo di qualsiasi rischio, ora si stava trasformando nella missione più difficile della sua sfortunata carriera. Non era stato preavvertito di quali difficoltà sarebbero potute insorgere. Tutti erano stati parchi nelle spiegazioni, persino gli ordini scritti, ricevuti con la valigetta ritirata presso l'ambasciata di Namibia, prevedevano diverse ipotesi solo per lasciare il Marocco, non veniva fatto cenno alla ragazza né ad altre situazioni. Ora la scenario era completamente diverso. Bisognava fare in fretta.
Era arrivato, si fece riconoscere ed il cancello prontamente si aprì senza nessun rumore. Riattraversò il parco fatto di pini mediterranei e di palme, interrotto qua e là da piccoli cespugli di

rose ben curate. Lo stavano aspettando. Kamel era ridisceso dalla camera di Ilaria in preda a mille furie. Si era stancato del gioco a rimpiattino, voleva subito una vettura per andarsene, in quel preciso istante. La governante e le due cameriere non sapevano cosa fare.
Avevano cercato di calmarlo senza riuscirvi. Hafif non era ancora tornato. All'apparire di Ovale cominciò con più calma a lagnarsi della sua sorte: «Ma non è possibile, non posso continuare a fare il cascamorto per una intera giornata. Quella ti porta all'esasperazione. Non sono più nelle condizioni fisiche e psichiche di sopportare stress così lunghi e violenti.»
Poi rivolto alla servitù, quasi urlò opportunamente in arabo ma il senso fu facile da intendere: «Non avete altro da fare voi, che stare a sentire quello che io ho da dire al signore? Via, levatevi dai piedi, andate ad occuparvi di altro.» Il tono era perentorio e non ammetteva certo repliche.
La governante e le due cameriere si ritirarono di buon ordine, ognuna diretta alle proprie faccende. Kamel così continuò: «Quella lì non vuole essere sverginata, probabilmente se lo farebbe buttare nel culo, ma nella fica non vuole proprio. Io non so cosa altro inventarmi. Ci ho provato in tutti i modi, ma proprio quando pensavo di stare per riuscire nell'impresa, sgusciava come una anguilla e restavo lì come un coglione con le palle gonfie da fare un male cane. Io ne ho abbastanza, me ne vado, pensateci voi. Dite al dottor Artois che lo ringrazio di tutto, ma la prossima volta scegliesse meglio le sue verginelle.»
Ovale capì che l'atteggiamento di Kamel, in quel momento facilitava la sua opera: «Bene, signor Kamel, provvederò io stesso ad accompagnarvi al più vicino taxi. Sono veramente spiacente del contrattempo, devo però confessarvi che non conosco il problema. Parlerò con la signorina Ilaria più tardi e le farò presente il vostro disappunto. Pensate di tornare più tardi o ripartite per Parigi?»
«No, no, non torno, né penso di tornare, ripartirò per Parigi appena possibile.» Il suo tono era privo di qualsiasi incertezza. «Per questa sera troverò un hotel e domani vedrò di partire. Grazie di tutto e non scomodatevi, troverò da solo un taxi, in fondo sono

io l'arabo.» Ciò detto si avviò verso l'uscita sotto lo sguardo attento e pensieroso di Ovale, scomparendo nelle ombre del viale del parco.
Non restò altro che salire da Ilaria. Trovò la giovane ormai completamente rivestita e truccata, sembrava quasi di buon umore: «È andato via?» chiese retoricamente. «Quello non la racconta giusta. Secondo me ha mangiato la foglia. Non ha bevuto la bugia della vergine che viene offerta per pochi danari.»
Ovale sembrò preoccupato: «Cosa pensi che abbia capito?» chiese con apprensione.
«Semplicemente che non ero quella che gli era stata promessa. Ad un certo punto ho capito che aveva paura. Come se avessi potuto fargli del male. Non so in che modo? Ma ho avuto la netta sensazione dei suoi timori. Titubava, non osava più nemmeno fare delle avances, mentre inizialmente si era dimostrato oltremodo intraprendente ed insistente. Bah!» fece con serena rassegnazione, «Meglio così, precisiamo subito che io il mio lavoro l'ho fatto e fin troppo bene. Non ho responsabilità se questo personaggio ha delle sue ubbie che non hanno nulla a che vedere con il sesso»
«Non preoccuparti, nessuno ti rimprovera nulla. Avrai quello che è stato pattuito. Piuttosto preparati, domani mattina partiremo, torniamo in Italia, la nostra missione è finita. Il viaggio non sarà così lineare come quello di andata. Dovremo passare la frontiera clandestinamente, ma è già tutto predisposto. Per questo imprevisto, riceverai qualcosa in più del pattuito.» Sembrava avesse finito, quando riprese: «Mi raccomando non far parola con nessuno della nostra destinazione, stai attenta all'autista è un tipo poco affidabile, non so da quale parte gioca»
«Beh, pensiamo ad altro» riprese a dire Ilaria con modi quasi accattivanti, «ti va di fare un bagno in piscina? La serata è calda, facciamo accendere le luci e ce la spassiamo un po', ti va?» Ovale non trovò nulla da obiettare, anche se si meravigliò non poco dei toni cortesi della giovane.
«Faccio in un attimo» continuò, «mi metto il costume e vengo.» Poi, ripensandoci, maliziosamente aggiunse mentre già si sfilava la camicetta scoprendo i suoi seni: «Aspettami, scendiamo

insieme.»

Ilaria continuò il suo spogliarello privato con accurati e sapienti movimenti. Era decisamente ben fatta, pensò Ovale, ma ora era un frutto velenoso e pericolosissimo. Un arco pronto a scoccare la sua freccia intrisa di curaro, questa era l'immagine che si sovrapponeva a quel corpo nudo e flessuoso che si dimenava sotto i suoi occhi cercando di sfilarsi i jeans attillati.

Terminato lo spettacolo, scesero in piscina abbracciati come vecchi amanti, giocarono in piscina a rincorrersi, cercandosi e toccandosi, ridendo e spruzzando acqua. Si fecero servire la cena nel gazebo al lume di candela. Sorseggiarono un vino francese e s'inebriarono a tal punto da dimenticare il luogo in cui erano, il tempo che trascorreva, dimenticarono i problemi che avrebbero dovuto affrontare l'indomani, persi dietro ai ricordi lontani dei loro momenti felici.

Una storia di donne

Hanno ucciso un uomo. Hanno martoriato il suo corpo. Le donne si sono inginocchiate tutt'intorno, riempiono lo spazio con le loro grida di dolore. È una nenia scandita lentamente mentre si strappano i capelli e si graffiano i visi. I bambini continuano a giocare, rincorrono un ranocchio saltato fuori da uno stagno. Gli uomini poco distanti assistono impotenti al dolore, sono tutti in piedi non parlano, fumano e guardano il cielo, forse aspettando una giustizia divina. Il macellaio ha da poco squartato la sua bestia, ancora tutto lordo di sangue espone le carni fumanti su di un tavolo improvvisato ed attende fiducioso numerosi clienti.
L'ucciso è riverso nella polvere, non si vede il suo viso; portava sandali consunti, un paio di jeans sporchi e strappati, una camicetta di indefinibile colore. Ha capelli arruffati e grumi di sangue lordano il suo collo. È stato colpito con un collo di bottiglia rotto. È la storia di sempre, è storia di donne.
Si era perdutamente innamorato di una giovane sposa. Un tormento, il solo guardarla lo struggeva, lo estasiava quasi al punto di volare, ma alla fine lo assaliva la disperazione più nera, lo sconforto.

Ormai non viveva che per lei, seguiva i suoi passi, spiava le sue mosse, e la notte si aggirava insonne per i vicoli cercando di alleviare le sue pene. La pensava riversa nel letto fra le braccia dell'altro uomo, sentiva i sospiri d'amore, assaporava languidi baci che non avrebbe ricevuto, sognava di immergersi fra la spessa coltre di capelli neri e ricci che incorniciavano il dolce incarnato della sua amata, di baciare quei seni piccoli e duri che trasparivano dalle linde camicette bianche, di carezzare le gambe lisce, di perdersi nelle intimità più nascoste e desiderabili.
Una sera, ormai vinto da tanto affanno, si nascose nei pressi della casa della sua amata. Si era coricato fra una siepe di cactus e l'erba dell'incolto giardino. Da quel posto di osservazione aveva tutto sotto controllo, gli ingressi, le finestre; seguiva passo passo gli spostamenti che avvenivano nell'interno.
Era già più di un'ora che si trovava in quella scomoda posizione, ascoltando il trillo del grillo, ubriacandosi con l'odore di mentuccia che rigogliosa nasceva nel piccolo giardino, quando un uomo uscì dalla casa e si avviò con passo lento verso il paese. Il suo cuore prese a battere furiosamente. Riusciva a vedere la giovane, se ne stava tutta sola seduta nel salotto, di recente acquisto, intenta ad un lavoro di cucito. Rimase estasiato a guardarla: il capo leggermente reclinato, con i folti capelli che nascondevano in parte il suo viso. Aveva un'aria dimessa e rilassata, forse un po' pensierosa. Era fermamente deciso ad entrare, a parlarle, fosse stato solo per qualche istante. Questo pensiero riusciva a vincere anche il dubbio di spaventarla e di essere respinto. Svelto come un gatto, con il cuore in gola, saltò la finestra della cucina e lentamente si avviò verso il salotto. La giovane ebbe un sussulto, sbarrò gli occhi e rimase come paralizzata a guardare quell'uomo cencioso che aveva violato la sua intimità entrando furtivamente. Egli si inginocchiò al suo cospetto come davanti ad una regina, poggiò la fronte sul pavimento e rimase in silenzio.
Passarono minuti angosciosi per entrambi, nessuno dei due osava parlare. Finalmente la giovane si riprese dallo smarrimento iniziale e con voce minacciosa disse: «Cosa vuoi? Cosa sei venuto a fare nella mia casa dove vivo felice con il mio uomo? Esci, non farti più vedere!»

La risposta fu immediata ed ancora più remissiva: «Non cacciarmi come un cane, aspetta almeno che io ti possa spiegare, aspetta che ti dica quale tormento mi ha costretto a compiere questo folle gesto.»
«Non voglio sentire alcuna ragione, esci subito o griderò finché non mi udirà tutto il paese»
«L'ho fatto perché ti amo, perché ormai la tua immagine mi perseguita, mi rende folle, non vivo più che per vederti, fosse solo per un attimo.» Lo guardò come appena svegliata da un lungo sonno e con fare innocente cominciò a dire: «E perché? Perché mi ami così tanto? Qual è il motivo di questa tua passione?» Fu la volta del giovane a meravigliarsi. La domanda lo aveva lasciato di stucco. Ci poteva essere un perché?
E se c'era come avrebbe fatto a saperlo. Non era certo un'impresa semplice.
Fu per lui come ricevere un pugno in piena faccia, non riuscì più a dire una parola. L'interrogativo lo perseguitava. La giovane donna lasciò il suo lavoro sul tavolo e si chinò vicino all'uomo. Dolcemente affondò la mano nei capelli e prese a dire: «Tu non mi conosci, non sai chi io sia, come puoi amarmi nel modo che hai descritto? In questo paese senza amore non può esserci un sentimento così grande e per donne come me. Sono una puttana redenta, ho avuto più amanti io di quanti tu possa immaginare. Ho utilizzato tutta la mia fantasia per trasformare il sesso in qualcosa di sempre diverso, perverso ed affascinante. Per i soldi non ho mai rifiutato nessuno degli uomini che mi venivano proposti.»
Il giovane non riusciva più ad ascoltare, la verità che gli veniva rivelata era inaccettabile, incredibile. Cominciò a piangere disperatamente colto da un profondo dolore inarrestabile: «Potrei farti le descrizioni più dettagliate di quello che ho imparato dagli uomini, saprei dirti i segreti più riposti, gelosamente custoditi, che si rivelano nella profonda rilassatezza dell'alcova»
«Bastaaa!!!» fu il suo urlo disperato.
Come una furia si rimise in piedi, corse verso la cucina per fuggire e mentre si guardava intorno, ormai fuori di sé, vide la bottiglia dell'acqua sul tavolo. La ruppe contro il muro, e ancora

più deciso, conficcò il pezzo rimastogli nella sua gola. Sull'orlo della morte riuscì ad uscire e barcollando arrivò sul vialetto. Qui le forze gli vennero meno e si abbandonò nella polvere. Così lo trovarono la mattina successiva.

Il cadavere nella piscina ed i poteri del Capitano

Ilaria si alzò prestissimo, aveva dormito male e poco. Aprì la finestra ed il suo sguardo cadde su un mucchio di stracci che galleggiavano in piscina. L'acqua aveva assunto uno strano colore rosa. Ovale si svegliò. Nella sua testa annebbiata dal sonno si sovrappose un urlo agghiacciante.
La governante stava preparando la colazione, quando s'interruppe, scossa da un frastuono di grida e movimento che veniva dal piano di sopra. L'autista continuò a dormire, la sua camera era nella dependance, in fondo all'ala di destra della casa. Aveva fatto tardi la sera prima.
Dopo aver recuperato una nuova auto presso un'officina di sua conoscenza, l'aveva fatta targare e sistemare cancellando ogni traccia che potesse ricollegarla ai suoi vecchi possessori, poi era ritornato alla villa. Aveva telefonato ad un suo amico, e sebbene già l'ora fosse tarda, quest'ultimo lo aveva raggiunto ed avevano trascorso parte della restante nottata al President hotel, bevendo birra ed ascoltando musica araba. Solo verso le tre della mattina aveva finalmente poggiato la sua testa sul guanciale.

Le due cameriere si stavano preparando per iniziare il lavoro: una si stava infilando le mutandine di pizzo nero che le aveva regalato Rachid, il suo spasimante e futuro sposo, l'altra era ancora dentro il bagno a massaggiare la cellulite dei fianchi, visibilmente rigonfi.
Ilaria lanciò un urlo, un cadavere galleggiava in piscina. Accorsero tutti nella sua stanza. «È lì! Guardate! È lì! Chiamate la polizia!»
Con la mano puntata indicava la piscina. Ovale discese di corsa le scale, aprì la porta e si trovò all'esterno della casa. Prese il lungo bastone che utilizzavano per raccogliere le foglie ed avvicinò il corpo. Dovette utilizzare tutta la sua forza per issarlo sul bordo della piscina.
Kamel aveva trovato la sua tragica fine. Era stato sgozzato con un affilato coltello, un taglio netto gli aveva devastato la gola da un orecchio all'altro. Non vi erano altri segni di violenza sul suo corpo ad un primo esame. Evidentemente il delitto non poteva essere stato perpetrato molto lontano dal luogo del ritrovamento, non vi erano macchie di sangue intorno alla piscina.
Ovale trasalì al pensiero che le sue supposizioni fossero inutili. Cosa avrebbe comportato in quella situazione la scoperta dell'assassino? Nulla, assolutamente nulla. L'unica cosa da fare era fuggire il più celermente possibile. Intorno a lui era un turbinio di voci che si sovrapponevano, la più agitata sembrava essere Ilaria.
Si ritrovò così ad impartire ordini in maniera decisa. Fece predisporre la vettura, caricando tutto quello che poteva provare il loro passaggio. Insieme ad Hafif nascosero il cadavere nel ripostiglio degli attrezzi da giardinaggio, distrussero tutti i documenti che trovarono nei vestiti di Kamel. Alla fine, dopo aver caricato le donne, ancora starnazzanti, sospingendole nell'abitacolo dell'automobile, abbandonarono la villa, non prima di aver telefonato al Capitano.
Il percorso non fu molto lungo. Hafif non aveva voluto accompagnare le due cameriere con la governante avendo fatto troppo tardi la sera prima. Ora le avrebbero portate a Tangeri.
Il Capitano abitava in una sorta di centro residenziale custodito da una recinzione con un guardiano all'entrata. Non ci fu ver-

so di fargli sollevare la sbarra dovettero attendere al di fuori. La loro attesa fu comunque brevissima, riconobbero subito la vecchia Mercedes che si avvicinava. La sbarra questa volta fu sollevata: «Ah finalmente, vi credevo già persi per i vicoli di questa città. Non vi ha fatto entrare, eh? Lo immaginavo. Puoi dire quello che vuoi, tu pensi che abbia capito ma lui fa come gli pare» continuò a dire rivolgendosi al guardiano, che era già rientrato nella sua casetta, dopo aver salutato mettendosi una mano sul cuore, «è un buon uomo onesto e leale, svolge il suo mestiere con scrupolo.»
Ovale richiuse gentilmente la portiera posteriore ad Ilaria e prese posto a fianco del guidatore: «Gli altri ci seguiranno. Cerchiamo di non seminarli.» La battuta non venne raccolta dal Capitano, che continuò cambiando discorso: «Mi sono procurato delle carte nautiche della zona, non ci dovrebbe essere alcun problema se il tempo reggerà fino a stasera. Nelle previsioni non sembra ci siano delle perturbazioni in arrivo. Non mi presenta la signorina?» Rivolgendosi alla ragazza: «Sono solo un vecchio lupo di mare ma sempre sensibile alla bellezza femminile.» Le porse la mano: «Capitano Curiel, Jean Curiel per servirla.» L'italiano del Capitano era impeccabile.
Ilaria si limitò a stringere la mano che le era stata offerta: «Ilaria, grazie.»
Ovale rimase in silenzio, quell'uomo gli aveva ispirato subito una profonda simpatia. Il suo viso chiaro e ben sagomato con due occhi vispi, esprimeva ingenuità, quasi una forma persa di bontà. Vestiva in maniera trasandata, una giacca sformata pendeva da una spalla, mentre un pezzo di collo della camicia rimaneva caparbiamente alzato come a voler creare una dissimmetria. La cravatta doveva essere stata stirata e lavata, penzolava, priva di forze. La cosa che colpiva di più nell'aspetto esteriore del Capitano erano i capelli. Ne aveva ancora molti di un colore biondo tinteggiato di bianco, non avevano nessuna forma precisa, ricadevano da tutte le parti, un po' arruffati, un po' ondulati. Il fisico, nonostante l'età, era ancora asciutto, sicuramente più alto di Ovale, ma il portamento era dimesso, non impettito od irrigidito dall'austerità della sua passata professione.

«Spero almeno che ci sia il pieno di gasolio e qualche tanica in più. Non si sa mai. Il mare è imprevedibile. Mi è capitato diverse volte, pur facendo lo stesso percorso si consumava più carburante o s'impiegava più tempo procedendo agli stessi nodi delle volte precedenti. Il mistero è semplice da risolvere, cara signorina, sono le imprevedibili correnti marine che se a favore permettono risparmi, se contrarie, incrementano i consumi. Spostamenti di enormi masse di acqua impercettibili che vanno a congiungersi ripristinando un equilibrio termico dispersosi per lo più a seguito di differenti forme d'irradiazione solare.»
Ilaria si limitava ad annuire. Intanto si erano immessi sulla strada che portava prima a Rabat e poi a Tangeri. Ogni tanto lontano s'intravedeva l'oceano ma era uno spettacolo che Ovale conosceva. Il Capitano era una persona loquace: «...la scoperta archeologica più importante che ho fatto è stato il ritrovamento di anfore e statue del quarto secolo avanti Cristo. Provenivano da un carico fatto in Grecia da un'imbarcazione cartaginese. Colta da una tempesta in piena navigazione naufragò sulle coste meridionali della Sicilia. Non ci crederà, ma in fondo alle anfore rimaste intatte ho ritrovato monili d'oro e d'argento di un valore incalcolabile. Non mi è rimasto in tasca nulla, tutto è stato ripulito e sistemato in un museo a Trapani. Ho lavorato molto a quel ritrovamento.» S'interruppe e guardò prima Ilaria poi Ovale: «Non vi sto annoiando, vero?»
«No, no, non si preoccupi è interessante» ma Ovale aveva i pensieri rivolti a ben altri argomenti, le storie del Capitano fluivano nella sua testa senza nessuna attenzione, ogni tanto ascoltava una frase, una parola, per poi ripiombare nelle sue preoccupazioni.
«...avevo capito da tempo che in quella zona di mare doveva esserci qualcosa di strano. Ogni volta che ci passavo con il mio battello, lo scandaglio elettronico mi restituiva immagini non del tutto comprensibili. Finché un giorno non decisi di scendere insieme ad alcuni miei amici. La profondità non era eccessiva, in quel punto i fondali si aggiravano fra i quaranta, cinquanta metri. Era una giornata stupenda, la visibilità arrivava oltre i trenta metri, la temperatura dell'acqua era gradevole.
«I miei dubbi furono presto confermati. Sollevando la sabbia ed

i residui accumulati in tutti questi anni venne alla luce la testa di una Minerva accigliata ma intatta.
«Lasciammo dei palloni ancorati sul fondo e avvertimmo tramite radio la guardia costiera. Il giorno dopo era un brulicare di uomini, autorità, battelli. Tirammo a bordo innumerevoli anfore, finemente decorate e lavorate, statue, alcune purtroppo rovinate dal naufragio. Non riuscimmo a salvare tutto, alcuni pezzi, ritengo pregiati, furono trafugati da moderni pirati. Ma una sorpresa ci attendeva; quando iniziammo a ripulire le anfore trovammo sul loro fondo monili d'oro e d'argento, lingotti d'oro e monete.
«Quasi tutte le anfore erano state riempite per metà con questi oggetti per l'altra metà probabilmente con sabbia o terra o chissà cos'altro. Sembrava la refurtiva di un colossale furto abilmente nascosto per poter superare eventuali controlli prima della partenza dal porto di provenienza. Ma a seguito di approfondimenti che feci su documenti dell'epoca e l'esame di altri ritrovamenti pervenni a questa conclusione, successivamente confermata da studiosi italiani: gli oggetti di valore, in particolare oro e monete, venivano nascosti per sottrarli ai predoni che infestavano le tratte più frequentate dalle imbarcazioni per i normali traffici commerciali»
«Ed i gioielli che avete ritrovato come erano fatti?» Ilaria era risorta dalla sua apatia.
«Sono di una fattura eccezionale. Vi sono collane fatte d'oro e ambra, braccialetti a forma di foglia, persino orecchini realizzati a goccia, tutti oggetti che possono essere ammirati in quel museo di cui vi dicevo»
«Come vuole essere pagato, franchi o dollari?» Ovale fece il suo ingresso nella discussione.
«Cosa dice? Ah! Mi coglie di sorpresa, parlavamo d'altro. Ma non si preoccupi, mi dia quel che le resta più comodo»
«Vanno bene diecimila dollari?»
«Oh mio Dio! Non avrei mai sperato in una cifra simile. Lei è una persona generosa. Le mie ricerche subiranno un'impennata»
«Ma lei perché ha scelto di vivere in Marocco?» si ritrovò a dire Ilaria.
«Beh! Carissima figliola, deve sapere che anche in Francia la

pensione per un uomo che ha passato la sua vita per i mari del mondo è ben poca cosa. O si hanno dei risparmi oppure ci si deve arrangiare. Purtroppo ho sempre speso quei pochi denari che avevo, così decisi di cercare un paese dove con la mia misera pensione potevo fare il gran signore. Devo dire che di posti così ce ne sono molti, anzi la gran parte consente una vita più che agiata. Il mondo è pieno di paesi poveri e di gente che soffre. Il livello di benessere dei paesi occidentali difficilmente può essere eguagliato. Il Marocco è un residenza temporanea. Poi penso di andare in Tunisia. Chissà! Se mi rimane tempo andrò nell'Africa nera, ma voglio morire sui monti tibetani, alla fine la mia ultima dimora sarà qualche sperduto villaggio alle falde della catena del Karakorum. Non ho più nessuno a cui badare, devo solo badare a me stesso. Ogni tanto mi recherò a trovare mio figlio, ma non più di un paio di volte all'anno.»
Ilaria sembrava incuriosita: «Lei deve aver girato molto, non è così?»
«Ero imbarcato su di una nave mercantile. Trasportavamo per conto di alcune compagnie merce in particolare dalla Cina, dall'India, da tutto il sud - est asiatico verso la Francia e l'Inghilterra. Alcune volte abbiamo fatto viaggi in Australia, risalendo per il Sudamerica. Conosco molte rotte, ho attraversato tutti gli oceani. Non ci siamo mai spinti fino ai Poli. La nostra imbarcazione non avrebbe mai potuto navigare in mezzo ai ghiacci. Già un po' di tempesta ci metteva in grosse difficoltà. Un viaggio poteva durare anche due mesi. Oggi è diverso, la maggior parte dei prodotti, allora trattati, vengono caricati sopra aerei che impiegano tempi irrisori a costi pressoché inalterati»
«E sua moglie?» interruppe Ilaria, «Non verrà con lei?»
«Ah! Già è vero non l'avevo detto. Non ho mai avuto una moglie. Circa trenta anni fa mi innamorai perdutamente di una donna bellissima ed impossibile. Vivemmo insieme due anni, poi una mattina scomparve dalla mia vita e non l'ho più rivista. Nel frattempo era nato il nostro unico figlio che rimase con me; non ha mai conosciuto la sua mamma. Tutte le volte che dovevo partire per il mio lavoro, cominciava l'angosciosa ricerca della sistemazione del bambino, non avrei potuto certo portarlo sulla nave»

«E questa donna che fine ha fatto? Non ha più avuto sue notizie?»
«I primi tempi mi interessai, cercai di capire dove poteva essere andata. La delusione fu forte, ero incredulo, non sapevo darmi nessuna plausibile spiegazione, non mi arrendevo all'evidenza. Il mio annichilimento andò avanti per parecchio tempo, mi svegliavo la notte pensando di trovarla seduta nel salotto ad aspettarmi, mi avrebbe sorriso e tutto sarebbe tornato come prima senza più nessun'altra spiegazione. Ma non fu così. Passai un lungo periodo nelle stesse condizioni di un ubriaco. La polizia la cercò senza nessun successo, arrivai a pensare che fosse stata rapita e poi uccisa, girovagai per mezza Europa con la speranza di incontrarla a qualche angolo di strada in attesa del mio aiuto. Fu tutto invano, era sparita nel nulla, nessuno l'aveva più vista, inghiottita dalla terra, nel buio pesto di un inquietante mistero. Porto ancora la sua fotografia con me, saprei riconoscerla nonostante gli anni passati.»
Tolse la mano dal volante, tirò fuori un portafoglio dalla tasca interna della giacca, da uno scomparto prese una vecchia foto in bianco e nero e la porse ad Ilaria: «Ecco, vede? Non mi rimane altro.»
Ilaria la guardò a lungo, la donna aveva un viso molto bello dai lineamenti gentili, i capelli le ricadevano arricciati sulle spalle, gli occhi erano grandi ed espressivi. Restituì la foto: «Potrebbe essere completamente cambiata. Gli anni modificano il volto, il corpo»
«Gli occhi, tesoro, rimangono uguali, le espressioni del viso sono intoccabili dal tempo. Permangono piccoli segni importanti che permettono di riconoscere le persone a distanza di anni, così, semplicemente a prima vista. Io ne sono sicuro, se mai dovessi incontrarla non avrò dubbi. Non le chiederò perché, non starò lì a pregarla di raccontarmi la sua storia, tutto ricomincerà come in quel lontano giorno di trent'anni fa. Sarà come risvegliarsi da un brutto sogno durato a lungo, la prenderò per mano e la condurrò con me. So che sarà esattamente così. Ho immaginato la scena migliaia di volte, so cosa dovrò dire e cosa non dovrò dire, così come so cosa dovrò fare e cosa non dovrò fare»
«Ma lei ama ancora questa donna, non ha mai smesso di amarla!

Non ha mai avuto dubbi che possa essere scappata con qualcun altro? Che forse oggi ha una sua vita diversa?»
Il Capitano non rispose, guardava la strada, la Mercedes correva più del solito, poi lentamente con voce più fievole continuò a dire: «Io ho un dono che pochi hanno, riesco a leggere nel pensiero degli uomini e degli animali, capisco i loro sentimenti, valuto i comportamenti. Io la sento vicina, non ha mai smesso di amarmi, ma c'è qualcosa che ostacola, una barriera che si frappone indelebile fra me e lei. È come se ci fosse una lastra di piombo che m'impedisce di guardare a fondo nel suo animo, di carpire il minimo indizio per poterla ritrovare.» Il Capitano si accalorava in questo suo monologo, forse aveva desiderato da tempo parlare. Confidare a qualcuno il suo malessere. Ovale ascoltava con disattenzione, le parole gli scorrevano addosso senza lasciare nessuna traccia. Ilaria si stava facendo trasportare in quel mondo patetico degli amori impossibili, era presa dalla curiosità e forse, dalla incredulità. «A volte la sento piangere nel buio di una stanza, ma è talmente breve la sensazione che non riesco a focalizzare il posto. Il potere che la sovrasta esercita un controllo pressoché ininterrotto, non la lascia mai, non le concede tregue. La mia battaglia va avanti da anni, alcune volte riesco persino ad ascoltare i miagolii di un gatto che dovrebbe farle compagnia, ma i pensieri del gatto sono limitati, non ha cognizione del tempo e dello spazio, è un modo diverso di vedere il mondo, non saprebbe darmi delle indicazioni utili.»
Ilaria sempre più incredula e rapita dalle parole del Capitano si ritrovò a dire: «Ma come? Mi spieghi meglio. O mi sta prendendo in giro?»
«Ah no! No ragazza mia, non dica così, adesso le dimostrerò che le sto dicendo cose vere e che il mio potere è reale.» Sottolineò le sua ultima frase con un pausa, poi riprese: «Ecco, mi dica cosa vuol sapere di se stessa. Cosa fa nella vita? Qual è il motivo del vostro viaggio in Marocco? Oppure, quali sono gli ultimi avvenimenti della notte passata? Qual è il rapporto che la unisce al signore che ho al mio fianco e che sta pensando ad altro?» Guardò Ovale negli occhi, distraendosi momentaneamente dalla guida: «È che crede che tutto quello che stiamo dicendo sia un cumulo

di cazzate. Può scegliere, mi dica ed io le darò un'esauriente risposta. Saranno le stesse cose che lei pensa e, il suo stesso modo di ragionare che parlerà, non io.»
Ilaria rimase stupefatta. Era titubante, non aveva il coraggio di chiedere. Intervenne Ovale sempre più scettico: «Bene, voglio stare al suo gioco. Cosa mi è successo nelle ultime ore? Me lo dica, non mi ripeta quello che io le ho detto.»
Il Capitano parve perplesso, sembrava assorto con lo sguardo fermo ad inseguire la strada sinuosa, alfine ruppe gli indugi ed iniziò: «Voglio fare una precisazione. Senza il vostro permesso io non mi insinuo nella vostra mente, non vado a frugare nei vostri pensieri. Questa è una regola principale. C'è poi un ulteriore avvertimento, io posso interpretare quello che presumo essere il ragionamento, non è detto che l'interpretazione corrisponda all'effettiva verità dei vostri pensieri»
«Su via, meno scrupoli, ha tutte le autorizzazioni necessarie, mostri quello che sa fare.» Ovale sembrava divertirsi, se non altro il Capitano lo stava mettendo di buon umore.
«Bene. Ecco allora la sua notte o meglio quello che io desumo essere stata la sua notte sulla base di una prima analisi: l'acqua era tiepida e piacevole così pure la compagnia, presumo femminile. Vedo una villa con una piscina... No... non mi faccia andare avanti»
«Forza dica, non abbia paura...»
«L'acqua della piscina è tutta rosa, c'è del sangue, un uomo sgozzato. Lei lo conosceva, è morto... Basta non dirò altro. Frugare nella mente della gente non è poi così piacevole. Ora capisco perché state fuggendo. Ma per quale motivo? Non siete voi gli assassini»
«Lei non me la racconta giusta, Capitano. Come fa a sapere queste cose?» Ovale sempre più scettico e sospettoso cominciò a pensare di essere stato seguito e spiato.
«Non stia a lambiccarsi il cervello. Ho questa capacità, riesco ad intuire quello che uno pensa, mi creda. Si ricorda ieri? Ci siamo incontrati su questa stessa strada. Avevate avuto un incidente, poi qualcuno ha cercato di uccidervi. Bene quando vi ho incontrato non potevo sapere un altro particolare che ora le dirò. Fino

al momento in cui vi ho preso a bordo avevate fatto un pezzo di strada sopra un carretto tirato da un bue, lo stesso che avete messo di traverso per farmi fermare. Ebbene l'animale mentre brucava l'erba continuava a pensare che senza il vostro aiuto non si sarebbe mai rialzato da una scomoda posizione, la sua pancia sarebbe stata trafitta da quella maledetta staffa che lo legava al carretto. Era talmente forte questo pensiero che avrei quasi potuto vedere la scena. Cosa totalmente diversa per voi, non ho trovato traccia di questo pensiero, è stato un fatto senza nessuna importanza. Eravate scosso dalla sparatoria, la paura vi impediva qualsiasi ragionamento logico e sensato. Trovavo traccia di reazioni istintive, impulsive. Ecco ora avete qualche elemento in più per valutare le mie capacità. Vi prego solo di non pensare che io possa essere un saltimbanco, un fenomeno da baraccone. Non è così. Questi poteri derivano da esercizio e concentrazione, dal modo in cui si conosce la gente che ci circonda. È un fatto culturale che alla fine chiunque potrebbe realizzare.»
Ovale restò esterrefatto, era senza parole, questa straordinarietà era fuori dalla sua comprensione. Ilaria, invece, ora era preoccupata, qualcuno poteva mettere a nudo i suoi pensieri. Lei che non si confidava neanche con se stessa, sarebbe stato troppo trovare come in uno specchio gli inconfessabili sentimenti, i suoi modi di ragionare, i suoi egoismi e le sue pruderie religiose: «La prego, Capitano, non guardi nella mia testa, mi vergogno un po' di far sapere a tutti quello che penso.»
La sua voce era così innocente, lamentosa che provocò tenerezza: «Stia tranquilla io non posso superare le barriere che uno frappone, riesco a vedere spezzoni, immagini alcune volte distorte. Ma per lo più i pensieri della gente sono sempre uguali. Quello che resta visibile sono le sensazioni forti, le passioni che creano un solco negli animi degli individui.
«Non sono mai riuscito a ricostruire la vita di una persona senza il suo diretto aiuto, non potrei scavare nei suoi ricordi senza che questi vengano portati alla luce da una volontà di esporli, di renderli noti e conosciuti. In questo momento posso solo dire che lei signorina è preoccupata, fin troppo, di mettere a nudo la sua reale personalità, l'esatto contrario delle apparenze. Non andrò

oltre questa superficiale indagine, sarebbe un'inutile perdita di tempo, lei non è nelle condizioni di collaborare ed il risultato sarebbe una storia distorta e priva di senso.»
Ilaria sembrò tranquillizzarsi, nessuno avrebbe potuto violare la sua realtà. Ovale ora cercava di capire come avrebbe potuto utilizzare le capacità del Capitano per un suo diretto tornaconto. Gli venne in mente che forse avrebbe finalmente potuto capire cosa frullava nella testa di Hafif, persona ambigua ed enigmatica, se fosse stato predisposto per essere il suo carnefice o il suo fedele servitore. In definitiva vedeva solo vantaggi: «Mi ha convinto, ma potrebbe sapere, trovandosi ad ascoltare due persone che parlano, cosa realmente nascondano l'uno all'altro? Oppure potrebbe svelare se uno dei due racconta delle menzogne? Quali sono gli esatti scopi che si prefiggono al di là delle pure e semplici dichiarazioni di circostanza? Ecco, questo sì, sarebbe interessante.»
Il Capitano non avrebbe voluto continuare la discussione su quell'argomento. Era già risolto. Non poteva che compromettere la sua onorabilità e correttezza. In tutti quegli anni aveva adoperato le sue capacità con discrezione e riservatezza, non aveva mai approfittato dell'indiscutibile inferiorità degli interlocutori, neanche rispetto a quelli particolarmente odiosi ed indisponenti. Era vero, con gli animali aveva utilizzato un diverso criterio e per lo più cercava di apprendere informazioni derivanti di solito dalla loro vicinanza con i padroni, uomini o donne che fossero. Gli ritornava alla mente la bella e scostante padrona della barboncina nella sua vecchia casa a Parigi. La cagnolina ebbe modo di comunicargli che segretamente la signora lo avrebbe volentieri intrattenuto nel suo letto, ma avrebbe dovuto usare una sorta di violenza. La mattina successiva a questa rivelazione suonò alla porta della conturbante donna e senza una parola come la porta si fu socchiusa la avvolse in un abbraccio fermo e possente. Poi la spinse dentro richiudendo con il piede la porta alle sue spalle. Non ci fu molta resistenza, e tutto si svolse nel migliore dei modi possibili. La barboncina aveva avuto ragione, non fosse altro perché era la fedele ed incolpevole custode dei desideri segreti della sua padrona.

Non era facile parlare con gli animali, di solito erano sempre occupati a ricercare qualcosa da mangiare e questo diventava il pensiero dominante, tanto da sopprimere qualsiasi altro, seppure semplice, ragionamento. La fame, la sopravvivenza, il cibo nelle sue diverse forme occupavano costantemente la testa degli animali. Traspariva una mancanza di certezze anche in quelli che ormai facendo una vita domestica, non avrebbero dovuto avere solo tali preoccupazioni, tanto i pasti puntualmente sarebbero stati serviti negli orari prestabiliti. Ma l'insopprimibile istinto primordiale faceva strage di ogni evidenza. Probabilmente anche per l'uomo agli albori della civiltà questo schema mentale di ragionamento doveva essere stato prevaricante e prioritario su tutti gli altri.

Storia di Slim

Una famiglia italiana si trasferì in questi posti circa cinquant'anni fa. Arrivarono una mattina con la nave partita da Napoli, carichi di bagagli. Dopo un estenuante viaggio, fatto su carretti trainati da buoi, presero alloggio in una modesta casa nel centro del paese, ancora più polveroso e maleodorante di oggi. L'uomo era un tecnico esperto in ferrovie, il suo lavoro consisteva nel fare tracciati e trovare le giuste collocazioni topografiche delle diverse stazioni da costruire. Usciva la mattina con i suoi strumenti, gelosamente ed accuratamente portati da due giovani indigeni, messi a sua disposizione dalle autorità locali. Svolgeva il lavoro con una serietà e pignoleria esemplari, ripercorreva il tracciato della giornata, rilevando quote e particolari del terreno fino a che non si convinceva che tutto era stato fatto a perfezione.
Rientrava quando già il sole cominciava a fare capolino dietro l'unica montagna che esisteva nel raggio di qualche centinaio di chilometri.
Per la sua famiglia fu difficile ambientarsi, troppo diverse le abitudini di vita. Difficilmente uscivano di casa, aspettavano pa-

zienti una donna del posto che provvedeva a tutte le loro necessità. Trascorrevano la giornata nell'attesa del ritorno del tecnico.
Nel piccolo paese non si parlava d'altro, la famiglia italiana era oggetto di discussioni continue e tutti cercavano pretesti per conoscere questi personaggi di un altro paese, così diverso, senza la loro religione.
Una mattina, la governante tuttofare convinse, utilizzando gesti al posto delle parole, la signora straniera a visitare la sua casa. Dapprima fu esitante, un po' intimorita, poi alla fine si lasciò convincere ed accettò di buon grado. Si mise il vestito più bello, si umettò le labbra con il rossetto, due colpi di cipria sul naso e fu pronta per uscire. Le strade non erano asfaltate, d'estate diventavano maledettamente polverose e d'inverno si riempivano di fango. Dovettero camminare un bel po' per arrivare alla loro meta. La casa consisteva in un'unica grande stanza dove si accalcava tutto il necessario: i letti per dormire, il camino, il tavolo con le sedie. La signora fu ricevuta con tutti gli onori dovuti agli ospiti illustri. La famiglia venne presentata al completo, padre, madre, marito, le altre cinque sorelle non ancora sposate e l'unico fratello, un giovane robusto dai lineamenti marcati, la carnagione scura e due occhi infuocati. Quest'ultimo non perse un particolare della donna bianca capitata nella sua casa. Nessuno parlò, fu un intendersi a sguardi, a gesti ed inchini fatti sempre con il sorriso sulle labbra. Poi la signora si alzò salutò di nuovo tutti, mentre cominciava a crescere in lei l'imbarazzo per quegli occhi neri di fuoco che la denudavano, la carezzavano e già la violentavano, penetrando languidi i suoi segreti.
La mattina dopo ritrovò il giovane nella sua casa. Si era alzata più tardi del solito, i bambini giocavano fuori sotto il vigile sguardo della domestica. Si era infilata la vestaglia sopra la leggera camicia da notte e si accingeva a far colazione, quando le comparve davanti.
La guardò come aveva fatto il giorno prima e la prese per mano. La avvicinò a sé e la strinse in un abbraccio silenzioso. Lei ebbe un solo attimo di smarrimento, poi si avvinghiò a quel corpo in divisa militare, avida dei suoi odori aspri. Il giovane la guidò lentamente nella camera da letto, richiuse la porta e solo allora

la baciò lungamente mentre le sue mani la carezzavano e denudavano delle poche cose che indossava. Baciò il suo corpo e immerse la testa nel suo sesso. Quando infine la penetrò fu come cadere in uno stato di confusione, fu come scoprire una felicità mai creduta così grande. Da quel giorno perse ogni volontà, diventò la docile amante di un uomo che non conosceva.
Intanto il lavoro alla ferrovia volgeva al termine, ed il bravo tecnico, credendo di ridare un po' di gioia alla sua incupita moglie, le annunciò l'imminente rientro nella loro terra. Essa non batté ciglio, rimase muta ed immobile, la posata sollevata a metà, una ridda di pensieri nella testa ed un senso di soffocamento alla gola. Lasciò la tavola del desinare e si rifugiò nella sua stanza. Il marito incredulo non riusciva ancora a comprendere, le spiegazioni che si dava erano molto lontane dalla verità. Pensava ad una crisi dovuta alla solitudine, ad un principio d'indebolimento fisico e psichico che certo la partenza avrebbe risolto. Così, fiducioso, la seguì per consolarla, per tenerla fra le sue braccia ed infonderle un po' del suo ottimismo. «Non tornerò in Italia.» Aveva appena varcato la soglia della porta, quando venne raggiunto da questa perentoria affermazione: «Non chiedermi spiegazioni, sappi solo che rinuncio a te ed ai miei bambini amandovi ancora più di ogni altra cosa.» Attimo lunghissimo di silenzio: «Partite, partite pure al più presto senza di me. Ora ti prego lasciami sola.» Richiuse la porta, gli mancava persino il coraggio di fare domande. Il giorno dopo la donna era scomparsa. I bambini se ne stavano intristiti seduti aspettando il suo rientro. Con voce velata dal pianto raccontarono che la mamma non l'avrebbero più rivista, li aveva salutati, abbracciati e baciati con le lacrime agli occhi ed era uscita con le sue valigie.
Il vecchio fumettone al George Sand si conclude con la nave nel porto pronta a partire ed i nostri sventurati in bella fila sulla balconata di prua a scrutare l'ultima possibilità che rimarrà irrealizzata.
È inutile dire che gli anni che seguirono furono molto duri da vivere per la signora o "l'italiana", come più comunemente sarà indicata e citata nei moralistici discorsi della gente del posto.
Il suo non era un rimpianto della vita abbandonata, non era una

nostalgia del passato, della sua terra, dei suoi bambini, era piuttosto un malessere fisico sempre più ricorrente. Aveva nausea della gente che le stava intorno. L'uomo con cui lei aveva deciso di vivere, la venerava quasi, bastava un suo sguardo per costringerlo a fare qualsiasi cosa, tanto era il suo amore, che aveva completamente rinunciato ai privilegi del maschio arabo.
Sfidava persino le irrisioni dei suoi compaesani. Aveva così perso l'abitudine di trascorrere le serate dentro bar fumosi e sporchi a bere montagne di birra, a giocare a carte. Gli bastava sedere vicino alla sua donna e farsi raccontare le vicende di un mondo lontano incomprensibile e maledettamente ingarbugliato. Si era ormai abituato all'umore incostante della sua compagna, non si creava più problemi per le sue crisi ricorrenti, lasciava che tutto si aggiustasse per tornare ad esserle vicino. Nei lunghi anni della loro vita in comune ebbero tre bambini e tutti crebbero adorando quella loro madre così vicina e nello stesso tempo lontana, a volte così distante ed assorta da risultare inavvicinabile.
Proust descrive scene d'amore filiale: l'attesa del bacio della buona notte, la visione della figura materna impeccabile, linda, che sprizza profumo dalle stesse pagine del libro. Sembra quasi di udire la sua voce melodiosa mentre racconta al piccolo storie lette in romanzi di buona fattura. La natura nevrotica della personalità del personaggio, in questo modo è ben configurata.
Ora se Slim, questo è il nome del più grande dei figli della signora, avesse avuto la capacità e la qualità di un novello Proust, non avrebbe fatto descrizioni diverse della sua mamma. L'ho conosciuto molto più tardi delle vicende che sto raccontando. Oggi ha ventiquattro anni, è un giovane esuberante, sprizza vitalità da tutti i pori della sua pelle.
Vive in un sogno, si è chiuso in una sfera di cristallo ed ha escluso la realtà dal suo essere. Immagina di trasformarsi continuamente in personaggi che colpiscono la sua fantasia: ora è un famosissimo *conquereur des femmes*, dovunque in qualsiasi posto vada tutte le donne cadono ai suoi piedi, pregando di essere amate o quantomeno degnate di uno sguardo; ora è un famosissimo giocatore, non importa di cosa, richiestissimo; ora afferma di aver conosciuto il conoscibile, e così via. Il discorrere con lui diventa

comunque piacevole, si è talmente coinvolti da questi continui voli fantastici che non si ha il coraggio di contraddirlo nemmeno davanti all'evidenza più schiacciante; sembrerebbe quasi di violare l'ingenuità di un bambino rendendolo edotto dell'abbrutimento dei grandi.
La sola cosa che lo rattrista e lo getta nello sconforto è il ricordo della sua amatissima madre. Allora perde ogni sicurezza, la sua voce trema dalla commozione e gli occhi brillano imperlati di lacrime a stento trattenute. È un rimpianto sconfortante il suo, è stata per lui una perdita incolmabile, ma ancor più penoso deve essere il ricordo di come quella persona così cara si tolse la vita. Fu lui a trovarla. Rientrava nella tarda mattinata di un giorno vuoto come tanti altri. Sapeva che a quell'ora avrebbe trovato solo la sua mamma.
La casa era silenziosa, la sua camera ancora in disordine. Si era seduto sul letto, meccanicamente aveva inserito la cassetta nel registratore e si lasciava cullare dalla musica arroventata di un gruppo inglese. Lo sguardo si posò sulla sua gigantografia in posa da karateca, che troneggiava sulla parete di fronte al letto. Istintivamente si alzò e mulinò braccia e gambe in una mossa lanciando grida di esortazione al movimento, poi si piegò e saggiò i suoi addominali. Infine aprì l'anta dell'armadio e rimirò nello specchio le figure che era intento ad eseguire. Il cumulo delle lettere ricevute da tutte le parti dell'Europa era lì sul ripiano dell'armadio. Quelle lettere facevano la sua gioia, ogni tanto ne leggeva qualcuna ai suoi amici, gloriandosi delle innumerevoli testimonianze d'amore, raccontando nei minimi particolari le avventure. Ne prese una a caso. All'interno della busta risiedeva da due anni la fotografia di una ragazza olandese seduta in un parco pieno di fiori e ovviamente dei fogli di carta rosa patinata scritti con calligrafia infantile. *My dear love, I will never forget all the time we spent together.* Slim sorrideva soddisfatto, rilesse la lettera per la centesima volta e si ripromise di andare in Olanda. Tolse una camicia dal guardaroba e la gettò sul letto con l'intento di indossarla. Si sfilò il maglione e si avviò verso il bagno. La porta era chiusa, bussò gentilmente e rassicurò la mamma di fare con comodo. Raggiunse la cucina, posò il maglione sulla

prima sedia che capitò e si versò un bicchiere di birra. La musica in tono più sordo arrivava sino a lui, si lasciò trasportare dal motivo ed iniziò a ballare come fosse in una delle frequentatissime discoteche estive. Piroettava fra il tavolo ed il fornello del gas mentre ritmava i movimenti battendo le mani, gettava la testa all'indietro con fare sinuoso e si riavviava i crespi capelli neri.

Fra una giravolta e l'altra sorseggiava la birra e ripensava alle sue innumerevoli performance avvolto da luci soffuse, sommerso da profumi inebrianti di bellissime giovani venute da un altro continente, cariche di sensualità e di gioia di vivere, acconciate alla moda del *pret a porter* d'avanguardia e finalmente raggiungibili. Si rivedeva ingessato nei suoi strettissimi pantaloni bianchi, stivaletti con tacco alla cow-boy, giubbotto di jeans incollato e d'abitudine aperto fin sullo stomaco a mostrare la virilità esuberante del suo corpo maschio, mentre con un sorriso accattivante e la sicurezza del playboy stringeva alla vita una qualsiasi delle dionisiache fanciulle, per estenuarle in lunghissimi rock and roll sulla pista. Era fermamente convinto, non aspettavano che lui, non desideravano altro che essere abbracciate ed eccitate. Fra una pausa e l'altra della frenetica danza, attaccava una fittissima conversazione fatta di frasi banali come si usa in queste occasioni, l'importante era mostrarsi brillanti e divertenti oltre che piacevoli. La batteria ritmava in sottofondo, in evidenza la dolce melodia del piano ed il suono elettronico di una chitarra. Slim ricordava altre musiche ascoltate da lontano mentre passeggiava sulla riva del mare, mano nella mano con l'ennesima giovane a lui predestinata per quella notte, ovviamente indimenticabile. Un'ultima piroetta, un ultimo saltello sempre più inebriato dai suoi ricordi e si riavviò verso il bagno. Bussò ancora leggermente ed attese. Non venne nessuna risposta. Tornò a bussare più deciso, ma anche questo tentativo fu vano. «Mamma ci sei? Perché non rispondi? Ti senti male?» Quasi intuì la tragedia che si era consumata dietro la porta. In preda al panico riuscì ad aprire. La scena che gli si presentò fu davvero raccapricciante. La sua povera madre era riversa per terra e dalla bocca completamente aperta ancora usciva una schiuma verdastra e frizzante. Un puzzo pungente di acido persisteva nella piccola stanza.

Oggi, sono passati molti anni, è tornata per restare una giovane donna. Ha lasciato le cose più care, la sua agiatezza e vive in una povertà indecente. Anch'essa nasconde un amore violento, una passione d'altri tempi.
Slim è venuto a trovarci, è molto turbato: la giovane donna incarna i suoi cruenti ricordi, il suo continuo tormento.

L'uso dei poteri

Ovale lo richiamò alla realtà, interrompendo la sua divagazione: «Forse ha già capito cosa intendo! La nostra situazione è preoccupante. Devo assolutamente trovare una via di uscita per salvare la pellaccia. Siamo finiti in un vespaio, dove non si riesce a capire nemmeno quali sono gli amici e quali i nemici. Ieri, quando ci siamo incontrati, ho avuto una felice intuizione a quanto sembra, dettata solo dal suo aspetto e dalla conoscenza del mare e delle imbarcazioni. Potrei raccontarle nei minimi dettagli quello che è successo e quello che potrebbe succedere, ma l'importante adesso è trovare il modo di arrivare in Italia al più presto. Se riuscissimo ad arrivare a Napoli forse saremmo finalmente al sicuro. Ma un'altra organizzazione ci vuole a Parigi nel più breve tempo possibile, in caso contrario lascio a lei pensare quali terribili sciagure siano state promesse. L'autista della vettura che segue, l'arabo che mi accompagnava ieri, è sicuramente convinto di poterci riportare a Parigi dove ci attenderebbero i suoi capi. Non è certo persona da sottovalutare, e sono convinto che abbia già ricevuto ordini precisi su cosa fare in circostanze contrarie.»

Ovale interruppe la perorazione, voleva rendersi conto dell'effetto, ma il Capitano rimaneva silenzioso, come se non avesse sentito la sua richiesta.
«Beh, allora non mi risponde nulla?»
«Vediamo. Mi segua nel ragionamento e stia attento. Lei mi sta chiedendo di analizzare i pensieri del suo autista e verificare se egli ha ricevuto ordini che riguardano lei e la signorina Ilaria. È così?» Evidentemente non aveva bisogno di affermazioni.
«Accertato questo fatto le darei la possibilità di studiare eventuali contromosse e, perché no, l'eliminazione fisica di una presunta minaccia. In definitiva lei potrebbe avere un enorme vantaggio sui suoi nemici per un caso fortuito. Ma, già l'ho detto, non posso agire in questo modo. Non l'ho mai fatto, non ne sarei capace. Non ho mai cercato di modificare gli eventi con intromissioni prevaricanti. Lascio il mondo andare per il suo verso e finora ho rispettato questa regola. Per gli animali è diverso, non nego di cercare sempre di capire il loro modo di pensare e muoversi, cerco di capire il loro linguaggio...»
«Ma che mi frega degli animali!» Ovale stava perdendo la pazienza: «Io le stavo chiedendo qualcosa di diverso, di più...» Si rese conto che forse stava uscendo fuori dalle righe e quello sicuramente non era il sistema più convincente. «Comunque non fa niente, dimentichi tutto, ho capito male»
«Lei la prende nel verso sbagliato. I convincimenti sedimentati nel tempo e costruiti a poco a poco sono sempre i più duri a morire. È difficile cambiare parere su questioni che per anni si sono sempre analizzate e risolte nello stesso identico modo. Anche di fronte alle situazioni più compromesse o preoccupanti provare a cambiare l'approccio può essere pericoloso e forse non così credibile come potrebbe sembrare. Ipotizziamo pure che io mi lasci convincere a fare quello che lei dice. Dovrò dare delle risposte che saranno prese per indicazioni incontrovertibili. Lei potrà decidere anche di uccidere o comunque rendere inoffensivo il povero malcapitato. Ma ho già detto che non sempre riesco a capire od interpretare pensieri che una persona vuole rimuovere o che non hanno la caratteristica dell'importanza primaria. Sono solo delle informazioni lasciate a sedimentare negli anfratti della

memoria senza rivestire alcuna particolarità per l'individuo che le ha recepite, mentre per altri potrebbero essere di vitale interesse. In questa malaugurata ipotesi si commetterebbe un errore tragico di cui io sarei il responsabile per le valutazioni fatte. Nel passato non mi sono mai cacciato in questi pasticci, è troppo rischioso. Pensi, una volta nella mia gioventù...»
«No, no la prego, Capitano! Non vorrei essere scortese» lo interruppe Ovale prima che iniziasse una nuova digressione chissà su cosa questa volta, «capisco le sue preoccupazioni, la sua difficile scelta, ma le assicuro che farò un uso discreto delle sue informazioni...»
«Cosa significa uso discreto? Può significare che innanzitutto ed in qualsiasi caso non ci saranno ammazzamenti? Può significare che quello che dirò non sarà interpretato come oro colato? Può significare che non mi sarò reso responsabile di insane azioni sempre rifiutate? Ecco se può significare tutto questo potrei anche tentare, ma mi riprometto di utilizzare a mia discrezione le informazioni che avrò.»
Non aveva ancora finito di parlare che Ovale rispose precipitosamente: «Ma certo, ha la mia parola, le prometto tutto quello che vuole.»
Il Capitano si concentrò nella guida, la strada correva ed ormai la meta non era lontana. I due compagni di viaggio ora pendevano dalle sue labbra. Aspettavano le sue risposte.
«Bene, spero solo di non commettere errori di cui mi abbia a pentire amaramente. Sarei potuto essere uno degli uomini più ricchi e potenti del mondo» continuò a dire con una sorta di autoironia, «avrei potuto guidare centinaia di migliaia di uomini, il mio sarebbe stato un potere pressoché assoluto, ed invece ho preferito sempre altre strade. Ho preferito semplicemente il non utilizzo delle mie capacità se questo avesse significato trarne degli indebiti vantaggi a discapito di altri. La mia è stata una continua battaglia, due anime si sono dibattute in un'estenuante lotta, ed ancora oggi, anche se in termini molto più affievoliti continua la lotta. Alcune volte, prevalendo l'aspetto utilitaristico, ho tratto grossi guadagni»
«Faccia un esempio» intervenne Ilaria, curiosa di ascoltare la

storia di quell'uomo, ai suoi occhi così misterioso. «Beh! Lei non ha mai frequentato l'università. Ora le dirò che gli esami si sostengono di solito in un colloquio fra il professore e lo studente; quando vengono poste le domande, se non si fa meccanicamente, colui che domanda si crea la risposta più o meno articolata ed aspetta quello che verrà detto dallo studente. Molte volte carpivo questi pensieri e li porgevo così come li percepivo. È inutile dire che gli esami andavano alla perfezione e solo raramente era possibile notare una certa meraviglia nel volto di quegli austeri personaggi che ritrovavano sulla mia bocca il loro pensiero nascente con le stesse parole.

«Tempi meravigliosi ma non produttivi per la mia cultura, ero sempre alla ricerca affannosa di occhi e teste concentrate su problemi che avrei dovuto studiare ed avere indelebili nella mia memoria. Mi ritrovavo a parlare di cose e fatti di cui solo in quel momento venivo a conoscenza. Sono stato un opportunista. Sono stato il giocatore di poker più fortunato e bravo, e non ero altro che un semplicissimo baro a cui venivano comunicate le carte degli altri.

«Ma la vita è piena di questi esempi» si ritrovò ad affermare, «ognuno bara come può, si rende indispensabile con mezzi più o meno semplici e comprensibili. Per me era molto più facile, trovavo stampato quello che mi si chiedeva, non dovevo far altro che assecondare il malcapitato. Ma in questo modo si perde la cognizione della propria esistenza, si finisce per divenire altro da sé.»

Così come era successo il giorno prima, avevano deciso di prendere la costiera evitando l'autostrada. L'automobile scorreva sulla strada, il traffico era scarso, ogni tanto si aprivano delle vedute sul mare, per il resto s'incontravano piccoli villaggi, case isolate, gente che camminava a piedi lungo i bordi della strada coperti con i loro abiti tradizionali. Guardavano distrattamente tutto quello che scorreva davanti ai loro occhi.

Ovale ed Ilaria erano ormai preoccupati solo di uscire da quel paese lasciandosi alle spalle una storia da dimenticare. Il Capitano continuava a domandarsi quale mai ubriacatura lo avesse costretto ad abbandonare i suoi ferrei principi. Ora aveva promesso ed i suoi impegni andavano comunque rispettati. L'unica sua consolazione era che non gli sarebbe stato difficile percepire i pensieri di quell'arabo che lo seguiva alla guida sull'altra vettura.

Mentre guardava dallo specchietto retrovisore vide Hafif che si accingeva a superare. Aumentò sensibilmente la velocità, le due automobili si affiancarono ed il Capitano fu costretto a decelerare e a fermare la Mercedes sul bordo della strada. Hafif fu il primo a saltare fuori e correndo si avvicinò allo sportello dalla parte di Ovale: «Che ti sta succedendo? Per poco non ci mandi fuori strada!» «Bisogna assolutamente abbandonare questa strada, fra poco ci fermeranno e questa volta credo non ci sarà alcun problema a farci fuori.» «E tu come fai a saperlo?»

Hafif tirò fuori dalla tasca posteriore un telefonino portatile: «Ho ancora qualche amico nei paraggi. Si fidi di me.» Ovale in maniera quasi spontanea si rivolse verso il Capitano cercando una conferma nei suoi occhi. Colse un impercettibile cenno di assenso e senza più riflettere su cosa avrebbe fatto: «Bene, tu sai dove andare? Allora guidaci, ti verremo dietro.» Hafif riguadagnò la vettura e prontamente ripartirono.

Non erano molto lontani da Larache, già si vedevano lungo la strada i cartelli che indicavano Lixus, avrebbero dovuto percorrere tre o quattro chilometri per prendere la variante che li avrebbe portati nel sito archeologico: «Erano bellissimi questi posti» si ritrovò a dire il Capitano, «ammantati di miti e leggende. Pensate: i Greci credevano che qui vi fosse il famoso giardino delle Esperidi...»

«Cosa era il giardino delle Esperidi?» chiese Ilaria.

«Lascia perdere» intervenne Ovale, «ma guarda se posso perdere tempo dietro ai giardini e alle rovine archeologiche. Forse non l'hai capito, qui ci fanno la pelle!»

«Suvvia si tranquillizzi non è poi così imminente il pericolo, il vostro amico comunque diceva la verità, aveva avuto informazioni, qualcuno ci stava tendendo un agguato lungo la strada a pochi chilometri da Tangeri. Ma lasci che dica alla signorina...»

«Fate, fate pure» si ritrovò a dire Ovale con profonda rassegnazione, «la prego solo di non distrarsi dalla guida»

«...i Greci pensavano che questi luoghi fossero affascinanti, abitati da dei mitologici. Lixus in particolare era considerato un luogo sacro, il famoso giardino delle Esperidi credevano che fosse qui. Le fantasie popolari collocavano nel giardino l'albero dalle mele d'oro sorvegliato da un drago con cento teste. Fu qui che Ercole sconfisse il gigante Anteo e raccolse i preziosi frutti conquistandosi l'Olimpo... Ehi! Ma perché accelera così, difficilmente riuscirò a stargli dietro.»
Hafif ora invece di proseguire per Tangeri aveva preso una strada che li avrebbe condotti a Tetouan da cui avrebbero poi potuto raggiungere Ceuta, passando la frontiera.
«Stia tranquillo, non si preoccupi più di tanto, sarà lui a rallentare, vedrà.»
Ovale era stato profetico, infatti di lì a poco la vettura che li precedeva rallentò la sua corsa permettendo al Capitano di ritornare alla sua guida calma e riposata, senza stress.
«...ma Ercole vinse il gigante con uno stratagemma, la sua divina madre gli soffiò nelle orecchie le mosse del gigante, così che il nostro eroe poté sempre anticipare le risposte impedendo al mostro di coglierlo di sorpresa. Fu una vittoria facile la sua, non fu sofferta. Ma queste sono storielle, Plinio il Vecchio scrive che il drago altro non era che i mille rivoli del delta del fiume Loukkos, e l'importanza di Lixus derivava dal suo essere un centro industriale per la salatura del pesce.
«Il pesce pescato veniva immerso in grandi vasche piene di sale, poi veniva fatto a pezzi e posto in recipienti di terracotta per essere trasportato a Roma. Chissà quale significato si racchiude nella trasposizione mitologica del giardino delle Esperidi, di Ercole che supera il drago, del trafugamento dei pomi aurei? A volte indagando sulle leggende si scoprono verità inimmaginabili ed elementi di comprensione dei fatti della realtà...»
«Beh! Cerchiamo di capire dove cazzo stiamo andando, questa stradina non finisce mai.» Ovale sembrava fosse sui carboni ardenti.
«Stiamo per arrivare a Tetouan, è una cittadina incassata fra le montagne del Rif. Poi per Ceuta ci sono altri venti chilometri quasi tutti sulla costa. Per entrare in quest'ultima città occorre

avere i passaporti, bisogna fare dogana, siamo già in territorio spagnolo. Credo che per i nostri amici sarà difficile seguirci fin lì. Saremo costretti ad abbandonarli prima»
«Hafif credo che abbia i documenti in ordine, le donne sono destinate a rimanere qui, non devono venire con noi. Ecco, Capitano, qui avrà modo di verificare le sue capacità. Se ci dirà con esattezza che cosa realmente vuol fare Hafif, e come lo vuole fare, sarà tutto più facile. Io non credo che voglia venire con tutti noi in Spagna, ritengo che cercherà di partire solo con Ilaria.»
Ilaria lo guardò preoccupata: «Ma che ti viene in mente. Perché dovrei andare da sola con quell'arabo? No! No! Io sono stufa di avventure, voglio tornarmene a casa in Italia, punto e basta»
«Lasciamo stare le spiegazioni» continuò Ovale, «cerchiamo piuttosto di trovare il giusto modo di andarcene dal Marocco senza danni.»
Il Capitano parve riflettere più del necessario. In effetti era preoccupato. Intanto Tetouan ormai era alle porte, già si vedevano le prime case intonacate di bianco con balconi fatti tutti in ferro battuto nel classico stile arabo - spagnolo. Non sarebbero entrati per il centro, continuarono per il boulevard Sidi Driss, fino al boulevard Kennedy da cui presero direttamente la strada per Ceuta.
L'itinerario che stavano percorrendo era uno dei più belli fra tutti quelli visti fino ad allora.
La strada s'inerpicava su pareti rocciose a strapiombo sul mare, per poi ridiscendere su tranquille baie popolate qua e là da piccoli villaggi di pescatori. Ora il Capitano guidava con enorme attenzione, la stradina poteva al massimo contenere una sola vettura, se avessero incontrato camion che venivano in senso opposto, avrebbero dovuto fermarsi sulle piazzole laterali per farli passare. Non aveva neanche terminato il suo pensiero che vide più avanti, fra un tornante e l'altro, discendere una motrice di tir senza rimorchio.
Hafif rallentò la sua vettura ed accostò sul primo slargo. Uscì dalla vettura e fece cenno alla Mercedes di fermarsi subito dietro. Lo spazio era esiguo, il Capitano riuscì a malapena a lasciare lo spazio al camion che sopraggiungeva. L'autista della motrice

rallentò quasi a fermarsi e superata la prima vettura si fermò all'altezza della Mercedes.

Tutto avvenne in maniera così repentina ed improvvisa che difficilmente qualcuno avrebbe potuto reagire. Ovale, Ilaria ed il Capitano si ritrovarono con delle mitragliette puntate sui loro visi. Hafif impartiva ordini alle due donne sue complici in questo affare. Fece scendere dalla Mercedes Ilaria: «Il nostro sodalizio finisce qui monsieur Ovale, peccato che non ci potrà essere una prossima volta.»

Intanto dalla motrice erano scesi due sconosciuti individui che, senza molte cerimonie, strapparono dalle mani dell'arabo Ilaria e, senza parlare, la deposero letteralmente all'interno della cabina di guida.

«Adesso, da bravi!» continuò Hafif rivolto ai due superstiti occupanti della Mercedes, «Mettete le mani dietro la testa!» Poi tirò fuori due paia di manette e prontamente imprigionò, legandoli al volante della vettura, i due malcapitati: «Mi dispiace per lei, Capitano, ma non sono stato io ad invitarla per questa gita. Purtroppo sono cose che succedono. Bene, tutto pronto: arrivederci signori! Spero che il tuffo non sia oltremodo doloroso.»

Chiuse la portiera della vettura e si avviò verso la sua automobile, dove lo stavano aspettando le due donne. I camionisti, intanto erano saliti sul loro mezzo ed avevano già messo in moto. Innestarono decisamente la marcia indietro quel tanto necessario per poter speronare la Mercedes e spingerla lungo lo strapiombo che portava diritto nelle acque.

Ovale impietrito dalla paura aspettava ormai solo l'urto che lo avrebbe scaraventato nel vuoto insieme al suo compagno di sventura, legato a quella stramaledetta vettura che sarebbe diventata la loro tomba. Guardò il Capitano per avere una parola di conforto e vide che stava fissando intensamente la cabina del camion. Inaspettatamente il robusto mezzo si fermò al centro della strada. Il primo autista ridiscese armato di una cesoia e si avvicinò con fare deciso. Aprì la portiera e senza dire una parola tagliò le catene delle manette che imprigionavano i due al volante. Ovale fu svelto, si catapultò letteralmente fuori dall'abitacolo.

Hafif che attendeva la logica conclusione della sua iniziativa,

vide, dapprima con stupore e poi con malcelata rabbia quello che stava succedendo. Uscì di corsa con la pistola in pugno: «Che cosa fate?» urlò con tutta la voce che aveva. «Che state facendo, stronzi, vi ammazzo con le mie mani!» Cominciò a sparare cercando di centrare la cabina del camion, ma la distanza era troppa per poter essere realmente un pericolo. Il secondo autista imbracciò la sua carabina e la puntò decisamente verso Hafif. Risuonarono due terribili colpi, fragorosi e potenti.
Il parabrezza della vettura dove ancora stavano le due donne andò in frantumi, il secondo colpo rimbalzò sull'asfalto a due passi da Hafif. Quest'ultimo arrestò la corsa e si gettò letteralmente nella cunetta della strada. Ovale aveva finalmente ritrovato la sua arma, ma non aveva nessun obiettivo da raggiungere. Poi una voce pose termine a quella battaglia, era il Capitano: «Basta così, smettete tutti di sparare! Signor Hafif mi ascolti! Non credo che sia più nelle condizioni di poter governare la nuova situazione. Le concedo esattamente cinque minuti per sparire dalla nostra vista con il suo carico, altrimenti sarò costretto a farla eliminare. Posso sapere quello che sta pensando in questo momento? La invito caldamente a desistere non è più nelle condizioni di poter nuocere. Adesso con calma getti via la pistola, riprenda il volante dell'automobile e torni indietro. Dica ai suoi padroni che i prigionieri sono scappati.»
Inaspettatamente l'arabo uscì dal suo provvisorio nascondiglio, gettò la pistola nello strapiombo e con le mani ben in vista ritornò sui suoi passi. Richiuse lo sportello, avviò il motore e partì sfrecciando subito dopo davanti gli occhi increduli di Ovale e di Ilaria: «Grazie, miei cari amici, senza di voi credo che a quest'ora saremmo già stati pasto per i pesci del Mediterraneo. Potete riprendere il vostro viaggio, noi proseguiremo da soli. State attenti! L'arabo è un soggetto pericoloso potrebbe ancora pensare di vendicarsi. Grazie ancora e arrivederci.»
Ilaria scese titubante dal camion, si guardava attorno ancora incredula, era successo tutto così in fretta. Risalì sulla Mercedes tirando un sospiro di sollievo. Ovale riprese posto davanti e tutti e due attesero le spiegazioni del Capitano.
«Non meravigliatevi troppo, non so come abbia fatto, ho solo

concentrato la mia attenzione sul pensiero dei due poveri uomini che volevano ucciderci. È come se avessi cambiato le carte in tavola senza darlo a vedere. Sono riuscito a modificare il corso dei loro pensieri e trasferire quello che io speravo avessero fatto: arrestare il camion e liberarci da quella scomoda posizione.»
Intanto aveva ripreso il cammino: «Non chiedetemi come abbia fatto, non lo so! Non mi era mai successo prima. È anche vero che non mi ero mai trovato in una simile situazione.»
«Ma è fantastico, è sorprendente, è meraviglioso!» quasi urlava dalla gioia Ovale. «Lei è la persona più incredibile che abbia mai conosciuto. Se non l'avessi incontrata ora sarei già bello che morto, stecchito, non saprò mai come ringraziarla!»
«Beh! Lasciamo perdere i convenevoli e cerchiamo di far presto, non credo che durerà per molto la nostra tranquillità.»
Ceuta era ormai in vista. La Mercedes procedeva celermente. Come se l'autista avesse finalmente scoperto le sue enormi possibilità. Ogni tanto il Capitano guardava dallo specchietto retrovisore nell'angoscia di vedere ricomparire i nuovi nemici. Ovale ed Ilaria erano convinti di essere inviolabili ed intoccabili, quasi al riparo da eventuali pericoli. I poteri straordinari del Capitano avrebbero provveduto a proteggerli. Ora la meta diventava più vicina.
Arrivarono a Ceuta, sbrigarono celermente le formalità doganali, nessuno in Marocco sospettava di loro. Venivano scambiati per turisti di ritorno da qualche escursione ed in procinto di attraversare lo stretto di Gibilterra. Le indicazioni che aveva ricevuto Ovale dalle due donne a Tangeri erano estremamente limitate, ma egli non disperava. La cittadina, piccola, non avrebbe avuto modo di nascondere a lungo il segreto delle imbarcazioni clandestine.
Girovagarono distrattamente fra le strette vie della cittadina sempre in bilico fra cultura europea e cultura islamica. Oggi rimane territorio spagnolo, avamposto cristiano israelita nel cuore del Mediterraneo che guarda di fronte a sé la britannica Gibilterra sull'altra sponda dello stretto. In fondo non era stato così difficile arrivare fin lì. Ora avrebbero potuto persino farsi trasportare da un normale traghetto di linea. Ma la prudenza in questi casi

non era mai troppa. Molto più sicura e tranquilla la barca che avrebbe pilotato il Capitano. Ovale immaginava di dirigersi successivamente verso Malaga, Almeria, risalire la costa orientale spagnola fino a trovare un porto da dove imbarcarsi per un punto qualsiasi della costa italiana.
La loro ricerca fu presto compensata. Trovarono il punto dove partivano le barche clandestine. Non lontano dal porto, risalendo lungo la costa scoscesa, si apriva una sorta di balconata sul mare. Al lato una ripida scalinata portava direttamente su di un molo ricavato dalla roccia.
Attraccati, in bella mostra, vi erano piccoli pescherecci e barche che all'occhio esperto del Capitano non potevano che essere quelle che stavano cercando. Posteggiarono la stanca Mercedes e scesero più in fretta che poterono. La trattativa con i marinai questa volta fu lunga. Non si fidavano, continuavano a far domande su chi avrebbe successivamente riportato la pilotina al porto, e se scappavano con tutta la barca, dove avrebbero mai potuto ritrovarli? E così andarono avanti per un bel pezzo finché Ovale non decise di mettere nelle mani di quegli uomini, così preoccupati, altri franchi francesi tali da compensare persino la perdita della barca. Ma le raccomandazioni non cessarono: salivano e scendevano, mostravano come renderla più veloce, gli accorgimenti in caso di avaria, le innumerevoli possibilità di tenere il mare anche con tempesta. La strumentazione di bordo era inesistente se si esclude una scalcinata radio ricetrasmittente, *Almeno potremo lanciare l'S.O.S!*, pensava Ilaria, mentre ancora sul molo gli uomini si accapigliavano in preda a chissà quali spiegazioni. Finalmente salirono tutti a bordo. Un boccaporto immetteva nel vano interno dove avevano ricavato una sorta di cuccetta, con due lettini sovrapposti, un piccolo bagno con un lavandino ed un tazza incrostata di giallo ruggine. Non rimaneva che partire. Il Capitano controllò se vi fosse carburante a sufficienza, Ovale si preoccupò dei viveri, ma non dimenticò le armi. Gli arabi gli lasciarono una vecchia carabina con un cannocchiale. Un'ultima stretta di mano e partirono lentamente come turisti che si apprestano a godere di un bel viaggio in mezzo al mare. Vi era una leggera brezza che increspava le acque, l'aria era tersa e limpida ancora, faceva fresco.

Si vedevano all'orizzonte le scogliere di Gibilterra, si distingueva la rocca, l'ultimo avamposto del mondo conosciuto. Avrebbero dovuto attendere l'oscurità prima di entrare nelle acque del continente. Non ci sarebbe voluto ancora molto. Il Capitano predispose la barca per una marcia lenta, intanto scrutava il cielo e l'orizzonte. Così vide i due puntini scuri in veloce avvicinamento. Non ebbe dubbi, erano due motoscafi che si usano per il contrabbando e sembravano dirigere sulla loro stessa rotta. Attese ancora qualche minuto sperando che da un momento all'altro virassero allontanandosi definitivamente dalla sua vista, ma così non fu. Ormai era chiaro, puntavano diritti su di loro. Con il mezzo a sua disposizione non avrebbe avuto possibilità di fuga. Non rimaneva che attendere e cercare ancora una volta di confondere le menti dei suoi occupanti. Ovale capì che qualcosa non andava. Guardò preoccupato il viso teso del Capitano e finalmente vide anche lui i due motoscafi in avvicinamento. Corse ad imbracciare la carabina, si assicurò che fosse carica, e la puntò decisamente sulla prima imbarcazione. Era sicuro di riconoscere attraverso il cannocchiale il suo caro amico Hafif. Non avevano perso tempo, ma la cosa che lo preoccupò di più fu vedere piazzate sulla prua dei motoscafi due mitragliatrici pronte a far fuoco nella loro direzione: «Che facciamo, Capitano, questa bagnarola non è in grado di fuggire»

«Tranquillo, lasciami fare, devo solo attendere di poter interloquire con le loro menti. Aspetta a sparare, altrimenti, la paura genererà adrenalina e non sono sicuro di poter comunicare in quelle condizioni.»

Parve a questo punto concentrarsi ulteriormente: «Ecco! Li sento! Siamo proprio il loro obiettivo. Vogliono accerchiarci, per poi prenderci prigionieri, ma l'importante è impadronirsi di Ilaria, io e lei siamo delle pure appendici. Probabilmente ci uccideranno, dipende dal momento.»

Fece una breve pausa e poi riprese: «Quello di destra sta per sparare, devo convincerlo a sparare alto.»

Ovale, messosi al riparo gridava ad Ilaria, scesa nella cabina, di non muoversi da dove si trovava. Attendeva i colpi che avrebbero cominciato a mordere il legno della barca. Poi si sarebbe deciso a

sporgersi per puntare la sua arma. Avrebbe venduto a caro prezzo la sua vita. Invece non sentì nessun colpo, guardò il Capitano e lo vide estremamente concentrato, fissava le imbarcazioni in avvicinamento. Non se la sentì di interromperlo per chiedere spiegazioni. Allora, lentamente tirò su la testa fino a scorgere di nuovo il mare e quello che stava avvenendo. Un motoscafo si era fermato, l'altro stava compiendo una larga giravolta per portare soccorso ai loro amici in avaria o così credevano. Poi all'improvviso, dal motoscafo ormai fermo, partirono in successione diverse sventagliate di mitragliatrice in direzione dei loro stessi amici. Si sparavano a vicenda ora. Ovale si sentì toccare per una gamba. Era Ilaria che strusciando si era portata alle sue spalle: «Che sta succedendo?»
«Guarda da sola, si uccidono! Quell'uomo ha un potere immenso» continuò a dire indicando con la testa il Capitano sempre più attento e concentrato.
Il primo motoscafo prese fuoco, mentre i suoi occupanti si tuffavano nel mare per sfuggire alle fiamme. Tutto sembrava risolversi per il meglio, stavano sfuggendo nuovamente ad un attacco, quando la barca sobbalzò sulle acque, l'elica girò nel vuoto per una frazione di secondo. Ovale si sentì proiettato per aria e ricadde pesantemente sul legno, Ilaria andò a sbattere sulla sponda e perse i sensi. Il Capitano, attento solo alle mosse degli assalitori, venne prima sbattuto violentemente sul timone della barca e poi fu sbalzato fuori.
Ovale sentì il tonfo nell'acqua e vide il corpo privo di sensi che iniziava a scomparire sotto le onde. Non perse un istante, prese la corda legata ad un galleggiante e si tuffò a sua volta nelle acque. Riuscì a prendere con le sue robuste braccia il Capitano, lo infilò nel galleggiante e lentamente si tirò a ridosso della barca. Ilaria riavutasi, lo aiutò ad issare a bordo il corpo inerme e finalmente anche lui riguadagnò la plancia issandosi con un ultimo sforzo oltre la sponda.
Il Capitano respirava ancora, il tempo di permanenza nel mare era stato brevissimo, ma era comunque fuori uso. Ilaria cercava di farlo rinvenire con piccoli colpi sulle guance. Ovale guardò i suoi nemici e fu come stava pensando che fosse. Ormai liberi dai

controlli, stavano recuperando i loro amici e puntavano decisamente su di loro per farla finita. Imbracciò la carabina, puntò con accuratezza il primo uomo che avrebbe fatto fuoco con la mitragliatrice, lo vide perfettamente inquadrato nel suo cannocchiale, fece partire un colpo, vide l'uomo toccarsi la spalla come punzecchiata da un insetto, ma senza scomporsi iniziò a sparare a sua volta. I primi colpi sollevarono solo piccoli spruzzi di acqua sul lato della barca, ma la seconda sventagliata andò a mordere il legno della plancia, non lontano da dove si trovava Ilaria con il Capitano ancora privo di sensi. Ovale puntò di nuovo la sua carabina e sparò in successione tre colpi, questa volta vide l'uomo rifugiarsi al riparo della sponda del motoscafo abbandonando la mitragliatrice, ma non ebbe modo di godere del suo successo, poiché altri uomini ormai sparavano con pistole e fucili.

Tutti i colpi andarono a vuoto ma si avvicinavano sempre di più, fra poco non avrebbero più sbagliato. La sua carabina era poca cosa rispetto alla potenza di fuoco dei suoi nemici. Senza considerare la maledetta paura che gli inchiodava le dita: perdeva la cognizione del cosa fare subito, nell'immediato. Ancora una volta maledì la sua sorte, non avrebbe mai dovuto esporsi a quei pericoli, era nato con le pantofole ai piedi, avrebbe dovuto trovarsi una moglie, un impiego possibilmente fisso, ogni sera rincasare e sbracarsi davanti al televisore, invece si ritrovava sopra una barca, preso di mira da micidiali killers. Non indugiò oltre nelle sue riflessioni. Era inutile morire con un'arma in mano, tanto sapeva cosa cercavano. Si tolse la sua camicia bianca, la legò alla canna della carabina e cominciò a sventolarla sopra la sua testa. Aveva compiuto il gesto di resa, riconosciuto internazionalmente, ora gli avrebbero chiesto di gettare l'arma e di alzarsi lentamente dal suo nascondiglio con le mani bene in vista. Intanto Ilaria, ancora intenta a cercare di rinvenire il Capitano vide quello che stava succedendo, ma non disse una parola, capì che non avevano altra scelta.

I loro nemici abbordarono la barca, salendovi sopra ancora con le armi puntate. Non persero tempo in convenevoli, si avvicinarono ad Ovale, e prima ancora che avesse modo di ripararsi lo riempirono di pugni e calci, lasciandolo tramortito per terra, non

infierirono sul Capitano credendolo ormai spacciato. Hafif dirigeva le operazioni con malcelato distacco. Ordinò di trasbordare la signora, oggetto delle loro attenzioni, poi rivolto ad Ovale: «Come vede so essere gentile, le conviene però non incontrarmi più sulla sua strada, la prossima volta non esiterò ad ucciderla! La donna verrà con noi come le era stato indicato di fare. È lei quello che desiderano. Voi riguadagnate la costa e poi sparite, troppa gente vi cerca, ormai.»
Ovale, con la bocca sanguinante per i colpi ricevuti, un occhio che si andava lentamente trasformando in un arcobaleno dove predominava il colore viola, trovò ancora la forza per dire: «Non fatele del male, lei non è al corrente di niente, non sa che cosa le è stato fatto.» Rimase in silenzio per riprendere fiato e pulirsi la bocca che continuamente si riempiva di sangue e poi continuò: «Hafif levami una curiosità: chi ha ucciso Kamel? Chi erano in realtà i due poliziotti a Casablanca che tu hai eliminato?»
Hafif lo guardò sornione ed ironico: «La ricerca della verità è sempre un fatto filosofico, mio caro amico, approfondisci la tua conoscenza e saprai. Non collegare fatti, inutilmente collegabili, ponga le domande alla sua organizzazione e vedrà che troverà le risposte giuste.» Poi rivolto ai suoi uomini: «Forza su andiamo! Prendete la ragazza e via, non abbiamo molto tempo.»
Saltarono agilmente sul motoscafo, trascinandosi dietro Ilaria, ormai rassegnata ad essere prigioniera. Avviarono i motori e partirono sollevando un'enorme quantità di acqua. Ovale cercò di rialzarsi, gli faceva male tutto il corpo, lo avevano colpito duramente con i calci nell'addome e nel petto, inoltre doveva sicuramente avere qualche dente ormai fuori posto, la lingua non riusciva a muoversi nella bocca. Allungò una mano nell'acqua e si spruzzò il viso, mentre sputava saliva mista a sangue. Stava ancora facendo gargarismi quando sentì un rantolio dietro di sé: «Che botta, maledizione che botta, ho la testa in frantumi, mi fa un male cane. Beh! Cosa è successo?» Poi vide Ovale: «Santo cielo, come è ridotto male, amico mio!»
«Hanno preso Ilaria era tutto quello che cercavano. Ci hanno graziati, potevano ucciderci.» Ovale dopo aver farfugliato sputò di nuovo nel mare una chiazza rossa.

Il Capitano si stava ancora massaggiando la testa: «Ma che può essere stato? Quell'onda così traditrice mi ha sorpreso mentre ero occupato a cercare di capire il pensiero di quegli uomini sui motoscafi e a deviare le loro intenzioni. Ora non ci resta che tornare indietro, o lei vuol proseguire? Non sa dove erano diretti?»
«Certo che lo so, andranno a Parigi, presso la clinica del dottor Artois. Con tutta probabilità avranno predisposto delle autovetture se non un aereo per tornare in Francia»
«Ma a lei interessa recuperare la signorina? O preferisce abbandonare la partita? Me lo dica e ci comporteremo di conseguenza. Io mi propongo di aiutarla in tutti e due i casi.»
Ovale parve riflettere, era titubante: «Lei lo sa che hanno minacciato di ucciderci se ci ritrovano sulla loro strada? Il rischio che corriamo è elevato.» *D'altronde*, pensò, *se tornassi in Italia senza Ilaria la mia pellaccia varrà meno di niente.*
«Via allora, non perdiamoci in chiacchiere, la prossima volta spero non vi sia una nuova onda assassina, avrò il pieno controllo su me stesso. Possiamo giocare la partita.»
Mentre diceva già si era messo a trafficare con il quadro di comando della barca per rimetterla in moto e ripartire, non sembrava avesse subito danni. Era sicuramente un po' sforacchiata qua e là dai colpi della mitragliatrice. Il motore partì al secondo tentativo, ed il Capitano, ripreso il timone si diresse verso l'originale destinazione: «Ha visto dove stavano andando? Con il motoscafo, non saranno certamente tornati indietro, dico bene?»
«No, no, sta andando nella loro stessa direzione» farfugliò Ovale.
«Potrei concentrarmi sulla signorina, speriamo che pensi ai luoghi che incontrano, così potrò riconoscerli. Se, in altri termini il suo pensiero è sovrastato dalla paura e dall'angoscia difficilmente riuscirò a mettermi in contatto.»
Il suo sguardo sembrò perso dietro a chissà quale pensiero, mentre Ovale cercava di scrutare il mare davanti a sé.
«Ecco lo sapevo, è talmente impaurita che non riesce a pensare ad altro. Mi sembra che stia cercando in maniera concitata una via di fuga. Qualcuno continua a farle domande a cui lei non risponde.»

Una storia senza morale

Le giornate volano incredibilmente veloci, passano le stagioni, dalle piogge torrenziali si arriva presto al sole primaverile e così via. Sono ancora qui che cerco di trovare storie, alcune volte mi accorgo di dimenticare la mia cultura. Sento di aver costruito un rapporto con questo paese, con questa gente di amore contraddittorio, perché sormontato da un enorme fastidio per tutto quello che essi sono e vorrei non fossero. Non sopporto la loro doppiezza, la loro remissività, non sopporto la loro pochezza culturale; eppure avrebbero da rivisitare un passato degno del popolo più evoluto. Non sopporto la loro rinuncia al cambiamento, la loro intolleranza, la loro profonda e radicata sessuofobia. Non sopporto i loro governanti, la loro polizia, non sopporto i loro studenti o il ceto medio, pronti a difendere i loro privilegi di casta. Non sopporto il loro modo indegno di trattarsi.
Eppure rappresentano un mondo da scoprire, da svelare. Sarà o potrebbe essere un'esperienza che si approfondisce nel fastidio continuo di questa mediazione che faccio con me stesso.
Attraverso le loro storie si comprende meglio il loro modo di

affrontare la vita e le cose sono di solito storie che nascono da un'animosità che mai avrei previsto, da un modo di esprimersi che travalica ogni mia capacità di comprensione.
Il Venerabile su questo non si pronuncia, ho più volte cercato di carpire la sua opinione, ma invano, egli mi ascolta, senza rispondere e alcune volte mi riesce difficile persino avvertire la sua presenza.
Non sopporto la loro religione, così rigida così disuguale, priva i poveri di qualsiasi arma per ribellarsi, priva la donna del suo essere umano, è considerata solo schiava e peccato. Non sopporto il loro modo di essere razzisti.
Questo è stato il solo argomento dove ho potuto riascoltare la voce del Venerabile, ma non credo di aver capito quello che volesse dire. Ha cominciato in questo modo: «Allah Ekbar, Allah El Kebir, Signore tu sei la persona più amabile che io conosca, spero che Allah protegga te e la tua famiglia e fortifichi la tua salute.
«Voglia il più grande, l'unico e solo Dio, voglia Maometto il suo Profeta guidarti sulla strada della comprensione. Giuro! Allah ti difenderà dalla cattiva sorte, si schiuderanno le rose al tuo passare, la gente s'inchinerà alla tua gentilezza. Allah è grande, Allah è il solo, Maometto è il suo Profeta.»
Dopo questo preambolo, che potrebbe essere paragonato all'apertura dei discorsi che facevano i grandi oratori greci rivolti agli dei ed al pubblico per ingraziarsi gli uni e gli altri, continuò così in maniera del tutto sorprendente e completamente nuova per me: «Ora, figliuolo, io che tanto ho vissuto, che tanto conosco, ora figliuolo con la benedizione di Allah e di Maometto suo Profeta, per farti piacere ti racconterò una storia. Così meglio comprenderai questo gregge di Dio che tanto ha sofferto, che tante umiliazioni ha subito, ma sempre fiero è uscito dagli accadimenti della vita ed alla fine sarà il solo popolo, l'unico che rappresenterà l'umanità. È scritto nel Corano, Allah El Kebir, Allah ti protegga.» Ancor più meravigliato chiesi: «Ma come Maestro, non vi ho mai conosciuto sotto questo aspetto coranico, mai avrei immaginato la vostra propensione verso la religione islamica. Ho sempre creduto alla vostra ferma realtà dei numeri,

al loro reciproco combinarsi, ho sempre pensato al vostro arcaico materialismo come a una forma superiore di pensiero, ad una geniale intuizione che solo con il passare dei secoli poteva essere approfondita o determinata. Ora vi ritrovo a parlare di Allah a fare i convenevoli preamboli al mondo islamico con tutte le loro ipocrisie. Non nego di essere sbalordito, meravigliato»
«Vedi figliuolo» continuò, «la tua capacità di ben comprendere viene meno. Lascia che ti parli, lascia che ti apra gli occhi, ben sicuro» aggiunse con una lievissima nota ironica, «Allah volendo, Inch'Allah, se solo in questo realizzo la sua grandezza.
«In uno di quei luoghi sperduti, ma mai dimenticati dall'onniscienza di Dio, viveva una famiglia. Molte erano le disgrazie di cui si potevano lamentare, ma la loro fede era così radicata che continuavano a pensare di vivere in un paradiso. In effetti, lesinavano tutto, il mangiare, il vestire, i divertimenti erano inesistenti; insomma, oggi verrebbe detto che conducevano una vita di stenti. Ai miei tempi e per il loro modo di pensare, la vita che conducevano era quella riservata loro da Dio e pertanto eccezionale, felice.
«Per prendere l'acqua l'uomo, il perno del sistema, si alzava la mattina presto, caricava il suo mulo con due grossi barili e scendeva al pozzo poco distante. Intanto la sua compagna si era alzata e poteva così cominciare a preparare il primo ristoro. Il latte munto fresco e il pane cotto nella tabuna erano i cibi principali con l'immancabile teiera sempre in ebollizione da cui attingevano a piccole tazze. I figli, nel numero voluto da Allah, erano otto per l'esattezza, in soli dieci anni di matrimonio. Il più piccolo aveva appena un anno, tutti dormivano ancora nel grande letto della famiglia, dove erano stati concepiti e nati.
«Era veramente sorprendente il modo in cui riuscivano a far l'amore nella stessa stanza e nello stesso letto dei loro figli. L'uomo si adagiava di lato, la donna tirava su la lunga camicia a scoprirsi il ventre, si accostava allora tanto da essere penetrata. Così sentiva il suo uomo muoversi dentro, lentamente, fino a quando due ultimi colpi secchi e brevissimi e il conseguente calore che si sprigionava nel suo ventre non la avvertivano che l'amore trovava il suo ultimo godimento. Restavano così uniti e si addormentavano tranquilli.

«I figli si alzavano dal letto praticamente vestiti e iniziavano una lunga giornata. D'inverno il lavoro nei campi non richiedeva molto tempo e l'uomo, per guadagnare qualcosa, prestava le sue braccia a chi ne aveva bisogno. La donna accudiva alla famiglia, riciclando vestiti, adattandoli dai più grandi ai più piccoli, facendo innumerevoli economie per riuscire a vivere pur non avendo i mezzi sufficienti. Questo era l'ambito sociale e una condizione assai diffusa. La grande maggioranza dei cittadini vive così ancora oggi. La loro devozione religiosa è fuori discussione. Quello che a te interessa è comprendere il loro pensiero rispetto al mondo, l'interagire sociale o i rapporti che si sviluppano nell'ambito dei nuclei familiari diversi. Capire in questo modo la loro doppiezza, la loro apparente remissività, la loro sessuofobia, la loro animosità. È questo quello che intendevi o mi sono sbagliato?» La sua domanda non aspettava risposte e così continuò: «È praticamente incomprensibile fare paragoni tra modi di vita nella stessa epoca ma a latitudini diverse. È questo quello che più ti sbalordisce, ti lascia sconvolto. Non puoi immaginare la differenza enorme fra i pensieri di uomini e donne nel centro di una grande città europea alle prese con una quotidianità a volte sconvolgente, raccapricciante ma inusitatamente bella, piena di fascino, dove la ricerca del benessere e del piacere, del divertimento, di come passare i week-end o le vacanze invernali diventano i problemi dominanti e chi invece è alle prese con il puro e semplice sopravvivere, mangiare e vestirsi. In questa loro misera economia nulla può essere trascurato e se elementare diventa il loro modo di vita, altrettanto elementari sono gli schemi mentali per giudicare la loro stessa eticità. Tutto è poi sommerso nel calderone della religiosità vincolante in tutte le sfere sociali e nella determinazione dei loro rapporti.»
Lo interruppi decisamente: «Ma cosa! Vuoi farmi un sermone sociologico? Ho solo la capacità di ascoltare una storia e deve essere anche bella. È da questo raccontare che ognuno per suo conto trae le dovute considerazioni. Tu vuoi trovare delle motivazioni alle mie affermazioni, bene fallo nel modo che a me può sembrare più piacevole.»
Com'era ormai costume nei nostri rapporti le mie interruzioni

non rappresentavano per lui nessun tipo di problema, tutto continuava come se niente avessi detto o fatto. Era solo il suo diverso modo di guardarmi o di soffermarsi su qualche parola che mostrava il fastidio che avevo reso.

«Erano quattro i bambini che andavano a scuola. Partivano in fila indiana lungo il costone ghiaioso della collina, dove abitavano, fino ad arrivare ai campi sottostanti. La pioggia rendeva la terra così appiccicosa che a stento riuscivano a trarre le loro scarpe dalla morsa del fango. Percorrevano ben sette chilometri per arrivare a scuola e partivano di solito un'ora prima dell'inizio delle lezioni.

«L'uomo era già uscito quella mattina, andava a cercare lavoro. La donna si avvolse un velo sugli abiti e sulla testa e si avviò verso la casa dei vicini. Vi erano solo due donne, un'anziana intenta a lavare in un catino e una giovanissima ancora non sposata. "Buongiorno! Come va?".

"Buongiorno a voi!"

"Spero che Allah benedica la vostra casa e protegga i vostri figli e tutta la vostra famiglia"

"Grazie donna santa e costumata, che Allah esaudisca i tuoi desideri". La parte dei convenevoli sembrava esaurita. "Lavora, oggi, vostro marito?"

"Volendo il Signore, sarà possibile. Dobbiamo ricomperare le scarpe a Mongi e Abiba. Gli aveva promesso un lavoro, il fattore, trasportare il latte alla raccolta, ma ancora non si sa niente"

"Eh le persone non castigate e che non amano Dio, sono le più cattive. L'altro anno quella stessa persona, il fattore, rincontrò la mia Haklem e le disse che se voleva andare a raccogliere le patate, doveva passare a casa sua quella sera stessa. Beh ci sono andata anch'io con lei e l'unica cosa che cercava può immaginarla quale fosse. Voleva profanare il corpo della mia piccola, voleva toccarla e chissà, fare l'amore con lei che è ancora vergine e intatta. E questo solo perché non abbiamo un uomo in casa per difenderci"

"Ma poi è andata a lavorare, io lo ricordo". La giovane parve accennare un sorriso vergognoso e sfacciato: "Eh sì, ci sono andata a lavorare, ma le mani addosso non me le ha messe nessuno!"

"Brava figliola", disse la donna, mentre nella sua testa pensava: *Schifosa puttanella! Cosa credi che non ti abbia visto con il suo affare in bocca dietro il ricovero delle mucche e lui che ti toccava sui seni.* "Brava, brava figliola mia, bisogna stare attente, gli uomini non hanno scrupoli". Riprese l'anziana: "Eh! Noi la lezione la conosciamo", mentre pensava: *Ora ti dovrai far scopare dal vecchio, se vuoi che tuo marito lavori e poi non ti dispiacerà visto tutte le chiacchiere che si facevano su di te prima di sposarti. Eh sì! Noi la lezione la conosciamo, ma Allah è misericordioso, aiuta i poveri e i deboli.* E continuò a pensare: *Voglio vedere fra un po' come farai, le tue due figlie crescono a vista d'occhio e tu diventerai vecchia, vedrai, vedrai quando tuo marito si girerà nel letto e invece di abbracciare te, abbraccerà la carne giovane e fresca e poi la mattina farà finta di non ricordarsi di niente. Vedrai, vedrai come sarà bello allora avere un uomo dentro casa.*
"Beh, ora vi lascio vado a fare un po' di spesa, giusto il pane, e poi cercherò di preparare qualcosa per i bambini". *Vi lascio alle vostre malignità, ora che vado, avrete modo di parlare liberamente, raccontare tutte le vostre schifezze. Dite pure che vado a farmi scopare per trovare lavoro al mio uomo, questo è solo quello che voi avreste fatto al mio posto.* Intanto era uscita e si era avviata lungo il viottolo che discendeva. L'odore del pane fragrante e fresco si sentiva da lontano, al solito c'era la ressa di donne e bambini per acquistare baguette appena uscite dal forno. La donna ne acquistò sei, il prezzo era veramente poco caro, e uscì per ritornare alla sua casa. I suoi pensieri vagavano sulla discussione avuta nella casa delle vicine, quando si sentì toccare su di una spalla:
"Buongiorno!". Era il fattore, un uomo di circa quaranta anni, con la faccia piena di rughe cotta dal sole, una barba ispida come i capelli, punteggiata qua e là da macchie bianche: "Vostro marito è venuto da me questa mattina, ha bisogno di lavoro. Sono stato lì per rifiutare, non ho la necessità di un altro uomo, ma poi ho pensato, chissà! Può averne realmente bisogno e alla signora farebbe enormemente piacere. Ho pensato male?". Lei diventò tutta rossa in viso, si guardò intorno, piena d'imbarazzo. Si

riassestò il fazzoletto sui capelli e finalmente ebbe il coraggio di guardare negli occhi la persona che la importunava con fare spregiudicato:
"Al vostro buon cuore, signore, e che Allah ve ne faccia merito. Guadagnerete le vie del cielo, la felicità. Dio solo sa come farò a dar da mangiare ai miei bambini. Vi manda il principe di tutto. Possa la gioia sorridere in eterno nei visi del vostro seme, e di tutti quelli che amate". Il fattore la guardò con occhi furbi: "Allah è grande e sarà fatta la sua volontà. Voi, signora, aiutatemi. Io sono un peccatore, un irrefrenabile peccatore; la mia carne non è mai sazia, aiutatemi voi, come io aiuterò vostro marito. Aiutatemi a essere buono e compassionevole, addolcite il mio animo amaro e burbero. Mi basta un po' della vostra grazia. Sarò come una farfalla che vola delicata sul fiore, piano, sfiorandolo appena. Mi basterà ubriacarmi del vostro profumo, oh fiore gentile! E il nettare addolcirà i miei pensieri, la mia vita per un attimo potrà essere degna di Allah".
«Si sentiva il viso in fiamme, non sapeva più dove tenere le mani, le sfregava l'una contro l'altra, mentre gli occhi continuavano a correre in uno spazio ristretto vicino i suoi piedi quelli dell'uomo. Poi riprese a dire: "Ditemi voi cosa posso fare, e se questo è nella volontà del Supremo, che tutto vede e provvede, sarà fatto".
"Vostro marito comincia a lavorare domani mattina, penso di mandarlo in città per tutto il giorno, i bambini vanno a scuola, voi farete la spesa e ritornando a casa vi fermerete alla fattoria per vedere se c'è il vostro uomo. È tutto facile e semplice, basta la volontà". Un sorriso compiaciuto scoprì i suoi denti neri di tabacco, mentre la donna ormai assentiva e riprendeva il suo cammino.
«Avrebbe passato un giorno e una notte d'inferno. Non avrebbe più potuto guardare in faccia il suo uomo, i suoi bambini. Tutti avrebbero saputo, tutti già sapevano o immaginavano quello che sarebbe successo. Perché Allah la sottoponeva a una prova così dura, perché umiliarla in questo modo? La sua fede vacillava, forse! Intanto, con passo spedito, scalpicciava lungo il viottolo ghiaioso. Ancora un dubbio, ancora un ripensamento, ma se Allah la costringeva a gettarsi nelle braccia di quell'omone, un disegno doveva pur esserci nel pensiero divino.

«Non era lei che ricercava un piacere, era la necessità, l'impellenza, poteva prostituirsi se Allah le ordinava di donare il suo corpo, come avrebbe potuto uccidersi se l'Onnipotente chiedeva il suo sacrificio massimo. La povera donna pensava che tutto fosse nelle mani del Signore, chi altro avrebbe potuto governare i destini. Che alternativa aveva, come poteva rifiutare quello che le era stato dato, come poteva classificare inaccettabile la sua vita? Una blasfemia, il solo pensarlo, un ignobile sacrilegio, il solo affacciarsi di una simile idea alla sua mente.

«Giunse finalmente a casa, seguita da questi pensieri. Si tolse il velo, andò allo specchio a guardare la sua faccia. Si scoprì ancora piacente. Si guardò il corpo tirandosi sul collo il vestito, era ancora rigido e ben fatto, nonostante i diversi parti. Il suo ventre avrebbe ancora potuto dare piacere e vita. Decise che nello stesso giorno sarebbe passata al bagno turco.

«Se Allah voleva gettarla nelle braccia del fattore, ci sarebbe andata come ad una festa. Forse questo poteva essere il castigo per aver sposato un uomo dal colore scuro. Arabo sicuramente, mussulmano ma scuro, come i negri. Sua madre le aveva più volte detto che si stava tirando addosso una maledizione. I negri sono bastardi, nessuno poteva sapere quale dio ripudiato, quale incarnazione dell'onnipotente avessero adorato i suoi avi. E poi lei non avrebbe dovuto dimenticare le storie di suo padre ritornato dall'Africa centrale, in mezzo alle tribù di negri. I suoi figli erano stati graziati, erano tutti del colore della pelle araba, bianca immacolata, nemmeno tinteggiata dal sole.

«Si ricordava bambina, sul carretto tirato dai buoi, con tutte le donne della sua famiglia, andavano al mare. La luna già splendeva nel cielo, quando dopo il lungo viaggio, i guardiani ordinavano di scendere dal carretto. Questi ultimi erano uomini fidati di suo padre, che mai avrebbe permesso ad altri di alzare gli occhi sulle sue donne. Così, tutte avvolte nei loro abiti leggeri, si tuffavano nelle acque calde vicino alla riva. Passavano così la notte, e al primo albeggiare ripartivano ancora tutte emozionate e bagnate per la loro casa. Mai avrebbero potuto solo pensare di arrossare la pelle con i violenti raggi del sole. Essa doveva restare bianca immacolata così come volevano le loro antiche tradizioni. Poi divennero poveri, suo padre perse i terreni e morì di crepacuore. La casa fu venduta e tutte le donne furono costrette a cercare lavoro presso altre famiglie.

«Lei rimase con sua madre che si arrangiava facendo piccoli servizi per i signori che una volta erano stati suoi pari. La vita fu dura e le riservò moltissime umiliazioni. Poi divenne giovinetta in età per andare in sposa. Sua madre avrebbe voluto un matrimonio ricco, fatto per ridare splendore e dignità alla sua casa. Tutti i tentativi che si sforzò di fare andarono a vuoto. Nessuna ricca famiglia voleva unire i suoi destini con chi già era stato battuto dalla vita, con chi aveva perso anche l'ultimo avere per pagare i debiti accumulati in un'esistenza dispendiosa e dai lati ancora oscuri. Infine non le restò che accontentarsi del primo uomo che si decise a chiedere la sua mano. Ricordava ancora il volto di sua madre quando quella sera egli si presentò con il vestito delle feste. L'espressione si contorse in una smorfia di disgusto, come se avesse avuto davanti un lebbroso con le ferite in suppurazione. Non lo fece nemmeno entrare, lo costrinse a dire quello che voleva lì sulla porta e lo lasciò andare senza una risposta. Passò la serata e tutta la notte a pregare Allah per le colpe del marito morto, per il perdono dei suoi delitti. E finalmente, ascoltando il farneticare della vecchia, venne a conoscere i segreti di suo padre. Seppe i particolari raccapriccianti del suo lavoro, conobbe il perché dei viaggi nel centro dell'Africa, l'origine e la fine della sua ricchezza. Era un commerciante di schiavi. Sua madre la diede in sposa a quel negro senza lavoro.

«L'indomani avrebbe pagato il suo debito, questo era sicuramente il castigo per aver violato chissà quale legge divina mischiando il suo sangue con chi ancora portava il segno tangibile della collera del Signore. Se i suoi figli fossero nati con un colore diverso dal bianco, forse a lei non sarebbe toccata quella mala sorte. Chi lo poteva dire ormai, tutto era scritto nel libro della vita, inaccessibile ai vivi. Ancora più convinta, quasi stesse per realizzare il fine ultimo della sua esistenza, si ripromise di onorare bene il volere del suo Dio. Le ore del giorno trascorrevano lente. Si era recata al bagno, aveva depilato ogni parte del suo corpo come si conviene a una giovane sposa, aveva detto le preghiere con ardore nuovo e ispirato. La notte fu ancora più tormentosa, ascoltava i rumori della sua casa, riconosceva i respiri di ognuno dei suoi figli, riannodava pensieri su pensieri sperando alfine di cadere nell'oblio del sonno. Così non fu. Rimase sveglia tutta la notte, e accolse il chiarore del primo albeggiare come una vera liberazione.

«Si ritrovò a camminare lungo quel vialetto ciottoloso, il velo ben stretto sopra i vestiti, stava recandosi verso quello che credeva il compimento del suo destino. Aveva preparato i bambini per uscire e infine si era preparata lei, una volta rimasta sola. Era uscita in preda ad un tremore inconsueto e ora si dirigeva verso il luogo convenuto. Scorse la casa di lontano, si girò più volte per vedere se occhi indesiderati spiassero le sue mosse, ma la zona era completamente deserta ancora. Accelerò il passo, e furtiva entrò nel cortile. Lui l'attendeva sulla porta, doveva averla scorta da lontano. L'attirò a sé chiudendo la porta con un calcio. La baciò sul collo, mentre le mani già si affannavano a frugarla sotto le vesti. Non si aspettava tanto ardore, ne fu sconvolta e le mancò qualsiasi forza per reagire.

«Si lasciò guidare sospinta dall'impeto dell'uomo su di un letto ancora disfatto. Sentiva il respiro affannoso, mentre goffamente la denudava. Ebbe la sensazione del calore all'interno del suo ventre ma non riusciva a percepire altro. Era come pervasa da un torpore, una forma di estraneazione dal suo corpo. L'uomo si agitava sempre più violentemente senza nessuna tenerezza. Rivide il toro dei loro vicini quando portarono la mucca per la monta.

«Alfine lo sentì irrigidirsi, s'inarcò e ripiombò su di lei con forza. Quasi gridò nello spasimo dell'orgasmo e si lasciò andare come morto. Era finita la prima sequenza, pensò, forse per un po' sarebbe rimasta tranquilla con i suoi pensieri.

«Ecco, oh mio diletto discepolo, questa è una storia che viene vissuta in forme diverse forse migliaia di volte nell'arco di un anno. Puoi da essa trarne delle morali? La realtà alcune volte deve essere interpretata, non per quello che appare o sembra essere la verità. Bisognerebbe entrare nelle pieghe della cultura di un popolo, vedere il suo evolversi nel tempo per valutare con serenità i comportamenti.»

Mi sentivo un po' sciocco, avevo sproloquiato, il Maestro mi richiamava a misurare i giudizi con la sua storia, un po' sbilenca e incompiuta. Mi si attardava nella mente il pensiero del povero uomo alle prese con il suo lavoro ignaro e deriso dai più non solo per il colore della pelle finanche per l'infedeltà della sua consorte.

Ero curioso di sapere un finale dignitoso improbabile allo stato del racconto. Il Maestro non avrebbe esaudito una mia richiesta, non avrebbe aggiunto nessun particolare.

Ilaria prigioniera

La realtà di Ilaria, che il Capitano stava cercando di immaginare, era notevolmente diversa e più preoccupante.
Con il motoscafo erano finalmente giunti sulla costa, dove dopo aver attraccato in un punto nascosto, avevano raggiunto una casa vicina che dava sulla costa. Avrebbero aspettato gli inviati del dottor Artois che avrebbero portato la donna direttamente a Parigi.
Hafif si era raccomandato con i due uomini rimasti a far da carcerieri di attendere senza prendere nessuna iniziativa, ed era ripartito alla volta di Casablanca. I due uomini rimasti iniziarono a far domande a Ilaria: «Allora qual è il tuo segreto che custodisci così bene? Via non essere timorosa, se sarai gentile, ti lasceremo andare»
«Non ho nessun segreto, posso darvi quello che volete se mi lasciate andare.» Ilaria lasciava intendere tutto quello che avrebbero voluto intendere. Era pronta a dar fondo alla sua arte, al suo mestiere. I due non le sembravano così pronti e furbi, forse avrebbe potuto giocarli in qualche modo.

«Vedete io so amare come poche, so fare cose che voi non avete mai visto né fatto.» Nel pronunciare queste parole aveva cominciato a sbottonarsi la camicetta, facendo intravedere i seni.
Il più giovane dei due non si fece pregare, la afferrò per la vita ed affondò la sua bocca sulla scollatura strappando la camicetta: «Ehi vacci piano, lasciala intatta, voglio godermela anch'io»
«Non ti preoccupare te la restituisco come l'ho trovata» intanto l'aveva gettata su di un divano cercando disperatamente di togliere i collant che coprivano le gambe di Ilaria.
«Ci hanno solo detto di consegnarla viva o morta, non ci hanno detto di lasciarla illibata» cercò di giustificarsi l'altro, mentre una profonda eccitazione si stava impadronendo dei suoi pensieri alla vista del suo amico che ormai aveva quasi denudato la giovane.
«Aspetta» intervenne Ilaria, «non rovinarmi i vestiti, non ho altro con me. Adesso mi tolgo tutto, intanto spogliatevi, posso benissimo tener testa a tutti e due.»
Nel giro di pochi secondi si ritrovarono nudi sul divano. Il più giovane si chinò sul corpo di Ilaria e dopo averla lungamente baciata, cominciò a penetrarla. L'altro intanto cercava impazientemente d'inserire il suo membro nella bocca.
«Incredibile, lo sai che questa è vergine, non riesco a entrare, talmente è stretta.» Sembrava concitato, scansò con una mano il suo amico: «Aspetta, cazzo, aspetta il tuo turno, così non ci riesco.» Poi rivolto a Ilaria: «Potevi almeno dirlo tesoro ti avrei trattato meglio»
«Cosa sarebbe cambiato?» aggiunse la giovane con una voce rotta e dispiaciuta. «Non mi avreste creduto. Dai adesso non perdere tempo, vienimi dentro, fammelo sentire.»
S'inarcò con il corpo cercando di forzare il suo violentatore a penetrarla. Non sapeva ancora cosa le avevano fatto, ma ora aveva voglia di finire in fretta il suo lavoro, una volta conquistata la fiducia dei due uomini, avrebbe poi pensato a cosa fare. Finalmente sentì una forte fitta all'interno della vagina e capì che l'uomo aveva superato lo scoglio frapposto nella clinica. Non durò molto la sua profonda soddisfazione, Ilaria vide il volto del giovane contorcersi in una smorfia di dolore sempre più forte e violento.
«Ah! Cosa mi è successo?» l'uomo si ritrasse, guardava il suo

membro tutto rosso e teso che continuava a eiaculare. «Che dolore! Mi fa un male terribile. Non sapevo che sverginare una donna significasse questo»
«Levati» intervenne l'altro, «guarda come si opera: vieni, bella gioia, ora il tuo Omar ti farà godere un po'. Questi giovani non sanno cosa farsene delle donne come te.»
Si chinò fra le cosce di Ilaria ancora sciocata dalla fitta, ma in grado di sostenere un altro assalto. L'uomo guidò con la mano il suo membro nella vagina piena ancora di sperma e di sangue, lo tuffò prima dolcemente e poi sempre più violentemente. Ilaria sembrava assente come se non fosse stato suo il corpo che i due uomini stavano utilizzando per il loro piacere. Li guardava con distacco, sentì il membro dell'altro che spingeva sempre più profondamente finché non avvertì un calore che si espandeva in tutto il corpo. Omar stava eiaculando, così com'era successo al più giovane anche lui all'improvviso cambiò espressione. Il suo viso prima trasognato e in preda all'orgasmo assunse una smorfia di dolore e d'incredulità: «Oh, cazzo che dolore. Mi fa un male cane, come se mi avesse morso un serpente a sonagli, proprio qui sulla cappella.» Anch'egli ora si guardava il membro ancora eretto: «Ecco lo vedi sembra una puntura di spillone, che male.»
Intervenne l'altro che si era ritirato nel bagno a far scorrere l'acqua sulla punta del suo cazzo. L'erezione non arrivava a smorzarsi, anzi il glande sembrava gonfiarsi sempre di più: «Cominciano a farmi male anche i testicoli, una scopata terribile.» Sembrò quasi sorridere: «Giuro che non farò più l'amore con una vergine.»
Poi vide Omar rannicchiato a esplorare le reazioni del suo membro: «Eccolo lì, ci penso io» scimmiottava le frasi che si erano precedentemente scambiati. «Ti ha fatto male, nonostante io avessi già tracciato il solco.»
Ilaria sollevò la testa tanto per vedere cos'altro stavano facendo i due uomini. Al contrario non aveva più nessun dolore, ma non aveva più la forza di reagire. Le sembrava naturale conservare la posizione che aveva, completamente sbracata sul divano con le gambe larghe, la vagina ancora tutta imbrattata di sperma e sangue.

«Ehi, bella, lavati che se continua questa erezione sarà meglio sfruttarla, via tesoro ti sbatto di nuovo.» Afferrò Ilaria per un braccio e la condusse sotto la doccia, aprì il rubinetto dell'acqua calda e prese a lavarla: «Non te la prendere, su! Prima o poi doveva capitare, uno vale l'altro. Lo so non sarò mai l'uomo della tua vita ma che importa.»
Ilaria continuava a restare silenziosa e indifferente a quello che succedeva attorno. Si fece docilmente lavare e ricondurre sul divano, si sottopose senza nessuna partecipazione a nuovi assalti dei due che sembravano ormai invasati dal sesso. Appena finiva uno iniziava l'altro, andarono avanti così per un paio d'ore. Poi alla fine prevalse la stanchezza fisica. Si addormentarono esausti sul pavimento uno vicino all'altro. Ilaria avrebbe potuto aprire la porta e andarsene, cercare qualcuno che l'avrebbe portata il più lontano possibile da quel luogo e da quegli uomini. Non fece nulla di tutto ciò, si rivestì alla meglio e seduta sul divano attese, ormai non sapeva più cosa avrebbe dovuto attendere. Era pervasa da una profonda tranquillità, il mondo era distante, i problemi non esistevano più. Il motivo per cui si trovava nel posto dov'era non le interessava più. Gli uomini, suoi carcerieri e violentatori, ora non significavano più nulla. Avrebbe potuto ucciderli, ma rimase immobile, senza pensieri e senza ricordi. Era fuori dallo spazio e dal tempo.
Il Capitano non sapeva più cosa pensare, aveva capito che Ilaria stava subendo una violenza, aveva intuito che avrebbe cercato di sfruttare la disattenzione dei due per fuggire. Aveva poi perso ogni contatto, non riusciva più a mettersi in sintonia con la giovane. Sembrava come se ogni pensiero fosse cessato di colpo, così, all'improvviso, senza nessuna ragione apparente. E dire che quasi avrebbe potuto descrivere la casa in cui erano, aveva quasi visto un divano, un uomo nudo con un ventre enorme e un altro secco e piccolo ma con un membro eretto all'inverosimile.
«Allora? Sa dove sono?» stava chiedendo ansioso Ovale. «Ormai sono più di due ore che giriamo in tondo. Sta per venire la notte. Se non riusciamo a trovarli ora, non li troveremo più»
«Credevo di saperlo, poi ho perso ogni contatto. Ero riuscito persino a vedere la casa in cui si erano rifugiati. Poi deve essere

successo qualcosa. Voglio credere che non sia nulla di grave. È una strana sensazione di vuoto»

«Lei crede che Ilaria si sia stata violentata?» domandò ancora Ovale.

«Non è che lo credo, ne sono sicurissimo. È stata violentata più volte»

«Questo sì che è un bel problema ora. Ilaria ha subito un intervento a Parigi, era stata predisposta per un'atroce e insolita vendetta ai danni di un arabo, colpevole di aver venduto armi a dei terroristi. Successivamente i miei clienti hanno cambiato programma.» Ovale tralasciò altre spiegazioni.

«Che tipo di intervento le è stato praticato?»

«Non ne so molto, mi è stata data un'informazione scarna. Devono aver introdotto nella sua vagina una sostanza che reagisce con lo sperma dell'uomo al momento del coito, provocando al malcapitato sofferenze inenarrabili fino alla morte che sopravviene per metastasi tumorale»

«Ingegnoso e crudele, quanto inusuale. Sono dei perfidi i suoi clienti.»

Si trovavano ormai sulla costa in un punto non lontano da dove avevano attraccato i rapitori di Ilaria. La zona era brulla, qua e là cespugli di vegetazione mediterranea resistevano tenacemente alle folate di vento. Stavano percorrendo un viottolo scosceso che li avrebbe condotti su di una strada costiera, quando udirono il rombo di un elicottero che volteggiava.

«Ecco ci siamo, finalmente sapremo dov'è nascosta Ilaria. Nascondiamoci, è meglio che non ci vedano»

«Chi sono?» chiese Ovale.

«Sono due tipi francesi che cercano una casa sulla costiera dove è custodita una giovane donna che devono portare all'aeroporto di Madera. Non possono che essere loro. Cercano un segnale che ancora non trovano»

«Ecco, atterrano su quella radura, la casa non può che essere quella!» Ovale stava indicando una villetta poco distante.

Uno dei due scese dall'elicottero e con passo deciso raggiunse l'abitazione. Suonò più volte alla porta d'ingresso. Attese qualche minuto prima che qualcuno aprisse la porta.

«Bisogna che interveniamo adesso» ordinò perentorio il Capitano, «se riescono a portare Ilaria sull'elicottero, non saremo più in grado di raggiungerli. È pronto?»
«Sono prontissimo» asserì Ovale con un filo di voce già rotta dalla paura, «io mi occupo del pilota. A proposito lei sa usare quell'arnese?»
«Ma certo, saremo nella condizione di allontanarci il più presto possibile. Vedrò di convincere quei signori a lasciare andare la signorina.»
Ciò detto prese a muoversi con circospezione per arrivare senza essere visto dalla parte posteriore della villetta. Ovale, a sua volta con la carabina ben stretta nelle mani, riuscì a portarsi dietro l'elicottero. Il pilota si ritrovò il fucile premuto sulla gola e non ebbe modo di reagire. Ovale lo fece scendere dal suo posto, sapeva di doverlo rendere innocuo. Lo accompagnò quasi a ridosso della spiaggia, lo fece inginocchiare e lo colpì violentemente alla nuca con il calcio della carabina. Il pilota cadde riverso sulla sabbia, cercò con le ultime forze rimaste di rimettersi in piedi ma Ovale lo colpì una seconda volta, sperando di non averlo ammazzato. Il Capitano, intanto, era riuscito a trovare un'ottima posizione, poteva vedere e controllare l'interno della casa. Vide l'uomo che era sceso dall'elicottero parlottare in maniera concitata con uno dei violentatori ancora in preda ad una strana eccitazione. Non voleva lasciare andare Ilaria: «Suvvia, l'accompagniamo noi domani mattina, lasciala qui per questa notte»
«Siete impazziti! Veniamo con l'elicottero solo per fare prima e in fretta e ci dite di ritornarcene via senza la ragazza? Levatevi di mezzo o vi sparo in fronte a tutti e due, pervertiti e stronzi. Quando lo saprà il dottore la vostra vita non varrà più una cicca»
«Bene allora sai cosa ti dico?» intervenne l'altro che stava in una posizione discosta, «Che tu te ne andrai così come sei venuto.»
Il suo consiglio sembrava oltremodo convincente confortato da un'enorme pistola a tamburo pronta a sparare.
«Sì, sì vattene, vattene!» si mise a urlare il più giovane, «Anzi, sparagli in bocca, levatelo dal cazzo, brutto figlio di puttana.»
Il francese era completamente frastornato, non si aspettava una reazione di tal fatta. Non aveva previsto di dover fronteggiare due

invasati. La sua posizione si faceva critica. Cercò di guadagnare tempo: «Non scherzate ragazzi, siamo della stessa squadra. Io posso andarmene senza la ragazza, ma il problema rimane. L'ordine è di portarla a Parigi e in breve tempo.» Il suo tono si era fatto conciliante, intanto cercava di trovare il momento adatto per estrarre la sua pistola e far fuoco sui due.

«Non ti fidare sparagli! Cazzo! Sparagli in fronte, questo ci vuole fottere. Appena giri le spalle sei un uomo morto.»

Omar sembrava indeciso, non se la sentiva di far fuoco così a bruciapelo: «Non ti preoccupare, lo riaccompagno sull'elicottero»

«Bravo stronzo, così torneranno in duecento, non saremo più nelle condizioni di poter fuggire. Dai, falla finita, altrimenti dammi quel cannone che ci penso io.»

Il francese a quel punto ruppe ogni esitazione, si tuffò dietro il tavolo estraendo la pistola, ma non ebbe modo di sparare. Avvertì una potente spinta che lo lasciò senza respiro, poi una forte detonazione, un rumore assordante. Fu sbalzato a ridosso del muro con il petto orrendamente squarciato.

Il Capitano, che aveva assistito alla scena senza essere visto, non riuscì a trattenere un conato di vomito alla vista di quel sangue che si spargeva per tutta la stanza. Il proiettile al momento dell'impatto doveva essere esploso di nuovo dilaniando il petto del povero uomo.

«Cazzo che effetto!» commentò Omar. «Non l'avevo mai provata» disse guardando meravigliato la pistola fumante. «Che dici sarà il caso di fuggire? Io ho un male ai coglioni, non ho nessuna voglia di andarmene in giro»

«No, piuttosto bisogna sistemare il pilota. Quello può avvertire gli amici tramite radio. Dammi il cannone vado io a spargli negli occhi, voglio vedere la faccia che si frantuma.»

Ilaria non aveva mosso un dito, tanto che il Capitano cominciò a dubitare se fosse ancora viva. I due sembravano incontrollabili. Non riusciva a percepire i loro pensieri. Erano offuscati da una forma di instabilità mentale. Dovevano aver assunto grosse quantità di stupefacenti, pensò.

Ovale si stava dirigendo verso la villetta, quando vide un giovane che usciva con una P38 nella mano. Si nascose dietro una

roccia prima ancora di aver raggiunto la recinzione del giardino. L'altro andava con passo malfermo diritto verso l'elicottero. Lo raggiunse, guardò caparbiamente dentro alla ricerca evidente di eventuali altri occupanti.
«Omar!» urlava, «Non c'è nessuno qui! Deve essere venuto da solo il nostro amico. Cristaccio, mi venisse un colpo, se c'è anima viva. Omar mi senti?» Scuotendo la testa si incamminò verso l'abitazione.
Ovale cercava di capire dove potesse essere il Capitano. Non abbandonò il suo riparo, decise di attendere. Omar si stava slacciando nuovamente i pantaloni, mettendo in mostra il suo cazzo. Era completamente rosso, pieno di macchie che si andavano ingrandendo. Manteneva una erezione anormale.
«Guarda, guarda che mi sta succedendo, si gonfia sempre di più, e fa male, un male terribile» disse al suo amico appena rientrato.
«Credi che possa essere grave?»
«Non ho trovato nessuno, doveva essere solo» disse indicando il corpo maciullato del francese, intanto con la mano prese a toccarsi i coglioni. «Ehi ma che fai con quell'aggeggio in mano? Che brutto colore che ha!»
«Guardati il tuo, pensi di avercelo diverso dal mio? Prova, tirati giù i pantaloni.»
Non si fece pregare due volte. Slacciò la cintura e si ritrovò il membro tra le mani, gonfio e pieno di vescichette che sembravano crescere a vista d'occhio.
«Ma cos'è questa roba?» La smorfia del viso era di disgusto e di dolore nello stesso tempo. «Non può essere quella polverina? Io non ne ho mai presa. La ragazza mi sembra a posto e poi se avesse avuto qualcosa si sarebbe visto. Le ho leccato la fica, era pure vergine»
«Ma che polverina, quella ci aiuta. Anzi sai che ti dico, che adesso ne prendo un po' e la metto pure sulla cappella, così si anestetizza e non mi farà più male»
«Forse sarebbe meglio andare in ospedale.» Omar intanto aveva aperto una bustina di polvere bianca, sniffò a più riprese, poi la riversò sul suo membro strofinandola su tutta la superficie.
«Dai prendi, vedrai che andrà meglio»

«No, no, comincio ad avere delle fitte lancinanti. Ma lo vedi che sta crescendo, si gonfia sempre di più. Oh Dio che ci è successo?» Si era piegato sulle ginocchia con le mani unite a proteggere le sue nudità. Omar sembrava aver tratto un momentaneo beneficio dalla cura che si era prescritta. Ma all'improvviso iniziò ad urlare come un maiale che sta per essere sgozzato, ululava e bestemmiava. Si era strappato tutto quello che aveva indosso. mentre con le mani cercava di contenere l'ulcerazione progressiva del suo glande. Si stavano aprendo sulle pareti del membro ferite purulente e sanguinolente.

Il Capitano era esterrefatto. Dal punto di osservazione che si era scelto poteva vedere e sentire tutto ciò che avveniva nel soggiorno della villetta. Ma la progressione del male che aveva contagiato i due banditi era talmente rapida che difficilmente si riusciva ad averne un quadro. Nell'arco di un'ora si era passati dalle fitte lancinanti, all'ulcerazione ed alla crescita delle sofferenze. Non aveva mai visto nulla di simile nella sua vita, ormai da quelle teste percepiva solo paura, una grandissima paura della morte e della sofferenza, non pensavano ad altro.

Ilaria era comodamente seduta sul divano, assisteva senza battere ciglio all'agonia dei suoi due carcerieri, pur volendo non avrebbe potuto fare niente. Ovale si era comodamente seduto dietro la roccia, non si era più mosso. La paura, che sempre lo accompagnava in simili occasioni, gli aveva persino bloccato la fame. Aspettava che il Capitano tornasse con Ilaria, ma stava ritardando e non riusciva a spiegarsi il perché. Sapeva di dover uscire allo scoperto ed andare a vedere cosa era successo, non aveva altre scelte.

I due banditi stavano lentamente impazzendo dal dolore. Si contorcevano sul pavimento rannicchiati su se stessi. Ormai il male progrediva con una velocità impressionante. Difficilmente si potevano distinguere le forme dei loro membri, completamente ricoperti di ulcerazioni ed escrescenze carnose e purulente. Era uno spettacolo orripilante: «Omar, ti prego, portami via da qui, andiamo a trovare un medico, ci occorre l'ospedale. Questa è una maledizione, io non riesco più a muovere le gambe.» La sua voce era rotta e sforzata, gli doleva persino il petto.

Omar riuscì a rispondere parlando a tratti: «Non credo di avere la forza di uscire, la ragazza ci può salvare, svegliala, ti scongiuro aiutaci, portaci via!»

Ilaria continuava a rimanere immobile, vedeva queste due figure che agitavano le braccia, forse stavano cercando di richiamare la sua attenzione. Alla fine si alzò dal divano, riassestò la sua gonna, vide che il sole era ormai tramontato, le ombre della sera si allungavano sulla villetta, ridotta in un luogo di terrore.

Vide il volto conosciuto del Capitano al di là della vetrata del salone, le faceva segni inequivocabili, la pregava di aprire la finestra e di uscire. Rimase lunghissimi minuti a pensare al da farsi. Avrebbe voluto già essere lontana chilometri e chilometri da quel luogo di dolore, non voleva più avere nelle orecchie quelle grida soffocate, ma tutti i suoi movimenti erano rallentati da oscure forze che imbrigliavano la capacità di reazione del cervello. Alla fine si risolse ad aprire. Prontamente venne strattonata, fu sul punto di cadere, ma un braccio la cinse con forza alla vita: «Stia zitta, non dica niente, ora la porto via da qui.»

Il Capitano non si fidava, avrebbe potuto essere contaminato. Aveva la netta sensazione che persino l'aria che si respirava nella villetta fosse ormai impregnata dal virus di quel male così oscuro e violento. Aveva assistito a qualcosa di sconvolgente, mai avrebbe potuto credere all'esistenza di malattie di siffatta virulenza. Nell'arco di pochissimo tempo, sotto i suoi occhi, aveva visto distruggere due corpi, devastati da orrende ferite.

Si ripromise di telefonare alla polizia una volta lontani. Mai e poi mai avrebbe toccato con le sue mani quei due uomini ormai in stato comatoso. Attraversò il prato, sapeva di trovare Ovale al di là della staccionata. Ilaria si lasciava trascinare, non aveva detto una sola parola.

«Forza, andiamo, vedrò di mettere in moto l'elicottero, una volta in volo decideremo dove andare»

«Ma che avete fatto tutto questo tempo? Tutto bene?» chiese Ovale andando incontro alla coppia.

Li aveva visti mentre attraversavano il giardino, era rimasto pronto con la carabina nel caso qualcuno li avesse seguiti.

Il Capitano armeggiò con i comandi del veicolo. Dopo un primo

tentativo andato a male, le pale si misero a ruotare come dovevano, ci fu ancora un'indecisione, poi l'elicottero puntò decisamente verso il mare prendendo quota. Stavano sorvolando la costa, la radio di bordo gracchiava rumorosamente, nessuno sapeva esattamente dove andare. Il buio era sceso oscurando ogni eventuale punto di riferimento.
«È in grado di atterrare? Quanta altra strada possiamo fare?»
«Non lo so. Stia zitto mi lasci concentrare, sono anni che non piloto un elicottero. Al buio, poi, è proibitivo, non si distinguono le distanze, gli strumenti non li conosco tutti. Probabilmente ci sarà qualcosa che aiuta a muoversi nell'oscurità. Si preoccupi della ragazza, mi sembra sotto choc»
«È in uno stato catatonico. Mi avevano preavvertito. L'effetto si protrarrà per qualche tempo, è una conseguenza dell'intervento subito nella clinica di Parigi. Probabilmente è la sostanza che hanno utilizzato che suscita tanti appetiti. Chissà, forse rimane attiva, anche dopo i primi rapporti.»
Il Capitano, sempre più preso dalla guida del velivolo, tentò di scendere di quota nel tentativo di avere una visuale maggiore. Ma produsse un effetto altalena, l'elicottero picchiava e s'impennava per stabilizzarsi.
«Ehi! Sembra di essere al rodeo! È sempre convinto di saper domare questo mezzo?» Ovale lasciava trasparire la sua apprensione. «Cerchi di trovare uno spiazzo dove scendere, siamo lontani a sufficienza e comunque con l'elicottero non possiamo tornare in Italia.»
Le luci di una cittadina si profilavano all'orizzonte, bisognava ora fare attenzione ai piloni dell'alta tensione, erano un pericolo costante per chi volava a bassa quota, questo il Capitano lo sapeva. Fra una picchiata ed un'impennata si portò a ridosso di una collina non molto distante dalla cittadina. Ai suoi piedi poteva vedere, ancora per poco, dei campi coltivati. Decise di tentare l'atterraggio. Ridusse la velocità cercando di mantenere una posizione di discesa verticale. L'elicottero cominciò a discendere prima lentamente poi sempre più velocemente, fece appena in tempo ad avvertire i passeggeri di reggersi forte che il velivolo toccò pesantemente terra. Rimase per una frazione di secondo

in bilico, poi si coricò su di un lato piegando le pale del rotore. Uscirono precipitosamente dalla cabina, trascinando Ilaria. Erano illesi.
Il velivolo avrebbe avuto bisogno di una buona manutenzione prima di riprendere a volare.

L'immagine dal tubo

Il Maestro deve avermi abbandonato. Non l'ho più incontrato da diverso tempo ormai. È vero, sono stato incalzato dagli avvenimenti: la rivoluzione mancata, l'esercito in disfatta, il prezzo del pane innalzato ancora una volta agli apici di una storia odierna mentre il suo essere medievale viene nascosto fra le ubbie del potere; il tormento di Slim, personaggio forse scomodo per il Venerabile, la paura di essere annientato dalla fantasia e dal cronachismo, potrebbe averlo costretto ad un sufficiente riserbo; il mio andirivieni nevrotico fra l'ultimo Proust, un George Orwell, un Italo Calvino che riveste i panni dell'Ariosto, l'incompleta letteratura americana, la catastrofe monetaria operata da malvagi personaggi del mondo arabo orientati e diretti dal solito yankee mago della finanza, un Musil nella descrizione della mia vera realtà, "L'uomo senza qualità".
Il risultato è che non ho avuto modo di comunicare, eppure la sua utilità sento di poterla considerare in modo del tutto positivo.
Mi è diventata un'abitudine, facilita lo svolgere dei miei pensieri, mi rassicura nei momenti di maggiore sconforto.

E così mi sono deciso a cercarlo. Ma dove? Questo è stato il primo problema. Il rumore, lo so, lo tormenta, il fango e la polvere annullano ogni sua capacità, la stupidità lo rende nervoso anche se non la disdegna, il puzzo ed i cattivi odori lo irritano. Lui si ciba di visioni pacate, di prati fioriti, di tramonti surreali, di colline e montagne verdeggianti, di mari tranquilli dove i colori sprigionano la loro bellezza, del canto degli uccelli, della corsa degli animali nella natura selvaggia, di un mondo mediamente alienato, dove può anche serpeggiare la tristezza ma come stimolo creativo. In questo mondo può anche prodursi la tragedia ma solo come fatto culturale non come stupido incidente. È certo, non riuscirò più a trovarlo, devo abbandonare ogni speranza.
Tra l'altro sto riversando mari di putrida essenza in acque chiare di ruscelli, sto inondando di fetori ammorbanti poveri villaggi che finora avevano conosciuto solo il profumo della natura.
Giorni fa ho saltato un recinto fatto di filo spinato, ho cercato di evadere. Mi sono incamminato lungo un percorso accidentato, ha attraversato un fiume ed una piana coltivata. Il sole bruciava a mezzogiorno. Mi sono nascosto dentro enormi tubi di cemento. Rannicchiato, con il mento toccavo le ginocchia, le mani stringevano le caviglie.
Nonostante i miei sforzi non riuscivo a pensare. Un vuoto completo si formava nella mia testa. Poi qualcuno ha preso a rotolare il tubo lungo la piana, ruotavo e mi capovolgevo per ritornare nella posizione originaria. Infine il tubo è stato sollevato e poggiato su un declivio. E come se avessero aperto un rubinetto, mi sono ritrovato sommerso da acque puzzolenti che scorrevano lungo il tubo e sul mio corpo per perdersi. Ero io perso, ero io disperato senza tragedia. Mi sono sentito afferrare per la spalla, una stretta energica piena di forza, e tirare fuori dal mio nascondiglio nauseabondo. Rivedevo la luce, il sole splendeva ancora, la piana coltivata si estendeva sotto i miei occhi, il recinto di filo spinato era ancora lì intatto, al suo interno si celavano i segreti dello sviluppo non più segreto. Il Venerabile mi guardava come si può guardare un grosso cumulo di merda. Arricciava il naso per non sentire il puzzo, cercava di tenere lontana la mano dai suoi vestiti e la scoteva come a

Il mostro strano

La vasta pianura che si estendeva fino alla periferia della cittadina era brulla. L'oscurità avvolgeva tutto, si stagliavano nitide nel cielo le stelle. Verso nord si intravedevano le prime luci delle abitazioni, a ridosso del mare doveva esserci una strada ed ogni tanto ad intermittenza era possibile distinguere fari di automobili in un senso e nell'altro di marcia.
Ovale fu il primo a parlare: «Proporrei di avviarci verso la strada, ci conviene recuperare una vettura. Speriamo che nessuno abbia avvertito dell'atterraggio dell'elicottero, altrimenti presto avremo visite. È meglio intanto allontanarci. Dove andare sarà un problema che ci porremo successivamente.»
Il Capitano espresse le proprie preoccupazioni: «Sarà difficile ritrovarci adesso, questa sera. Non sarà per loro agevole capire dove siamo andati, quanta strada abbiamo percorso. È certo che predisporranno dei punti di controllo sulle strade, sui posti d'imbarco per evitare che sfuggiamo sotto i loro occhi. Abbiamo sicuramente ancora qualche ora di vantaggio, bisogna sfruttarla.»
Intanto si erano avviati verso la strada, Ilaria come al solito non

parlava, si faceva trascinare, continuava ad essere persa nei suoi ricordi, nei pensieri di cosa fare per poi ricadere in una forma di apatia. «Sarà difficile recuperarla ad una normalità, sembra inebetita.»
Ovale era rammaricato, in fondo si stava affezionando a quella sua compagna di sventura. «È ormai chiaro che cercano solo lei, credo proprio che la sostanza introdotta nella sua vagina abbia acquisito una importanza non prevista precedentemente. Che ne pensa?»
«Se dovessi giudicare da quello che ho visto in quella casa ci sarebbe da inorridire al solo pensare di utilizzare quella micidiale sostanza per qualsiasi scopo. È profondamente inumano il modo in cui devasta i corpi ed in tempi limitati. Le radiazioni atomiche impiegano sicuramente molto più tempo per distruggere un uomo. Se poi avessero scoperto che è anche contagiosa, come la peste bubbonica, bene allora credo che ci troveremmo di fronte ad un'arma biologica o chimica potentissima. L'organizzazione che arrivasse a possederla potrebbe ricattare tutti i governi del mondo. Non sono pratico di guerre batteriologiche ma immagino che non sia difficile dare un esempio della potenzialità delle armi usate, basta avere a disposizioni delle cavie.»
Ogni tanto incespicavano nel terreno ed il loro procedere era lento e faticoso.
«Pensa che potremmo già correre dei rischi?»
Ovale istintivamente si era ulteriormente allontanato da Ilaria, ora aveva paura persino di toccarla.
«Non penso di essere stato contagiato, il tempo trascorso sarebbe stato sufficiente ad ucciderci. Forse il contagio avviene solo per via ematica. E certo che i due che l'hanno violentata non avevano preso precauzioni di sorta. Un po'come il virus dell'Aids, così a prima vista dovrebbe avere la stessa matrice. Sono gli effetti diversi. L'incubazione è limitatissima, questione di poche ore, ed il male è pronto a devastare tutto, iniziando dalla parte più esposta, il pene. Ho visto che si creavano delle escrescenze mostruose, quasi da film dell'orrore. Enormi pustole si gonfiavano come palloni per poi scoppiare, cospargendo il corpo e tutto intorno di liquidi e pus giallognolo simile al vomito. Quasi non

riuscivo a reggere alla vista di quell'incredibile sozzura. Sono rimasto impietrito, guardavo fuori dalla finestra, non avevo la forza di entrare, né di distogliere lo sguardo. Mi sembrava di essere ipnotizzato. Quando poi Ilaria si è decisa ad aprire la finestra, un tanfo di carne putrefatta e di urina rafferma mi ha colpito alle narici, eppure i due ancora rantolavano, contorcendosi dai dolori sul pavimento. A fianco, a ridosso del muro c'era il cadavere del francese, il collega del pilota dell'elicottero, lo avevano ammazzato sparandogli nel petto. Ho provato diverse volte a comunicare con i loro cervelli, ma la droga, ingerita in grandi quantità, creava una sorta di schermo protettivo. Era impossibile stabilire un pur minimo rapporto, come se parlassi un linguaggio totalmente sconosciuto. Venivo respinto ai primi tentativi. Mentre la testa di Ilaria correva dietro a ricordi e nostalgie di altri tempi. Neanche con lei riuscivo a stabilire un punto di contatto. Il dubbio che mi rimaneva era capire per quale nascosto motivo, lei non era stata contagiata. È mai possibile che un virus così forte e letale non colpisca il suo portatore? È possibile che sia stata resa immune con un vaccino o qualche altra sostanza che annienti nel suo corpo gli effetti del virus? Se così fosse, l'arma del ricatto al mondo è sicuramente spuntata, si può anche essere contaminati ma, esistendo l'antidoto, gli effetti potranno essere ridimensionati.»
Ovale ormai aveva accertato che due buonissimi denti si muovevano, la bocca doveva essersi gonfiata, la fronte ed il naso si erano salvati. Nonostante l'apprensione e le difficoltà di camminare nel buio in mezzo ai campi di un paese sconosciuto, con la paura di essere presi, aveva ascoltato i ragionamenti del Capitano: «Le uniche cose che mi dissero alla clinica di Parigi, come già le ho detto, erano rassicuranti. Avevano condotto una sperimentazione per circa un anno sulle portatrici del virus, i risultati erano parzialmente positivi. Nessuna di esse era stata colpita dalla malattia, presentavano solo uno strano disinteresse per il mondo esterno. Vivevano in uno stato di profonda apatia. Non mi dissero altro. Le fotografie che mi mostrò il dottor Artois erano tutte di uomini colpiti dal virus. Così come lei ha potuto constatare di persona, la sostanza colpisce partendo dal cazzo»

«Allora è probabile che la donna sia geneticamente immune, può essere un portatore sano, mentre per l'uomo assume aspetti devastanti. Credo che questa sia la spiegazione. Ora qualcuno deve aver scoperto la pericolosità della sostanza che il dottor Artois voleva utilizzare nei confronti dell'arabo, e ne ricerca un uso criminale.»
Ovale stava riflettendo, avrebbe voluto ricostruire le modalità del suo intervento in questa storia: «Quando mi comunicarono l'incarico di trovare una donna giovane e bella da condurre a Parigi e successivamente a Casablanca per un incontro amoroso con uno stronzo arabo venditore di armi, pensai che mi avrebbero pagato per un lavoretto facile facile. Ho anche avuto la sensazione che sia il dottor Artois che l'organizzazione agissero in concomitanza in questo affare. Solo una volta a Casablanca ho capito che qualcosa non quadrava. L'accordo, seppure è mai esistito, si era subito disciolto. Ognuno faceva squadra a sé ed ognuno si contendeva il possesso della sostanza introdotta nella vagina di Ilaria. Avrei potuto capire l'organizzazione che evidentemente non possedeva il virus, ma il dottor Artois o chi per lui non stava in queste condizioni. L'intervento chirurgico era stato praticato a Parigi nella sua clinica, con i suoi medici, senza dubbio la sostanza era custodita nei loro frigoriferi. In questo caso per quale motivo volevano il corpo di Ilaria, viva o morta che fosse. Credo che questo sia il problema che dovremmo cercare di risolvere»
«È evidente che la sostanza ha subito una modificazione.»
Il Capitano interruppe la conversazione: «Stia zitto... buttatevi per terra!»
Prontamente Ovale si sdraiò sul terreno umido e caldo, riuscì a tenere ferma Ilaria, tappandole la bocca con la sua manona. Scrutò l'oscurità senza alcun risultato, vedeva non molto distante sul suo lato destro il Capitano che avanzava carponi. Poi udì le voci e lo sciabolare di torce elettriche. Qualcuno aveva visto cadere l'elicottero ed aveva dato l'allarme. Li stavano cercando.
«Hanno lasciato due fuoristrada non lontano da qui. Se ci muoviamo in fretta saremo nelle condizioni di poterne prendere uno ed allontanarci da questi posti. Presumo che fra poco diventeranno molto affollati.»
Ovale non se lo fece ripetere e sempre tenendo la mano sulla

bocca di Ilaria, seguì la sua guida, camminando carponi. Trovò il Capitano già sistemato sul posto di guida della Toyota, spinse senza troppi riguardi la ragazza sul sedile posteriore e finalmente partirono senza accendere i fari.
Percorsero una stradina di terra battuta piena di sassi che si innestava sulla costiera e solo a quel punto accesero i fari. I primi cartelli stradali che riuscirono a vedere indicavano Malaga ad una distanza di trenta chilometri.
«Sarebbe meglio lasciare l'automobile in un punto nascosto nei pressi della periferia della città. Troveremo il modo di raggiungere il porto. L'importante è liberarsi per ora del fuoristrada. Presto avremo la polizia tra i piedi. Bisogna fare alla svelta.»
Il traffico era rado, incrociarono poche vetture, la luna sorgeva in mezzo al mare riflettendosi nelle acque calme. Una scia luminosa arrivava fin sopra la costa, chiunque, con quel chiarore, avrebbe potuto vedere un'imbarcazione.
«Sono passate appena dodici ore dalla nostra partenza da Casablanca, mi sembra una eternità» si ritrovò a dire Ovale.
«Non è finita, credo proprio che dovremo aspettarci ben altri tramestii. Mi sono cacciato in questo casino con troppa superficialità, ora è tardi per tirarsi indietro. Non nego che se non vi avessi incontrati ora starei sicuramente meglio.» Il Capitano continuò: «Tornare indietro è impossibile, mi tocca seguirvi in Italia. Vedrò poi come riprendere la strada di casa»
«Cosa pensa? Che si stia per scatenare una guerra fra cosche?»
«Ne sono convinto, non può che essere così. Non avrebbe altro senso diversamente l'accanimento con cui ci stanno dando la caccia»
«La storia del ricatto al mondo non mi convince»
«Ma quale altra spiegazione si può dare? Non sono, da quel poco che so, organizzazioni benefiche, non stanno certo sperimentando sostanze per alleviare le sofferenze dell'umanità, né per curare qualche strana malattia. Visti i risultati ottenuti dal loro prodotto, ed io sono un testimone oculare, quale altro impiego potrebbe avere se non in una ipotetica guerra batteriologica? La dispersione del virus fra le popolazioni provocherebbe disastri inimmaginabili. Potrebbero verificarsi concatenamenti di effet-

ti, tali da rendere superfluo ogni rimedio. Ecco da cosa desumo che ci sia la rincorsa per arrivare ad essere i primi a presentare al mondo le nefaste conseguenze di un utilizzo su larga scala del prodotto e nello stesso tempo ricattare i governi. Ci potrebbe essere un'altra spiegazione ma la ritengo meno probabile della prima. La storia dei popoli ha sempre prodotto, in particolari momenti, uomini od organizzazioni smaniosi di ripulire l'umanità dai peccati e dalle malefatte. Gente invasata da cultura mistica, paranoici incorreggibili in preda a furori sacri che, pur di perseguire le loro idee, non si sarebbero arrestati davanti alla distruzione completa del mondo e dei suoi abitanti. Può essere attendibile questa spiegazione? A me sembra di no, ma ho ancora pochi elementi per poter dare un giudizio»
«Non si distragga molto» suggerì pragmatico Ovale, «fra poco dovremmo essere vicini a Malaga.»
Il Capitano ignorò il suggerimento, lo ritenne inutile: «L'umanità è un mostro strano, troppe volte ha prodotto dal suo seno uomini convinti di un proprio ideale di vita con remore sociali costruite per opprimere e rendere infelice l'esistenza di chiunque. Cos'altro è la religione? Per amore di un dio sconosciuto e strano si sono commessi delitti atroci fin dagli albori della vita dell'uomo. Sacrifici umani, repressioni, tribunali speciali ed inquisizioni, guerre sante, chi più ne ha più ne metta. E per finire la fede nei totalitarismi, quanti altri misfatti ha compiuto? Se si contassero i morti di queste sconcezze dell'umanità, non basterebbe l'aritmetica per determinare il numero. La bomba atomica, cosa altro può esserci di più disumano e catastrofico? Eppure esiste, è stata ricercata e voluta, oggi la detengono quasi tutti i paesi ricchi e poveri, sviluppati e non.
«Ci può allora meravigliare che qualche altro pazzo inventi una sostanza così letale da annientare centinaia di migliaia di uomini? Quale sorpresa si può nascondere negli anfratti dei cervelli più responsabili? Si è mai chiesto perché il mondo è pervaso da questa coltre di odio capace di annichilire le passioni più profonde? L'inizio delle storie più nefaste è la salvaguardia e la sicurezza di un popolo, di una nazione, di una tribù, di un clan, di una famiglia rispetto ad un'altra nazione, ad un altro popolo, ad

un'altra tribù. La salvaguardia e la sicurezza implica il rendere l'altro inoffensivo con qualsiasi mezzo e quindi la violenza, le uccisioni, le guerre, le atrocità tutte vengono generalmente spiegate e risolte. Se poi questo significa la distruzione totale di intere civiltà, di intere popolazioni è un puro accidente storico ma nulla di più. Quante volte si sono vissute queste vicende e quante volte saremo costretti a viverle? L'ultima in ordine di tempo è lo sfaldamento della federazione iugoslava, finita in un massacro etnico che ancora continua. Sarajevo è l'emblema di queste atrocità che nessuno capisce perché avvengano. Quale logica spiegazione può essere sostenuta? I millenni di diverbio fra popolazioni cristiane ed islamiche costrette a coesistere e coabitare? È una ragione valida per lo scannamento di massa? Il terrore ormai si è impossessato di tutti. Un terrore sacro, dove, se non si appartiene alla stessa identica etnia e religione non si ha il diritto alla vita ed al rispetto delle minime regole di convivenza. Ma quante altre storie possono essere messe insieme, solo guardando ai nostri giorni? Ha mai pensato alla realtà delle popolazioni curde, divise fra cinque stati e da tutte scacciate e represse?»
«Ma lei sta pensando che forse stiamo per arrivare e dovremo trovare un mezzo per tornare in Italia?» chiese Ovale, ignorando le divagazioni storiche del Capitano.
«...e allora possiamo meravigliarci se un gruppo di delinquenti ha studiato, ricercato e messo a punto una sostanza biologica o chimica che è in grado di distruggere l'umanità? Come possiamo stupirci se poi altre organizzazioni stiano facendo del tutto per venirne in possesso e con esse ricattare governi e governanti che all'occorrenza farebbero stragi ed uccisioni per salvaguardare la loro sicurezza? Trovo poco per meravigliarmi. Ormai sono convinto che il nostro modo di ragionare è vicino alla follia. Viviamo in un mondo di pazzi, che adorano dei fanatici e stupidi totem e fantocci. Pregano ed immolano a questi oggetti di terrore e di paranoie le cose più care che possano avere. Purtroppo ho la certezza che il mondo non sia modificabile. Ho la certezza che questo modo di condurre le proprie esistenze sia connaturato per l'essere umano. È come voler sopprimere l'istinto predatorio di un animale carnivoro»

«Forse ci siamo, cerchiamo un posto dove nascondere il fuoristrada. Bisognerà proseguire a piedi. Oppure nasconderci per la notte»
«...ma lei ha mai letto qualcosa sulla vita dei papi cattolici? Ma lo sa quanti uomini e donne hanno fatto ammazzare e torturare per difendere la loro sacralità i loro convincimenti ed interessi religiosi? Ma lei lo sa...»
«Non so un cazzo io, e me ne sbatto le palle ora di pensare ai papi. Ma che si è rincoglionito? Qui ci ammazzano altro che storie religiose»
«...quante guerre sono state scatenate per la supremazia di un dio rispetto all'altro? O sempre per lo stesso dio ma visto da angoli diversi: eh sì! Perché conta anche questo»
«Beh ma ora basta davvero! Via non scherzi. Cerchi di ragionare su che cosa dobbiamo fare.»
Ilaria parlò per la prima volta in quella problematica serata: «Fermatevi!! Devo fare la pipì, me la sto facendo addosso. Fermatevi o la faccio dentro l'automobile.» La sua voce era atona ma perentoria, il suo bisogno fisiologico doveva essere davvero impellente.
Le luci della città incombevano, già si intravedevano le case. Di colpo il Capitano rallentò l'andatura e come trovò una stradina laterale svoltò con decisione fermandosi subito dopo. Ovale fece scendere Ilaria, la quale non perse tempo, si accucciò e tenendo le mutandine sopra le ginocchia, urinò lungamente. I due uomini si ricordarono che forse valeva la pena alleggerire le vesciche. Tirarono fuori i rispettivi membri, e dopo aver pudicamente voltato le spalle alla signorina, pisciarono a spruzzi, scotendo ogni tanto per meglio evacuare.
Il Capitano risalì sul fuoristrada e accese i fari. Aveva visto bene. Non molto distante lungo la stradina si intravedeva una sorta di fienile, o ricovero di animali, poteva andare bene per la notte. Poi con la luce del giorno avrebbero pensato al da farsi. Non ci fu bisogno di parole, Ovale era dello stesso avviso. Si avviarono così lentamente e guardinghi. Una catena con lucchetto bloccava un cancello, ma il casolare doveva essere disabitato. Il Capitano fermò l'automobile, guardarono nella cassetta degli attrezzi se

ci fosse qualcosa che avrebbe fatto loro comodo. Trovarono una tronchese. Ovale non perse tempo e recise una maglia della catena ed entrarono. Aveva appena accostato di nuovo il cancello, dopo aver atteso che entrasse il fuoristrada, quando avvertì una minacciosa presenza alle sue spalle. Si girò fulmineo mentre il cuore gli balzava in gola. Vide due braci accese ed una bocca ringhiosa piena di denti acuminati. L'animale balzò prontamente per afferrarlo alla gola, silenzioso come un aspide.
La violenza dell'urto lo fece cadere per terra. Sentì la forza delle mascelle che si serravano nel vuoto per sua fortuna. Il secondo e repentino attacco lo colpì alla spalla. Un dolore lancinante gli immobilizzò il braccio sinistro. Riuscì finalmente ad urlare, la sua mano destra corse ad afferrare lo stiletto che aveva fissato sulla gamba. Il cane, un dogo argentino, tozzo e robusto come un toro, non lasciava la presa, gli avrebbe staccato la spalla dal corpo. Vibrò un potente colpo da sotto verso sopra all' altezza della gola. L'animale parve fulminato sebbene il coltello lo avesse solo sfiorato. Lasciò la presa e rimase accucciato con l'enorme testa in mezzo alle zampe. Ovale vide il Capitano che si avvicinava:
«È ancora tutto intero?»
«Stavo sicuramente meglio prima. Questa bestiaccia deve avermi lacerato mezza spalla. Mi avrebbe ammazzato. È forte e tenace. Che cosa ha fatto?»
«Venga dentro mi faccia vedere la sua ferita, vediamo se riusciamo a pulirla. L'animale è sano ma non si sa mai.»
Entrarono nel fienile, l'odore dell'erba era penetrante, riempiva i polmoni. In fondo allo stanzone avevano ricavato la zona ricovero per una mucca e due cavalli.
Il Capitano accese una lampada, l'accostò ad Ovale, delicatamente gli tolse la camicia. Si vedevano i segni del morso ma non erano profondi né avevano aperto ferite. Bagnò un fazzoletto e lavò accuratamente la parte dolorante. Ovale stava già meglio. Il cane entrò a sua volta e si andò ad accucciare nei pressi dei due cavalli non prima di aver scodinzolato e guardato con occhi umidi pieni di amore il suo nuovo padrone: «Con gli animali ho molta dimestichezza. Posso quasi parlare con loro. So come prenderli.» Ilaria si era sdraiata sull'erba secca, guardava con

occhi assenti i due suoi compagni. Aveva fame, sentiva anche freddo, ma non disse nulla.
«Conviene riposare un po', domani all'alba cercheremo di prendere un'imbarcazione»
«Eh! La Madonna! Ma io ho fame! Potevamo trovare un hotel?»
«Lasci stare. Sicuramente controlleranno alberghi, hotel, non credo che non abbiano i mezzi per farlo. C'è poi la polizia. Lei dimentica che abbiamo rubato un elicottero ed una vettura, che siamo testimoni di un bel po' di misfatti fra cui anche un omicidio»
«Eh sì! Forse ha ragione, ma io ho fame lo stesso» continuò a dire Ovale, «ci sarà qualcosa da mettere sotto i denti in questo fottuto posto!»
Prese la lampada ed iniziò a cercare. In fondo, dalla parte opposta da dove erano entrati, vide una porticina. Si avvicinò restando a debita distanza dalle zampe dei due cavalli. C'era una piccola cantina, l'odore umido delle botti si alternava al rustico profumo delle salsicce e dei prosciutti essiccati che facevano bella mostra penzolando da un asse di legno appeso al soffitto.
Staccò un prosciutto ed una fila di salsicce, riuscì a riempire una brocca di schiumante vino rosso e tornò dai suoi amici. Potevano banchettare. Ilaria non si fece pregare. Bevvero quasi ad ubriacarsi. Il Capitano aveva la testa annebbiata. Ovale ripulì il suo coltello, ruttò dal profondo del suo stomaco con un rumore sordo e prolungato: «Certo che se avessimo avuto anche un pezzo di pagnotta, la cena avrebbe avuto un altro sapore. Ma bisogna accontentarsi»
«Devo dire che il vino è squisito, frizzantino al punto giusto, un bel gusto corposo. I proprietari lo sanno fare.»
Ilaria dormiva. Il Capitano aveva voglia di parlare, sparlare, sproloquiare. Aveva voglia più che mai di confidare a qualcuno, chiunque fosse, i suoi pensieri serali, aveva bisogno di ascoltatori anche se poco attenti o ubriachi: «Vede! Ma perché continuiamo con questo "lei" non l'ho ancora capito, saranno almeno una cinquantina di pagine che procediamo in questo modo, forse sarebbe il caso di cambiare. Che ne dici?»
«Ma sì, che vuoi che mi freghi se mi dai del lei o del tu» farfu-

gliò Ovale pensando ai suoi denti mobili, «io sono un animale da strada non apprezzo i distinguo da salotto, le cortesie di maniera. Sono abituato ad atteggiamenti rudi, ruspanti, sono sempre alle prese con gente, la più balorda, che non si pone certo come interlocutore intellettuale, fine dicitore della parola. Forse avrei dovuto fare un altro mestiere. Bah! Chi lo sa...» Il vino lo aveva sempre reso loquace.

«...vedi» corresse il Capitano, «ti meravigliavi delle cattiverie dell'uomo...»

«Ehi, aspetta, io non mi meraviglio di niente»

«Beh, insomma qualcuno si meraviglierà della cattiveria insita nell'animo umano, della profonda ansietà che pervade ogni essere e che lo porta a comportarsi in maniera contraddittoria, a volte subdola. La sostanza, le mille sostanze, sono strumenti, l'apoteosi della malvagità. I ricercatori devono aver capito che il suo utilizzo potrebbe provocare disastri su larga scala. Bisognerebbe sapere se esistono possibilità di contagio, chissà forse fra donna e donna. Gli uomini muoiono troppo presto, sono esclusi dalla catena. Forse è questa la chiave di lettura. In qualche modo, questa nuova sostanza, una volta introdotta in un circuito sociale, si trasferisce per contagio ematico agli uomini e per altri mille modi da donna a donna. Il mondo diventerà così una terra popolata da sole donne. Beh! Forse sto esagerando, parlo a vanvera senza avere fatti che comprovano le mie tesi. Che ne dici?»

Ovale lo guardò con due occhi già annebbiati dall'alcol e dal sonno, aveva seguito il ragionamento a tratti: «Sì, sì... Può essere. Vedremo... Ah! Scusa, uno di noi deve restare sveglio. Ti dispiace se mi addormento per primo, mi si stanno chiudendo le palpebre»

«Dormi, dormi, non ho sonno.»

Il Capitano si sentiva dispiaciuto, avrebbe voluto parlare, ma il suo unico ascoltatore aveva già deposto le armi, russava persino in maniera rumorosa, Ilaria era già da parecchio nel mondo dei sogni. Si alzò dal bivacco, voleva sgranchirsi le gambe. Ripercorse per lungo la stalla, uscì all'aria aperta. La zona era completamente buia rischiarata solo dal tenue bagliore lunare. Verso ovest, lontano, si intravedeva il mare, poco più a nord prendevano corpo le luci della cittadina. Nessuno avrebbe potuto trovarli per quella notte, ma il problema si sarebbe posto l'indomani.

Ma perché si era cacciato in quel ginepraio, chiedeva a se stesso, senza trovare una risposta convincente. Lo aveva fatto per puro spirito di avventura, lo aveva fatto perché dopo tanto tempo finalmente qualcuno aveva avuto bisogno di lui. Poteva sentirsi utile, utile a qualcosa. Lo aveva fatto per puro intuito di un evento eccezionale. Voleva di nuovo essere protagonista di storie anche se di storie raffazzonate. *Chissà*, mugugnava tra sé e sé. Certo le cose si stavano complicando. Stava mettendo a rischio la sua vita. Da una piccola cortesia ad uno sconosciuto personaggio, in preda all'agitazione, era stato catapultato al centro di un ricatto internazionale, ordito ai danni dell'umanità. Come avrebbe voluto rendere tutto un po' più ridicolo, un po' meno seriose le innumerevoli vicende che lo stavano coinvolgendo. Ma a volte la realtà si presenta nelle forme più inaspettate, la commedia non tarda troppo a trasformarsi in tragedia. La violenza ed il sesso sono sempre molle valide a capovolgere le situazioni più tranquille.

Guardò quel cielo pieno di stelle, le riconosceva senza eccessiva difficoltà. Lo aiutava l'esperienza di vecchio marinaio. In una notte stellata come quella avrebbe potuto condurre una nave nella giusta direzione senza altri punti di riferimento. Le tenebre non lo avrebbero intimorito. Non gli restava che guidare due sbandati all'incontro con il loro destino. *Che triste consolazione!*, pensò.

Avrebbe potuto fare altre cose, molto più utili, ma così è la vita. Nonostante tutto ancora non capiva come qualcuno avrebbe utilizzato il tesoro mortale nascosto fra le gambe di Ilaria. Come avrebbero potuto rendere pericolosa una sostanza che ormai doveva far parte del corpo della ragazza? Poteva immaginare un batterio, un virus, un gas, un potente esplosivo, ma qui si parlava della vagina di una donna. Il contagio era l'unico rimedio per la sua comprensione. Qualcuno avrebbe potuto dire ai governi delle nazioni del mondo: vedete questa giovane donna che danni può produrre all'umanità con il solo utilizzo della sua fica per gli usi correnti? Bene, ne ho pronte diecimila che impesteranno tutti gli angoli del mondo. Le alternative sono due, o vi decidete a pagare le somme che vi richiediamo, o dovete fare in modo che tut-

ti gli uomini osservino un lungo periodo di castità, forse a vita. Già immaginava le reazioni, diffuso scetticismo iniziale, poi la dimostrazione, così come lui l'aveva vista. I primi morti, i primi contagi. Dibattiti a non finire, avvertenze, misure draconiane di controllo, caccia spietata alla ricerca del minimo indizio utile ad individuare la centrale del crimine, le cliniche per l'innesto della sostanza. Immaginava i cronisti alla ricerca delle fanciulle contagiate.
Un brivido di freddo percorse il suo corpo. Prima o poi sarebbe diventato matto, la confusione del mondo lo avrebbe travolto. Poteva avvertire le voci ed i pensieri di un'umanità disperata sempre sofferente, sempre alla ricerca di nuovi stimoli. Percepiva il malessere di un cambiamento che tardava a verificarsi nonostante la sua ineluttabilità.
Rientrò. I suoi compagni di sventura giacevano addormentati sopra il fieno, sognavano, mentre il loro organismo smaltiva l'alcol. I cavalli fremevano, smaniavano, li sentiva desiderosi di comunicare: *Ti dispiace aggiungere un po' di fieno nella mia mangiatoia? I padroni mettono giusto l'indispensabile. Poi pretendono di farci lavorare per tutto il giorno.*
Il Capitano afferrò il forcone, mischiò con cura una dose di paglia ed una dose di fieno secco e riempì le due mangiatoie. *Domani è una giornata difficile, porteremo a spasso i due figli giovani del padrone. Pesano un accidente e non hanno riguardi. Pretendono di sferzarti se solo esiti per capire la strada migliore da percorrere. Sempre quegli speroni ficcati dentro la pancia. Un giorno o l'altro...*
Percepiva quei pensieri come se fossero stati prodotti dal suo cervello. Doveva solo abbandonarsi, lasciare la testa libera ed allora il mondo esterno si animava. Gli animali comunicavano i loro pensieri, gli uomini diventavano trasparenti, poteva attraversare le loro esistenze, i loro ricordi, i loro sogni. Era un ladro, scopriva di esserlo sempre di più. Nessun altro al mondo aveva doti così spiccate. Il Capitano Curiel sapeva che era solo una questione di utilizzo delle capacità innate negli uomini. Bisognava solo saperle usare, esercitarsi, abbandonare ogni altro pensiero per capire quello degli altri. Bisognava amare l'umanità, gli

esseri viventi, o almeno pensare di amarli. Superare gli egoismi, le piccole ipocrisie quotidiane diventava indispensabile per queste operazioni. La perspicacia, la perseveranza dovevano essere regole fondamentali per gli adepti del nuovo pensiero.
Nonostante tutto la vita non era stata così felice, l'incapacità di ritrovare la sua donna gli aveva procurato sempre un profondo disagio. Forse il vero motivo di quella lontana fuga prendeva origine dalla capacità di controllo esercitato sulle persone a lui più care e più amate. Le profonde ansie, mai sopite, di capire, di percepire anche le più lievi modifiche di un normale pensare. Forse lei non aveva saputo resistere più a lungo alle profonde ansie, mai sopite, di capire, di percepire. Si sentiva frugata, controllata, scandagliata. Era in suo totale, dispotico potere. Non poteva che essere questa la definitiva ragione della fuga. Stanca di quell'individuo in grado di sapere senza chiedere, stanca di dover badare anche ai sogni più reconditi, agli aspetti più scandalosi dei pensieri oscuri. Era fuggita da una vita impossibile, da una coercizione troppo grande, era fuggita da lui, dal dominio di una mente a cui non era in grado di opporsi. A distanza di trent'anni ormai cominciava a perdere sicurezza, non l'avrebbe più trovata.
Troppi pensieri, troppi guai, signore mio. Il Capitano si sentì trasportare nella realtà, non c'era nessun altro se non i cavalli ad ascoltare i suoi ragionamenti: *C'è una strada che porta al mare? Tutte le strade alla fine portano al mare. Tutta l'acqua alla fine va nel mare, basta attendere. Anche da qui si va al mare. C'è un viottolo tutto sassi, ogni volta che lo percorro rischio di rompermi i garretti. Arriva sulla spiaggia. I tuoi padroni, abitano lontano? Sono nelle vicinanze, almeno credo, la loro casa è grande, dentro c'è un cane, come quello. Senti, io mi metto a dormire, se dovesse arrivare qualcuno mi avverti per tempo? Ora ti riempio di nuovo la mangiatoia. Va bene? Accordo fatto? Puoi stare tranquillo, dormi pure, vegliamo noi.*
Il Capitano si sdraiò finalmente di fianco ad Ovale, chiuse gli occhi e si addormentò di colpo di un sonno profondo. Gli animali non avrebbero dimenticato il loro impegno.

Verso il mare

La prima a svegliarsi fu Ilaria. Si sentiva la bocca impastata, aveva un forte mal di testa. Non avrebbe dovuto bere il vino. Aveva urgentemente bisogno di lavarsi, di trovare un cesso e mettere qualcosa di caldo nella pancia. Si alzò senza nessun riguardo per i suoi compagni, con passo traballante riuscì a guadagnare l'uscita. Il sole era sorto da poco, l'aria era ancora fresca ed impregnata di salsedine. Il mare non era lontano. Girò attorno al fienile e trovò quello che cercava, una vasca colma d'acqua, con un rubinetto gocciolante. Era da tanto tempo che non faceva i suoi bisogni all'aria aperta, lo trovò piacevole. Si sciacquò accuratamente, la vagina le faceva un po' male, si attardò a rinfrescarla.
Mentre era così intenta alle sue cure personali, sentì una autovettura avvicinarsi. Nonostante il suo ottundimento, corse ad avvertire i due uomini. Li trovò alzati e pronti a muoversi: «Vedranno senz'altro il fuoristrada, che possiamo fare?» disse Ovale. Il Capitano fece segno di tacere. Si portò a ridosso della porta.
Intanto l'automobile si era fermata vicino al cancello manomesso

la sera prima. C'era qualcuno che parlottava in maniera concitata. Parlavano in un dialetto spagnolo: «...tu mi devi ascoltare. Non puoi sempre fare come vuoi. Cosa gli vado a dire adesso? Che non te la senti? Che non hai più il coraggio?» stava dicendo una delle due voci.
«...ma lascia stare, non ci voglio andare. Quando sarà ora ci penserò»
«...e allora continua, fa come ti pare, ricordati che io non posso sempre fare la figura dello...»
«Buongiorno signori.» Il Capitano aveva tirato fuori il suo spagnolo più corretto uscendo dal cancello. «Potrei chiedervi una cortesia?» I due lo guardarono con aria sorpresa, non si aspettavano che ci fosse qualcuno, dal loro abbigliamento dovevano essere stati a pescare. Rimasero in silenzio.
«Ecco! Vedete! Si è rotto il nostro fuoristrada, potreste darci un passaggio fin giù al porto?»
«Buongiorno a lei, signore, anche voi mattinieri. Non siamo proprio di strada, ma il passaggio possiamo darvelo»
«Bene, un attimo e sono da voi.» Il Capitano rientrò svelto chiudendosi il cancello alle spalle: «Sentite!» disse ad Ovale ed Ilaria che lo stavano guardando con eguale stupore, «Dietro il fienile c'è un viottolo che porta direttamente al mare. Appena sarò andato via, uscite ed andate ad aspettarmi sulla spiaggia. Cercherò di rimediare una barca, poi vedremo il da farsi.» Non aspettò risposte ed uscì lisciandosi i capelli. I due lo aspettavano.
«Piacere di conoscerla, io sono Gonzales Altamura e questo è mio figlio Diego» disse mentre avviava la sua Seat Ronda, ormai diventata ottima per lo sfasciacarrozze. «Avevamo deciso di fare una battuta di pesca questa mattina, ma poi ci siamo svegliati tardi, ci hanno fatto perdere tempo lungo la strada a ben due posti di controllo. Chissà cosa è successo stanotte! Siamo arrivati al mare, non lontano dalla vostra rimessa che già il sole era alto all'orizzonte»
«Come mai, avete incontrato dei posti di blocco?» chiese con voce innocente il Capitano, cercando di non far trasparire la sua apprensione.
«Bah! E chi ci capisce niente. C'è solo tanta polizia oggi in giro

da queste parti. Di solito è più tranquillo. Forse qualche rapina. Chi lo sa?» Intanto erano arrivati sulla strada che avevano percorso la sera prima. Girarono e si avviarono verso la città: «Questo è un paese tranquillo, non succede mai niente. Siamo in una zona di confine trafficata da gente che fugge da un continente all'altro, ma nessuno se ne prende cura. E per quale motivo? Tanto qui non restano»
«Fai presto a parlare» disse il figlio, «questo sta diventando un posto invivibile. Bisogna sempre stare attenti, non si sa mai chi si può incontrare. Ci passa di tutto, dai trafficanti di droga, ai terroristi, agli spioni.» Riprese Gonzales Altamura: «E lei non è di queste parti, da dove viene?»
Il Capitano parve riflettere sulla risposta da dare: «Beh! Sì, sono un archeologo, siamo qui per delle ricerche sulla civiltà assiro - babilonese. Secondo i miei studi dovrebbero esserci stati degli insediamenti che risalgono al duemila avanti Cristo, chissà se riuscirò mai a trovare delle tracce. Non dispero.» I due annuirono di compiacenza, non avevano domande al riguardo, di gente strana era pieno il mondo.
Intanto erano entrati in città, la vettura seguì le indicazioni per il porto. Il Capitano si fece lasciare prima di arrivare sui moli di imbarco dei traghetti.
Passò davanti ad un chiosco dove vendevano giornali. Ne acquistò uno. Si fermò in un bar, ordinò un tè caldo e dei pasticcini. Sfogliò il giornale, non sembrava vi fosse qualcosa d'interessante. Poi nella pagina delle informazioni estere, vide un trafiletto scritto in grassetto. Una non meglio definita organizzazione criminale italiana aveva inviato ai governi di alcuni paesi europei la documentazione fotografica di una nuova malattia che avrebbe potuto colpire le popolazioni, in particolare gli individui di sesso maschile. La malattia si diffondeva attraverso batteri e virus finora sconosciuti con effetti devastanti e provocando la morte degli infetti in pochissimo tempo. L'organizzazione era nelle condizioni di arrestare il propagarsi del virus. L'articolo metteva in risalto la mancanza di prove oggettive, facendo intendere che si trattava di mitomani non certo di una vera minaccia. I toni erano rassicuranti, il commento di uno specialista nel settore non

lasciava dubbi di sorta, non esistevano ricerche così avanzate da aver potuto produrre un'arma batteriologica di così incalcolabile valore distruttivo. Le grandi potenze da anni avevano abbandonato lo studio di tali armi per le difficoltà di limitare e circoscrivere gli effetti devastanti. L'articolo del giornale si dilungava nell'elencare alcuni esempi di batteri sfuggiti al controllo dopo essere stati manipolati attraverso modifiche genetiche. Vi furono morti strane nell'Hampshire a seguito di un incendio che aveva distrutto un laboratorio del Ministero della Difesa. La morte degli individui colpiti avveniva per soffocamento a distanza di ventiquattro ore dal contagio. Morirono ben sessantasei persone, ma tutto venne opportunamente celato. Non si seppe nulla di quello che era avvenuto per cinque anni. Fu per l'insistenza di un gruppo di parenti dei defunti che alla fine si riuscì a dipanare il velo di silenzio ed omertà che regnava sulla vicenda. Seguivano altre storie, fra cui una particolarmente grave che aveva coinvolto un'intera cittadina negli Urali. Tutte le forme di contagio si erano esaurite nell'arco di qualche anno, anche se fu necessario costruire cordoni sanitari ferrei, isolare interi territori abitati ed i possibili malati.
Fin qui l'articolo, il Capitano continuò a sfogliare il giornale mentre sorseggiava il tè caldo e mangiava i pasticcini. Trovò nella cronaca quello che cercava. Era stato ritrovato l'elicottero, così pure i morti della villetta, ma non venivano collegati gli avvenimenti. Si parlava di regolamenti di conti fra bande di spacciatori, la polizia ricercava gli assassini. Mise termine alla lettura, doveva fare in fretta.
Il porto era piuttosto piccolo, ma vi erano diverse barche ormeggiate, sicuramente in rimessaggio. Lesse gli orari dei traghetti per le isole di Maiorca e Ibiza. C'era qualcosa anche per la Sardegna, sebbene a giorni alterni. Avrebbe preferito evitare i traghetti, meglio trovare imbarcazioni private.
Dal punto di osservazione che aveva scelto non poteva sfuggire nulla alla sua attenzione. Cercava una barca sufficientemente robusta in grado di navigare con un'autonomia di almeno un paio di giorni. Un marinaio stava spazzando la veranda di un cabinato con issata la bandiera italiana: «Mi scusi!» disse il Capitano

avvicinandosi velocemente, «Potrei parlare con il proprietario?»
«Sarà un po' difficile prima di un paio di giorni. Sono andati a Madrid. Posso esserle di aiuto, dica a me»
«Potrei salire a bordo?»
«Beh, veramente non sarebbe possibile...»
«Voglio solo dare un'occhiata. Sa, sto per acquistarne uno identico, volevo appunto sapere quali potevano essere gli aspetti non proprio soddisfacenti.» Il marinaio lo guardò incredulo, certo il Capitano non aveva l'aspetto di un signore distinto, sembrava piuttosto un eccentrico artista che aveva bisbocciato per tutta la notte, ma i cento dollari che stringeva nella mano erano un buon biglietto da visita. L'uomo prese il danaro: «Prego si accomodi, stia attento alla scaletta. Venga le faccio strada.»
Il Capitano salì a bordo, guardò tutto con molta attenzione, si fece spiegare le modalità d'uso dei vari strumenti di bordo. La barca era veloce e piena di comodità. Aveva persino il pilota automatico con regolazione satellitare, sarebbe bastato descrivere la rotta attraverso latitudine e longitudine della meta prescelta con la velocità di crociera predisposta, al resto avrebbe pensato il computer di bordo.
Ilaria si era persino truccata. Aveva curato particolarmente gli occhi, li aveva resi di nuovo vivi ed espressivi, le ciglia, già lunghe naturalmente, ora sembravano più voluminose colorate con il rimmel. Ovale la guardava con ammirazione, la trovava bella ed affascinante, forse troppo: «Dobbiamo muoverci, il Capitano arriverà dal mare. La stradina bianca arriva sulla spiaggia. Lo aspetteremo lì.»
Ilaria rimase silenziosa, chiuse tutte le scatoline che le erano servite per il trucco nella borsa da viaggio: «Bene andiamo, sono pronta.» Aspettò che Ovale le passasse davanti, per farle strada, poi lo seguì. Girarono intorno al fienile e cominciarono a scendere lungo la stradina. Avevano percorso una decina di metri, quando udirono una voce perentoria: «Dove pensate di andare? Forza! Poche storie, tornate indietro, adesso ci racconterete quel che avete fatto.»
Ovale trasalì, Ilaria rimase di ghiaccio. Si girarono piano piano, pensando così di esorcizzare la triste verità che si sarebbe

presentata ai loro occhi. L'uomo che aveva parlato era giovane e robusto, capelli lisci scuri che ricadevano informi sulla fronte, occhi anonimi e mento sfuggente. Accanto a lui ve n'era un altro, decisamente grasso, pelato con lo sguardo ebete. Tutti e due imbracciavano fucili da caccia. Parlavano spagnolo, ma dal tono della voce si capiva cosa volessero. Ovale si guardò intorno, non dovevano essercene altri.

«Carlos! Chiama la polizia! Sono loro che hanno forzato il cancello. E voi sbrigatevi o vi sparo addosso.» Ritornarono dentro il fienile sotto la minaccia delle armi. «Luis, leghiamoli. Poi li carichiamo sulla loro auto e li portiamo al commissariato.» Carlos prese una fune, girò alle spalle dei due prigionieri, afferrò Ilaria per il collo: «Luis, l'hai vista questa? Guarda che culo che ha, è proprio bella, senti perché non ci divertiamo un po' prima di portarla alla polizia?» Intanto aveva costretto la ragazza a stendersi faccia a terra, si era seduto a cavalcioni sulle sue gambe. Senza nessun riguardo le aveva incrociato le mani sulla schiena ed ora si accingeva a stringere intorno agli esili polsi la corda che aveva pres precedentemente: «Ma che volete fare?» osò dire Ovale, «Lasciatela stare»

«Ahi! Levati! Mi fai male!» gridò Ilaria, «Aiutami! Questo maiale mi sta schiacciando!»

«Ehi, fratellino! Hai visto che bel culo ha la ragazza?» ed intanto carezzava con la mano ruvida, «È sodo.»

Continuò lascivamente a far correre la mano sulle cosce, scoprendole: «Dai, ti prego, divertiamoci un po' prima di chiamare la polizia»

«Ma che ti ha dato di volta il cervello? Lasciala stare pensa all'uomo.» Carlos sembrava non sentire più le indicazioni del fratello. Stava maldestramente togliendo le mutandine della donna. Sentiva solo l'eccitazione che gli toglieva la capacità di ragionare.

«Adesso basta! Smettila! Sei diventato pazzo? Che cosa gli raccontiamo alla polizia? Che avendo scoperto due ladri nel nostro fienile li abbiamo violentati, così tanto per dare un'esemplare punizione?]»

«Beh! Fai come ti pare, io questa non la lascio andare. Fai girare quello stronzo, non mi piace essere guardato.» Ilaria piangeva, copiose lacrime scendevano lungo le guance lasciando una striscia nera per il trucco che si andava sciogliendo. Ovale stava cercando un modo per intervenire. Non avrebbe permesso a quei due di violentare la ragazza, avrebbe vinto tutte le sue paure questa volta, ne era certo.

«Non la chiamiamo la polizia. Ci divertiamo e poi li lasciamo andare per la loro strada. Che ne dici fratellino?»

«Dico che sei un maiale. Ma se continui con questa sconcezza, io me ne vado»

«Dai Luis, guarda come è bella» intanto era riuscito a togliere le mutandine, «senti che carne liscia e vellutata» e con le mani carezzava il culo e l'interno delle cosce, mentre l'eccitazione gli faceva venire la bava alla bocca. Si rialzò quel tanto necessario per sbottonarsi i pantaloni scoprendo un ventre rigonfio.

Ovale capì che aveva poco tempo per intervenire, sentiva crescere la sofferenza di Ilaria e un profondo senso di frustrazione. Uno dei cavalli gli venne in aiuto; iniziò a nitrire e scalpitare, dando forti strattoni alla cavezza che lo teneva legato alla mangiatoia. Luis si girò a guardare cosa fosse successo all'animale. Ovale scattò fulmineo vibrando un potente colpo di piede fra la bocca ed il naso dello spagnolo. Il malcapitato cadde lasciando la presa del fucile, privo di sensi. Ovale non perse tempo e colpì Carlos con due violenti pugni alla gola e allo stomaco. Indietreggiò cercando di trovare aria per i polmoni ma fu raggiunto da un calcio ai testicoli e da una gomitata nel naso. Rimase ancora in piedi mentre il sangue imbrattava il suo ventre poi inciampò nei pantaloni e cadde battendo la nuca sul pavimento. Ovale gli fu sopra per finirlo, la rabbia lo accecava avrebbe voluto ucciderlo ma si fermò in tempo. Aiutò Ilaria a rimettersi in piedi. La giovane si riassestò la gonna, si ripulì il viso, ma le lacrime ed i singhiozzi erano irrefrenabili. Ovale la abbracciò per consolarla. La strinse forte.

Si stava intenerendo, avrebbe voluto risparmiare tutte quelle sofferenze alla sua compagna, ormai era tardi. Fu un attimo, poi riacquistò il suo controllo. Prese la fune ed incaprettò i due fratelli legandoli insieme. Senza nessun riguardo riempì le loro bocche con degli stracci imbavagliandoli. Avrebbero dovuto penare non

poco per liberarsi. Poi prese i due fucili e li rese inservibili togliendo le canne.
Riguadagnarono l'uscita e s'incamminarono lungo il sentiero per recarsi sulla spiaggia, sperando di trovare il Capitano ad attenderli.

La fuga

Il Capitano non aveva perso tempo, aveva convinto il marinaio a togliersi di mezzo e tranquillamente aveva condotto la barca fuori dal porto. Era arrivato da poco nel punto d'incontro, quando vide i suoi due amici che attraversavano la spiaggia. Ancorò l'imbarcazione, calò in mare il gommone e raggiunse la riva.
«Non vedo l'ora di andarmene, per poco finivamo con il restare in questi posti. Siamo stati aggrediti dai padroni del fienile.»
Intanto avevano riguadagnato la barca. Ovale aveva messo al corrente il Capitano della loro disavventura, mentre Ilaria sembrava ancora sotto choc.
«Faremo rotta per la Sardegna. Sarà meglio rifornirci di carburante ad Ibiza o a Maiorca. Sperando di non essere intercettati da qualche motovedetta, in nottata dovremmo essere in Italia.»
Il mare era calmo, si sentiva solo il ronzio del motore e lo sciabordare delle acque lungo le fiancate dell'imbarcazione. All'orizzonte nulla da rilevare, qualche peschereccio lontano che rientrava alla base dopo una nottata trascorsa alla ricerca del branco più cospicuo su cui calare le reti. Qualche gabbiano cercava con insistenza di procurarsi il pasto quotidiano.

Il Capitano era completamente a suo agio, nel suo elemento vitale. Aveva impostato il pilota automatico dopo aver ricavato la posizione dalle carte nautiche riprodotte sul video del computer di bordo. Gli veniva da pensare che navigare con i mezzi tecnologici a disposizione diventava di una facilità estrema. Stava scoprendo le enormi capacità del mezzo che era riuscito a farsi lasciare dallo sconosciuto marinaio. Poteva raggiungere una velocità di crociera elevata. Il radar a sua disposizione gli permetteva di controllare il traffico della navigazione per qualche chilometro. La continua risposta che veniva dal satellite gli permetteva di verificare la posizione ogni venti secondi. L'unico problema era rappresentato dallo scarso carburante che restava nei serbatoi dei due motori da cinquecento cavalli ognuno. Ovale avrebbe preferito schiacciare un pisolino, ma la preoccupazione per quello che sarebbe potuto accadere non gli permetteva di rilassarsi.
Sentiva di non essere ancora al sicuro, i suoi nemici potevano raggiungerli ed in quel caso sarebbe stato difficile salvare la pellaccia. Ilaria era la sola che non aveva avuto problemi. Era scesa sotto coperta dove erano le cabine, si era sdraiata sopra il primo letto che aveva trovato sul suo cammino. Non aveva tardato ad addormentarsi. Lo stress psicologico e fisico sostenuto fino a quel momento aveva fortemente ridotto la sua capacità di reagire. Preferiva non pensare, annientarsi, rifugiarsi nel mondo dei sogni.
Intanto a Malaga Hafif aveva raggiunto i suoi uomini. Era visibilmente contrariato, il suo nervosismo aveva creato un clima di tensione. Aveva penato una notte intera cercando di capire dove potevano essersi nascosti i fuggitivi. Le tracce si perdevano dal momento in cui avevano lasciato l'elicottero. Aveva saputo dell'auto utilizzata per sfuggire alle ricerche notturne della polizia locale. Ma ancora nessuna traccia della Toyota. Tutto lasciava pensare che anche quel mezzo era stato abbandonato. Era convinto che avrebbero cercato di prendere un traghetto per la Sardegna o procurarsi un passaggio su qualche imbarcazione. Non aveva dubbi, avrebbero cercato di fuggire via mare.
La polizia non si rendeva ancora conto della gravità dei fatti. I due morti ritrovati nella villetta insieme ad un uomo di nazionalità francese ucciso con un colpo di pistola al petto, erano stati

completamente isolati nella camera mortuaria, in attesa che ci fossero chiarimenti sul modo di procedere. Si pensava a malattie contagiose di oscura origine, ma al momento nessuno era in grado di dire cosa fare. Tutta la zona dei ritrovamenti era stata evacuata e posta sotto la tutela delle forze dell'ordine. Si temeva una contaminazione.
Hafif era riuscito solo in mattinata a parlare con il dottor Artois; il loro colloquio era stato breve e preoccupato: «...Hafif devi assolutamente ritrovarli. Tutti corriamo un pericolo grave. Se riescono a portare a termine il disegno delle organizzazioni mafiose, l'umanità correrà un brutto rischio. La nostra causa potrebbe essere messa in cattiva luce. I nostri avversari cercheranno di strumentalizzare gli avvenimenti, cercheranno di screditarci, saremo assimilati ad ignobili malfattori, a terroristiche forze politiche che agiscono nel dispregio di qualsiasi legge. Bisogna ritrovarli ed eliminarli. La ragazza deve essere ricondotta nella nostra clinica di Parigi. Dobbiamo riuscire a capire in cosa abbiamo sbagliato. Si è innestato un processo che non controlliamo più»
«Mi occorrono altri uomini. Tenga presente che quel personaggio, il Capitano Curiel, ha degli strani poteri, riesce a leggere nei pensieri, può addirittura modificare il corso logico dei ragionamenti di chi cerca di ostacolarlo. Non ci avrei mai creduto se non fosse capitato a me stesso...»
«Hafif, per favore cosa sono queste storie? Ma che vai dicendo?»
«...la prego dottore, mi creda. Lo so che è difficile capacitarsi. Ma le assicuro che è quel che realmente è successo. Ho visto la mia stessa gente spararsi addosso all'improvviso, senza nessun motivo. Ho visto due miei uomini fidati salvati da morte sicura, quando ormai stavo per chiudere i conti con quei signori. Mi creda, non sto raccontando storie. Mi dica piuttosto come posso evitare questo potere, come posso renderlo innocuo, altrimenti i nostri sforzi, pur trovandoli, saranno vanificati.»
Il dottor Artois, sembrò pensare, Hafif era persona affidabile, mai avrebbe raccontato favole. Era un combattente valoroso, aveva avuto modo di valutarlo in diverse occasioni: «Ma chi è questo Capitano Curiel? Da dove è uscito fuori? Perché si è messo a proteggere quei due rifiuti?»

«Questo non lo so dire. Lo incontrammo di ritorno da Tangeri. Avevamo subito un attentato che aveva messo fuori uso la nostra vettura. Ci raccolse lungo la strada. Da quel momento è entrato a pieno titolo nella storia. Altro non saprei dire»
«Scusa non hai altri elementi da fornirmi? Potrei cercare di capire per chi lavora. Chi lo ha mandato. Ad esempio, la sua nazionalità?»
«Ha detto di essere francese, ha navigato trasportando mercanzie dai paesi orientali in Europa. Dopo la pensione si è ritirato in Marocco, dove si occupa di archeologia. Potrebbe avere dai quarantacinque ai sessant'anni. Di bell'aspetto, alto dinoccolato, capelli biondi stoppacciosi, occhi verdi o celesti. Fisico non particolarmente robusto, ma sicuramente pericoloso per via di quei suoi strani poteri»
«Bene, cercherò di saperne di più. Ti richiamo fra poco. Intanto organizza i tuoi uomini, bisogna controllare tutto, le strade, le ferrovie, il porto. Non lasciateli fuggire.»
Il telefono venne riattaccato.

Il Ministero della Sanità

A Roma l'attività nel Ministero della Sanità era stranamente frenetica e mattiniera. Avevano svegliato la ministra alle due di notte. Parigi aveva stabilito un collegamento diretto con quasi tutte le capitali europee. Si erano scambiati le ultime informazioni relative al caso "x". Tutti erano stati allertati, non bisognava far trapelare nulla all'esterno. Tutte le informazioni sarebbero state date non appena si fosse capito l'effettiva pericolosità.
Wladimiro Pergolati erano dodici anni che faceva il ricercatore, gli ultimi otto li aveva trascorsi fra Roma, Parigi e Nairobi. Stava sperimentando una nuova cura per i malati di Aids non ancora conclamato. Lo avevano chiamato a far parte di una task force presso il ministero più chiacchierato d'Italia. I suoi due colleghi avevano molta più esperienza di lui, ma nel campo specifico non erano luminari come amavano far credere.
Varcò la soglia dell'ufficio dopo aver ricevuto il passi, la ministra se ne stava china ad esaminare un voluminoso dossier sulla scrivania: «Buongiorno, Wladi, non riesco a capirci niente, è più di un'ora che cerco di decifrare il linguaggio protocollare dei

francesi, ma non ne cavo un ragno dal buco. Spiegami di che diavolo stiamo parlando?»
«Buongiorno. Questa è già una giornataccia, allora veniamo al dunque. Ci troviamo un bel problema da risolvere. La missiva che conteneva quelle strane minacce arrivata tre giorni fa, questa notte è stata supportata da un reportage fotografico fatto dagli agenti spagnoli, presso la cittadina di Malaga. Le fotografie sono estremamente chiare, quello che veniva descritto nella missiva è stato puntualmente provato con due cavie, poveracci loro, sottoposte al trattamento. Ora si tratta di capire: innanzitutto se crederci; due se è possibile una eventuale epidemia del male opportunamente veicolato; tre se cedere al ricatto delle cosche mafiose o camorristiche che siano, le quali senza mezzi termini ci spiegano che sono disposte a fornirci l'occorrente per debellare sul nascere questo nuovo flagello, pagando opportunamente e senza battere ciglio. I francesi dicono che dalle loro informazioni i nostri malviventi non sono ancora in possesso di un bel niente, quindi se pagassimo eventualmente due lire le avremmo buttate dalla finestra. Propongono di prendere tempo perché credono di essere sulla buona strada per capire di cosa si tratta. Gli spagnoli sono quelli più preoccupati, poiché indubbiamente ipotizzano che chiunque stia trafficando con armi biologiche o chimiche sia ancora in territorio spagnolo, e quindi per loro il pericolo è reale. Sono riusciti a non far trapelare nessuna notizia particolare, ma qualche giornale locale ha già mangiato la foglia e sono in procinto di approfondire le indagini in proprio. Non è passato inosservato il trambusto del ritrovamento dei due cadaveri presso la città di Malaga»
«Ma puoi farmi capire qualcosa di più? Qual è l'epidemia minacciata e come verrebbe veicolata nella popolazione? Non raccontarmi solo fatti e cronache, voglio una tua opinione.» Si era tolta gli occhiali, si passò la mano nei capelli ancora lunghi e folti: «Non ho ancora un'opinione precisa, devo approfondire alcuni aspetti contraddittori. Quello che posso sicuramente dire è che ci troviamo davanti ad una minaccia reale, preoccupante. Dai dati forniti dagli spagnoli, emerge con chiarezza la pericolosità del virus o battere o sostanza che ha colpito i due uomini. Il male si

trasmette per via ematica, con le stesse modalità dell'Aids, ma il suo attacco è devastante in tempi rapidissimi. A distanza di due ore dal contagio si è spacciati fra atroci spasmi e dolori, con escrescenze tumorali che impestano il corpo umano. Le parti colpite sono inizialmente l'apparato riproduttivo dell'uomo e poi in successione tutto il corpo. Il tempo a disposizione di incubazione e sviluppo della malattia, se è così breve, non permette nessun tipo d'intervento. Se poi il contagio si estende a macchia d'olio attraverso portatori sani femminili, che non vengono colpiti dal male, in uno spazio ristretto di tempo avremo la decimazione della nostra popolazione maschile»

«Questo è strano. Le donne sono vaccinate naturalmente da questa epidemia. C'è qualcosa di poco convincente»

«I dati che si hanno a disposizione fanno supporre che questa sia la verità. Le donne sono solo portatrici sane del male, anzi veicolo di trasmissione, ma rimangono illese. I francesi sono convinti che persino le misure di normale prevenzione, in altri termini l'utilizzo dei profilattici, non mette al riparo l'eventuale predestinato. Dalle loro informazioni sembra che il contagio possa avvenire anche attraverso la pellicola del preservativo. Non mi chieda le modalità, perché su questo aspetto avanzano solo ipotesi e non certo fatti»

«Veniamo ai nostri mascalzoni. Cosa dicono? Cosa vogliono? È possibile parlarci per saperne di più?»

«Beh! Questa è una indagine che è stata svolta dal Ministero degli Interni utilizzando abituali informatori. Essi affermano di essere in possesso della micidiale sostanza, di poterla riprodurre a loro piacimento. Affermano inoltre che per loro sarebbe possibile infettare mezzo mondo utilizzando semplicemente parte delle prostitute che governano. Tragicamente la catena è conosciuta.

«L'uomo si infetta con la prostituta e muore. La donna che dovesse eventualmente prestargli soccorso o essergli vicina prima della morte verrebbe ad essere contagiata. A sua volta potrebbe contagiare le persone di sesso femminile a lei vicine. Il contagio per le donne avviene attraverso la saliva, il sudore, le lacrime, le secrezioni umorali, le urine. Diventerebbero potenziali killers in agguato. Il primo uomo che avesse rapporti sessuali o altro contatto ematico, morirebbe in pochissimo tempo. Per distruggere la popolazione di sesso maschile di una città come Roma, occorrerebbe poco più di un mese. Dalla lettera e dalle due telefonate pervenute all'Istituto Superiore di Sanità i ricattatori affermano di possedere la sostanza ma persino il modo per neutralizzarla. Alla velocità in cui progredisce il male sarebbe impossibile per chiunque trovare un antidoto. Affermano che studiosi di guerre batteriologiche hanno portato avanti il progetto per anni prima di renderlo utilizzabile. Le richieste che fanno per fornirci tutti gli elementi necessari a debellare il male e gli antidoti da utilizzare sono onerose: liberazione di un numero imprecisato di detenuti e salvacondotti per paesi di loro scelta; ad ognuno di essi lo stato dovrebbe fornire contanti in dollari o altre valute per dieci miliardi.

«Emanazione di una legge speciale per l'occupazione nel meridione. Ogni comune, ogni regione dovrà assumere per lavori socialmente utili un complessivo di diecimila lavoratori attualmente disoccupati. Impegno nella prossima finanziaria a ridurre la spesa pubblica per la difesa e per le forze dell'ordine. Le riduzioni non potranno essere inferiori al trenta per cento»

«Ma che razza di ricatto è mai questo? Capisco la liberazione di detenuti e la richiesta di soldi, ma le altre sono decisamente fuori luogo. Non cercano per caso di alimentare una protesta sociale? Non mi convince, c'è qualcosa che non va.» La ministra era perplessa, si passava la mano tra i capelli, toglieva gli occhiali, li posava sulla scrivania e tornava ad inforcarli nuovamente. Wladimiro Pergolati provò a dare una sua spiegazione: «Gli ultimi provvedimenti del Governo e le azioni della magistratura e polizia hanno enormemente indebolito le organizzazioni mafiose. Mai come in questo periodo sono state così maltrattate e ridotte all'impotenza. Tutti i loro capi storici sono stati arrestati, quelli che rimangono in libertà hanno poco spazio per muoversi. L'opera dei pentiti ha demolito l'ambiente sociale di riferimento, si muovono ormai come pesci fuor d'acqua. Ecco perché ora cercano di ricostruire un consenso alle loro attività criminose, ricorrendo ad operazioni strumentalmente volte a risolvere problemi di enorme interesse per la popolazione. Cosa ne pensa il

Presidente? Avete già avuto possibilità di scambiare opinioni? Cosa si aspetta che decidiamo come Ministero della Sanità?»
La ministra guardò Wladimiro, lo vide come in realtà era, giovane ed intelligente, pieno di risorse ed energie, sempre pronto ad affrontare qualsiasi problema gli venisse posto. Ma dov'era quando furoreggiavano i tangentari? Dove si era nascosto quando i corrotti e corruttori avevano deciso di sbracare lo stato sociale ed il livello minimo di assistenza? Dov'era quel baldo giovanotto quando tutti davano l'assalto alla torta dei farmaci? Lasciò cadere questi ultimi pensieri, sicuramente Wladimiro Pergolati, con quella sua faccia pulita, non poteva essere stato coinvolto in quella sozzura: «Mi sembra ovvio, dal ministero vogliono la verifica della gravità della minaccia. Vogliono sapere se effettivamente la nostra popolazione potrebbe correre i pericoli di cui si parla nelle lettere minatorie. Vogliono capire se siamo in procinto di trasformarci in un paese di Amazzoni, senza uomini» provò a scherzare sdrammatizzando la situazione. «Forse non sarebbe del tutto un male, potremmo finalmente cambiare qualcosa di questo mondo fallocratico. Il Presidente è fortemente preoccupato e soprattutto non sa cosa fare. Ora però dimmi tu quali sono le cose da fare nell'immediato, poi ti rispondo al resto»
«Ci sono diversi problemi da affrontare. Prima di tutto, l'opinione pubblica non deve ancora essere informata, creeremmo del panico inutilmente. La seconda cosa è l'accertamento della minaccia in termini scientifici. Mancano, come sai, gli elementi strutturali, i casi di normale sperimentazione, mancano esperienze precedenti. In nessun paese al mondo si è mai profilato un pericolo di siffatta natura. È un record assoluto, una primizia.
«Il Ministero della Sanità francese sembra essere quello più avanti degli altri nell'approfondimento del problema. Gli spagnoli sono invece quelli più preoccupati, i ritrovamenti sono stati fatti sul loro territorio. Già temono il diffondersi dell'epidemia, credono che ci sia un numero limitato di gente contaminata. Hanno messo sotto osservazione le due infermiere dell'autoambulanza che ha effettuato il trasporto dei cadaveri nell'obitorio della città. Quello che tutti si aspettano da noi è altrettanto evidente, dobbiamo sciogliere il nodo, assumendo la piena responsabilità,

se la gravità del fatto richieda un intervento diretto del Governo dichiarando lo stato di emergenza oppure ignorare il ricatto come evidente bluff, restituire il caso alle forze dell'ordine come l'ennesimo tentativo ricattatorio perpetrato ai danni dello stato da forze malavitose, oggi in seria difficoltà»
«Beh ci affidano una bella responsabilità, non c'è che dire!»
«Ho avuto informazione dell'incontro che dovrei avere con i colleghi francesi e spagnoli in mattinata. Avremo modo di osservare. Spero che da questa riunione possano venire delucidazioni su come comportarsi. Se vuoi sapere la mia opinione, così senza ancora capire del tutto di cosa ci stiamo occupando, è quella di cedere al ricatto, trattando il trattabile. La rigidità non è un modo corretto di comportamento, di fronte al pericolo ipotetico a cui si dovrebbe esporre l'intero paese. Non voglio con questo indicarti la strada, fai le tue verifiche, arriva ad una pur minima certezza, poi vedremo il da farsi. L'ultimatum scade fra quarantotto ore, teoricamente abbiamo tempo»
«Quando avresti intenzione di partire? Adesso chiedo se è possibile avere a disposizione un aereo militare.»
Senza attendere risposte si attaccò al telefono: «Valeria, ti prego, con la massima urgenza mettiti in contatto con lo Stato maggiore, chiedi la disponibilità di un aereo per la Spagna.»
Wladimiro Pergolati pensò che in fondo la ministra poteva essere anche simpatica. Non era del suo partito né era vicina alle sue idee politiche, ma finora non avevano avuto screzi. Lavoravano insieme, spesso la ministra accettava i suoi consigli, le sue opinioni, certo nel ramo delle attività di suo interesse. Si avvertiva uno stacco profondo fra le vecchie e le nuove gestioni, sembrava una sorta di rivoluzione. Subito dopo lo scandalo degli aumenti dei farmaci erano stati decapitati tutti i vertici, la struttura burocratica aveva subito una scossa profonda, i vecchi quadri erano stati o arrestati o messi a riposo. La corruzione aveva travalicato ogni immaginazione. Tutti si erano fatti coinvolgere con profondo giovamento. *Che triste storia*, pensava Wladimiro, erano anni che si supponeva la verità, erano anni che si alimentavano sospetti attorno a questo o a quell'altro dirigente.
Non c'erano dubbi, si sentiva colpevole, colpevole di non aver

parlato prima, colpevole di non aver esternato il proprio pensiero, colpevole di non aver denunciato i malfattori, colpevole di aver convissuto nell'omertà. Qualcun altro avrebbe dovuto pensarci, era questa la considerazione comunemente adottata per salvarsi l'anima. Oggi capiva di aver ignobilmente sbagliato, di aver alimentato le ruberie con la sua codardia. Forse non sarebbe bastato un esposto alla Magistratura, ma almeno avrebbe denunciato pubblicamente i corrotti. Avrebbe dovuto sostenere battaglie politiche, additando al pubblico disprezzo gli squallidi Poggiolini. Ormai era troppo tardi, ora era troppo facile. L'unico modo per redimersi dalla colpa del silenzio era lavorare sempre meglio con la massima dedizione, prendersi a cuore i mille problemi del suo lavoro con spirito di sacrificio. Lo aveva sempre fatto ma ultimamente stava dando fondo alle sue energie. Si era talmente gettato a capofitto nell'affrontare le sue sperimentazioni sull'Aids che quasi non aveva più tempo per la sua vita privata, i suoi hobbies. Anche le letture erano diventate a senso unico, stava lasciando perdere persino la storia e la letteratura. Questa donna messa a dirigere l'intero ministero sembrava una persona corretta, certo piena di scrupoli, parlare di preservativi o di pillole anticoncezionali la faceva arrossire, ma nonostante tutto si assumeva le sue responsabilità. Le nuove campagne per la prevenzione parlavano esplicitamente di argomenti ritenuti tabù dalle alte gerarchie ecclesiastiche. Era stata catapultata in quella difficile posizione dopo l'ennesimo ribaltone governativo imposto dalla Magistratura. L'aveva riesumata da qualche commissione che si occupava vagamente di sanità e prevenzione, prudentemente cattolica e gradita ai nuovi sperimentatori tecnocratici che si apprestavano a dare una dimensione diversa all'arte della politica. Ma si capiva che era di passaggio, come del resto lo erano i suoi colleghi del Governo. Stavano vivendo una fase di difficile transizione, il paese Italia si apprestava a vivere la vigilia della sua seconda repubblica. Il passaggio non poteva essere indolore. Tutte le malefatte venivano tranquillamente esposte al pubblico con una inconsueta carica di incredulità. A stento si riusciva a distinguere tra fantasia e realtà.
Il telefono trillò insistentemente sulla scrivania della ministra,

alzò la cornetta e rispose: «Sì? Ah bene! Può cominciare ad avviarsi. Grazie cara.» Riagganciò e rivolta nuovamente a Wladimiro: «Allora tutto a posto, l'aereo è pronto a partire, ti aspettano. Guarda che ci sarà l'uomo dei servizi con te e forse il magistrato che si sta occupando del caso. La procura non ha ancora deciso. Tienimi informata, chiamami a casa se necessario, anche se credo di rimanere al ministero. Forse dovrò sostenere una conferenza stampa questa sera, nel pomeriggio ci sarà una riunione ristretta di gabinetto. Allora auguri e buon viaggio.»
Si alzò dalla poltrona e allungò la mano verso Wladimiro: «Non si preoccupi mi terrò costantemente in contatto.» Strinse a sua volta la mano scotendola.
Wladimiro uscì, lo aspettava un'auto della polizia che lo avrebbe portato all'aeroporto militare di Pratica di mare.

L'ordine

Gli uomini di Hafif avevano scandagliato ogni posto possibile. Il porto era già presidiato, controllavano gli ingressi alle biglietterie dei traghetti, sulla costiera aveva creato una sorta di posto di blocco, allestendo un incidente fra due grossi camion che trasportavano frutta.
Il traffico era regolato da uomini che controllavano gli interni delle vetture che passavano lentamente sotto i loro occhi.
Hafif attendeva, nel suo improvvisato quartier generale, notizie dal dottor Artois. La sua attesa fu di breve durata. Il telefono squillò nuovamente: «Sto partendo. Fra qualche ora sarò sul posto", disse in tono perentorio il medico. «Faccio parte della commissione governativa che incontrerà altri specialisti europei, assisteremo all'autopsia dei due cadaveri. Mi auguro che nel frattempo siate riusciti a prendere i fuggitivi. Ricordati! È la ragazza che ci interessa. Ho preso informazioni sul Capitano Curiel: non risulta assolutamente nulla. Deve essere un nome di pura invenzione. Non esiste nessun personaggio con un nome simile negli archivi delle società di navigazione, ma non esiste nemmeno all'anagrafe.

«Un uomo chiamato Curiel, Capitano, dall'apparente età di cinquant'anni non è mai esistito. Questo personaggio si cela sotto una falsa identità. Finora è questo che sono riuscito a sapere. Tu che cosa mi puoi dire?»
Hafif cadde dalle nuvole, era sorpreso, non aveva pensato a questa eventualità. Stava diventando vecchio ed il suo cervello cominciava a fare cilecca. Sarebbe dovuta essere la sua prima preoccupazione accertare l'identità di quell'individuo così pericoloso ed invece era rimasto abbagliato da quei poteri straordinari, tanto da non ricordarsi le minime regole di comportamento. Non sapeva davvero cosa dire, provò ad articolare una risposta: «Mi coglie completamente di sorpresa, confesso di non aver pensato ad una eventualità del genere. Posso rassicurarla, se non sono usciti durante la notte, non potranno più lasciare Malaga senza essere visti. Questa volta non mi coglieranno impreparato»
«Allora a presto. Ancora una raccomandazione, sarò io stesso a mettermi in contatto con voi, appena mi sarà possibile, non fate cose avventate.»

Wladimiro Pergolati

Il volo era durato poco, Wladimiro non aveva avuto nemmeno il tempo di rileggere i suoi appunti. Iniziando a guardare gli articoli dei giornali che riportavano la notizia, ebbe il sospetto che qualcuno sapesse già, più di quanto lui avesse scritto, sebbene nessuno sembrava avesse capito la reale gravità della situazione.
Avrebbe voluto approfondire due saggi sulle immunodeficienze e sulle armi batteriologiche ma l'aereo stava atterrando, mise via tutte le sue carte e si preparò a scendere. Alcune auto della polizia locale prelevarono gli ospiti stranieri, conducendoli nella centro della città spagnola.
L'ospedale dove furono condotti presentava due padiglioni distinti e separati. Percorsero un lungo corridoio, del reparto malattie infettive, non prima di aver indossato nell'astanteria guanti e camici, mascherine e copriscarpe. Discesero due rampe di scale e finalmente furono introdotti in una vasta sala, fredda e piena di luci. Sopra un tavolo operatorio erano già stati sistemati, in bella vista, i tre sventurati, nudi ed orripilanti nelle loro deformazioni. Wladimiro ebbe un attimo di panico alla vista dei

cadaveri, ma fu un attimo fuggevole, ritornò alla sua freddezza e distacco professionale.
Vennero fatti accomodare tutt'intorno al tavolo, ognuno fu invitato ad inserire nell'orecchio l'auricolare per la traduzione simultanea. Un professore stava già spiegando agli astanti il suo punto di vista dopo i primi esami superficiali delle vittime.
«...siamo in presenza, cari colleghi, di qualcosa d'inconsueto; non siamo riusciti, durante tutta questa notte, a trovare notizie di precedenti morti avvenute in questo singolare modo. Le deformazioni prodotte dal male, che ci risulta essere stato repentino e fulminante, non sono riscontrabili nella storia della medicina in nessun altro caso precedente, né qui, né altrove. Gli apparentamenti potrebbero essere infiniti, ma la questione del tempo di incubazione del male e della sua manifestazione li esclude tutti. Vi abbiamo convocati per avere un contributo e delle indicazioni sul modo di procedere nell'esame. La pericolosità sembrerebbe accertata, anche se gli uomini corrono realmente il pericolo di queste morti orrende, essendo le donne solo un veicolo di infezione. Il mondo sta correndo un incredibile pericolo, l'augurio è quello di trovare al più presto l'origine di questo disastro ed il suo rimedio. Ora mi accingo all'autopsia, visto che sono finalmente arrivati gli altri nostri ospiti.» Guardò Wladimiro ed il dottor Artois che aveva fatto il suo ingresso da poco: «Gli esami istologici sono già stati fatti, le risultanze sono nelle cartelline che avete davanti. Mi assiste l'equipe della sala operatoria reparto oncologico.»
Il professore si calò la mascherina sul viso e ricevette nelle mani il bisturi per la prima incisione, fu in quel momento che il dottor Artois chiese la parola: «Signori, il Governo francese mi ha pregato di partecipare a questo esame. La mia clinica ha condotto ricerche per molto tempo sugli ormoni steroidi, oggi sappiamo che possono esistere sostanze che, se opportunamente arricchite in laboratorio, provocano negli uomini gli stessi fenomeni che posso osservare sui due cadaveri che qui vediamo. Di una cosa sono certo, la virulenza di queste sostanze è pericolosa ed imprevedibile. Voglio dire che la contaminazione può essere in agguato. Suggerirei, prima ancora di passare al sezionamento dei

due corpi, di verificare la pericolosità ed il livello di contagio. Il prelievo dei campioni è stato fatto e, visto che avete già eseguito gli esami istologici, per ora lavorerei su questi campioni. L'importante è visitare e verificare se le due infermiere, che avete provveduto a mettere in isolamento, presentino sintomi di qualche natura. Gli esami che dovremmo eseguire sono indirizzati alla ricerca di qualche elemento che può trasferirsi, attraverso il contatto ematico, nella struttura immunitaria dell'uomo e provocarne la degenerazione in pochissimo tempo. Quel che risulta incomprensibile è come le donne possano essere immuni: solo portatori sani, veicoli di trasmissione pura e semplice. I miei timori sono fondati sulle nostre precedenti esperienze. Consiglierei pertanto di rimandare solo di qualche giorno l'autopsia. Di conservare i due corpi in un ambiente a temperatura non superiore ai quattro gradi. Nel frattempo cercheremo di capire come può avvenire il contagio.»
L'intervento del dottor Artois colse tutti di sorpresa, anche se alcuni si sentirono sollevati. I loro dubbi non espressi ora acquisivano una consistenza ed un'autorevolezza. Il chirurgo spagnolo, che avrebbe dovuto eseguire l'autopsia, depose il bisturi, si allontanò dai due cadaveri e così rispose: «Ritengo in qualche modo ragionevole quanto proposto. Durante tutta la notte ci siamo posti la domanda se affrontare o meno questo esame. Alla fine ci eravamo risolti per farlo considerando minimi i rischi di contaminazione. È evidente che di fronte all'ignoto le precauzioni non sono mai poche. Aspettare un paio di giorni, lavorando per adesso sui campioni prelevati, mi sembra la soluzione più ovvia. Ringrazio pertanto il collega francese e lo pregherei a questo punto di esporci i risultati delle sue ricerche.»
Wladimiro non ebbe nulla da obiettare. Il dottor Artois prese di nuovo la parola. Sarebbe stato lui il mattatore della riunione: «Il mio intento è quello di illustrare nella maniera più dettagliata le scoperte della mia equipe di ricerca.» Continuò così per circa un'ora. La sua intenzione era intanto di perdere tempo, avrebbe così dato modo ai suoi uomini di ritrovare i fuggitivi.
«...fu solo a seguito di sperimentazioni del tutto casuali che arrivammo a combinare sostanze eterogenee che produssero il ri-

sultato che potete osservare»: aveva così riempito il tavolo di fotografie che rappresentavano le varie fasi delle sperimentazioni condotte su volontari, ai quali era stato successivamente somministrato l'antidoto neutralizzante gli effetti illustrati. «Ma non realizzarono certamente gli obiettivi della ricerca. Eravamo partiti con l'intento di produrre un medicamento adatto a curare, nelle sue manifestazioni organiche, l'impotenza. Eravamo approdati ad un acceleratore della degenerazione dei tessuti cavernosi e dell'apparato riproduttivo dell'uomo. Non sono stati edificanti i nostri studi, soprattutto alla luce degli eventi attuali. Innanzitutto va sgombrato il tavolo dalla pesantezza delle accuse circa l'utilizzo della nostra sostanza. Ci sono profonde contraddizioni e discrepanze, la prima fra tutte il tempo, affinché si compia il processo. Noi abbiamo accertato tempi molto più lunghi di quelli descritti. Nel caso attuale, variano dalle due alle quattro settimane, in alcuni casi si arriva persino a qualche mese. I nostri volontari poi sono sempre usciti illesi, esiste una sostanza che blocca e fa regredire il processo degenerativo. Qui stiamo vedendo tutt'altre cose. Ora mi chiedo: sarà stato possibile a qualche malfattore trafugare dai nostri laboratori la sostanza, trasformarla e renderla così pericolosa? Ritengo questa spiegazione, purtroppo, frutto di pura fantasia. Se così fosse stato ora comunque avremmo un'arma in più su cui poter far conto. Saremmo stati vicini alla soluzione dell'enigma, avremmo trovato un antidoto potente e sicuro, ma così non è. A scapito delle analogie, sono processi completamente diversi di cui ancora non siamo in condizione di fare la giusta analisi.»
Continuò così ad elencare diversità sulla base di dati tecnici da lui stesso riscontrati con l'unico obiettivo di allontanare sempre di più qualsiasi dubbio circa la compromissione con quanto stava accadendo. Chiuse con l'invito ai governi europei a stringere rapporti di collaborazione adottando le stesse misure preventive.
Le domande furono moltissime, tutti volevano sapere e approfondire, cercavano di capire il mistero che si racchiudeva attorno alla sostanza prodotta dai laboratori del dottor Artois. Wladimiro era sconcertato, cadeva letteralmente dalle nuvole, non si aspettava di trovare dei francesi che partendo dall'impotenza erano

arrivati a scoprire una sostanza che produceva degenerazione nei essuti. La relazione fra questo fatto e la minaccia di trasformare il mondo in un mondo di sole donne era sconcertante. L'unica cosa che gli riuscì di pensare fu che il rappresentante francese aveva l'intenzione di fugare qualsiasi dubbio circa la loro complicità nel ricatto. Avrebbero così allontanato ogni accostamento fatto da chi sicuramente doveva sapere delle scoperte del dottor Artois.

Wladimiro aveva guardato per tutto il tempo la faccia del relatore, era impassibile, fermo nelle sue convinzioni, quasi disgustato che qualcuno avesse potuto accostare la sua ricerca ai tragici avvenimenti che stavano esaminando. Aspettò che finisse, poi chiese di poter parlare, due cose non lo convincevano: «Premetto che apprendo solo ora dell'esistenza di una ricerca che ha dato tali risultati da poter essere confusi con il nostro caso, ma quello che ancora non capisco sono le analogie. In sintesi l'aspetto relativo alle donne sembra essere identico, il tipo di degenerazione dei tessuti non presenta grosse differenze. Allora se l'antidoto adottato dal dottor Artois ha dato risultati ottimi perché non usarlo nel nostro caso? In via sperimentale ben inteso, potremmo così studiare gli effetti collaterali e comunque avere più tempo a disposizione per approfondire lo studio sul tipo di cure preventive da utilizzare e su come curare i malati. Pregherei pertanto il rappresentante francese di mettere a disposizione questo ritrovato senza altre esitazioni, sperando che ci riesca di salvare qualche vita umana.»

Il dottor Artois non sembrò preoccupato né sorpreso dalla richiesta, in verità si aspettava che qualcuno facesse una richiesta del genere. Accettò quindi di buon grado di fornire la composizione chimica del prodotto da utilizzare, ma volle precisare: «Non credo che si riuscirà ad ottenere gli stessi risultati, anzi ritengo che sarà del tutto inefficace, ma visto che è la sola alternativa, accettiamo di buon grado la proposta.» Estrasse da una delle sue borse una cartella che consegnò al professore spagnolo: «Ecco la descrizione puntuale dell'antidoto da noi messo a punto con l'esatto dosaggio degli elementi chimico - biologici che lo compongono. Il processo industriale non è difficoltoso, né costoso. Richiede

qualche attenzione l'uso di apparecchiature sterili e con alcune caratteristiche termodinamiche, ma è inutile che mi dilunghi, è tutto precisato all'interno dei fogli contenuti nella cartella. Il prodotto è stato già registrato con i regolamenti internazionali, chiunque lo utilizzerà dovrà poi riconoscere una piccola royalties alla società che lo ha brevettato. Sono sicuro che ogni Stato qui rappresentato saprà come comportarsi al riguardo, siamo in una situazione di emergenza e confido nella vostra correttezza.»
Chiuse così il suo nuovo intervento, il resto della sala era ormai conquistata dalla generosità e magnanimità di quel personaggio che aveva modificato il corso della riunione, accendendo un lumicino di speranza. Wladimiro fu il primo a congratularsi con il dottor Artois, prima di lasciare l'aula per mettersi in contatto con il Ministero in Italia. Forse potevano guadagnare un po' di tempo.

Battaglia navale

La barca navigava spedita verso la sua meta. Lo sciabordio dell'acqua, infranta dall'avanzare della prua, era simile ad una melodia, se associata al giusto ritmare dei motori. Tutto procedeva per il meglio, avrebbero raggiunto la costa di Ibiza nei tempi stabiliti così pure la Sardegna nell'orario previsto.
Ovale pensava che stavano per finire i momenti più difficili della missione, in Italia avrebbe ritrovato un po' di pace, prima di immergersi di nuovo in qualche altro pasticcio.
Ilaria dormiva, non si era mossa. Si era gettata vestita su quel comodo letto che aveva trovato nel vano delle cabine e lì era rimasta cullata dal beccheggio dell'imbarcazione.
L'unico predestinato a sopportare il peso ultimo delle operazioni era il Capitano. Aveva la testa piena di pensieri, a volte preoccupanti. Ora capiva di doversi tirare fuori da un'avventura che si andava complicando sempre di più. Con troppa facioneria si era lasciato convincere, in effetti i rischi che aveva corso e avrebbe dovuto correre non lo lasciavano tranquillo. Capiva di trovarsi nel mezzo di uno scontro fra diverse fazioni in lotta.

Qualcuna avrebbe avuto il sopravvento, gli avversari erano pertanto destinati a soccombere. Lui sarebbe stato dalla parte di coloro che avrebbero vinto, giuste o non giuste che fossero le loro idee. In più, i governi di alcuni paesi europei avevano capito la gravità dell'affare, ed ora sarebbero corsi ai ripari, ma, a suo avviso, in maniera goffa e priva di vere iniziative. In realtà, finora si era trattato di ricatto, bisognava capire chi era il ricattatore e quali strumenti effettivi avesse. Non poteva bastare l'esistenza di Ilaria, qualunque fosse la virulenza contagiosa della sostanza che le avevano introdotto nel corpo. Non c'era dubbio, lui era stato un testimone oculare, il male colpiva con una violenza inaudita ed in maniera mortale.

L'aria era fresca e tersa, l'aveva sentita tante volte dalla tolda della sua nave, gli ricordava vicende e storie di anni passati. Guardò il cielo limpido e pulito, il sole brillava ma senza calore. Fu in quel momento che avvertì il rumore di un piccolo aereo che si avvicinava. Guardò con più attenzione, ed alla fine lo vide, veniva dalla costa che avevano lasciato, non c'era dubbio. Il puntino si avvicinava sempre di più, finché passò sopra la sua testa a due o trecento metri d'altezza. Lo vide allontanarsi e poi piegare sull'ala in una lunga virata che lo riportò direttamente sulla direzione della barca. Questa volta passò ad una distanza non superiore ai cinquanta metri. Non c'erano più dubbi erano stati avvistati, il pilota doveva aver già dato le coordinate alla sua base a terra, fra poco avrebbero avuto visite certamente non gradite. Rientrò nella cabina, esaminò con attenzione la distanza che li separava dal primo approdo, verificò la strada percorsa, non era molta ma poteva essere sufficiente. Calcolò che anche procedendo a quella velocità, circa diciotto nodi, con una qualsiasi imbarcazione non avrebbero potuto raggiungerli prima di Maiorca. Potevano essere raggiunti solo da aerei o elicotteri, ma questi ultimi dovevano avere una grossa autonomia. Certo, avrebbero potuto avvertire dei complici presso le isole, ma questa sembrava un'ipotesi improbabile. Aumentò la velocità a venti nodi e lasciò tutto come aveva programmato. Pensò che fosse inutile per il momento avvertire i suoi compagni, non era ancora necessario.

Ovale provò a svegliare Ilaria. Dormiva riversa con una mano

sopra la testa. «Ehi! Ilaria svegliati! Su, da brava tesoro, alzati, stiamo per arrivare.» Ilaria per tutta risposta, si girò di lato, continuando a dormire profondamente. Nel girarsi aveva mandato per aria la coperta che copriva le sue gambe. Ovale si sentì responsabile di aver procurato tanti guai a quella giovane donna, forse aveva messo in pericolo la sua stessa vita. L'avrebbe difesa, non avrebbe permesso che fosse uccisa, almeno questo le doveva per riconoscenza. Sapeva che sarebbe stato difficile, ma in cuor suo sperava che i programmi dell'organizzazione non prevedessero l'eliminazione della ragazza. Avrebbe pensato dopo a dove nasconderla. Raccolse la coperta e la coprì uscendo dalla cabina. Risalì la scaletta del boccaporto e si trovò sulla tolda di comando dove stava il Capitano. «Beh! Tutto procede per il meglio?»
«Credo proprio che ci abbiano avvistati» disse laconico, «un piccolo aereo ci ha sorvolato per ben due volte»
«Quanto manca per arrivare a terra?»
«Circa due ore. Anzi ora lo chiedo al computer.» Battè il tasto "escape" sulla tastiera dei comandi, il monitor presentò un menu con varie scelte. Il Capitano evidenziò quello riguardante "calcoli e misurazioni". Il monitor gli restitu una carta nautica dove al centro lampeggiava la loro posizione. Mosse il cursore fino a toccare le coste dell'isola di Maiorca. Una linea luminosa marcò la nuova rotta, mentre sul lato del monitor comparvero tutti i dati richiesti: la velocità attuale, la distanza in miglia marittime, il tempo di percorrenza. Non si era sbagliato di molto, il computer asseriva che ci sarebbero volute ancora due ore e dodici minuti prima di raggiungere l'approdo desiderato.
«Con questi strumenti è diventato un gioco da ragazzi navigare per i mari. Basta solo saper interpretare i dati ed apportare le dovute modifiche in caso di necessità»
«Per me è come parlare arabo» confessò Ovale, «non saprei dove mettere le mani»
«Ecco vedi! Il cervello dell'impianto è questa scatola»: stava indicando uno strumento con molte segnalazioni luminose che si accendevano e spegnevano ad intervalli regolari. «Attraverso un collegamento con un satellite che gira sulle nostre teste determina la posizione spaziale della barca con un'approssimazione

millimetrica. Trasmette questo dato al computer di bordo che presiede a tutte le operazioni e che controlla i motori, il timone e ricalcola la rotta ogni venti secondi. Sul monitor puoi controllare la strada percorsa dal momento della partenza e verificare dove stai andando. Ah dimenticavo! Vi è un radar che fornisce informazioni. Se vi sono ostacoli sulla strada, automaticamente vengono scartati e collimate rotte dove non esistono pericoli di sorta. Tutto questo avviene una volta che si inserisce il pilota automatico, altrimenti la barca può essere condotta manualmente come si faceva tradizionalmente. Potresti condurla anche tu»

«Ah! No, no! Non saprei da dove iniziare. Preferisco fare altre cose»

«Ormai anche per le barche da turismo si utilizzano le stesse tecnologie sofisticate militari. Il sistema di collegamento satellitare è quello studiato per le traiettorie dei missili. Tecnologie raffinate ed ampiamente sperimentate durante la guerra del Golfo. Si sono usati fino a ventiquattro satelliti in orbita geostazionaria per approntare le rotte e le traiettorie degli aerei e dei missili. Le forze ONU controllavano un territorio vastissimo, oscurando la possibilità per gli iracheni di accedere alla pur minima indicazione. Beh! Verifichiamo se i nostri amici ci stanno venendo a far visita.» Si avvicinò al radar, una lancetta luminosa girava vorticosamente su di un quadrante dove ogni tanto si evidenziavano puntini fosforescenti dalle tonalità verdi.

«Che cosa riesci a vedere?»

«Per adesso niente, sembra tutto normale, ma è ancora presto. Comunque prepariamoci e restiamo vigili, ho uno strano presentimento»

«Che presentimento?» chiese Ovale titubante.

«Penso concretamente che da qui a poco avremo visite non certo ben intenzionate. A mio avviso se partono dalla costa con degli elicotteri potrebbero raggiungerci prima di arrivare alle isole. Se poi riescono ad avvertire qualche complice ad Ibiza o a Maiorca, potrebbero essere qui ancora prima di quello che pensiamo con delle semplici imbarcazioni. Le loro intenzioni questa volta saranno sicuramente bellicose»

«Beh, che possiamo fare?» Ovale sembrava rassegnato, non avvertiva più nemmeno la paura.
«Intanto prova a vedere se ci sono delle armi a bordo. Serviranno a poco!» Così dicendo il Capitano lasciò intendere la loro impotenza.
Ovale ridiscese precipitoso le scalette del boccaporto, rovistò con dovizia le cabine e finalmente trovò una carabina di precisione con due scatole di proiettili, un lanciarazzi per segnalazioni di soccorso ed uno strano fucile con un arpione, un'arma per la pesca del pesce spada. Portò tutto l'armamentario di sopra, preparandosi psicologicamente alla nuova guerra che avrebbe dovuto combattere. Il Capitano non si era sbagliato.
«Hai visto! Eccoli che arrivano!» Due puntini all'orizzonte si avvicinavano a forte velocità all'imbarcazione. Altro che, avevano gli aerei a disposizione. «Ci dovranno sparare per fermarci!»
Ovale si ostinò a guardare, ma non riusciva a vedere niente, solo il cielo azzurro senza nuvole. Poi alla fine distinse quelli che a prima vista aveva scambiato per dei gabbiani. Gli aerei dovevano essere piccoli ma veloci. Il Capitano sintonizzò la radio e subito udì distintamente: «Aquila uno ad imbarcazione! Fermatevi dove siete! Stop! Ripeteremo l'avvertimento per sole tre volte»
«Siamo fregati!» sentenziò Ovale. «Prova a farti venire un'idea per uscire fuori da questo casino, ti prego.» Il Capitano non rispose, pensava in fretta. Avrebbe dovuto avere maggiore concentrazione, voleva cercare di rompere il muro che lo separava da quegli equipaggi. Avrebbe cercato di far cambiare rotta ai loro velivoli. Ma non riusciva a trovare nessun bandolo di matassa. Il filo conduttore dei suoi pensieri si era perso chissà in quale anfratto.
«Aquila uno ad imbarcazione! Fermatevi dove siete! Stop! Ripeteremo l'avvertimento per altre due volte, dopo di che saremo costretti a fare fuoco.» La radio tacque di nuovo.
Ovale afferrò il microfono: «Fottutissimi vermi! Figli di enormi baldracche! Vi sparerò nel culo dieci chili di piombo, così sarò sicuro che anche gli stronzi come voi alla fine affonderanno.» Stava urlando la sua impotenza. Che altro avrebbe potuto fare?
«Vai a svegliare Ilaria» ordinò perentorio il Capitano, mettendo così fine al turpiloquio.

Finalmente solo, riprovò a concentrarsi, doveva pure esserci qualcuno sugli aerei. Cominciò a provare una sensazione di dolore alle tempie. Furono sorvolati per la prima volta a bassa quota, ripresero quota e virarono di nuovo per prepararsi al secondo passaggio.
«Aquila uno ad imbarcazione! Fermatevi dove siete! Stop! Questo è il penultimo avvertimento. Fate i bravi e non vi torceremo un capello, vogliamo solo la ragazza.»
Intanto Ovale era risalito: «Si è svegliata, sembra riposata, adesso sale, così potrà assistere al nostro affondamento.» Prese la carabina e caricò un altro caricatore, poi prese di mira uno degli aerei, ed aspettò che fosse a tiro.
«Aquila uno ad imbarcazione! Il vostro tempo è scaduto, ora faremo sul serio, fermatevi se non volete morire»
«Vaffanculo stronzi!» commentò Ovale.
Il primo velivolo si abbassò di quota e cominciò a sparare con una mitraglietta situata sulla sua punta. L'acqua zampillava tutt'intorno allo scafo, ma per fortuna nessun colpo andò a segno. Ovale, che stava seguendo il secondo aereo, spostò la sua mira sul primo incursore, e a sua volta lasciò partire quattro colpi, senza capire se fossero andati a segno. Intanto il secondo aereo cominciò a far fuoco, i primi colpi andarono a vuoto, ma la fine della sventagliata raggiunse la poppa dell'imbarcazione, riempiendo di buchi il levigato parquet prendisole. Anche questa volta Ovale scaricò la carabina, senza capire se avesse sfiorato o meno gli aggressori. Ricaricò in tutta fretta, ordinando ad Ilaria di rimettere i proiettili nel caricatore ormai vuoto. Il Capitano si era messo al timone della barca, virò di trenta gradi, prima decelerò poi riprese velocemente. Gli aerei erano già pronti per una seconda passata, e questa volta probabilmente non avrebbero sbagliato.
All'improvviso il rumore inconfondibile di una sirena si sovrappose al rombo dei motori. Era una motovedetta della polizia spagnola, con gli altoparlanti rivolti verso l'imbarcazione; ordinarono di arrestare. Intanto la mitragliatrice posta sulla loro prua aprì il fuoco verso gli aerei. I due velivoli ripresero velocemente quota e sparirono all'orizzonte. Il Capitano spense i motori della

barca ed attese. Ovale sembrava felice: «Beh è preferibile finire in prigione che in fondo al mare a far da pappa ai pesci.»
Ilaria continuò ad essere impassibile, non lasciò trapelare nessuna emozione. Il Capitano era fortemente perplesso. Non riusciva a capire come mai non era riuscito a mettersi in contatto con gli equipaggi dei due aerei. Eppure qualcuno doveva esserci. Concentrò la sua attenzione sulla motovedetta, vi erano cinque poliziotti, tutti con le armi in mano. Quello addetto alla mitragliatrice, ora li stava prendendo di mira, senza nessuna intenzione di sparare. Si avvicinarono lentamente, accostarono, due di loro salirono a bordo aiutati da Ovale.
«Prego! I vostri documenti e i documenti della barca» disse il primo. «Ci sono altri passeggeri, fateli salire! Signorina vada lei!»
«Non c'è nessun altro, siamo solo noi tre» rispose il Capitano. «Volevamo raggiungere le isole di Ibiza e Maiorca, siamo partiti questa mattina, quando abbiamo incontrato quei due velivoli, che si sono messi a sparare, non sappiamo perché»
«Poche storie, signori, che cosa trasportate droga, sigarette? Chi erano quelli? Una banda rivale? Tanto vale parlare, vi dobbiamo per forza rimorchiare fino alla capitaneria di porto di Ibiza. Intanto i documenti.» Ovale raccolse i tre passaporti e li consegnò al graduato.
«Ah siete italiani voi? E lei francese?» Il Capitano riuscì ad aprire il cassetto dei documenti della barca, li prese senza sapere bene se fossero tutti oppure no e li depose nelle mani del poliziotto. «La barca è di un mio amico, l'abbiamo presa in prestito per questa gita.»
Il graduato ordinò all'altro di perquisire l'imbarcazione, mentre guardava i documenti. Poi rivolto ai suoi compagni sulla motovedetta: «Mettevi in contatto con la base, date gli estremi di questi signori e dell'imbarcazione, verifichiamo se ci sono segnalazioni.»
I risultati non si fecero attendere: «Sembra tutto a posto. È preferibile portarli con noi. La battaglia aereo navale deve avere una spiegazione»
«Voi non potete farlo!» provò ad obiettare il Capitano. «Non c'è nessuna ragione per interrompere la nostra gita. Vi promettiamo

che appena a terra ci faremo vivi con le autorità per sporgere denuncia verso ignoti. Qualcuno come avete potuto vedere si stava divertendo a prenderci a fucilate. Ci hanno scambiato per dei bersagli mobili. Ma oltre questo non sappiamo altro!»
Il graduato questa volta sembrava contrariato: «Per favore non scherziamo. Mettevi l'anima in pace, la vostra gita per adesso finisce qui. Se il magistrato a terra valuterà che non ci sono elementi per tenervi fermi potrete ripartire dopo gli accertamenti. Adesso venite con noi. Anzi, non perdiamo più tempo, trasferitevi sulla motovedetta, questa imbarcazione la piloteremo noi.»
Non restava altro da fare, ma il Capitano decise di provare a modificare il corso dei pensieri di quegli uomini, non gli restava altro da fare. A terra avrebbe con facilità scoperto che la barca era rubata e chissà cos'altro. Si concentrò sul graduato.
Entrò nella sua testa, carpì i suoi pensieri, sostituì i suoi ragionamenti. Fece lo stesso con gli altri membri dell'equipaggio. Ovale ed Ilaria rimasero ancora una volta sbalorditi dall'applicazione degli straordinari poteri del Capitano. Il graduato si rivolse ad Ovale: «Mi scusi signore, per l'imperdonabile errore, le restituisco i documenti, se lei lo gradisce potremo scortarvi fino alle acque internazionali. Non preoccupatevi per i rifornimenti la nostra motovedetta è a vostra disposizione.» Ovale guardò stupefatto il Capitano: «Che diavolo devo rispondere?»
«Dì che sei onorato di tante attenzioni ma preferisci che ritornino alla loro base, noi proseguiremo da soli. Intanto fatti lasciare le taniche del combustibile, è l'unica cosa di cui abbiamo bisogno. Proviamo a raggiungere direttamente la Sardegna.»
La conversazione che si svolse successivamente fra i due fu incredibile. Ovale parlava uno spagnolo orecchiato chissà dove, il graduato annuiva pur non potendo comprendere assolutamente nulla di quello che stava ascoltando. I poliziotti trasferirono le taniche sull'imbarcazione, salutarono militarmente e ripartirono nella direzione da dove erano venuti. Il Capitano non perse tempo e collimò la nuova rotta, aumentò la velocità, controllò i serbatoi del carburante, e solo allora si ricordò che non avevano toccato cibo per tutto il giorno.
«Ci sono sfuggiti di nuovo!» commentò Hafif desolato, ma senza

nessuna rassegnazione nella sua voce. «Fra poco sarà qui il dottor Artois, la conferenza è finita da poco. Andrà su tutte le furie, maledizione. Cosa hanno detto quei coglioni degli aerei?» si stava rivolgendo al suo uomo che aveva concertato l'inseguimento subito dopo la localizzazione dei fuggitivi.
«Dicono che è intervenuta una motovedetta della polizia ed attualmente li sta scortando alla capitaneria di porto di Ibiza»
«Dovremmo far muovere qualcuno nell'isola. Chi possiamo mettere in allerta? Ci sono nostri amici?»
«Facciamo prima a spedire un po' di gente da qui. Faccio preparare gli elicotteri? Qualche argomento con la polizia locale riusciranno a trovarlo»
«Dai fai in fretta! Questa volta non devono fuggire. Falli ammazzare tutti, è inutile perdere tempo in chiacchiere.»

Le indagini

Wladimiro, così come aveva promesso, si era immediatamente messo in contatto con il Ministero. Parlò a lungo con la ministra, ma nonostante la sicurezza delle affermazioni gli era rimasto un dubbio che non riusciva ad esternare.
C'era qualcosa di falso nelle affermazioni del francese, ma se avesse dovuto dire cosa, non avrebbe saputo dirlo. Anche la generosità sembrava essere un pretesto costruito ad arte prima ancora di entrare nella sala della riunione. Le sue però rimanevano solo sensazioni epidermiche, pertanto si guardò bene dal riferirle. Ora avrebbe cercato per proprio conto di approfondire l'argomento. I mezzi erano, come al solito, limitatissimi. Avrebbe dovuto fare delle indagini, per capire le caratteristiche del personaggio. Ne avrebbe parlato con il magistrato, forse avrebbe persino avuto un po' di fortuna.
Non persero tempo, si misero in contatto con il servizio a Roma, le risposte si fecero attendere ma alla fine confermarono i dubbi di Wladimiro. Non ottennero una vera e propria scheda particolareggiata del personaggio ma riuscirono ad ottenere alcune informazioni importanti.

Intanto il dottor Artois faceva parte di una associazione di estremisti fondamentalisti, che perseguiva con mezzi propri tutti coloro che avevano commesso reati, o altre violenze nei confronti del popolo di Israele. I criminali, condannabili o meno dai tribunali, una volta oggetto della loro attenzione, finivano immancabilmente uccisi o resi impotenti per il resto della loro vita. Sebbene ci fossero fondati sospetti sulle attività del dottor Artois, nessun giudice era mai riuscito ad andare oltre i semplici indizi. A fianco di questa attività criminosa, egli svolgeva una funzione importante di ricercatore per conto del Governo francese. Aveva più volte fatto parte di delegazioni e di commissioni d'inchiesta per aggredire e debellare mali definiti sociali. Le sue doti e capacità erano indiscusse, attestati di benemerenza e di riconoscimenti ufficiali affollavano il suo curriculum vitae. Nel campo di alcune ricerche mediche era sicuramente all'avanguardia. La sua clinica di Parigi era diventata un punto di riferimento nella lotta al virus dell'Aids.

Wladimiro era sconcertato, non si era mai imbattuto nelle ricerche del dottor Artois, né tanto meno aveva saputo della sua esistenza fino a quel momento. Certo non faceva grossi passi in avanti.

«Io concentrerei la mia attenzione su questa organizzazione, una sorta di squadrone della morte, paladini di una legge scritta da loro stessi, che giustiziano, senza processo, persone solo sospettate di reati recenti e passati contro il popolo d'Israele. Inoltre chiederei ulteriori informazioni sulla sua attività politica. Quest'uomo sta riscuotendo un grande successo, potrebbe candidarsi a primo ministro con un inedito schieramento di destra. Dal centro Wisenthal sembra che ci sia stata una sconfessione di questa organizzazione segreta. I loro obiettivi alcune volte non sono stati così lineari, come vorrebbero far credere.»

Il magistrato s'interruppe e guardò Wladimiro: «Una cosa non capisco. Quale relazione può esserci fra questa storia e le attività del dottor Artois? Dove sono i loro interessi? I punti in comune? Non li vedo»

«Ma perché pensa che debba esserci una relazione? In fondo quest'uomo ha dimostrato di essere anche un valente medico

e ricercatore, forse i suoi scopi non sono così filantropici come vorrebbe far credere, visto che ne riceverà un vantaggio politico, ma per il resto io non riesco a vedere contraddizioni»
«Forse ha ragione lei, mi sto creando scrupoli inesistenti. Ma averlo sentito parlare nell'obitorio dell'ospedale, mi ha dato la netta sensazione che nascondesse un pezzo di verità. Ci ha detto che aveva l'antidoto, ne ha fornito la formula per un rapido impiego, nel caso ci fossero casi di contagio, ma ha, subito dopo, aggiunto che forse sarebbe stato del tutto inutile. Il male ha una sua capacità di trasformazione non facilmente controllabile, sono sostanze con intelligenze virtuali, si predispongono risposte diverse alle aggressioni esterne. Il risultato è una loro modificazione fortemente virulenta. La contraddizione è proprio questa, mi è parso di capire che le sue conoscenze in proposito andavano molto al di là della breve esposizione fatta durante il suo intervento. Ora lei sa con certezza che stiamo subendo un ricatto da ignote persone che minacciano di propagare questo maledetto male a tutta la popolazione maschile. Finora abbiamo avuto il sospetto che l'operazione fosse stata ideata dalla mafia, oggi avrei qualche perplessità»
«Adesso mi è chiaro il suo pensiero, forse è meglio che chieda a Roma di approfondire le indagini intorno al personaggio. Non ritengo sbagliato parlare con i nostri colleghi francesi. Chissà che non arriviamo a risultati inaspettati!»
Il magistrato si alzò in piedi, prese in mano la cornetta del telefono e vi rimase attaccato per un bel po' di tempo. Wladimiro restò in silenzio, aveva bisogno di riflettere a lungo.

L'ospedale

Qualcuno ha detto che Márquez descriveva a sprazzi le immagini istantanee che aveva visto dal finestrino del vagone, ed era come sminuzzare e gettare nell'oblio il lungo poema della fugacità.
La vita rappresentata da un poema della fugacità è un pensiero totalmente contrapposto a quello che afferma Camus. Egli si vede erede di una storia corrotta dove si mescolano le rivoluzioni deluse, le tecniche divenute folli, gli dei morti e le ideologie estenuate, dove poteri mediocri possono oggi distruggere tutto ma non sanno più convincere, dove l'intelligenza si è abbassata sino a fare la serva dell'odio e dell'oppressione. Egli crede che la sua generazione abbia dovuto restaurare in se stessa ed attorno a sé un po' di ciò che fa la dignità di vivere e morire, partendo dalle sole negazioni. Che frase difficile da interpretare, essa racchiude la storia e la cultura di una epoca travagliata, piena di eventi storici contraddittori, in bilico tra rivoluzione e reazione. Ideologie ed anti ideologie spinte come prassi dove solo il successo può giustificare le esistenze di teorie dogmatiche.
Oggi ho avuto un attacco teoretico, mi sono ritrovato a parlare

con i muri, i mobili della mia stanza. Parlavo di filosofia mista a cazzate depressive, ho vagato inutilmente fra una sedia, una scrivania, un letto disfatto, un armadio ed un cesso colmo del mio narcisismo. Ho ignobilmente sproloquiato sul senso della vita, la mistica della conoscenza, il divenire della storia, l'ermeneutica, la prassi, il mondo fenomenico, le forme a priori del tempo e dello spazio, per finire a piangere sulla inutilità della logorrea.
Finalmente è arrivato, si è seduto in poltrona, non ha mai parlato, il Venerabile è un uomo irritante. Non potrà mai più perdere la sua immortale calma, tutto può essere analizzato e risolto. Odio la sua sufficienza, oggi, vorrei ucciderlo, calpestarlo: mi sono accorto di essere simile a lui. Ho gente alla deriva che aspetta solo di essere salvata da una mia parola, li lascio cuocere nel brodo dell'incertezza delle mie risposte. Sono lì remissivi, a stento alzano lo sguardo solo per riabbassarlo subito dopo, attendono di essere guidati, di essere condotti alla meta da vincitori, posso solo portarli nel baratro della perdizione. Non vedono l'inettitudine, non vedono la miseria, pensano in termini troppo drastici. Sanno distinguere il bene ed il male solo nell'immediato svolgersi di un'azione, non penetrano, non discriminano. Hanno altre miserie a cui pensare. Non posso dir loro di rivoltarsi, non posso promuovere sommosse, si ritorcerebbero immediatamente contro di me. Forse lo farò. Potrebbe essere una liberazione, mia dal ruolo di oppressore, loro dal ruolo di oppressi. È un duello che si protrae nel tempo.
Il Maestro si ostina nel suo silenzio ma so che ascolta il mio peregrino ragionare, anche lui attende, attende una conclusione qualsiasi di vicende che sa già risolte, dopo essere ritornato nel suo passato può conoscere il futuro. Egli è veramente l'erede di una storia corrotta dove si sono mescolate le rivoluzioni fallite, le tecniche divenute folli, gli dei morti e le ideologie estenuate, io non posso essere che l'erede di personaggi che hanno scritto il lungo poema della fugacità.
Come si fa ad essere sorpresi dall'usuale? Oppure, come si fa a riconoscere l'abuso nella regola? Sono termini diversi che descrivono le stesse situazioni. È difficile crederlo? Non direi, basti pensare ad uno spazio delimitato da un baratro: la regola è restare

nello spazio per non precipitare nel vuoto. Essa è rispettata se si è sempre sul limite del baratro, commettendo irrimediabilmente l'abuso. Nello stesso tempo se si restasse solo nel centro dello spazio, in posizione equidistante dal baratro, si commetterebbe l'abuso dell'usualità. La trasgressione è la stessa, comunque si ostacolerebbe il principio di un divenire storico del diritto, legato alla sua interpretazione.
Oggi non saprei più discernere fra un monismo materialistico ed il solipsismo, non riconosco più un corpo da un individuo filosofale. Il Venerabile è lì, chiuso nel mutismo del saggio, ed è solo lui che può togliermi dalla vacuità. Inaspettatamente si mette a parlare, lentamente, con una voce atona senza corposità:
«Ti racconterò una storia che non ha i doppi sensi, a cui stai già pensando. Ascolta in silenzio e non interrompere.
«Ero seduto sugli scalini di una casa, con un amico biondo e riccioluto, a parlare delle disperazioni del mondo, queste sì, ormai usuali, nel mentre arrivò trafelato un giovane che noi conoscevamo, era il nostro cameriere.»
Lo interruppi violentemente: «Non eri tu seduto sugli scalini, ero io!! Perché ti arroghi il diritto di essere me stesso?» E lui in risposta con serafica calma e tranquillità:
«Su! Su! Non te la prendere, è la stessa cosa. Adesso fammi continuare, la storia può non essere la stessa che tu hai vissuto.» E senza più indugi continuò:
«Il giovane, trafelato, parlava in fretta, cercava qualcuno per comunicargli una triste notizia. Lasciammo da parte le altre disperazioni e cercammo di occuparci del nuovo arrivato. Ci parve di capire che un dramma si stava svolgendo in una zona del paese che non avevamo mai visitato a causa dei nostri pudori e forse anche per nascoste remore razziali. Una donna stava morendo. Aveva ingoiato cibo avariato o qualche altra sostanza nociva. Bisognava urgentemente portarla in ospedale. Non perdemmo tempo, nel giro di pochi minuti eravamo in macchina, pronti da gran paladini a salvare la fanciulla dalle fameliche fauci del drago della morte. Strada facendo il giovane cercò di chiarire la strana sintomatologia del male della donna. Ci disse che dava in escandescenza, che aveva perso la capacità di riconoscere gli

stessi suoi figli e poi improvvisamente piombava in una atroce spirale di convulsioni fino a perdere la conoscenza. Sul momento non demmo credito alla descrizione, anche se sembrava tutto molto strano. Un avvelenamento da cibo avariato avrebbe potuto causare gli effetti che ci venivano descritti? Era perlomeno fuori del comune.

«Ci inoltrammo in mezzo a vicoli scuri dove avevano costruito casupole senza nessun criterio e finalmente arrivammo. Numerose persone stazionavano nei pressi della casa. La donna era seduta su di una sedia, la testa poggiata sul tavolo. Era giovanissima ed il pallore del suo viso la rendeva ancora più bambina»

«Non voglio più ascoltare la tua storia, la conosco già, voglio parlare di altre cose. Non vedi che sto morendo? Sto morendo di ricordi, di nostalgia, la mia vita è legata solo ai momenti più belli che ho trascorso. È un rimpianto, è un continuo ripiegamento su me stesso. Rivivo il già stato ed il presente mi scorre addosso come l'acqua di un ruscello sulle pietre levigate, bianche e pulite che possono ormai solo consumarsi lentamente. Mi si ripropone il fascino di sensazioni perdute, mentre si vivono dimensioni irreali perverse; nell'assedio più vero dell'animo mi fa infinitamente piacere annientare la coscienza di quello che sono, un'operazione semplice, lineare, basta lasciarsi cullare dal non senso, dalla mancanza di volontà, basta lasciarsi trasportare nelle atmosfere ovattate di un sogno lungamente desiderato»

«Ma basta con questo piangersi addosso, pensa un po' di più a quello che accade all'esterno di te stesso. È mai possibile che debba sempre ascoltare litanie sulla tua povertà? Prima o poi ti condannerò a cinque anni di silenzio, così finalmente imparerai che il mondo non può essere visto solo dalle tue interiora. Ascolta e non aggrovigliarti più: la povera donna se ne stava riversa sul tavolo, lo sguardo assente, i capelli scompigliati, gocce di sudore scendevano copiose dalla sua fronte. Altre donne al nostro arrivo la tirarono su dalla sedia e sorreggendola la trasportarono nell'automobile. La corsa fino all'ospedale fu brevissima. Nessuno poteva immaginare quello che sarebbe successo, tanto furono incredibili ed assurdi i fatti che ora mi accingo a raccontarti»

«È falso!! Io so come sono andate veramente le cose ed in questi paesi rientrano nella normalità, non c'è niente di incredibile. Cosa vuoi insinuare?»

Non ero riuscito a trattenermi. Il Venerabile ebbe per me uno sguardo terribile e continuò il racconto: «L'ospedale si trasformò in un tribunale d'inquisizione. All'entrata un cerbero personaggio faceva la prima selezione della gente. Separava, i poveri dai ricchi, quelli bisognosi di cure dagli altri, a suo insindacabile giudizio. A noi toccò stringerci in un'angusta e nauseante sala, in piedi, le panche di legno sistemate alla rinfusa erano tutte occupate da un variegato mondo di cenciosi. Dopo una lunga attesa comparvero tre personaggi in camice bianco. Guardarono con visi austeri la moltitudine divenuta come per incanto silenziosa. Scelsero a caso, o non saprei dire se seguendo una loro logica, tre donne, fra cui la nostra assistita.

«Aprirono una porta e le introdussero nella stanza. Furono fatte sedere su degli sgabelli ed iniziò un interrogatorio fitto e stressante. Gli argomenti erano identici per le tre donne; alla fine esposero le loro convinzioni in questo modo: "L'origine del vostro malessere noi la conoscevamo già", cominciò a dire quello che sembrava il più anziano dei medici: il linguaggio voleva essere persuasivo ed accademico. "I vostri guai sono di origine psichica". Il primo s'interruppe e continuò il secondo: "Ed è per questo che la cura deve essere una sola". Intervenne il terzo: "Rigidità e disciplina, rispetto, fede, sottomissione, ottemperanza alle regole della nostra legge". Riprese il primo: "Per questo non c'è bisogno di visita, la sintomatologia del vostro caso è fin troppo evidente". Fu la volta del secondo: "Ora inizieremo la cura". E subito il terzo aggiunse: "Quando uscirete da qui la vostra vita sarà trasformata, il mondo sembrerà diverso, l'esistenza un bene ineguagliabile; anche essere schiave e povere avrà un senso".

«Le tre donne sembravano cadute in uno stato di catalessi, non davano più segni di vita, continuavano a guardare ora l'uno ora l'altro dei medici, inebetite, prive di qualsiasi volontà.

«A questo punto un solerte inserviente provvide a tirare un separé sul vetro che ci aveva permesso di seguire la scena e subito dopo chiuse la porta impedendoci di ascoltare.»

Il Venerabile sospese il racconto e cercò i miei occhi: «Bene adesso puoi continuare, conosci il resto della storia»
«Non la conosco la tua storia, non è uguale alla mia, è completamente diversa.» Non mi lasciò finire: «Ne sei certo? Sei sicuro di quello che affermi? Prova a pensare. Altrimenti dovrò dedurre che il tuo modo di ragionare è diverso dal mio. Vedi e valuti la realtà senza punti di contatto con la mia. Siamo due entità diverse, quasi in opposizione difficilmente riconducibili all'unità. Se così è non hai che da dimostrarmelo ed io ne prenderò atto»
«Non ci sono modi diversi di vedere la medesima realtà, è una ed una sola, è un principio ineludibile. Vuoi forse mettere in discussione quanto è già stato ampiamente provato?»
«Piano, ragazzo, piano con le affermazioni categoriche. Il mio primo maestro, Ferecide di Siro, ed il grande Ermodamante, da cui appresi l'arte oratoria, mai avrebbero permesso al loro allievo affermazioni di tal fatta. Mai avrebbero permesso che prendessi ad accettate il mondo con il solo scopo di renderlo più semplice. Attento, quindi, all'intemperanza, frena gli impulsi emotivi»
«La descrizione che possiamo fare di una situazione osservandola dall'esterno è sempre la stessa, ed è questo che io contesto: la tua descrizione della vicenda all'ospedale è immaginaria, puro frutto di fantasia. Nulla di quello che hai detto corrisponde a verità e non è questione di interpretazione»
«Ah, no! Come puoi contraddire in simile modo me, che fui Etalide figlio di Ermes, e da Ermes ottenni in dono la capacità di ricordare sia in vita che morto, ottenni in dono qualcosa in più dell'immortalità, poiché le molecole del mi corpo continueranno ad essere il ricordo biologico della storia del tutto. Io fui Euforbo che ricevette una grave ferita da quel Menelao di ritorno da Troia. E poi fui Ermotimo che divenne prediletto di Apollo. Morto Ermotimo divenni Pirro e solo dopo la fine di quest'ultimo divenni Pitagora»
«Tanto più, come puoi non ricordare? Se anche il tuo mistico orfismo, le tue pratiche ascetiche, il tuo simbolismo numerico, la tua cosmogonia planetaria, le melodie delle sfere sono precedenti alle pratiche dialettiche ed ai presupposti del materialismo, questo non ti esime dal conoscerle, altrimenti non hai fatto che

ingannarmi finora ed ingannare un mondo di creduloni che ti hanno venerato come un dio»

Il Venerabile sembrava perplesso, ma lui doveva sapere che ero in preda agli attacchi teoretici. Sembrava che stesse analizzando le mie affermazioni, per concentrarsi si era messo una mano davanti agli occhi, completamente rilassato sulla poltrona. Il suo silenzio si protraeva, l'esame stava diventando lungo ed approfondito. Attendevo passeggiando da un capo all'altro della stanza, finché non mi resi conto che la sua rilassatezza era totale: dormiva ed anche profondamente.

Continuai a muovermi convulsamente nella stanza, aprivo un libro, lo richiudevo subito dopo, prendevo fogli di carta bianca, li guardavo come se fossero già pieni di chissà cosa, aprivo cassetti colmi di inutilità; ero veramente sconvolto.

La storia non aveva più senso. Avrei potuto aggiungere una conclusione posticcia, ma a quale scopo? Disperato mi gettai sul letto, piangevo e masticavo il cuscino, finché non mi si riempì la bocca di piume. Ritrovai la forza di alzarmi per togliermi l'appiccicaticcio fastidio ma non trovai più il Venerabile, sparito, dissolto. Mi stropicciai gli occhi nel vano tentativo di schiarire la vista ma fu senza risultato. Ero di nuovo solo a sminuzzare il mio lungo poema dellafugacità e forse della futilità.

La Sardegna

Hafif avrebbe voluto chiudere la partita prima ancora del calare della sera. Sapeva che il piano dei fuggitivi rimaneva ancorato al raggiungimento della costa sarda. Probabilmente da lì avrebbero avuto modo di mettersi in contatto con i loro complici, e a quel punto loro potevano dire addio alla ragazza. Fece così ripartire gli aerei e gli elicotteri con un unico ordine perentorio ed inequivocabile.
Gli aerei impiegarono poco a portarsi nel punto di avvistamento, mentre gli elicotteri stavano trasportando una decina di uomini ad Ibiza, possibile scalo dei fuggitivi. Sorvolarono la zona di mare con puntigliosa solerzia. La barca sembrava volatilizzata. Approssimativamente avevano perso contatto circa due ore prima, non restava altro da fare che seguire la rotta verso Ibiza nella speranza di ritrovarli nuovamente.
I due aerei atterrarono sull'isola dopo circa quindici minuti. I quattro uomini dell'equipaggio, così come da ordini impartiti, si misero in contatto con il loro riferimento, un maggiore della locale polizia: «Non possono essersi volatilizzati. Qualcuno

deve pur averli visti. Sono stati fermati da una motovedetta che dovrebbe già essere tornata alla base.»
Il capitano sembrava contrariato da tanta fretta ed impazienza. Pretendevano da lui una velocità inaudita. Lui doveva paludarsi prima di muovere un solo uomo.
«Tranquilli, signori, se una delle nostre motovedette li ha fermati sicuramente deve averli condotti alla capitaneria di porto, sarà facile trovarli.» Prese il ricevitore del suo ponte radio e chiese le informazioni cercate. La risposta fu indecifrabile, fra un gracchiare e l'altro dell'apparecchio riuscirono a capire che vi era stata una pura formalità di accertamento documenti. La barca aveva proseguito per la sua strada e la motovedetta continuava a pattugliare la sua zona di mare fino alla scadenza del turno. Non restava che riprendere gli aerei e continuare a cercare, facendo rotta verso l'Italia. Intanto lasciarono detto al maggiore di informare gli equipaggi degli elicotteri. Nel trambusto della nuova partenza dimenticarono la precauzione suggerita da Hafif, una bella sniffata di coca, quella necessaria a renderli impenetrabili agli straordinari poteri telepatici del Capitano.
Si stava alzando una leggera foschia, la giornata stava volgendo al termine. Ovale era riuscito a scovare la cambusa. Tirò fuori tutto quello che avrebbero potuto mangiare in fretta e furia.
Preparò degli enormi panini con un salame piccante, riuscì a trovare delle patatine fritte. Portò tutto in coperta. Il pane non era fresco, ma la loro voracità non tenne conto di questo aspetto secondario. «Vedi se riesci a trovare una bottiglia di acqua» disse masticando il Capitano, «questa roba finirà per strozzarmi»
«Agli ordini!» rispose pronto Ovale, e subito aggiunse, «Ilaria non fare la schizzinosa, non ho trovato altro da mangiare. Quando saremo a terra ci rifaremo di tutto.»
Ritornò in cambusa alla ricerca di qualcosa di fresco da bere. Aveva localizzato delle casse di acqua minerale, quando sentì la voce concitata del Capitano: «Eccoli di nuovo! Hanno fatto presto ad individuarci nuovamente, sono gli aerei di prima.»
In tutta fretta Ovale afferrò due bottiglie d'acqua e risalì prontamente. «Non si riesce a mangiare in pace nemmeno un panino. Vedi» ed indicava il quadrante luminoso del radar, «sono questi

due puntini che si spostano velocemente verso il centro. Fra poco saremo in grado di vederli ad occhio nudo. Ho la netta sensazione che questa volta cercheranno solo di farci colare a picco. Prepariamoci.» Ovale non sapeva cosa fare, prese di nuovo la carabina in mano, controllò che fosse carica, ma le sue speranze di risolvere il problema con quel giocattolo erano proprio poche.
«Ehi, ehi! Li sento questa volta. Riesco a percepire i loro pensieri. Non mi sbagliavo, vogliono ucciderci, hanno ordini perentori, dobbiamo trasformarci in pasto per i pesci»
«Beh» suggerì Ovale, «fa qualcosa! Si sparassero nel culo, dai, fammi assistere ad una bella battaglia aerea»
«Stai calmo e fammi concentrare, sono momenti delicati.»
I due piccoli aerei ora si vedevano, puntavano decisamente sull'imbarcazione. Quello che stava davanti prese ad impennarsi paurosamente. Saliva nel cielo quasi verticalmente, mentre l'altro proseguiva per la sua strada. Si avvitò su se stesso diverse volte, finché non si capovolse, precipitando riuscì a scivolare d'ala. I due piloti all'interno sanguinavano copiosamente dal naso, i bulbi oculari stavano per scoppiare, quando finalmente riuscirono a riportare l'aereo in una posizione normale. L'aereo che prima li seguiva ora li precedeva. Il pilota si ricordò che era questo che aveva sempre voluto fare nei voli di addestramento durante il corso, ma non era stato mai capace di farlo. Era riuscito nel suo intento, il giro della morte era alla sua portata. Il nemico stava davanti, lo inquadrò nel mirino elettronico e cominciò a sparare con la mitragliatrice. I primi colpi andarono a vuoto, ma la seconda sventagliata colpì le ali e la carlinga dell'aereo che lo procedeva. Fuoriuscì del carburante e all'improvviso esplose senza concedere il tempo ai due piloti di catapultarsi fuori dall'abitacolo.
Dalla barca Ovale osservava affascinato l'evolversi della battaglia aerea, gioì in cuor suo dell'abbattimento del primo aereo, cercando di indovinare cosa sarebbe successo all'altro.
La sua curiosità venne subito appagata, il velivolo iniziò una picchiata verso il mare senza esitazione. A metà percorso i due piloti furono espulsi e continuarono a scendere privi di sensi ma legati ad un paracadute. L'aereo si schiantò sulla superficie delle acque.
«È tutto finito, questa volta non è stato così difficile. Devono

aver commesso sicuramente un errore.» Il Capitano parlava più a se stesso che agli altri. Ovale non stava più nella pelle per lo scampato pericolo.
«Ma che hai fatto? Sei riuscito a capovolgere i loro cervelli, dì la verità?» Poi con un profondo senso di ammirazione e gratitudine continuò a dire: «Sei proprio terribile.»
Ilaria aveva assistito in disparte a tutta la scena che si era svolta, ora si sentiva rilassata, non doveva più stare in tensione, ma non disse un parola.
«Ora la Sardegna non dovrebbe più essere tanto lontana» disse il Capitano. Si avvicinò alla console del computer, ricollimò la rotta ed attese le risposte: avrebbero dovuto navigare ancora per altre quattro ore per raggiungere il primo porto in terra italiana. Non era poi molto pensò.

La lotta

Hafif aveva ricevuto la comunicazione dai suoi uomini che si trovavano ancora ad Ibiza. Gli aerei non rispondevano. Qualcuno già pensava al peggio. Intanto il dottor Artois lo aveva raggiunto. Era oltremodo preoccupato, nervoso.
«Sono dei buoni a nulla, hai scelto la feccia. Non sono riusciti a prendere un vecchio, una prostituta ed un ladro di polli. I migliori professionisti mondiali beffati da dilettanti. Hafif! Di questo risponderai personalmente. Inventati quello che vuoi, ma voglio quei tre morti entro dodici ore, questa è l'ultima possibilità.»
Hafif rimase in silenzio, poi lentamente, con un tono di voce sommesso, cominciò a dire: «È una lotta impari, quell'uomo riesce ad entrare nei tuoi pensieri, può modificare il corso dei ragionamenti, ti fa sembrare nero il bianco e viceversa. Come si può vincere? Pensavo che con una buona dose di coca si sarebbe attenuata la capacità penetrativa dei suoi poteri. Tutto inutile a quanto pare, non c'è niente che può resistergli»
«Ma cosa stai dicendo? Ti ha dato di volta il cervello. Di che poteri parli? Vi siete fatti imbrogliare da un saltimbanco, razza

di cretini superstiziosi! È sicuramente un caso che sia riuscito a capire le cose che stavate pensando»
«No, dottore, si sta sbagliando, io l'ho visto all'opera, ho sentito il suo modo di ragionare sostituirsi al mio, l'ho sentito, dentro, nella testa. E poi ho visto i camionisti, quello che hanno fatto. Uomini fidati, mai uno screzio con loro, avevano la possibilità di uccidere i due uomini e portarsi via la donna, si sono fermati sull'orlo del precipizio, hanno slegato i due uomini e rilasciato la donna, così all'improvviso. Mi creda non è un fatto normale, non ho aggettivi per descriverlo, forse sono poteri medianici. Ho visto i miei soldati spararsi addosso dalle barche»
«E allora come avete potuto far prigioniera la giovane puttana? Vedi che sono tutte sciocchezze?»
«È stato un caso fortuito. Il maledetto Capitano aveva momentaneamente perso i sensi. Un'onda gli aveva fatto sbattere la testa, tanto è vero che pensavamo fosse morto.»
Il dottor Artois rimase perplesso. Come poteva non credere ad un uomo dell'esperienza di Hafif? Non avrebbe mai raccontato cose non vere. Ma allora, si chiedeva, che storia è mai questa? Tagliò corto qualsiasi altra riflessione e perentorio si ritrovò a dire: «Poche storie, se non te la senti di affrontare un trio assolutamente innocuo farò intervenire qualcun altro. Decidi in fretta. Li voglio morti, anche se dovessero fuggire in capo al mondo. Attrezzati, preparati per andare in Italia, non ho tempo da perdere, stiamo per raggiungere un obiettivo che ci è costato anni di lavoro e preparazione, ora siamo nelle condizioni di poterlo cogliere, non voglio rinunciare per delle storie da donnette. Hafif! Tira fuori la tua esperienza di combattente. Se pensi che la coca vi dia un aiuto, imbottisci gli uomini di droga, non c'è tempo. Se arrivano nelle mani dell'organizzazione mafiosa che li attende in Italia per noi è finita»
«Obbedisco! Come sempre. Andrò nuovamente di persona, ma le garantisco che non è semplice avvicinare quel trio. Sacrificherò la mia vita, se necessario, ma la prego dottore non sottovaluti questo nemico.» Si congedò dal dottor Artois deciso ormai a porre fine alla storia in un modo o nell'altro. La prima cosa era capire che fine avessero fatto gli aerei, l'altra era rintraccia-

re l'imbarcazione, non potevano che essere diretti in Sardegna, ormai.

Mancava poco alla costa sarda. La notte era giunta dolcemente, il sole si era inabissato colorandosi di un rosso fuoco prima di scomparire alla vista. Risplendevano le stelle nel cielo, tutto sembrava volgere al meglio. Il Capitano aveva travasato il combustibile dalle taniche nei serbatoi dell'imbarcazione, gli strumenti di bordo registravano una regolarità rassicurante.

Ilaria si era di nuovo rinchiusa nella cabina e dormiva, Ovale osservava distrattamente i movimenti del Capitano. Aspettava solo di arrivare. Finalmente avvistarono un chiarore e poi, avvicinandosi, cominciarono a distinguere le luci della costa.

Hafif pensò di raggiungere immediatamente l'Italia, era inutile perdersi in ricerche per mare. Aveva una sua referente, gli avrebbe organizzato quello di cui necessitava. Suppose che i tre sarebbero dovuti approdare da clandestini, non fosse altro che per la barca rubata chissà dove. Il primo approdo era la Sardegna, ma quale convenienza potevano avere? Forse da lì si sarebbero fatti prelevare dai loro amici delle cosche. Doveva trovarli prima che si verificasse questo fatto, ingaggiare battaglia prima dell'arrivo dei boss mafiosi, altrimenti avrebbe avuto partita persa.

I suoi ragionamenti furono veloci, doveva spostarsi in Sardegna, possibilmente sulla costa occidentale e sperare in un colpo di fortuna. Aveva bisogno di una intera organizzazione, se avesse dovuto controllare le mosse via terra dei suoi inarrivabili nemici. Ma Napoli o Palermo che fosse potevano raggiungerla solo tramite aereo. Era questo il suo vantaggio. Quanti aeroporti erano in funzione in Sardegna: Cagliari ed Olbia. Lui si sarebbe recato a Cagliari, Olbia l'avrebbe lasciata alla sua referente. Avrebbe portato con sé due tiratori scelti, l'azione da svolgere era disperata se non suicida, ma aveva le sue carte da giocare. La prima battaglia era contro il tempo se tutte le sue conclusioni fossero risultate giuste.

Non era trascorsa più di un'ora dall'ultimo colloquio con il dottor Artois che già si trovava su di un piccolo aereo privato con i suoi due fedeli guardaspalle. Tirò fuori tre bustine di coca. Pregò tutti di sniffare, male non avrebbe fatto, avrebbero avuto del carbu-

rante in più. Sentì un leggero calore dietro la nuca, poi fu pervaso da una sensazione di generale benessere. Si distese più comodamente sulla poltrona, avrebbe voluto ridere, ma rimase serio, gli occhi fissi sulla cabina di pilotaggio. I muscoli li sentiva sciolti, avrebbe potuto percorrere i cento metri in dieci secondi. La gola era un po' secca, chiamò la hostess. Gli fu servita una birra in lattina ed una coca cola. A notte inoltrata avrebbero raggiunto Cagliari.
I pensieri di Hafif non erano lontani dalla realtà. Il Capitano stava facendo rotta verso l'isola di San Pietro. Era sua intenzione circumnavigare Sant'Antioco, raggiungere Capo Teulada e risalire in prossimità di Cagliari. Non incontrarono eccessive difficoltà. La barca filava lontana da qualsiasi occhio indiscreto, passarono sufficientemente lontani dalla costa e dalle imbarcazioni che incrociavano. Doppiarono Capo Teulada come previsto. Il Capitano tenne la barca questa volta vicino la costa, alla ricerca di una piccola cala dove poter sbarcare indisturbati. Ilaria ed Ovale erano già pronti per scendere a terra, si erano sistemati alla bene e meglio, il Capitano conservava la sua aria disordinata, con i capelli scompigliati dalla leggera brezza serale.
Non tardarono molto a trovare quello che cercavano. Gettarono le due ancore a circa un centinaio di metri dalla spiaggia di una caletta immersa nel buio. Sentivano non lontano il rombo delle vetture che stavano percorrendo la costiera che conduce a Cagliari. Calarono in acqua il gommone e a remi raggiunsero la spiaggia. Non sarebbe stato difficile arrivare all'aeroporto.
Nonostante l'ora tarda della sera, un automobilista si fermò caricandoli a bordo. Li condusse, senza dire una parola, direttamente all'aeroporto. Ovale avrebbe voluto ringraziarlo con qualche banconota ma l'automobilista non accettò nulla.
Non c'era nessun aereo in partenza, i primi voli erano fissati per le sei del mattino, bisognava trascorrere la notte in albergo. Riuscirono a prendere l'ultimo taxi che ancora stazionava nel parcheggio a loro riservato. «Ci porti all'albergo più vicino!» Ovale si era appena stravaccato sul sedile accanto all'autista, il quale rispose con un laconico assenso.
La corsa fu breve, i tre rimasero in silenzio mentre il taxi proce-

deva nel suo breve tragitto. Presero alloggio in due camere, in una il Capitano nell'altra Ovale con Ilaria. All'ultimo momento aveva deciso di non lasciare sola la ragazza per il resto della notte.
Ilaria si spogliò completamente e s'immerse nell'acqua tiepida della vasca, assaporando un senso di rilassatezza che avrebbe sicuramente conciliato il sonno. Ovale si allungò di traverso sul letto e rimase con gli occhi sbarrati a guardare il soffitto. In altre situazioni non avrebbe perso tempo in convenevoli, ora gli toccava fare il custode. La ragazza rimase a lungo a crogiolarsi nell'acqua, quando finalmente uscì dal bagno trovò Ovale addormentato come un sasso occupando tutto il letto. Si rannicchiò in uno spazio lasciato libero dallo straripante omaccione.
Non aveva sonno, le tornava alla memoria tutto quello che aveva passato negli ultimi giorni. Erano stati quelli più intensi della sua vita e probabilmente le avrebbero lasciato un ricordo indelebile nell'animo. Lo sentiva, non era più la stessa. Vedeva il mondo in una prospettiva rallentata, quasi fosse relativo il suo intervento nelle azioni quotidiane. Sapeva che prima di quel maledetto intervento nella clinica di Parigi non era così. Alcuni fatti repentinamente scomparivano dalla sua memoria come se non fossero mai esistiti. Aveva un ricordo vago di cosa fosse successo dopo il suo rapimento in Spagna. Aveva negli occhi l'immagine di un giovane biondo con il petto dilaniato e due individui che si accanivano sul suo corpo. Ma era il puzzo di carne putrefatta il ricordo più vivido che persisteva nella sua testa. L'agonia dei due violentatori che sembrava non finire mai, li vedeva contorcersi con i membri diventati mostruosi. Forse era stato un sogno, un incubo ad occhi aperti. Non poteva aver vissuto quei momenti così drammatici senza diventare folle. Non riusciva a dormire, rimaneva con gli occhi sbarrati a fissare l'oscurità, quando vide una striscia di luce che si allungava sulla parete opposta della stanza, qualcuno stava aprendo la porta.
Non fece in tempo ad avvertire Ovale, due uomini armati di mitragliette Scorpion le stavano ordinando di alzarsi: «Pensa a questo stronzo, legalo e poi buttalo dalla finestra, spargli in bocca, levatelo di mezzo, io penso alla signorina. Svelta!» urlò minaccioso, «Muoviti non posso portarti in giro tutta nuda.» L'aveva

strattonata per un braccio e buttata giù dal letto. Ovale ebbe un brutto risveglio, ricevette un colpo proprio sulla sommità della testa, poi un calcio in mezzo alle gambe probabilmente diretto ai testicoli. Non si rese subito conto di cosa stava succedendo, qualcuno ora lo stava palpeggiando, cercando di disarmarlo, non lo vedeva in viso. Provò a girarsi sulla schiena ma un nuovo colpo ai reni gli suggerì di rimanere tranquillo dove stava. Sentì due manette che scattavano sul polso della mano sinistra ed allora decise di muoversi, aveva realizzato cosa stava per succedere. Si buttò giù dal letto tirando la mano imprigionata a sé. L'aggressore non si aspettava una reazione, perse l'equilibrio e cadde sopra Ovale che prontamente scaricò una gomitata nella gola del malcapitato. Sentì il rumore della cartilagine che si piegava sotto il violento urto ed il sordido rantolo di soffocamento che gorgogliava nella gola.
«Sparagli!» urlò l'altro. «Non aspettare, spara!» sempre tenendo per il braccio Ilaria che aveva iniziato a vestirsi.
Ovale fu più rapido, sfilò lo stiletto dal fodero vibrando un colpo da sotto verso l'alto. L'affondò tutto nel corpo del suo avversario, sentì il caldo del sangue che fuoriusciva e la presa sulla sua mano sinistra che si allentava. Avvertì il tremolio inconsulto dell'ultimo spasmo e capì che la prima battaglia era vinta. Cercò subito di impadronirsi della pistola, quando sentì la prima sventagliata di pallottole che si conficcavano nel materasso perforandolo. Alcuni colpi soffocati dal silenziatore raggiunsero il corpo ormai inanimato del primo aggressore.
Ovale si girò velocemente cercando riparo dietro un mobile, sentì delle punture di spillo sulla coscia e capì di essere stato colpito alle gambe. L'altro aggressore gli fu addosso in un baleno, poggiò rudemente il piede sul suo petto e gli puntò l'arma sul viso: «Ormai sei morto vecchio figlio di puttana, ti ridurrò questa lercia faccia in un colabrodo, non ti riconoscerà nemmeno la tua mamma, lurida merda, crepa!» e nel dire cominciò a premere il grilletto ma non ottenne la raffica che aveva sperato, la mitraglietta si era inceppata. La guardò con una sgradevole meraviglia, provò a dare due colpi con il palmo della mano, ma furono le ultime cose che riuscì a fare. Ovale lo colpì violentemente con

lo stiletto da sotto verso l'alto conficcando la lama nel ventre del malcapitato spingendola e roteandola fino a squarciargli l'addome. Ancora più incredulo quest'ultimo provò a spostarsi, cercò un appoggio sentiva le forze che lo abbandonavano, la vista si annebbiava ed infine si lasciò andare cadendo pesantemente sul pavimento. Ovale provò a rialzarsi, la gamba faceva male, ma i colpi lo avevano solo sfiorato, perdeva molto sangue, strappò il lenzuolo e si fasciò alla meglio le ferite, Ilaria ancora in preda allo stupore lo aiutò a togliersi i jeans. Chi erano i due assalitori? I soliti! Ormai li perseguitavano.

Raccolsero le armi e le infilarono in borsa, spinsero i due cadaveri sotto al letto ed uscirono con il presentimento di non rivedere più vivo il Capitano. Ovale bussò alla porta della camera ma la trovò socchiusa; entrò trascinando la gamba che gli faceva un male terribile. Il Capitano apparentemente dormiva ma la sua posizione sembrava innaturale. La testa penzolava fuori dal letto, con una mano toccava per terra. Vide un laccio emostatico che stringeva il braccio ed un piccolo rivolo di sangue rappreso che scendeva fino al polso. Ovale si accertò se fosse ancora vivo, il respiro sembrava regolare, probabilmente lo avevano drogato. Fu allora che capì di non essere solo nella stanza.

«Alza le mani e stenditi per terra! Non farmi perdere tempo questa volta!» disse Hafif. Poi, rivolto ad Ilaria: «Tu siediti e non muoverti altrimenti gli faccio saltare il cervello!» Ovale prontamente ubbidì. «Dove sono i miei amici? Che fanno ancora nella vostra camera? Non mi dire che te ne sei liberato, non potrei crederci»

«Beh credici, vai a guardare nella camera accanto, dormono come due angioletti»

«Non pensare di guadagnare tempo, lascerò qui te e loro, vi terrete compagnia al momento del risveglio, spero fra tre o quattro ore. A quel punto io e la signorina ci saremo involati per posti dove spero proprio di non incontrarti mai più. Che ne dice lei, vecchia puttana da quattro soldi?» Intanto aveva tirato fuori un paio di manette e le strinse saldamente ai polsi di Ovale.

«Bene, bene ti sei beccato un confettino nella gamba, non credo che sia grave altrimenti, senza soccorsi, rischi di stirare.»

Slacciò l'emostatico dal braccio del Capitano e lo strinse a quello di Ovale. Armeggiò con una siringa: «Sei pronto? Ti faccio una bella puntura e ti farai una dormita clamorosa. Potresti anche ringraziarmi, visto che non ti ammazzo come un cane»
«Dai Hafif, non scherzare, ho una paura fottuta delle iniezioni. Parliamone, troveremo sicuramente un accordo!» La voce di Ovale sembrava rotta, sul filo del pianto: «Che roba mi vuoi buttare nelle vene, io sono debole di cuore, potrei morire»
«Senti, senti, c'è odore di merda qui, cerca almeno di mantenere un minimo di dignità. Sei peggio di Kamel, quando gli ho squarciato la gola con il pugnale non ha emesso un grido, si è fatto sgozzare come un agnellino»
«Ah! Sei stato tu?» disse incredulo Ovale dalla sua scomoda posizione.
«E chi altro poteva essere, cazzone? Quello doveva morire, la puttanella si è fatta sgamare, lui ha mangiato la foglia che c'era qualcosa che non andava, poteva essere un pericolo, non avevo altra scelta. E comunque è meglio la morte che gli ho fatto fare io che non quella orribile della "bomba cazzo".»
Si preparava ad infilare l'ago nel braccio di Ovale. Ilaria che fino a quel momento era rimasta seduta si alzò di scatto e si gettò con tutto il suo peso su Hafif. Rotolarono per terra e la siringa con tutto il suo liquido si andò ad infilare nella spalla dello sfortunato assalitore. Hafif ebbe solo il tempo di lanciare un'imprecazione che già la sua testa ciondolava da una parte e dall'altra sotto l'effetto della droga senza più la forza per reagire. Rimase con tutto il peso del suo corpo sopra Ilaria. Ovale riuscì a mettersi in piedi: «Che culo sfacciato abbiamo avuto. Che culo! Ce l'aveva fatta l'indomito guerrigliero, ora se la farà lui una dormitina.» Aiutò come poté Ilaria a liberarsi del suo fardello, cercarono la chiave delle manette senza trovarla. «Questo è un bel guaio, come faccio adesso?»
Rivoltarono le tasche della giacca e dei pantaloni di Hafif, saltarono fuori duemila dollari e quattrocento euro, ma non c'era nessuna chiave. Ovale le fece prendere il suo stiletto poi cercarono di forzare la serratura ma ogni sforzo fu vano. L'acciaio delle manette era resistente e ben temprato. Non restava che cercare

delle tronchesi o una sega per il ferro. Il portiere notturno dell'albergo non capiva cosa gli stesse chiedendo quella giovane donna, più che altro non sapeva a cosa potessero servire quegli attrezzi nel cuore della notte. Prese la cassetta degli attrezzi e diede alla ragazza un seghetto per il ferro. La vide andare via soddisfatta con la promessa che lo avrebbe riportato al più presto.
Ovale si era rigirato pancia in sotto ed attese con pazienza che Ilaria finalmente lo liberasse dalla scomoda posizione. La ragazza si pose cavalcioni e cominciò a segare la catena delle manette. Fu a metà del lavoro che si ricordò che forse avrebbe fatto meglio a vendicarsi dei torti subiti prima di procedere alla completa liberazione del suo carceriere. Senza dire una parola interruppe il suo lavoro, tolse la cintura dai pantaloni di Ovale che ancora non aveva realizzato cosa stesse facendo Ilaria. Legò strettamente le caviglie dell'uomo, ormai non poteva più> muoversi. Lo girò supino, gli tolse gli ultimi indumenti che ancora aveva, poi a sua volta si tolse le poche cose che indossava. Ovale capì le intenzioni della ragazza, era un pericolo ancora più grande. Ilaria gli carezzò i testicoli, prese in bocca il suo cazzo che già si era indurito nonostante la sua volontà.
«No! Ti prego! Non lo fare, mi farai morire atrocemente. Ti prego Ilaria, non lo fare.» In situazioni diverse avrebbe apprezzato questa pratica, ora gocce di sudore freddo imperlavano la sua fronte, era certo di non poterle impedire quello che tanto lo spaventava. Cercò di muoversi ma ogni movimento gli produceva dolori su tutte le parti del corpo. Sarebbe morto, pensò, non vi erano alternative, sarebbe morto come uno stronzo, unica sua consolazione è che avrebbe finito i suoi giorni violentato.
Ilaria non parlava, strusciava il glande all'imboccatura della sua vagina, stava comodamente a cavalcioni, le sarebbe bastato sedersi per essere completamente penetrata. Voleva assaporare la sua vendetta il più a lungo possibile. Godeva nel vedere quel volto pervaso da una profonda paura e nello stesso tempo atteggiato a profondo piacere.
«Ti prego, non lo fare!» tornò a dire Ovale. «Non era mia intenzione ridurti in questo modo. Credimi, non sapevo cosa ti avrebbero fatto nella clinica a Parigi, l'ho saputo dopo e comunque

mi avevano assicurato che sarebbe servito solo per uccidere il maledetto arabo»: guardò il viso di Ilaria sperando di trovare una traccia di comprensione, ma la ragazza sembrava completamente assente, forse non aveva nemmeno sentito quello che lui stava dicendo. «Aspetta, discutiamone, i miei amici da cui ti sto portando troveranno il modo di liberarti da questo impiccio. Se uccidi me anche per te sarà finita. Credimi sono la tua unica salvezza. Ragiona Ilaria!»
La ragazza per tutta risposta si rigirò e piazzò la sua fica proprio sulla bocca del disperato Ovale. Ora non poteva più parlare, ma in questo modo si allungava la sua vita. Prese a leccare quelle parti intrise di umori vaginali e chissà di cos'altro, non aveva altra scelta, meglio così. Sperò di ravvivare un po' di piacere, chissà che non avrebbe giovato. Sentiva dei piccoli morsi proprio sul glande, come se stesse facendo le prove per un morso più forte. Sarà stata l'eccitazione o la paura ma prese a eiaculare come se fosse una liberazione. Vibrava ogni fibra del suo corpo, la ragazza indiscutibilmente ci sapeva fare. Sapientemente sentiva la lingua che carezzava dolcemente i testicoli provocandogli dei brividi lungo tutto la schiena, mentre ancora a fiotti usciva sperma dal suo cazzo in preda agli spasmi. Gli venne da pensare che in fondo, morire in questo modo, non era poi così male, sempre meglio che essere sparati o sbranati, dilaniati da chissà quale belva feroce. Stirare le gambe in mezzo alle cosce di una bella fica era un po' il sogno recondito di ogni stronzo di questo mondo, e lui non era da meno.
«Tu sapevi tutto! Tu sapevi che mi avrebbero utilizzata come cavia per i loro luridi esperimenti, mi hai cercata fin dal primo giorno sapendo di vendermi a queste canaglie. Non lo potrò mai dimenticare. Sei stato l'artefice della mia rovina. Non mi resta che uccidermi, cosa altro potrò mai fare? Sono una menomata, ogni cosa che toccherò morirà atrocemente. Non dire che non sapevi niente, schifoso essere, bavoso figlio di puttana!» Ilaria stava urlando dalla rabbia: «Altro che verginella da sacrificare al ricco emiro pronto a pagare cifre incredibili. Stupida io che ho creduto a questo faccia di merda. Ma ora tu dovrai morire come quelli che avevate programmato per i vostri esperimenti. Io li ho

visti sai, è terribile, preparati, ti scoppierà il cazzo, non sapranno nemmeno come riconoscerti, diventerai un mostro e morirai fra atroci spasmi. Se può consolarti starò qui a guardarti mentre muori, godrò nel vederti soffrire come un cane, anzi mi sparerò un ditalino sulla tua brutta faccia. Crepa! Stronzo!» Intanto aveva ripreso a titillare il cazzo, il quale prontamente si era di nuovo eretto sotto le sapienti carezze. Lo strusciò più a fondo sulla vagina e questa volta si lasciò penetrare profondamente.
Si muoveva rapida mentre con le mani stringeva e graffiava il petto villoso. Ovale si rese conto che l'irreparabile era successo, ma non avvertiva nulla di diverso, forse la paura e la certezza della morte davano un diverso sapore a quel suo ultimo rapporto. Si ritrovò a muoversi di concerto con la ragazza, avrebbe assaporato fino in fondo quella fottutissima scopata. Peccato che non aveva modo di muovere le mani, di palpare ancora una volta quella pelle morbida e vellutata, di succhiare quei capezzoli così duri e protervi. Subiva passivamente, senza sforzo. Questa volta cercò di prolungare, distraendosi, si guardò attorno, vide la faccia di Hafif immerso in un sonno profondo, riverso sul pavimento, mentre il Capitano dormiva comodamente sbracato nel letto. Ilaria sembrava affaticata ora, ogni tanto si fermava a prendere respiro e poi ripartiva con minore vigore ma sempre in maniera efficace.

L'informativa

Le informazioni furono trasmesse dalla Procura al Ministero della Sanità. Erano gli accertamenti fatti su disposizione del magistrato, titolare dell'inchiesta, al ministro.
In sintesi si precisava che il dottor Artois stava conducendo una ricerca sperimentale per la cura di alcune forme d'impotenza. I primi risultati ottenuti dall'equipe del medico avevano spostato l'interesse della ricerca su altri obiettivi. Si poteva azzardare un'ipotesi: le sperimentazioni di alcuni componenti alcaloidi aveva prodotto una strana forma virale che procurava effetti come quelli descritti nel caso dei due uomini di Malaga. Il dottor Artois invece di bloccare il suo lavoro e orientarsi su altri aspetti, ebbe l'idea di enucleare questa sostanza e di sperimentarla su degli inconsapevoli volontari. I risultati non erano ancora certi, ma le manomissioni evidenti di alcune cartelle cliniche ed alcuni decessi sospetti, facevano pensare a soluzioni uscite fuori dal controllo di laboratorio. L'ultima parte dell'informativa era poco convincente e comunque priva di dati. La polizia francese aveva trasmesso le risultanze delle indagini svolte a seguito di denun-

ce di alcuni familiari di volontari, ancora non del tutto guariti. Rimanevano vaghe le affermazioni e non venivano avanzate ipotesi di crimini perpetrati a danno della salute pubblica. L'opinione che permeava la nota era che tutto rientrasse in un criterio di normalità. Le autorizzazioni formali erano state richieste nel giusto ordine, i successivi sviluppi erano stati trasmessi alle autorità scientifiche competenti. Vi era inoltre un saggio, pubblicato da una rivista medica internazionale, ad opera dello stesso dottor Artois, che chiariva i risultati della ricerca, in maniera accademica ma esaustiva.
Se questo era il quadro più direttamente clinico, l'articolazione degli eventi e delle azioni prodotte dal qualificato ricercatore non erano così rassicuranti. Un uomo impegnato in una causa, che si riteneva a capo di un'organizzazione ai margini della legalità e pronto per qualsiasi avventura, creava qualche perplessità. Molte iniziative prodotte dai gruppi aderenti all'organizzazione non avevano suscitato grossi entusiasmi ed avevano sicuramente sfiorato il fatto criminoso. Lo stesso governo di Israele non copriva le azioni del gruppo Artois.
La ministra rilesse più volte la nota che le era stata recapitata. Un dubbio continuava a sussistere. Poteva essere la sostanza utilizzata per il ricatto quella stessa scoperta ed impiegata per gli esperimenti dal dottor Artois? E se così fosse, come si poteva successivamente ipotizzare che i responsabili del ricatto fossero gli stessi autori della ricerca?
Wladimiro era lontano in Spagna, a lei spettava solo un parere che doveva essere conforme a quanto concordato con il suo delegato. Doveva dichiarare il suo assenso al proseguimento delle indagini senza altri indugi. Cercò di mettersi in contatto con la delegazione a Malaga per informarli della sua decisione, non sapeva se avvertire il Governo.
Questo era un argomento delicato, a suo avviso, ma le sarebbe pesato di più parlare e spiegare i motivi della sua decisione. In fondo stava gestendo, con i pieni poteri, un momento di crisi. Si sarebbe assunta le sue responsabilità, tanto più che non sarebbe rimasta ancora per molto in quella posizione di ministro. Era l'ultimo anello della catena fra una vecchia concezione della

politica ed una che veniva qualificata per nuova. Troppi erano i diverbi e le lacerazioni all'interno di quel Governo, presieduto da un personaggio, strano per la politica, arrivato all'apice in pochissimo tempo. L'utilizzo delle sue televisioni, generosamente concesse dal vecchio, era stato determinante oltre al suo modo accattivante di presentarsi davanti all'opinione pubblica. Un sorriso perennemente stampato su di un volto anonimo e sfuggente, idee poche e confuse ma orientate su di un concetto di liberal democrazia che poteva abbracciare i residui anacronistici del fascismo e il radicalismo di leaders abituati ad ogni sorta di trasformismo. Aveva avuto gioco facile con i politici del passato regime, corrotti e clientelari, in combutta con le mafie di ieri e di oggi e le loro organizzazioni criminose senza più nessuna ideologia né valori morali. Un gioco ancora più facile ripensando al ruolo svolto dalle opposizioni, mossesi in ritardo e senza una proposta realmente alternativa. Convinte di avere davanti un avversario di poco conto senza storia e senza memoria di quella stessa cultura popolare e democratica, pilastro portante della democrazia moderna. Un calcolo estremamente sbagliato, che non teneva in nessun conto l'ormai radicata voglia di cambiare del popolo italiano, cambiare nella continuità e nella certezza che nulla si sarebbe effettivamente modificato rispetto a quello che era stato, se non il belletto sulla faccia vecchia e raggrinzita della repubblica. L'unica operazione ricercata era di buttare a mare uno staff politico compromesso in tutti i peggiori scandali dell'ultimo ventennio, ladri, corrotti e corruttori, mafiosi e criminali, sostituendolo con personaggi possibilmente non compromessi con gli scandali e le ruberie ma che avessero garantito la continuità.
Era questo che non avevano capito, avevano sperato di convincere la gente dei loro giusti propositi e che un buon governo non può non iniziare ripianando deficit e debiti di bilancio arrivati a livelli stratosferici. Furono duramente sconfitti, prevalse la logica del raggiro e delle promesse che non avrebbero avuto nessun seguito. Ma l'uomo dal volto anonimo e sfuggente dichiarava con disinvoltura tutto quello che uno avrebbe voluto sentirsi dire con il suo sorriso accattivante. Un giorno smielava i disoccupati:

«Inventerò un milione di posti di lavoro.» Il giorno successivo era la volta degli industriali e dei commercianti: «Ridurrò le tasse, ridurrò le aliquote Irpef.» Un altro ancora era la volta degli operai e delle casalinghe, e così per tutta la campagna elettorale. I risultati non mancarono, vinse le elezioni politiche, portando al governo una coalizione inedita e strampalata senza ovviamente curarsi successivamente di rispettare le promesse fatte agli ignari elettori.
Forse era troppo ingenerosa nel considerare il ruolo politico delle opposizioni. Bisognava forse dare atto che il loro grande errore l'avevano commesso non avvedendosi per tempo che la gente aveva bisogno di marcare uno stacco fra il vecchio regime ed il nuovo.
Lei era stata recuperata per una questione d'opportunità e di professionalità. Non era stata schierata con la coalizione di maggioranza né con quella di minoranza. Era stata sempre nelle associazioni cattoliche, aveva contribuito alla crescita del volontariato umanitario ed inoltre era un medico valente e capace.
Queste erano le sue carte di presentazione, vantava inoltre un'amicizia decennale con la Presidente della Camera che forse aveva contribuito alla sua nomina di ministro della sanità. Le era sembrata un'occasione unica, da non perdere, avrebbe rivoluzionato il sistema sanitario. Si accorse molto presto che i suoi erano solo sogni irrealizzabili. Certo aveva autonomia ma nell'ambito di ben definite scelte politiche che nulla avevano a che fare con i suoi convincimenti. L'idea fissa, presente nella quasi totalità della maggioranza, di privatizzare gran parte della sanità pubblica le provocava un moto di rivolta. Ma questo non era che l'aspetto macroscopico dei contrasti, il resto era costituito da piccole ed inequivocabili scelte contrarie ai suoi principi cristiani e umanitari.
Non le sarebbe rimasto molto tempo. Alcuni membri autorevoli avevano chiesto la sua testa, altri la volevano a capo di qualche importante commissione di ricerca ma lontana dalla poltrona di ministro. Altri ancora continuavano ad adularla non capendo di fare il gioco di chi la voleva estromettere. Non era abituata a quel modo di lavorare e di fare politica, non le piaceva la notorietà,

il dover essere costretta a rendere pubblica ogni sua iniziativa, a dover rilasciare continuamente dichiarazioni ed interviste per rettificare quello o quell'altro punto di vista non conforme alle sue scelte. Voleva lavorare in tranquillità, ma capiva che dal posto che occupava non sarebbe mai riuscita a fare quello che si era prefissata. Aveva trovato nel ministero dei collaboratori valenti e pieni di iniziative che l'avevano sostenuta fin dall'inizio. Non lo dichiaravano esplicitamente ma erano tutti molto lontani dalla maggioranza governativa e dai partiti che la sostenevano. Wladimiro era il suo più diretto e fidato collaboratore, sicuramente un uomo di sinistra, legato ai partiti dell'opposizione.
L'aveva colpita la sua viva intelligenza, il suo modo schietto e pragmatico di comportarsi, fermo e gentile ed infine l'aspetto fisico, l'avvenenza del suo viso, l'espressione dei suoi occhi, così chiari e vispi. Non lo avrebbe mai ammesso nemmeno con se stessa, ma questa era forse la molla da cui scaturì il suo interesse iniziale. I primi giorni d'incarico, quando i neofiti non sanno come comportarsi, quel funzionario giovane e preparato l'aveva guidata nei meandri della burocrazia del ministero con una pronta solerzia e sicurezza. Lo aveva trovato subito simpatico e poco le importò di saperlo legato alle opposizioni. L'incarico che aveva non era incarico politico, proveniva direttamente dall'organico ministeriale, pertanto la sua coscienza era a posto e non aveva obblighi in tal senso.
Prese il telefono ed ordinò alla sua segreteria di mettersi in contatto direttamente con la Spagna. Subito dopo fece contattare il capo della procura di Roma. Avrebbe significato a lui il suo assenso da riferire direttamente al magistrato competente. La linea con Malaga fu presto attivata, all'altro capo del telefono il suo collaboratore la mise subito al corrente degli ultimi avvenimenti: «Spero che non ci siano novità da parte dei nostri amici ricattatori. Oggi pomeriggio abbiamo visitato le due infermiere che avevano soccorso i primi due morti contagiati dal virus. Non presentano un quadro clinico diverso dalla normalità se si eccettua una strana forma di eccitazione ipersensoriale. Poverine le abbiamo costrette ad una quarantena forzata con isolamento totale, intanto giornalmente procederemo ad accurati esami con

prelievo di sangue e di umori vaginali. Speriamo di arrivare a qualche risultato utile per le indagini. Ci servirebbe esaminare un malato all'insorgere dei sintomi per valutare eventuali possibilità di profilassi preventive. Novità sul nostro misterioso dottor Artois?»

«Ecco, era proprio di questo che ti volevo parlare. Sto per dare il mio assenso al proseguimento delle indagini. Probabilmente sarà emesso un dispaccio internazionale a tutte le polizie interessate, l'avviso di garanzia conterrà l'ipotesi di attentato alla salute pubblica. Non sono convinta che la nostra iniziativa andrà avanti. Sia il governo francese che quello israeliano non hanno dubbi sulle attività del nostro uomo, sono piuttosto propensi a creargli delle coperture diplomatiche. Questo mi risulta inspiegabile. Che mi puoi dire al riguardo?»

Wladimiro ci pensò un attimo e poi rispose: «L'immagine politica del personaggio è limpida. Ha le sue convinzioni che manifesta in maniera esplicita ed alcune volte plateali. Le sue convinzioni sono note, ma nulla a che vedere con atteggiamenti fuorilegge. Mai un fatto criminoso gli è stato addebitato. La sua organizzazione ha utilizzato metodi non ortodossi nei confronti di fascisti, nazisti e palestinesi. Ha colpito obiettivi facili, già additati all'opinione pubblica come terroristi, assassini, razzisti, gente spregevole in definitiva che non meritava le attenzioni dei difensori dello stato di diritto. Finora quindi è stato tutto molto facile. L'unica nota stonata è rappresentata dalle sperimentazioni di quella maledetta sostanza e le denunce de parenti dei volontari che avevano accettato di sottoporsi al trattamento»

«Ma quale sarebbe il movente di questo ricatto?» intervenne la ministra. «Perché compiere un atto così sconsiderato giocandosi tutta la reputazione accumulata in questi anni? Un'immagine costruita anche con sacrificio, mi par di capire.»

Wladimiro parve riflettere più a lungo del dovuto, poi riprese: «È sicuramente prematuro affermare che possa essere l'autore del ricatto, anzi sono dell'opinione che probabilmente sa molto di più di quello che afferma di sapere, ma non è l'autore delle lettere minatorie. Devono avere disegni più complessi che il semplice ricatto a fini di lucro. Le stesse richieste fatte nelle lettere mina-

torie dovrebbero esentarlo da questa colpa. Ci troviamo di fronte a uno scontro fra organizzazioni criminali che perseguono fini diversi. Per qualche oscuro motivo il dottor Artois si è fatto coinvolgere in un gioco che non avrebbe voluto fare. Ora sta rischiando di compromettere tutto il lavoro di anni. Dalle informazioni che abbiamo avuto starebbe per candidarsi alla conduzione del governo del proprio paese. Se scoppiasse uno scandalo di tal fatta non avrebbe più nessuna possibilità. È questo quello che vuole impedire, ma mancano alla nostra ricostruzione sicuramente tasselli importanti. Ad esempio: chi ha portato fuori dai laboratori di Parigi la sostanza incriminata? Chi può averla modificata ed arricchita fino a trasformarla in una vera e propria bomba epidemiologica dagli sviluppi imprevedibili? Chi successivamente ha curato e gestito la fase del ricatto mondiale? Sembrerebbe che siano pervenute missive ai governi francese e spagnolo dello stesso tenore. Le richieste sono più o meno le stesse, un misto di rivendicazionismo sociale sindacale e misure protezionistiche di organizzazioni criminali presenti in quei paesi.»
La ministra riprese la parola: «Chi ti ha dato queste ultime informazioni? Ho chiesto esplicitamente, tramite le ambasciate, se ci fosse una generalizzazione del ricatto a livello europeo ricevendone risposte negative. Solo il governo inglese non ha ancora ufficialmente risposto»
«I delegati alle riunioni non ne fanno mistero. Tutti confermano che si sta agendo con un'accurata riservatezza per motivi di ordine pubblico. Solo gli addetti alle indagini sono al corrente di tutto ed ovviamente osservano gli ordini impartiti dai rispettivi comitati di crisi. Ma se va avanti in questo modo in capo a qualche ora sarà di dominio pubblico ogni minima notizia al riguardo. I giornalisti devono avere già mangiato la foglia. Sanno che c'è qualcosa di grosso ma non riescono a capire fino in fondo di cosa si tratta.»

Il ricovero

I medici del pronto soccorso all'ospedale San Gallicano di Cagliari erano scettici e poco propensi a credere al paziente che avevano da poco preso in cura. Il malato accusava dolori al pene, ma l'unica ferita visibile e comunque superficiale era quella prodotta da un colpo di arma da fuoco sulla coscia sinistra.
Ovale, durante la medicazione dava segni di insofferenza, si toccava ripetutamente nella zona dell'apparato genitale e farneticava di strane ulcerazioni che di lì a poco sarebbero comparse su tutta la superficie del suo membro. «Lo volete capire!» sbottò, rivolto agli infermieri, «Ho contratto la peggiore delle malattie esistenti! Fra poco vi pentirete di non avermi dato ascolto»
«Su!! Su! Stia buono, non si preoccupi ora è in buone mani, vedrà che fra poco andrà tutto per il meglio.» Poi, rivolto al suo collega che tardava ad arrivare: «Antonio, muoviti con il Valium. Se continua a muoversi mi riesce difficile la medicazione. Si giri, si giri adesso la faremo stare più tranquillo, stia fermo.» L'altro infermiere fece rivoltare Ovale, tirò giù le mutande quel tanto necessario a trovare lo spazio per l'ago ed iniettò il liquido con un colpo solo.

«Ecco guardate» continuò Ovale mettendo a nudo il suo cazzo «lo vedete è tutto rosso e mi fa male, qui» ed indicava il glande che si andava ingrossando.

«Ma cosa ha fatto? Ha ricevuto un colpo? È stato punto da un insetto? In effetti presenta una strana alterazione. Antonio chiama il dottore di turno alle malattie infettive, digli di venire a dare uno sguardo, c'è qualcosa di strano qui.» Poi rivolto di nuovo al paziente: «Le fa molto male?»

«Non ho ricevuto colpi né è la puntura di un insetto, questi sono gli effetti di una nuova malattia terribile, lo volete capire, è mezz'ora che sto tentando di dirvelo. Chiamate i migliori specialisti che avete.» Ovale continuava a parlare con maggiore sofferenza, i dolori cominciavano ad essere lancinanti: «Non c'è tempo, avviene subito tutto il processo fino alla morte. Guardi! Guardi! Lo vede? Poco fa non c'era quell'ulcerazione e ora sanguina.»

L'infermiere fece un balzo all'indietro, non credeva ai suoi stessi occhi. Era comparsa improvvisamente una ferita e se ne stavano aprendo delle altre ad una velocità incredibile senza nessun motivo apparente. Non aveva mai visto nulla di simile, era spaventoso. Si preoccupò di disinfettarsi le mani, poi si coprì il viso con una mascherina, indossò dei guanti sterili, si abbottonò il camice e ritornò vicino al malato.

«Lei sembra saperne di più su questa sua strana malattia. Dove l'ha contratta e cosa posso fare in attesa che arrivi il primario?» Poi, rivolto ai portantini che attendevano fuori dalla stanza di prima medicazione, ordinò perentorio: «Chiudete tutto! Non fate entrare più nessuno qui! Spostate il pronto soccorso nell'astanteria, non posso sapere quali livelli di contagio può avere. Muovetevi!»

Non se lo fecero ripetere. A differenza del solito, scattarono tutti in piedi e uscirono dall'edificio chiudendosi dietro la porta. Poi fece avvertire la portineria di dirottare i malati. Il poliziotto di guardia si mise subito in contatto con la questura: «Pronto! Pronto! Sono di turno al pronto soccorso. Hanno appena ricoverato un uomo che dichiara di essere affetto da una malattia contagiosa e pericolosissima. Il reparto è stato chiuso per sicurezza. Preparo il verbale con il bollettino medico e lo invio subito. Se ci fossero novità mi farò sentire. Inviate intanto dei rinforzi. Bisognerà isolare la zona.» Il dottore del reparto infettivo non perse tempo, capì di trovarsi probabilmente davanti ad una novità assoluta e gravissima.

La sintomatologia del male era completamente sconosciuta. La velocità di sviluppo delle ulcerazioni e delle escrescenze tumorali era inaudita. Praticò immediatamente degli antidolorifici ad Ovale, e subito dopo chiese un consulto al massimo livello. Il responsabile dell'ospedale fu svegliato in piena notte. Informato di quanto stava accadendo ritenne subito opportuno mettersi in contatto con il Ministero della Sanità. Il gabinetto di crisi voluto da Wladimiro per raccogliere le informazioni di eventuali casi sospetti, prontamente riunitosi, inviò i suoi due esperti con un aereo militare.

Erano trascorse due ore dal ricovero di Ovale nell'ospedale di Cagliari quando Wladimiro ricevette la prima telefonata dalla segreteria della ministra. Appena apprese le informazioni relative a quanto stava accadendo, interruppe la comunicazione per inviare un fax direttamente all'ospedale di Cagliari con su stampigliato la formula dell'antidoto ricevuta dal dottor Artois. Non poteva valutare il tempo necessario per preparare il medicinale, ma si augurava di poter salvare il malato, avrebbe potuto dare utili informazioni alle indagini in corso. Sarebbe stato un prodotto artigianale, senza l'utilizzo di apparecchiature sterili per i dosaggi.

Attorno ad Ovale si alternavano tutti i migliori specialisti isolani, stavano comunque arrivando personaggi importanti dal continente, erano stati avvertiti dal Ministero della Sanità. La polizia aveva provveduto ad isolare completamente la zona adiacente all'ospedale.

Il malato era stato anestetizzato e ricoverato in una camera completamente isolata. Nel laboratorio intanto si procedeva alla preparazione del medicinale. Le difficoltà sembravano minime, i prodotti da utilizzare erano tutti reperibili in pochissimo tempo. A distanza di tre ore e mezzo dal ricovero di Ovale gli veniva praticata la prima dose di antidoto: due punture direttamente sul glande ed una intramuscolare. Avrebbero dovuto ripetere lo stesso trattamento dopo solo quattro ore.

Pur non regredendo, le ulcerazioni rimasero stabili, le escrescenze tumorali non crescevano più a vista d'occhio. Nessuno dei medici presenti avrebbe scommesso una sola lira per il futuro sessuale del malcapitato. Le ferite ben difficilmente si sarebbero ridotte ad uno stato di normalità, senza pensare all'ipotesi di dover intervenire chirurgicamente per rallentare lo sviluppo del male. Ovale continuava a dormire, grazie ai sedativi somministrati e all'anestesia, in preparazione dell'intervento di amputazione del pene.

L'ipotesi dell'intervento era stata abbandonata appena>|<ricevuto il fax da Malaga. Ora provavano questa cura, con il segreto obiettivo di debellare una spaventosa malattia contagiosa al suo nascere. Ne avrebbe tratto giovamento l'intera umanità.

Napoli

Ilaria era rimasta sola, Ovale prima di uscire aveva avuto la forza di legare come un salame Hafif. Provò a svegliare il Capitano, prese una caraffa di acqua e con un panno la cosparse sul viso del dormiente. Continuò così per un tempo che le sembrò infinito prima di avere qualche segno di risveglio. Il Capitano mugolava parole indistinte, ma gli occhi erano sempre chiusi. Ilaria provò a metterlo seduto sul letto, gli passò il braccio dietro il collo, riuscì a prenderlo dietro la schiena e facendo ricorso a tutte le sue energie lo sollevò quel tanto da tenerlo in posizione eretta in un precario equilibrio.
«Ti prego, dobbiamo andare via da qui. Se viene la polizia ci arresteranno per il resto della nostra vita. Dai! Ci sono due morti nella stanza accanto.»
Il Capitano bofonchiava in francese suoni e parole incomprensibili per Ilaria: «Lasciami dormire, lasciami... ho tanto sonno... mi fa male la testa... la bocca... che schifo... dammi dell'acqua. Ma tu chi sei? Dammi dell'acqua...»
«Dobbiamo andare a Napoli. Bisogna prendere l'aereo. Edo a

quell'ora sarà morto, io l'ho ucciso, ha distrutto la mia vita quel figlio di puttana, ma fra poco sarà concime per i vermi. Chissà se ho fatto bene? Non volevo farlo, ho deciso così all'improvviso, non so cosa mi è preso... Svegliati! Siamo rimasti soli, se ci trovano gli amici di Hafif, non voglio pensarci, dai apri gli occhi, fallo per me, proviamo a camminare, su fai uno sforzo.»
Il Capitano allungò un braccio, riuscì dopo il terzo tentativo a prendere la caraffa dell'acqua, maldestramente la portò alle labbra versandone una buona quantità sui vestiti, bevve le ultime gocce. Le sentì fresche scorrere lungo la sua gola riarsa. Ilaria corse a riempirla e questa volta lo aiutò a bere.
«Che stiamo facendo qui? Dove ci troviamo?» chiese in italiano il Capitano. «Mi fa male la testa e lo stomaco. Che strano, ho come la sensazione che qualcuno mi abbia drogato!»
«È così, ma ora dobbiamo andare, dobbiamo muoverci subito, se ci trovassero, saremmo perduti. Ti racconto tutto lungo la strada»
«Chi è quello?» chiese indicando Hafif legato nel centro della stanza. «Ovale dov'è? Che fine ha fatto? Dove dovremmo andare? Vedi che non riesco a stare in piedi?»
«Lascia stare, ora ti porto via da qui. Prenderemo un caffè e tutto andrà meglio.»
Ilaria aveva ritrovato forza e decisione, pur non avendo ancora chiaro dove andare. Si alzarono dal letto, lasciò che il Capitano si appoggiasse con tutto il peso alla sua spalla e si avviarono verso l'uscita. Ovale aveva provveduto a saldare il conto delle due camere, poi trovarono un taxi nella piazza adiacente all'albergo.
Mancavano pochi minuti alle cinque del mattino quando arrivarono all'aeroporto. Dovevano fare in fretta, la polizia avrebbe iniziato a cercarli non appena fosse arrivata la comunicazione del ritrovamento dei due cadaveri e di Hafif. Il primo aereo partiva alle sei, l'imbarco era previsto per le cinque e trenta.
Il comitato di crisi si riunì per la terza volta in quella turbolenta nottata. Le misure da adottare erano di pertinenza del ministero degli interni e dei magistrati competenti. Il presidente del consiglio richiedeva di essere informato costantemente sull'evolversi della vicenda. La ministra si era istallata nel suo ufficio ed era rimasta in collegamento diretto con Malaga. Presiedeva la riu-

nione del comitato con all'ordine del giorno le misure di prevenzione da adottare all'interno dell'ospedale di Cagliari.
«...vi ripeto non è possibile isolare l'intero stabile, troppi problemi da affrontare e risolvere in pochissimo tempo, fra cui l'evacuazione dei malati ricoverati. Bisogna assolutamente procedere alla realizzazione di un reparto completamente isolato, dove terremo in osservazione questo caso, sperando che sia l'ultimo. Non sappiamo quale può essere il livello di contagio, potrebbe anche non esserci.» Stava parlando ormai da un quarto d'ora sempre e solo dello stesso argomento, aspettava di essere chiamata da Wladimiro. «Sarebbe sicuramente un passo in avanti se riuscissimo a tenerlo in vita, il nostro paziente potrebbe darci qualche indicazione. Voglio ricordarlo, è un personaggio molto strano, coinvolto in diversi traffici di armi e di valuta, non grandissime cose ma compromettenti. Il suo nome è Edo Ovale di anni quarantasette, abbiamo scoperto che ultimamente è stato a Parigi ed a Casablanca. Si può affermare che i servizi hanno lavorato celermente e con precisione. Saranno pure informazioni senza nessun rilievo ma intanto ci permettono di tracciare un primo approssimato quadro del personaggio. Gli esperti mi assicurano che il contagio non può essere avvenuto più tardi di ieri o nelle prime ore di questa mattina, il campo di ricerca potrebbe essere limitato»
«Mi scusi, ministro» intervenne il rappresentante del Ministero dell'Interno, «potrei già dare indicazioni di come comportarsi, attendono una mia telefonata alla sala operativa del Viminale. Il presidente è impaziente avrebbe preferito vedere già risolto il problema, a suo parere impieghiamo troppo tempo nel decidere.»
Non lo lasciò terminare: «Non ho alcuna intenzione di prendere lezioni, dica al presidente, visto che se ne fa portavoce, che ogni cosa ha il suo tempo, come saggiamente dice il detto popolare. La nostra decisione» continuò con tono di voce stizzito, «è quella di isolare il reparto all'interno dell'ospedale. Dia le disposizioni necessarie se nessuno ha obiezioni.»
Intervenne uno degli esperti, professore universitario, primario di igiene e profilassi: «Le persone che sono venute a contatto con il malato devono essere messe sotto controllo. Le infermiere che

hanno assistito alle prime medicazioni vanno subito sottoposte ai test per verificare se sono state già contagiate. Le disposizioni a questo personale dovranno essere categoriche. Nessuno di loro può lasciare l'ospedale, daremo tutti i chiarimenti che desiderano. Il cordone sanitario dovrà essere inviolabile fino a che non ci saranno nuove disposizioni.»

La comunicazione con la sala operativa del Viminale fu prontamente attivata. L'addetto del ministero degli interni mobilitò i reparti speciali della polizia per la difesa anti - batteriologica che raggiunsero l'ospedale di Cagliari in pochissimo tempo.

Sbarcarono dagli elicotteri nel cortile antistante l'ingresso del pronto soccorso già vestiti con le loro tute protettive che li rendevano simili a degli extraterrestri. Si mossero di concerto nel più assoluto silenzio, isolando completamente il reparto dal resto del mondo. Vennero costruiti tunnel di plastica che collegavano un'area all'altra, stabilirono la loro base operativa in un camper appositamente trasportato. Medici ed infermieri che erano venuti a contatto con Ovale al momento del suo ricovero e successivamente, furono letteralmente imprigionati in quella ragnatela di plastica invalicabile.

Vani furono i tentativi di protesta o di sottrarsi alla limitazione della libertà, gli uomini negli scafandri furono irremovibili, trincerati dietro un ferreo silenzio. Respinsero qualsiasi richiesta con modi bruschi e perentori, senza mai dire una sola parola. Sembravano ancora più distanti di quello che si potesse immaginare. Le infermiere rimaste imprigionate, vennero prelevate senza molti riguardi, confinate in una stanza e guardate a vista in attesa di essere sottoposte agli esami.

Le condizioni di Ovale erano stazionarie, anche se gravissime. L'antidoto stava facendo il suo effetto. Combatteva efficacemente contro le alterazioni genetiche provocate dagli effetti della sostanza. I medici elaborarono il bollettino da inviare direttamente al comitato di crisi presso il ministero della sanità. Descrissero in maniera accurata lo stato di salute del paziente, tracciarono una possibile evoluzione del male in toni ancora pessimistici.

Le infermiere risultavano contagiate, dai primi esami effettuati evidenziavano un'alterazione della composizione del loro appa-

rato immunologico. Avrebbero potuto trasferire il male a persone di sesso maschile per via ematica o sessuale. Fu rafforzata la sorveglianza rendendo il loro isolamento totale.
Wladimiro venne informato degli sviluppi, ormai aveva deciso di ripartire per l'Italia, ma avrebbe cercato di portare con sé il dottor Artois. «Pronto, vorrei parlare con il dottor Artois, sono Wladimiro Pergolati, il delegato italiano, ho una comunicazione urgente da fare.»
Gli rispose una voce giovanile di donna, cortesemente lo pregò di attendere, poi gli chiese dove poteva essere richiamato.
«La prego, dica al dottore che ho una fretta dannata. A Cagliari hanno trovato un contagiato ancora vivo, ora è in isolamento e sotto controllo. Vorrei avere un suo parere»
«Non si preoccupi, questione di minuti e sarà richiamato al suo numero.» Wladimiro attese con impazienza il trascorrere del tempo e finalmente udì il trillare dell'apparecchio telefonico, rispose senza indugiare: «Ah è lei! Mi scusi se la disturbo, ma volevo proporle di venire con me a Cagliari, abbiamo un malato con i chiari segni del contagio»
«Dove è stato contagiato e da chi? Avete già queste informazioni?»
«Non conosco i particolari, spero di poter parlare con il paziente. Hanno già iniziato la cura con il suo antidoto. I risultati sembrano buoni. Almeno vi è stato un arresto nello sviluppo delle ulcerazioni. Se lei è d'accordo, posso portarla in Italia con il nostro aereo militare.»
Il dottor Artois non si fece pregare più di tanto, accettò immediatamente la proposta. L'appuntamento fu confermato per le nove della stessa mattina.
Il dottor Artois, appena riattaccata la cornetta del telefono, provò a mettersi in contatto con Hafif, ma non ottenne risposta. Stranamente non aveva più notizie dalla sera precedente. Non sapeva spiegarsi questo nuovo caso. Come si era potuto produrre? Sperava decisamente in un errore degli italiani altrimenti poteva dare una sola spiegazione, le cosche mafiose erano già entrate in possesso della sostanza e la stavano utilizzando. Se questo fosse stato confermato, i suoi uomini avevano fallito nell'impresa di

fermare i tre fuggitivi. Alla ragazza era stato tolto il segreto. Potevano essere guai grossi per tutti. Soprattutto per lui, pensò con disappunto. Veniva meno la strategia politica che aveva costruito con tanto sacrificio, se fosse trapelata la notizia del suo coinvolgimento in questa triste vicenda poteva già da ora dire addio alle sue ambizioni politiche. Gli avversari politici lo avrebbero fatto a pezzi, senza pensare alle ripercussioni sul piano legale. Si presentava ai suoi occhi una visione pessimistica del futuro e solo per non essere riusciti a bloccare in tempo quella coppia di depravati, di persone senza alcun valore. Due miseri esseri, avrebbero avuto il merito di distruggere il suo disegno, costruito con uno spreco di energie, di denaro, di rinunzie. Avrebbe voluto averli ora davanti ai suoi occhi quei due personaggi, avrebbe voluto parlare con quel saltimbanco "capta pensieri". Non lo avrebbe permesso, disse a se stesso, avrebbe risolto quel problema, non si sarebbe affidato a nessun altro.

Il genoma

Erano da poco passate le dieci quando l'aereo militare dell'aviazione italiana atterrò all'aeroporto di Cagliari. Vi erano due Fiat Croma blu ad attenderli, Wladimiro fu il primo a scendere la scaletta seguito dal magistrato e dal dottor Artois.
Prima di passare a vedere il malato indossarono tute protettive, passarono per il corridoio di plastica costruito durante la notte e finalmente raggiunsero il reparto dove veniva custodito Ovale.
La malattia non aveva progredito, si era stabilizzata. Continuavano a bombardare le parti colpite dal male con dosi sempre più basse di antidoto. Il malato sembrava entrato in una sorta di dormiveglia, non avrebbe saputo dire dove si trovava e da quanto tempo.
Il dottor Artois lo riconobbe subito. Non poté nascondere un moto di sorpresa, la sua fortuna fu il copricapo che proteggeva il viso e la testa anche da occhi indiscreti. Il suo sbalordimento fu totale. Come era stato possibile? Ovale sapeva a cosa si andava incontro, come aveva potuto pensare di farsi contagiare dalla sua compagna? Doveva essersi verificato un incidente, qualcosa di

non previsto. Non vi poteva essere altra spiegazione. Doveva ucciderlo ad ogni costo, non poteva lasciare vivo un testimone così importante e deciso per la sua accusa. Doveva morire al più presto, prima ancora che avesse avuto la possibilità di riconoscerlo.
«Mi dia la cartella clinica» disse rivolto al medico del reparto, «spero sia stata aggiornata. Potrebbe darmi anche un'analisi dettagliata dei prelievi?»
Il medico guardò Wladimiro, il quale fece un leggero cenno di assenso con la testa: «Il dottor Artois è uno studioso di questo problema, le sue ricerche sono all'avanguardia, è sua la scoperta dell'antidoto. È qui per un consulto.»
Intanto il medico aveva preso una cartella che passò direttamente nelle mani guantate dell'israeliano. Conosceva a memoria quei risultati, non trovò nulla di particolare, ma la sua attenzione era indirizzata alla ricerca di qualche elemento utile all'obiettivo prefissato. Ovale non presentava altre alterazioni diverse da quelle prodotte dalla sostanza.
«Voglio analizzare i componenti chimici dell'antidoto alla luce delle nuove analisi effettuate dopo il primo ciclo di trattamento» disse il dottor Artois con un impeccabile accento. Wladimiro condivise il modo di procedere: «Mi dica, professore, crede che potrà cavarsela, o è destinato a morte sicura?»
«Se fossi sicuro del tipo di manipolazione realizzato sulla sostanza potrei assicurarle un risultato soddisfacente, senza ulteriori strascichi. Ma la totale assenza di informazioni non mi permette di avventurarmi in una previsione qualsiasi. Un risultato lo abbiamo ottenuto, l'antidoto ha bloccato il violento sviluppo delle ulcerazioni e delle metastasi. Sarebbe interessante procedere ad una TAC per accertarci dell'estensione del male. Se vi fossero le apparecchiature necessarie, io procederei senz'altro all'esame.»
Wladimiro guardò i medici dell'ospedale, per trovare nei loro volti un assenso rassicurante, ma così non fu.
«Non esiste una strumentazione per la TAC in questo ospedale. L'abbiamo richiesta da qualche anno senza avere mai avuto risposte definitive. Dirottiamo i malati presso un istituto privato. In questo caso sarà estremamente difficile.» Il dottor Artois non sembrò preoccupato: «Bene procediamo a delle normali analisi a

raggi x su tutta la parte addominale, sul fegato, e sul cervello.»
Intervenne un addetto alla sicurezza rivolto ai medici: «Dovreste preparare una carta con il percorso da fare per recarsi ai laboratori d'analisi. Faremo evacuare tutta la zona interessata al passaggio. Ci dovete dare almeno due ore di tempo»
«Per fortuna il laboratorio è adiacente al pronto soccorso. Non dovremo fare grossi spostamenti.»
Il malato fu presto trasportato nella sala adiacente e sottoposto a tutti gli esami precedentemente decisi. Le lastre furono sviluppate e riconsegnate ai medici in pochissimo tempo.
«Vede, mio caro Pergolati» iniziò a dire il dottor Artois, mentre guardava con attenzione le lastre, «se avessimo già la possibilità di mappare il genoma, non troveremmo nessuna difficoltà a curare i tratti malati del DNA, ma attualmente siamo solo in grado di introdurre dall'esterno copie del gene colpito, malato o tarato ereditariamente senza sapere dove queste si inseriranno nel genoma dell'organismo. In definitiva non sappiamo quale tratto del DNA verrà effettivamente modificato dall'intervento. La difficoltà più grande rimane la mappatura. Del genoma umano conosciamo sequenze che non arrivano a cinquanta milioni di basi, comprendenti al massimo qualche migliaio di geni. C'è chi dice che sono almeno centomila chi dice trecentomila, in sostanza se avessimo a disposizione la descrizione molecolare completa del nostro genoma, solo per la sua consultazione, dovremmo sfogliare qualche milione di pagine di una enorme enciclopedia composta da una sola lunghissima frase con la successione delle quattro basi del DNA, A, C, G, e T variamente ripetute per decine se non centinaia di milioni di volte. Basterebbe l'utilizzo di un computer in grado di analizzare il gene da introdurre nell'organismo per contrastare una malattia. Ma questo per ora è solo il futuro, non siamo purtroppo così avanti nella ricerca, ci vorranno ancora molti anni, forse né io né lei saremo vivi.»
Wladimiro ascoltava in silenzio i sogni d'ingegneria informatica del dottor Artois e non solo i suoi. Lui era di un'altra opinione: «Come in tutte le cose forse anche in questa, casualmente, si arriverà alla risoluzione dei problemi in tempi che ora sono inimmaginabili»

«Non c'è assolutamente nulla in queste lastre» disse, cambiando discorso, «non vedo nessuna metastasi. Guardi, guardi anche lei! Se si esclude la zona dei genitali dove sono visibili ombre sospette di masse tumorali in crescita, non vi sono ancora altre parti colpite.» Intanto aveva passato alcune lastre a Wladimiro: «Procedendo come abbiamo fatto finora, forse riusciremo a circoscrivere in una sola parte del corpo i danni del contagio. E presto saremo in grado di interrogare il nostro malato. Io opterei per una sola variante alla cura, introdurrei un nuovo composto, che stiamo sperimentando da qualche mese, per ridurre la devastazione tumorale senza intervenire chirurgicamente. Non impiegherò più di un giorno per fornirvelo. Dovrò chiamare i miei tecnici a Parigi, beninteso, con il vostro accordo.» Nessuno dei presenti avanzò dubbi sulla proposta del dottor Artois.
Wladimiro ringraziò il professore, i suoi ragionamenti erano altri, cercava di capire come fosse coinvolto in quello strano ricatto un valente ricercatore. Si sentiva sempre più conquistato dai modi cortesi e dal parlare erudito. Non gli dava più l'impressione che aveva ricavato dopo la conferenza di Malaga. Si stava convincendo che quell'uomo non poteva essere al centro di organizzazioni malavitose, né tanto meno partecipe del ricatto internazionale. L'unica sua responsabilità, continuò a pensare Wladimiro, era l'aver permesso il trafugamento della ricerca in corso presso la sua clinica.
Il professore aveva terminato l'esame delle lastre, nulla di nuovo gli era stato rivelato. Si sarebbe preparato a somministrare all'ignaro malato la pozione mortale. L'indomani il capitolo Edo Ovale sarebbe stato accantonato per sempre. Stavano ancora nei pressi della stanze sterili quando chiamarono Wladimiro sulla linea riservata del ministero: «Sì! Pronto! Wladimiro Pergolati»
«Ah! Senta, sono il responsabile operativo del ministero, Carlo Ciliegi, le devo fare una comunicazione: questa mattina, alle prime ore dell'alba sono stati rinvenuti due cadaveri presso "L'albergo del sole" di Cagliari, i corpi di due uomini uccisi a colpi di coltello. Il terzo uomo, anch'egli sconosciuto, era legato e sotto gli effetti di un potente narcotico. Le due stanze dell'albergo erano state riservate ad un certo Edo Ovale, normalmente pagate. Sem-

bra che con quest'ultimo ci fossero due persone, una signorina dall'apparente età di venti anni, bella e formosa, a detta del portiere, ed un uomo sui sessant'anni, alto con i capelli scomposti. Ecco, non mi chieda particolari perché non li conosco, il ministro mi ha lasciato detto di mettermi in contatto con il suo ufficio nel primo pomeriggio di oggi. Buon lavoro ed arrivederci»
«Beh! Non c'è che dire è proprio un bel casino, arrivederci.»
Wladimiro riattaccò la cornetta.

L'avamposto

Atterrarono senza problemi all'aeroporto di Capodichino. Il Capitano si era riavuto completamente. L'attesa snervante prima dell'imbarco a Cagliari, l'aria fresca della mattina, avevano fatto quello che Ilaria sperava. Non avevano perso tempo in preamboli, avevano raccontato sinteticamente i tragici avvenimenti della notte, omettendo un solo particolare: la condanna a morte di Ovale da lei decretata ed eseguita. Probabilmente il suo bluff non avrebbe retto molto a lungo ma per il momento non vi era altro da aggiungere.
Il taxi li lasciò non distanti da via Volturno, era impossibile raggiungerla con la vettura. Risalirono il vicolo impraticabile, si trovarono davanti al numero due. Erano nei vecchi quartieri bassi di Napoli, il rione spagnolo. Una vecchia zona con case fatiscenti, strade strettissime, animata da una popolazione povera e dedita per lo più a loschi traffici. Provarono a suonare il campanello, si affacciò un vecchio da una finestra del caseggiato di fronte: «Ehi! Chi state cercando? Dite pure a me, i signori di fronte vengono più tardi»

«E voi chi siete?» chiese Ilaria sorpresa dell'intrusione. «Abbiamo un appuntamento per questa mattina, è urgente. Sono stati loro a cercarci»
«Loro chi?» disse il vecchio. «Qui ci abitano diverse persone, bisogna essere un po' più precisi, altrimenti come vi posso aiutare?»
«Sentite!» riprese Ilaria contrariata, «Fatevi gli affari vostri» e si girò a suonare nuovamente il campanello.
«Maleducata!» sentenziò il vecchio, e richiuse la finestra scomparendo.
«Beh! Qui non c'è nessuno per adesso» disse il Capitano, «proviamo a ripassare più tardi, possiamo andare a prendere qualcosa in un bar nel frattempo.»
Stavano avviandosi alla ricerca di un posto dove stare seduti ed aspettare, quando sentirono il rumore di una moto di grossa cilindrata, si girarono appena in tempo per vedere un uomo con tuta di pelle e casco che, parcheggiata la moto, entrava proprio al numero due di via Volturno. Si guardarono negli occhi e tornarono subito indietro. L'uomo aprì la porta: «Buongiorno» disse educatamente, «desiderate?»
«Buongiorno» disse Ilaria, «ci manda Edo Ovale, mi ha detto di recarmi a questo indirizzo, sicuramente avrei trovato persone disposte ad aiutarci»
«Entrate!» disse l'uomo richiudendo subito la porta alle loro spalle. Salirono una rampa di scale e si trovarono in una vecchia cucina con un caminetto pieno di carte e giornali.
«Da dove venite?» chiese l'uomo. «Il mio nome è Roberto»
«Ilaria Cucirini e questo signore è il Capitano Curiel, piacere di fare la sua conoscenza»: il Capitano fece un cenno con la testa.
Roberto era giovane, non molto alto ma robusto, portava capelli neri tirati all'indietro, che facevano risaltare un viso spigoloso e duro, malamente nascosto da una barba incolta di qualche giorno: «Raccontatemi tutto, tanto dobbiamo aspettare degli amici, poi decideremo che fare. Volete un caffè?» Si mise a cercare l'occorrente mentre Ilaria iniziò a raccontare tutta la loro disavventura omettendo solo i passaggi più compromettenti.
«E così questi vi hanno seguito fino a Cagliari? Ma il mio amico Ovale ora dov'è?»

«È ricoverato in ospedale, è stato colto da un malore» mentì Ilaria, «non sappiamo come stia adesso.» Sentirono dei passi sulle scale: «Sono loro» disse Roberto, «finalmente!»
Entrarono due persone, una aveva un ventre voluminoso, l'altra sembrava uscita da una cura dimagrante: «Vi presento il signore Cannamozza ed il signor Rodini»
«Piacere mio» si ritrovò a dire meccanicamente Ilaria, il Capitano fece solo un movimento con la testa. Roberto sintetizzò per i nuovi arrivati le disavventure dei due fuggitivi con precisione, senza fare commenti. «Io penserei a come aiutare questi signori» disse Cannamozza rivolto ai due amici. «Intanto possiamo nascondervi fino a che non avremo stabilito un contatto con questi misteriosi aggressori. Non dovrebbe essere difficile far loro capire che siete gente per bene che d'ora in poi la vostra salute è un affare nostro. Poi bisognerà trovarvi una sistemazione definitiva possibilmente all'estero. Prima di tutto questo però sarà bene che voi ci diate una mano a risolvere una questione rimasta in sospeso. Più che altro ci serve lei signorina, o meglio la micro - apparecchiatura che le è stata innestata sulla parete della vagina»
«Di quale micro - apparecchiatura sta parlando?» chiese Ilaria con malcelato imbarazzo.
«Ma io di queste cose non mi intendo, lei vuole una spiegazione tecnica, immagino. Vai Roberto raccontale che cosa custodisce nelle sue parti intime»: Cannamozza invitò il suo amico a parlare.
«È presto detto. Nella clinica di Parigi, dove lei è stata ricoverata, hanno messo a punto un meccanismo molto sofisticato. si tratta di una miniaturizzazione di una sorta di eiettore gestito da un processore. Tutto il sistema entra in funzione quando una sonda termica comunica al processore il raggiungimento di una temperatura ideale. A quel punto viene spruzzata una sostanza pericolosissima per l'uomo tanto da portarlo alla morte nel giro di poco tempo. La mente perversa e diabolica degli ingegneri genetisti francesi ha fatto in modo che il meccanismo entrasse in funzione durante il coito. Noi siamo in grado, con una piccola operazione, di toglierle la micro - apparecchiatura e di liberarla da questo antipatico problema»: non riuscì a trattenere un leggero sorriso.

Il Capitano era rimasto sempre silenzioso, scrutava i volti dei loro ospiti cercando di leggere cosa realmente pensassero i loro cervelli. Quello che stava dicendo Roberto risultava tutto conforme alla verità ma vi era qualcosa che veniva taciuto. Era troppo occupato a ricercare la spiegazione tecnica da fornire ad Ilaria, mentre Cannamozza stava pensando, senza ombra di dubbio, al ricatto internazionale che aveva messo in atto un'organizzazione criminale di cui loro facevano parte. Gente pericolosa concluse il Capitano, che bisognava non insospettire. Dovevano continuare a dichiararsi ingenuamente al di fuori di ogni minima comprensione di quel che finora era accaduto, ne andava della loro stessa vita. Avrebbe vigilato sull'operazione di asporto della micro - apparecchiatura, rimandando a dopo ogni altro ragionamento su come uscire fuori da quella angosciante situazione.
«È tutto chiaro?» terminò Roberto. «Vedrà non ci sarà nessun problema. Stiamo aspettando che ci chiamino dalla clinica, sarà un gioco da bambini»
«Ecco perché c'è stato quell'accanimento nel ricercarvi. Avevano intenzione di non perdere la loro strumentazione e continuare gli esperimenti» intervenne Rodini. «Inoltre la signorina è la prova vivente della loro micidiale arma. Non a caso stanno ricattando i Governi di tutti i più importanti paesi. È una notizia ormai su tutti i giornali»
«Beh! Basta a chiacchiere» intervenne goffamente Cannamozza. «Roberto telefona tu a quelli della clinica, chiedi se possiamo andare, non abbiamo molto tempo.»
Ilaria sembrava perplessa, ma più che avere fiducia nelle persone con cui stava parlando, aveva fiducia nelle indicazioni datele da Ovale. Era lui che le aveva detto di recarsi a Napoli dove avrebbe trovato suoi amici pronti ad aiutarla. Sembrava tutto filare secondo i piani.
«Bene, io sono pronta» disse con convinzione, «non vedo l'ora di liberarmi. Spero solo che questa volta tutto fili liscio. Capitano che ne pensi?»
«Tutto a posto, tranquilla ci sarò io a vigilare su di te.»
Roberto riattaccò la cornetta: «È già partita l'ambulanza, ci vengono a prelevare.»

La liberazione

Il dottor Artois aveva finito il suo lavoro. Nella dose di antidoto preparata vi era ora una sostanza che avrebbe ridotto i battiti cardiaci ad un livello molto basso tale da provocare un coma irreversibile nel paziente. Era quello che necessitava. Questo medicinale era già presente, in dosi minori, nei preparati precedenti, lui non aveva fatto altro che aumentarne leggermente le percentuali. Ovale sarebbe morto senza accorgersi di morire, o meglio non sarebbe morto ma la sua vita sarebbe stata ridotta a livello di puro vegetale.
La mattinata stava trascorrendo tranquilla, non vi erano state interruzioni al normale ciclo di cura adottato per Ovale. Wladimiro si era concesso persino un riposo più lungo nella camera allestita per lui dentro l'ospedale. Aveva lasciato il dottor Artois nel laboratorio dove avrebbe provato a modificare la composizione del suo antidoto per renderlo più reattivo. I dati delle analisi lo confortavano, i risultati non sarebbero mancati. Ovale presto sarebbe uscito dal coma e loro avrebbero avuto tutto il tempo per interrogarlo e cercare di capire chi potevano essere i ricattatori.

Non aveva dimenticato di mettersi in contatto con la ministra, le aveva raccontato con puntigliosità tutti gli avvenimenti e si erano lasciati per un aggiornamento al pomeriggio successivo. La cosa che non riusciva ancora a capire erano i morti dell'albergo nei pressi dell'aeroporto di Cagliari. Avevano comunque avuto fortuna, era vivo il terzo uomo trovato legato e drogato. Avrebbe pensato a lui appena lo polizia lo avesse messo nelle condizioni di interrogarlo. I due presunti assassini, un uomo ed una donna erano riusciti a fuggire, avevano preso un aereo per Napoli e lì si era persa ogni traccia. Wladimiro cercò di dormire un po', si sdraiò sul letto e chiuse gli occhi. Ma non riusciva a prendere sonno, c'era qualcosa che lo preoccupava, quando sentì qualcuno bussare alla porta. Si alzò e senza chiedere chi fosse aprì. Si trovò davanti una giovane donna bionda con due occhi chiari, truccata e profumata.
«È lei il dottor Wladimiro Pergolati? Scusi se la disturbo ma vorrei farle delle domande, sono una giornalista.»
Wladimiro rimase perplesso, ma il fascino della giovane fu più forte del sonno: «La prego si accomodi, non faccia caso al disordine, ero appena rientrato ed avevo intenzione di dormire, credo di aver fatto un turno completo di ventiquattro ore fra il capezzale del nostro malato ed il coordinamento all'interno dell'ospedale. Ma lei piuttosto come ha fatto ad eludere i nostri punti di controllo?»
La giornalista ammiccò un sorriso d'intesa, poi si sedette sul divano accavallando le gambe. Tirò fuori dalla borsetta un taccuino ed una penna stilo: «Allora dottore!» iniziò a dire sempre sorridendo, «Mi può raccontare cosa sta succedendo in questo posto? Chi sono i marziani che si sono impadroniti di quest'area dell'ospedale?»
Wladimiro rimase interdetto: «Ma io non posso risponderle, non posso rivelare segreti militari»
«Segreti militari? Suvvia dottore! Mi dica solo quello che può dire, i miei lettori capiranno. E poi non si preoccupi scriverò solo quello che mi dirà di scrivere.» Il suo sorriso era convincente più delle sue parole, le gambe in bella mostra facevano il resto.
«No, no mi dispiace, credo che sia meglio parlare di altro. Non

posso assolutamente fare dichiarazioni sugli avvenimenti delle ultime ore. C'è un problema di ordine pubblico. È molto meglio che certi argomenti rimangano nel chiuso dei laboratori. Renderli di dominio pubblico attraverso la stampa, potrebbe essere estremamente rischioso per tutti. Non mi tenti al riguardo, non farei un buon servizio al ministero ed ai suoi lettori.»
La giornalista non si diede per vinta, fece in modo di scoprire ancora di più le sue belle gambe. Ora Wladimiro poteva intravedere le mutandine che portava mentre lei continuava a sorridere ammiccante e provocante: «Suvvia! Non le sembra che meriti almeno una piccola informazione?» chiese allusiva, guardandosi le cosce completamente scoperte. «Venga qui a sedere accanto a me, potremo parlare meglio!»
Wladimiro si sentiva in imbarazzo, non era sicuro di saper resistere al fascino della donna. Era una forte tentazione. Si avviò i capelli e senza farsi pregare si gettò quasi di peso sul divano, chiudendo gli occhi.
«Che cosa si nasconde dietro quella recinzione dei marziani? Puoi dirlo a Barbara, su tesoro! Saprò conservare il segreto!»
Sentiva un profumo inebriante e la calda pressione del seno sul suo petto. Aprì gli occhi per vedere la donna adagiarsi lentamente sul suo corpo.
«Ehi ma che vuoi fare?» chiese ingenuamente. «Non ti sembra di esagerare? A proposito, ma per quale giornale scrivi?»
La giornalista sembrò colpita, si riassestò rimettendosi seduta: «Lavoro per "Il gazzettino di Cagliari", è un giornale locale con una forte tiratura. Bene! Allora mi racconti qualcosa o me ne devo andare?»
«Prima dimmi come hai fatto a superare i controlli?»
«Semplice ho detto di essere la tua donna e che volevo farti una sorpresa. Mi hanno accompagnato fin sulla porta ed eccomi qui!»
«Beh! Hai una bella faccia tosta. Però sei simpatica» aggiunse, «ma io non posso raccontarti niente. Stiamo preparando un bollettino medico che diffonderemo non appena il Ministero della Sanità e quello degli Interni lo riterranno opportuno. Ti prometto che appena lo avrò per le mani ti chiamerò presso il tuo giornale.

È il massimo che posso fare per te. Ora, se non ti dispiace, vorrei dormire un po', se resti ancora finisce che ti salto addosso, sei veramente bella e desiderabile. Una tentazione!»
Barbara, così si chiamava, si mise a ridere di gusto poi si alzò dal divano: «Volevo fare l'attrice, ma sono finita a fare la cronista di nera per un giornale di provincia. Beh! Ciao! Me ne vado ma ricordati di me»: gli gettò un bigliettino da visita, aprì la porta ed uscì così all'improvviso come era entrata. Wladimiro rimase di nuovo solo. Si sdraiò più comodamente sul divano e con il pensiero rivolto all'avvenente giornalista si arrese al sonno.
Barbara Angiola si avvicinò guardinga al posto di blocco da cui era entrata ed estrasse dalla borsetta una bomboletta spray. Sapeva che vi erano tre militari armati dentro la casupola. Socchiuse leggermente la finestra, i tre erano intenti a parlare, prese il tampone e si otturò naso e bocca, poi spruzzò all'interno l'intero contenuto della bomboletta. L'effetto fu immediato, i militari caddero addormentati dal potente narcotico senza nemmeno accorgersi di quello che stava avvenendo. Barbara attese ancora qualche minuto, poi segnalò verso l'esterno il via libera. Da una vettura posteggiata poco lontano uscirono tre uomini che si avviarono con disinvoltura verso il punto di controllo per l'accesso all'ospedale. Entrarono nella guardiola, svestirono i tre militari indossando le loro divise. Si prepararono per entrare nell'ala riservata e protetta. Aggiunsero al loro abbigliamento gli scafandri e si avviarono, lasciando la falsa giornalista fuori ad attenderli con la vettura pronta a partire. Non trovarono ostacoli, raggiunsero la stanza dove era ricoverato Ovale, davanti la porta vi era un guardiano che li fermò: «Ehi dove andate? Ho l'ordine di non far entrare nessuno»
«Ma che ti salta in mente! Lo dobbiamo portare a fare delle analisi, su, non farci perdere tempo.»
Lo spostarono di peso dall'ingresso della porta ed entrarono: «Ehi! Non potete! Fatemi vedere l'ordine di servizio ed il percorso che deve fare il malato»: intanto il guardiano era entrato nella stanza.
«Ecco! Guarda questo se ti piace!» uno dei tre gli stava puntando la mitraglietta sotto la gola, «Se non stai zitto fai una brutta fine, stronzo!»

«La bomboletta l'hai portata?» chiese un altro. «Addormentalo!» Gli tolsero lo scafandro dalla testa e gli spruzzarono sul viso una dose di anestetico. Il guardiano traballò, si sentì quasi soffocare mentre gli occhi irresistibilmente si chiudevano, infine cadde riverso fra le braccia del primo rapitore. Ovale in quel momento usciva dal suo dormiveglia comatoso, non capì cosa stava succedendo, sentì solo una mano che premeva sul suo viso con un tampone imbevuto di cloroformio. Ricadde subito in un sonno profondo. Lo adagiarono su di una barella e lo portarono fuori dalla stanza, uno faceva strada con la mitraglietta spianata e gli altri due lo trasportavano. Non trovarono nessuno, la loro fuga risultò fin troppo facile.

Cannamozza e Roberto

«Allora l'intervento alla puttanella? Hanno finito o no?» chiese nervosamente. «Sono tre giorni che andiamo avanti e indietro, cazzo che ci sarà di così complicato?»
«Sì! Pochi minuti fa, nessun inconveniente, la micro - apparecchiatura è nelle nostre mani. Ora che ne facciamo dei due?»
«Falli sparire al più presto. Quello stronzo che avete mandato a Casablanca è stato tirato fuori dall'ospedale, ho parlato poco fa con Barbara, non ne avrà per molto se non pensiamo a mandare dell'antidoto a Palermo. Non capisco perché non lo abbiamo liquidato direttamente a Cagliari. Abbiamo un cazzo di problema in più, bel capolavoro! Che ci dovete fare con quel rudere ancora non lo so. Mi avete fatto rischiare quattro degli uomini più validi!»
«Ovale dovevamo tirarlo fuori da lì, sa troppe cose. Qualcuno avrebbe trovato la strada per arrivare fino a noi. Ma questo può significare poco. Mi rendo conto che se lo avessimo ammazzato sul posto ci saremmo trovati con dei problemi in meno. Credo che ci può essere ancora utile, lui sa cose che noi non sappiamo. Solo all'ultimo la ragazza si è decisa a dirci che diavolo era successo

e dove era ricoverato. Il resto lo abbiamo appreso sul posto. Non sapevo che fosse sorvegliato così strettamente, ho dedotto che se vi era tutto quell'interesse da parte della polizia, doveva esserci qualcosa di importante anche per noi. Ho parlato a lungo con i nostri, mi hanno raccontato che l'ospedale è presidiato da gente, protetta con tute per la guerra batteriologica. Tutto il reparto dove sono riusciti ad entrare è completamente isolato. Ovale era la loro unica pedina, forse avrebbero ricostruito tutta la trama del ricatto attraverso le sue rivelazioni. Staremo a vedere.»
Cannamozza parve riflettere, le considerazioni di Roberto non sembravano peregrine: «Augurati che sia così! Altrimenti avremo buttato via un bel po' di soldini, mandato allo sbaraglio gente efficiente per niente. A qualcuno tutto questo potrebbe non piacere» aggiunse sibillino.
«Ora dobbiamo spingere sul piano delle rivendicazioni poste nel nostro ultimatum. Innanzitutto io penserei ad avere subito, entro dieci ore al massimo, la liberazione dei nostri compagni detenuti. La lista che dovevano fornirci quelli di Palermo è pronta?»
«Piano ragazzo, ragioniamo con calma e non farmi incazzare. Quello che dà gli ordini qui sono io! Non te lo scordare. Ho già parlato con chi dovevo parlare, dobbiamo attendere e tu non rompere i coglioni. Mancano ancora importanti personaggi da consultare prima di dare il via alle danze. Noi continuiamo a fare l'avamposto, appena le artiglierie avranno compiuto il loro dovere usciremo allo scoperto»
«Scusami!» iniziò a dire riguardoso Roberto, «È che questi non ci stanno prendendo sul serio. Abbiamo inviato le lettere con le richieste già da tre giorni, la stampa non ne ha parlato, il governo non ha preso una posizione, c'è bisogno di un fatto dimostrativo. Dei morti in Spagna lo abbiamo saputo casualmente dalla ragazza, ma chi potrà mai ricollegarli al disegno di ricatto mondiale se non si pubblicizzano per quello che sono? La riuscita del nostro piano passa attraverso le televisioni ed i giornali del mondo, se i media non terrorizzano le popolazioni, noi resteremo ai margini di qualsiasi trattativa, nessuno mai ci prenderà sul serio. Capisco che tutti i "mamma santissima" devono essere sentiti, ma prima si sbrigano meglio è! Se nel frattempo riuscissimo a piazzare qual-

che altro bel morto pieno di tumori e di ulcerazioni nel bel mezzo di qualche città importante tutto potrebbe essere più facile»
«L'impazienza ti rovinerà» sentenziò laconico Cannamozza, «ricordati qual è l'obiettivo. I nostri vogliono giocare una battaglia politica. Ci hanno messo alle corde, con i pentiti, con i rastrellamenti, con l'arresto dei nostri amici politici; dobbiamo trovare il colpo che ci fa riguadagnare il centro del ring. Ma lo sai quanta gente è stata consultata per l'operazione? Ci sono tutti in gioco, è la prima volta che si realizza un accordo a livello mondiale fra le diverse organizzazioni. Quindi stai calmo, qualcuno ci dirà cosa fare e cosa non fare. Noi siamo gli operativi, l'ultima catena.» Poi, quasi a ripensarci: «Ma che ti sei messo in testa, di farci scannare? Sei diventato pazzo per caso? Pensa a levarmi dai coglioni la cianfrusaglia che abbiamo attorno, ormai non ci servono più.»
Roberto lasciò cadere il discorso, non gli andava di polemizzare oltre, con Cannamozza non si sapeva mai dove si poteva finire.
«Va bene, va bene ho solo espresso un'opinione e che...»
«Tienitela per te, non ci frega un cazzo.» Si alzò ed uscì visibilmente contrariato. Roberto rimase a pensare che cosa fare.

Il Capitano e Roberto

Il Capitano era rimasto tutto il tempo seduto fuori della stanza dove avevano portato Ilaria. L'operazione era stata poco più di un intervento ambulatoriale. Le avevano praticato una lieve dose di morfina con un'anestesia locale. Era rimasta in sala operatoria per circa dieci minuti, l'aveva vista mentre la riaccompagnavano nella camera già sveglia, solo leggermente intontita dalla morfina. Il Capitano si era divertito a passare in rassegna i pensieri degli uomini che si muovevano intorno a lui, di tempo ne aveva avuto a sufficienza, tre giorni ad aspettare un'analisi poi l'altra, poi una ecografia e così via. Sembrava non si decidessero mai ad intervenire. Solo qualche giorno prima avrebbe avuto delle enormi remore morali ed etiche ad esercitarsi in questo passatempo, ora gli sembrava del tutto naturale ed indiscutibilmente necessario per salvare la sua vita e quella della ragazza. Si trovava in una clinica gestita da malavitosi pronti a tutto pur di portare a termine il loro compito. Era gente senza scrupoli, ogni loro pensiero sembrava essere finalizzato, orientato al perfezionamento di un piano di cui conoscevano sicuramente buona parte.

Ora riusciva a capire quale era stato il disegno delle organizzazioni criminali coinvolte nel ricatto alle nazioni del mondo. Doveva ancora chiarire il ruolo che indirettamente avevano svolto attraverso la fuga dal Marocco, passando per la Spagna ed approdando in Italia.
Nonostante la sua calma apparente, ormai sapeva di essere in un pericolo incombente. Vi erano ancora pareri contrastanti sul loro destino, ma prevaleva l'idea di toglierli di mezzo il prima possibile. Non li avrebbero mai lasciati andare, né tanto meno li avrebbero aiutati a scappare in qualche paese estero.
Aveva saputo dell'impresa rocambolesca per rapire Ovale, ma anche per lui non vi era univocità d'intenti. C'era chi lo voleva già morto, chi voleva sapere chissà quale informazione sul ruolo svolto nella sua missione a Casablanca. Stava così riflettendo, quando si sentì chiamare: «Ehi! Capitano! Forse stasera saremo già nelle condizioni di trasportarvi fuori dall'Italia. La ragazza, mi hanno assicurato i medici, sta benissimo, appena avrà smaltito la poca morfina che le hanno dovuto dare, potrà muoversi con le sue gambe.» Roberto era molto rassicurante, poi continuò: «Ha saputo di Edo Ovale? Lo abbiamo tolto dalle grinfie della polizia, è molto malato però, non si sa se riuscirà a superare la nottata. Ha preso quell'infezione maledetta che non dà scampo.» Poi soggiunse, un po' malignamente: «Deve aver fatto l'amore con la giovane, lei non ne sa niente? Ce lo stiamo chiedendo tutti, non si capisce perché lo ha fatto, sapeva perfettamente a cosa andava incontro.»
Il Capitano rimase silenzioso per un tempo che a Roberto sembrò esagerato: «Beh! Che è successo? Ha perso la parola?»
«Ah! Mi scusi!» guardò negli occhi il suo interlocutore, «Sono felice per noi, mi dispiace per Ovale. Sono sicuro che è successo qualcosa d'imprevisto. Siamo stati aggrediti nell'albergo a Cagliari, è probabile che gli aggressori siano riusciti a contagiarlo. Spero che possa riprendersi.» Poi continuò: «Dove pensate di portarci?»
Roberto cercò di fare l'evasivo: «Il piano è pronto. Sarete imbarcati su di una nave, che non sappiamo dove farà il primo scalo, ve lo comunicherà il comandante appena fuori delle acque

territoriali. Non preoccupatevi, è stato tutto predisposto, sarete aiutati e sovvenzionati, almeno per i primi tempi» soggiunse. «La nostra organizzazione è ramificata in tutto il mondo, avrà sempre il modo di verificare le effettive necessità.» L'affermazione si prestava ad un'interpretazione ambigua, era un sottile preavvertimento.
«L'unica cosa che non capisco» il Capitano sottolineò, «è come mai vi date così da fare per noi. In fondo non abbiamo fatto niente per voi, o almeno io non sono al corrente di cosa abbiano prodotto i miei amici di così importante ai vostri occhi»
«Lei è troppo modesto e sottovaluta l'importanza di essere riusciti a sfuggire ai nostri nemici. L'aver recuperato in condizioni ottimali la micro-apparecchiatura, intimamente custodita dalla signorina, ci pone in una condizione di favore. Possediamo un'arma che gli altri non hanno. Ovale rimane un nostro uomo che ha portato a termine, forse, un'impresa che ricoprirà di oro ed onori la nostra organizzazione. Di più non posso dirle, caro il mio Capitano, sappiamo essere riconoscenti con gli amici ed impietosi con gli avversari. Ci avete reso un servizio, questo è tutto.»
Roberto era convinto di quello che stava dicendo, il Capitano fu tratto in errore da questa decisione del giovane, non gli sembrava ci fossero nel suo pensiero secondi scopi non rivelati. Si trovò a dedurre che forse aveva vinto la linea delle colombe, i falchi per una volta avevano perso la loro battaglia. Avevano così deciso di non ucciderli, ma di lasciarli tranquilli in qualche paese lontano, poteva essere una scelta ragionevole vista l'enormità dei problemi che avrebbero dovuto affrontare.
«E allora a quando l'imbarco?» si ritrovò a chiedere.
Roberto fu altrettanto pronto nella risposta: «Stasera, se non ci saranno contrattempi. Me lo auguro. Ovale, per adesso deve curarsi. Se riesce a superare indenne la malattia, cosa di cui dubito, lo spediremo da qualche parte o se lo preferisce vi raggiungerà.»

Il Ministro degli Interni

«Sono circondato da inetti e da stronzi!» tuonava il Ministro degli Interni al telefono. «Doveva essere tutto a prova di bomba. Avete mobilitato persino un reparto speciale per la guerra batteriologica, ed ecco i risultati. Ci prenderà per il culo il mondo intero, razza di somari. È bastato l'intervento di tre delinquenti, per portarsi via l'unico nostro appiglio per sapere qualcosa di più di questa storia.» Poi facendosi minaccioso continuò ad urlare nella cornetta del telefono: «Rivoglio l'impestato nel giro di dodici ore!! Rivoltate l'Italia se necessario ma dovete trovare immediatamente l'intero commando altrimenti andrete tutti a fare gli impiegati al ministero delle Poste! Gente così incapace non la voglio tra i piedi.» Riattaccò rudemente la cornetta del telefono. Il comandante del reparto speciale ed il capo della polizia si guardarono in faccia frastornati, erano nei guai fino al collo. Lo scarico delle responsabilità questa volta non avrebbe funzionato, bisognava mettersi al più presto in movimento.
Wladimiro si sentiva altrettanto responsabile. In fondo lui era lì, aveva condiviso le iniziative di protezione varate, le aveva

discusse. L'unica scusante restava il fatto che nessuno poteva prevedere il rapimento di un malato contagioso, comunque un atteggiamento colpevole, privo di senso a pensarci bene. Aveva un effettivo timore a parlare con la ministra. Che cosa le avrebbe detto? Si sentiva in imbarazzo, ritardò la telefonata, poi alla fine si decise: «Pronto sì, ha saputo? Siamo in un bel casino, questo non ci voleva»

«Su, su , non te la prendere!» rispose. «Non è tua la responsabilità, avevi un altro compito, spero che almeno in parte qualcosa si sia riuscito a fare. Ecco per esempio, che mi puoi dire dell'antidoto utilizzato?»

Wladimiro si sentì sollevato, anche se continuava a ritenersi ugualmente responsabile: «Da quel punto di vista, abbiamo fatto qualche progresso. Intanto, se somministrato subito e con una certa progressione, l'antidoto tende a rallentare lo sviluppo delle escrescenze tumorali e delle ulcerazioni. Il dottor Artois ha approntato, nel poco tempo che abbiamo avuto a disposizione, una prima correzione nei dosaggi, ma non l'abbiamo potuto sperimentare, il paziente era già uccel di bosco. Inoltre sappiamo con certezza che ha contratto la malattia in un albergo poco lontano da questo ospedale. In quella stessa notte, e sempre nello stesso albergo, sono state uccise due persone ed un'altra, trovata legata e drogata, è ora rinchiusa in prigione a disposizione del magistrato»

«Beh questo mi sembra importante, spero ci siano delle novità. Domani dovremo sciogliere la riserva e dare un giudizio sull'effettiva pericolosità, in termini potenziali, del ricatto. Credi di potercela fare?»

«Dubbi in tal senso ne restano pochi, da quello che ho potuto verificare in Spagna e successivamente qui, abbiamo ben poche speranze di tirarcene fuori senza danni. Se si contrae il contagio a livello epidemico, coinvolgendo masse di persone, è il disastro. Nessuna struttura, per quanto preparata possa essere, potrà reggere l'impatto. Non oso immaginare che cosa potrebbe succedere in paesi sottosviluppati, Africa centrale, Asia, Sudamerica. È facile prevedere un'ecatombe»

«Non mi lasci molte speranze, tra l'altro» aggiunse parlando per se stessa, «non si può decidere se cedere o meno ad un ricatto di siffatta natura cercando alibi che non possono esistere. La decisione, come al solito è una decisione politica che deve tenere in considerazione diversi fattori. È inutile nutrire speranze strane e pensare che tutto possa essere un colossale bluff.»

Wladimiro ascoltò in silenzio le considerazioni della ministra, non espresse la sua opinione in merito. Preferiva continuare ad occuparsi del suo compito specifico. Avrebbe chiesto di essere presente all'interrogatorio dell'arrestato. Purtroppo il dottor Artois era già ripartito per Parigi: «Tanto per essere propositivi, possiamo dare un'indicazione utile a combattere gli effetti del contagio. Quel medico di Parigi è l'unico che ha sviluppato una conoscenza approfondita sull'argomento, il suo antidoto ha dato dei risultati, non so se duraturi, credo che lui abbia la possibilità di trovare una soluzione terapeutica. Mi rendo conto che questo può valere nell'ipotesi della cura, non certo come strumento preventivo. Il dottor Artois afferma che la manipolazione effettuata sulla sostanza da loro scoperta ha una strana attitudine agli adattamenti. Bisognerebbe avere tempo per delle sperimentazioni, analizzare meglio i risultati delle terapie, valutare con maggiore accuratezza le ricerche dell'equipe medica di Parigi»

«Taglia corto, caro Wladi, non abbiamo tutto questo tempo, sono pressata dai funzionari del Ministero degli Interni ed ora ci si è messo di mezzo anche il presidente del consiglio. Vogliono avere la garanzia di non cadere nel ridicolo, di non essere raggirati da buontemponi»

«Ma stanno analizzando cosa significherà accettare le richieste dei malviventi?»

«Hanno intenzione di lanciare una grossa battaglia propagandistica dal tema "I nuovi terroristi rossi, alleati con le mafie, hanno lanciato un'offensiva mondiale contro la democrazia, questo è l'ultimo frutto avvelenato del comunismo". Sono le cose che ho sentito nelle riunioni del Consiglio dei Ministri. Pensano di più agli aspetti strumentali, come sfruttare, contro gli avversari politici, l'avvenimento. È facile immaginare che si opporrà una strenua resistenza alle richieste dei ricattatori, cedere significherebbe gestire una sconfitta di enormi proporzioni e dagli esiti

indecifrabili per il momento. D'altronde le richieste sono un misto di rivendicazionismo para sindacale farcite con una buona dose di retorica populista. Esaminando in maniera accurata il testo pervenutoci, emerge che l'aspetto più preoccupante è rappresentato dalla liberazione di quell'esercito di mafiosi detenuti nelle carceri di massima sicurezza. È sbalorditivo il fatto che le stesse richieste siano state fatte a tutti i governi europei. Per adesso, la regia delle operazioni è in mano ad un'organizzazione del crimine multinazionale. È una gestione accurata e puntuale che per ora non consente smagliature, ma conviene giocare su delle eventuali contraddizioni»
«Wladimiro devi restare sull'operazione, chiederò ai magistrati ed al Ministero dell'Interno di mantenerti nel gruppo investigativo con una tua specifica autonomia operativa!»: l'ultima affermazione venne sottolineata da un'intonazione imperativa della voce. Wladimiro rimase frastornato dalla veemenza delle argomentazioni, non la sentiva così pimpante ormai da tempo.
«Bene, più tardi dovremmo avere la possibilità di assistere all'interrogatorio dell'uomo catturato nell'albergo. Io ci sarò»
«Chiamami subito dopo e fammi sapere. Allora buona fortuna.»
Il magistrato di turno stava procedendo all'interrogatorio di Hafif. Le domande per lo più non ricevevano risposte esaurienti. Hafif rispondeva a monosillabi con dei sì o dei no senza mai dare nessuna spiegazione dei fatti. Sembrò a tutti evidente che da quel teste non si sarebbe ricevuto nessun particolare utile alle indagini sull'assassinio dei due uomini e sul ruolo di Edo Ovale. Intanto si aveva la certezza che il fermato non aveva partecipato alla colluttazione con i due uccisi. Il fatto di averlo ritrovato completamente legato e drogato lasciava supporre che forse era stato vittima e non aggressore. Le motivazioni di tutto il trambusto ancora erano misteriosamente nascoste agli investigatori. Wladimiro lasciò il posto di polizia con le idee meno chiare di prima.

L'imbarco

La sera avanzava a passi lenti, come sempre per chi aspetta il prodursi di eventi a lungo agognati. Il Capitano camminava avanti e indietro per il corridoio, l'ora dell'imbarco si apprestava. Ilaria stava bene, si era già alzata, contrariamente alla volta precedente, non aveva dolori.
Roberto aveva preso gli ultimi accordi. Si recò alla clinica a bordo di una Bmw. Non doveva avere eccessive esitazioni, altri avrebbero pensato al compito ingrato. Il suo dovere era di non far capire cosa si sarebbe verificato per gli imbarcati clandestini con destinazione Malta. Il comandante del peschereccio, un uomo fidato, non avrebbe certo sbagliato. Fermò la vettura nel posteggio, salì le due rampe di scale. Trovò il Capitano già pronto, bussarono ad Ilaria: «Signorina siamo pronti, prenda le sue cose. Ho provveduto ad acquistare altri abiti e della biancheria, tenga!» le disse porgendole una busta con le sigle di un negozio famoso del centro cittadino. «Spero siano di suo gusto.»
Ilaria parve felice del dono inatteso, sentiva l'esigenza di cambiarsi, erano tre giorni che portava le stesse cose. Si rinchiuse

nel bagno ed indossò i vestiti che le erano stati regalati, di buona fattura ed eleganti, forse troppo per restare sopra una nave di pescatori. Certo un tocco di classe non guastava in nessuna occasione, le venne da pensare.

Uscirono senza altri indugi e partirono. Durante il percorso la conversazione si orientò su argomenti che distrassero i pensieri di Roberto.

La barca era un vecchio peschereccio con delle cabine sotto coperta. Le reti giacevano inoperose sulla tolda, arrotolate ad un argano arrugginito dalla salsedine. Il comandante ed un marinaio si fecero incontro ai tre ospiti, salutarono con deferenza Roberto, mentre guardarono distrattamente i nuovi arrivati.

«Partiamo fra qualche minuto, aspettavamo solo voi. Una volta raggiunte le acque internazionali non dovremmo più avere problemi. A largo di Malta ci aspetta un motoscafo veloce che vi preleverà per condurvi direttamente in una casa di pescatori. Per gli altri particolari abbiamo tutto il tempo» disse rivolto a Roberto.

«Bene! Allora io vi saluto qui, spero di rivedervi presto. Non preoccupatevi per Ovale, è probabile che vi raggiunga appena starà meglio»

«Per quanto tempo dovremo stare lontani dall'Italia?» domandò Ilaria, che solo ora si ricordava del suo incerto futuro. Nessuno rispose alla sua sollecitazione, Roberto partì sgommando con la Bmw.

«Se vi volete accomodare! Fate come se foste a casa vostra. Non è troppo comoda come sistemazione, ma vedrete sarà un ottimo viaggio. Le cabine forse sono un po' rumorose, ma c'è tutto quello di cui si può aver bisogno. Impiegheremo dieci o dodici ore prima di arrivare all'appuntamento.»

L'equipaggio del peschereccio era composto da altri quattro marinai per un totale di sei persone. Le facce non erano proprio raccomandabili, ma sembravano tutti gentili e cortesi, trattavano i due come ospiti di riguardo. Il Capitano avvertiva una strana sensazione di disagio. I marinai nascondevano qualcosa che non riusciva a capire cosa fosse. Un pensiero recondito, erano falsi i loro atteggiamenti gentili e cortesi. Non ne parlò con Ilaria per non preoccuparla, ma avrebbe dovuto subito rafforzare la sua attenzione. Intanto erano partiti staccandosi dalla costa napoletana facendo rotta verso sud. Avrebbero navigato prevalentemente di notte. Si sistemarono nella cabina a loro riservata, era rumorosa e calda, stava a ridosso della sala macchine con un oblò completamente immerso. Il letto era piccolo ma vi era un divano vecchio e sporco, dove non avrebbe esitato ad allungare le sue stanche membra.

Risalirono in superficie, la cena era già stata servita sul ponte principale, ricavato nella poppa della barca, coperto con uno spesso telo. Lungo i lati vi erano due vetrate mobili, durante il periodo estivo venivano rimosse, mentre la parte posteriore era completamente aperta. Venne servito solo pesce fatto alla brace e vino. Mangiarono di gusto, il mare calmo e la temperatura mite crearono il giusto ambiente. Alla fine della cena il comandante propose un brindisi con una bottiglia da lui stesso custodita. Bevvero il liquore denso e forte scambiandosi reciproci auguri. Restarono ancora un po' a godersi l'aria fresca e pungente della sera, l'odore del mare aperto e poi discesero nella cabina con una gran voglia di dormire.

Si svegliarono la mattina pronti per essere gettati in mare. Erano stati completamente legati e zavorrati con una fitta rete piena di piombi.

«Mi dispiace doverlo fare» disse il comandante, «ma ho ricevuto degli ordini precisi. Se non lo facessi e qualcuno, di quelli che contano, venisse a saperlo, mi ucciderebbero come un cane. Credetemi lo faccio a malincuore, lo so che per voi cambia poco, ma voglio dirvelo lo stesso. Ieri sera vi ho fatto bere un sonnifero, durante la notte non ho avuto il coraggio, ma ora non posso più indugiare.»

Ilaria parve solo allora rendersi conto di quanto stava succedendo, fu presa da uno sgomento paralizzante e cominciò a balbettare: «Ti prego!» rivolta al Capitano, «Fai qualcosa, impedisci a questi di farci diventare pasto per i pesci. Ma guarda che altro doveva capitarci. Lo sapevo, non dovevo fidarmi!» e si mise a piangere come una bambina. Il Capitano rimase silenzioso, il suo piano era pronto, non sarebbero certo morti annegati. Esplorò

con cura le pieghe dei pensieri di quegli uomini che si preparavano a sollevarli come sacchi per gettarli nel mare, scelse il modo d'intervento.
Un marinaio arrivò trafelato: «Oh! Mio signore» rivolto al Capitano, «cosa vi hanno fatto? Nessuno più oserà mettere le sue sporche mani sul vostro divino corpo. Io non lo permetterò!» e nel dire sfoderò un lungo coltello.
«Ma che ti ha dato di volta il cervello, brutto cretino! Leva quell'arnese di torno o te la caccio su per il culo, piuttosto aiutaci a sollevarli.» Si girò di spalle ed il marinaio lo afferrò per il collo mentre gli conficcava l'arma con tutta la sua forza nel fianco. Il comandante rimase con gli occhi sbarrati incredulo e senza fiato prima di accasciarsi privo di vita, il coltello gli aveva trafitto il polmone ed il cuore.
«Nessuno deve più toccare il mio signore. Liberateli!» ordinò perentorio agli altri marinai accorsi sul ponte. Tutti s'inchinarono in segno di sottomissione e celermente provvidero a togliere la rete ed i piombi dai corpi del Capitano ed Ilaria. Puzzavano di pesce e nafta, il vestitino nuovo della ragazza era ormai uno straccio inservibile. I due si pulirono alla meglio: «Bisogna sbarcare e lasciare questi uomini al loro destino» precisò il Capitano. «Non posso tenerli sotto controllo troppo a lungo, non ce la farei. È uno sforzo notevole modificare continuamente il corso dei loro pensieri»
«Se ti capitasse di addormentarti, o di cadere svenuto come al largo di Malaga, che sarebbe di noi?»
«Non ti allarmare, questa volta non succederà niente. Se dovessi avere sonno basterà rinchiudere in un posto sicuro tutti i marinai fino al mio risveglio. Ma credo che non ci sarà bisogno di ricorrere a questi espedienti, siamo vicini alla costa maltese, almeno è quello che avevano detto. Non ho ancora avuto modo di verificare la rotta» disse rivolgendosi al marinaio che lo aveva fatto liberare. «Dove siamo, qual è il porto più vicino?»
«Siamo al largo di Palermo, durante la notte ci siamo fermati, abbiamo da poco superato le Egadi, ecco vedi! Oh! Mio signore, ancora è possibile distinguere Stromboli, più a destra s'intravede Vulcano»
«Ma non dovevamo far rotta per Malta?»

«No, nessuno mai ci ha dato quest'ordine. Una volta in mare aperto avremmo dovuto uccidervi e colarvi a picco con un bel po' di piombo legato al collo. Le disposizioni erano queste. Poi il comandante, pace all'anima sua, ha deciso di aspettare l'alba ed il vostro risveglio. Il resto della storia lo conoscete»
«Quanto tempo occorrerà per Palermo? Non più di un'ora, immagino» chiese il Capitano.
«Sì certo, a Palermo avremmo dovuto portare un pacco per una persona molto malata» intervenne un altro marinaio.
«Come? Chi è il malato?» chiese Ilaria.
«Non lo sappiamo» risposero all'unisono.
«...ma deve essere uno importante» aggiunse il primo marinaio, «e molto ricercato dalla polizia. Dobbiamo seguire una procedura segretissima per metterci in contatto con i suoi amici che lo tengono in cura»
«Non sapete il suo nome?» intervenne il Capitano.
«No, oh! Mio signore non ci è stato detto, ma se ti interessa lo preleviamo da dove è e lo portiamo sulla barca al tuo cospetto»
«Ma questo deve continuare a fare la sceneggiata per molto?» intervenne Ilaria. «Mio signore di qua, mio signore di là, che sarà mai?» scimmiottò, completamente ristabilita.
Il Capitano accennò ad un risolino: «Vedi, lui è una persona devota» e nel parlare aveva poggiato il suo braccio attorno alle spalle dell'uomo, «con un chiaro e spiccato senso del rispetto per tutto quello che reputa essere venerabile. Non ho fatto altro che indirizzare il suo modo di concepire la devozione. È potenzialmente un fondamentalista, potrebbe uccidere per difendere la sua religione, potrebbe compiere delle stragi per affermare il suo credo. Sono però le persone più deboli, basta sovrapporre ai loro ideali le immagini di altri oggetti da venerare ed il gioco è fatto. Lui pensa che io sia un maestro, un essere venerabile, è pronto a morire per soddisfare i miei desideri. Gli altri hanno solo dimenticato che cosa dovevano fare, chi siamo e dove andiamo»
«Beh! Se le cose stanno così!» rispose ingenuamente Ilaria.
«Certo che è tutto troppo facile. Ti basta concentrarti sui pensieri di chiunque si trova a passare e voilà il gioco è fatto. Credevo che capitasse solo nella fantasia, non nella realtà. Buon per noi»

«E di quale realtà vai parlando, ragazza mia. È questa forse? Ho i miei dubbi, bisognerebbe chiederlo... ma lasciamo perdere torniamo a noi, stiamo divagando.» Poi rivolto ai marinai: «Avanti miei prodi, facciamo rotta per Palermo, prima qualcuno pensi a liberarci del povero comandante, ormai può solo essere pasto per i pesci.»

La restante parte di navigazione non presentò sorprese, arrivarono a Palermo nei tempi programmati. Gli restava una sola operazione da compiere, prima di sparire definitivamente. Ilaria era pervasa da un senso di colpa, che ormai governava i suoi voleri, non le sarebbe sembrato giusto lasciare nuovamente al suo triste destino il solo Ovale. Se il malato di cui parlavano i marinai altri non era che il disgraziato amico di sventura, lo avrebbe liberato e portato a morire in qualche posto lontano dalle organizzazioni mafiose, dalle polizie mondiali, dagli occhi dei curiosi. Tanto rimaneva nella convinzione che la sua fine era segnata.

Il telefonino squillò diverse volte, alla fine rispose Armando, il marinaio devoto: «Sì?» Ci fu una pausa, poi riprese: «Ah! Ce l'avete fatta a chiamare! Dobbiamo consegnarvi un pacco, se mi date l'indirizzo veniamo noi, altrimenti venite a prenderlo voi, fra poco ripartiamo.»

Dall'altra parte del telefono l'interlocutore preferì confermare che sarebbe passato qualcuno di lì a poco. Il Capitano si consultò con Ilaria: «Non sono sicuro, ma ritengo che il malato in questione sia Ovale. Dopo l'assalto all'ospedale di Cagliari, il commando deve averlo portato in questa città. Non ho idea di come troveremo il nostro amico. Se fosse stato contagiato, come dicono, dovrebbe essere morto fra atroci tormenti. Speriamo che la sua sia una semplice malattia curabile in qualche modo. Ma se fosse vera l'ipotesi del contagio, non riesco a capire come abbia potuto prenderlo. Roberto, il giovane malavitoso di Napoli, pensa di sapere che sia successo qualcosa in quella notte maledetta nell'albergo a Cagliari. Tu cosa puoi dirmi?»

Ilaria capì di non avere altre scappatoie, avrebbe dovuto raccontare tutto quello che era successo al Capitano, cominciando dalla sua sete di vendetta. Lo fece a malincuore, con un filo di voce ed in preda al rimorso. Si era lasciata andare, non aveva saputo resistere alla tentazione. Era troppo tardi per i pentimenti, poteva solo sperare che le prime cure, prestate ad Ovale nell'ospedale, fossero risultate utili a scongiurare la morte.

Wladimiro

Wladimiro esaminò con attenzione le informazioni che era riuscito a mettere insieme. Dai suoi ragionamenti scaturiva un interrogativo importante che solo la logica avrebbe potuto risolvere.
L'ipotetica organizzazione criminale aveva l'arma per diffondere un'epidemia mortale per gli uomini, solo una finalità ricattatoria poteva avere alimentato le loro ricerche.
Il dottor Artois e la sua equipe non aveva denunciato alcun tipo di furto ai laboratori. Era però evidente che la micidiale sostanza aveva dei connotati molto simili al frutto della ricerca del gruppo francese. La considerazione più realistica da fare era che qualcuno avesse trafugato le formule chimiche, e successivamente manomesse rendendole estremamente pericolose ed incontrollabili.
Alla fine aveva trovato comodo vendere il tutto all'organizzazione criminale. Per essere vera questa spiegazione doveva esserci nel gruppo di ricerca francese un tecnico, altamente specializzato, tanto da essere in grado di modificare e controllare sperimentazioni più evolute di quelle già prodotte. La stessa persona si era poi collegata ad un'organizzazione criminale mondiale trasferendo il frutto dei suoi studi.

Wladimiro così deduceva che vi era un solo modo per controllare questa prima conclusione, ripartire con una indagine attenta di tutto il personale addetto alle ricerche del dottor Artois. Sfuggivano alla sua analisi i morti dal contagio che si voleva far passare come prove indiscutibili a sostegno del ricatto. Intanto, tutti i contagiati erano persone legate al mondo del crimine. I primi due erano malavitosi, trafficanti di droga, arrestati diverse volte per piccoli crimini. L'ultimo, italiano, era un mercante di armi, comunque una figura di secondo piano. I primi due erano spagnoli, reclutati sul posto, l'altro aveva avuto giorni frenetici prima di essere ricoverato nell'ospedale di Cagliari, era stato a Parigi e a Casablanca. Sul suo passaporto vi era il visto d'ingresso per il Marocco ma non quello di uscita. Con molta probabilità aveva passato la frontiera clandestinamente con destinazione la Spagna, ma poteva anche essere l'Algeria e l'Italia. Vi era inoltre l'enigma dei morti nell'albergo di Cagliari e della posizione dell'arabo di nome Hafif Hassani.
Materiale su cui lavorare ne aveva molto. Telefonò alla ministra, doveva essere autorizzato a recarsi in Francia, il Ministero degli Interni doveva metterlo in contatto con gli investigatori francesi: «...la prima cosa che devi fare è parlare con il magistrato, è lui che può farti avere le autorizzazioni necessarie, io cercherei di coinvolgerlo. Riferisci le tue deduzioni, parlane con gli investigatori»
«Farò come lei dice. Bene la terrò informata. Arrivederci.»
Il magistrato accolse con piacere la visita di Wladimiro, scambiarono le loro impressioni in un colloquio serrato e vivace. Poi alla fine decisero di chiedere l'intervento della polizia francese. Nel giro di poco tempo furono perquisiti ed interrogati tutti i dipendenti del laboratorio. Il filone delle indagini si mostrò subito proficuo. Ma il dottor Artois era introvabile. Si erano perse le sue tracce.
Gli investigatori francesi organizzarono un incontro con il gruppo italiano per la sera stessa. Wladimiro ed il magistrato furono urgentemente trasportati a Parigi nella sede della polizia municipale. Per tutti fu evidente che esisteva una connessione fra il centro di ricerca e l'organizzazione del ricatto mondiale. Connessio-

ne tra l'altro non smentita dalla conferenza del dottor Artois a Malaga. Restava da chiarire se vi fossero state delle connivenze o peggio una complicità. La persona che avrebbe potuto aiutare a dipanare il mistero era scomparsa, volatilizzata nel nulla.
La testimonianza di un'infermiera asseriva che nella clinica si era tentato un nuovo esperimento a cui aveva partecipato una giovane donna italiana. Il magistrato dopo essersi consultato con Wladimiro chiese di poter interrogare nuovamente la teste. L'infermiera venne prelevata direttamente dalla sua abitazione e condotta presso la sede della polizia.
«Le sue affermazioni rivestono un'importanza rilevante, le chiediamo di ripetere, con tutti i particolari che ricorda, i fatti accaduti nella clinica pochi giorni fa» chiese il magistrato. La ragazza raccontò ancora una volta la vicenda. Riferì dell'operazione eseguita per innestare una micro - apparecchiatura nel corpo di una giovane volontaria italiana. La sostanza contenuta nel serbatoio avrebbe dovuto avere le stesse caratteristiche di quella sperimentata fino a quel momento. Ma qualcosa non era andato per il giusto verso, o meglio così veniva detto. La volontaria era sfuggita al loro controllo, partendo improvvisamente per una destinazione sconosciuta. Le preoccupazioni all'interno del centro si accentuarono poiché le sperimentazioni sarebbero avvenute fuori dalle loro possibilità d'intervento. Chiunque avesse avuto rapporti carnali con la giovane donna italiana sarebbe rimasto contagiato.
«Chi era questa persona che si sottopose all'intervento?» domandò Wladimiro, mentre nella sua testa cominciava a diradarsi la nebbia. «Da dove proveniva? Qual era il suo nome?» incalzò, «Saprebbe descriverla?»
Intervenne un investigatore francese: «È inutile, abbiamo controllato, hanno dichiarato nomi falsi, provenienze altrettanto fasulle. Non resta che l'identikit, sperando che ci sia qualcuno in grado di riconoscerla»
«Ho idea di sottoporlo al personale dell'albergo di Cagliari» soggiunse Wladimiro.
«Quali chirurghi hanno partecipato all'intervento? Sono rintracciabili?» chiese il magistrato. «Sarebbe opportuno verificare

nel dettaglio che tipo d'intervento hanno eseguito e quali conseguenze avrebbe potuto causare?»

«Se si esclude il dottor Artois, i componenti del gruppo della sala operatoria sono stati tutti interrogati» rispose l'investigatore. «L'unica novità è l'inserimento nelle pareti della vagina della micro - apparecchiatura con iniettore termico. Era però da tempo che tentavano questo esperimento medico-ingegneristico. La macchina è stata messa a punto nel laboratorio biogenetico, avevano bisogno di bilanciare esattamente i dosaggi, controllando le modalità di erogazione della sostanza. Esiste una ricca documentazione, che abbiamo prelevato e che può essere consultata, se è necessario, per approfondire l'argomento. Avverto però che le caratteristiche squisitamente tecniche dello studio scoraggiano i non addetti ai lavori»

«La cosa che non capisco» intervenne Wladimiro, «è per quale ragione il dottor Artois non ha parlato di questo accorgimento tecnico adottato nell'occasione, né per quale motivo ha taciuto sulla fuga dell'ultima volontaria. Certo la sua irreperibilità rende tutto più sospetto, ma bisogna non lasciarsi guidare dalle apparenze.» Poi rivolto al suo amico magistrato continuò con una punta di rammarico nella voce: «E pensare che forse avevo in mano la soluzione del mistero. Mi sono mosso con molta superficialità»

«Suvvia, non te la prendere, non è ancora persa la speranza. Ora abbiamo informazioni a sufficienza per proseguire nelle indagini in Italia»

«Ma, mi dica ancora una cosa» continuò Wladimiro, «c'era qualcuno che l'accompagnava?» Prese dal suo portafoglio una fotografia di Edo Ovale: «Le dice qualcosa il volto di quest'uomo?»

L'infermiera prese la foto e la guardò con attenzione: «Sicuro! L'ho visto diverse volte in quei due giorni, stava quasi sempre con il dottor Artois. Scomparsa la ragazza, non si è più visto nella clinica.» Wladimiro sorrise, era visibilmente soddisfatto. Le sue supposizioni trovavano una piccola conferma.

«Chi altri conosce a fondo il lavoro di ricerca del laboratorio sull'impotenza?» incalzò ancora. «Ci sono altri medici in grado di maneggiare la sostanza?»

Rispose l'investigatore francese: «La ricerca è patrimonio di un vasto gruppo di studiosi, gli stessi che hanno approntato l'antidoto e che stanno lavorando tuttora per debellare la minaccia. Sono persone fidate, scelte con cura, non dimentichiamo che hanno anche ricevuto l'incarico dal Governo francese di seguire lo sviluppo della crisi. Fanno parte del gruppo di pronto intervento nel caso dovesse diffondersi l'epidemia. Riteniamo improbabile che possano essere collegati con le organizzazioni criminali. Ognuno di loro è stato selezionato e scelto in considerazione del grado di affidabilità oltre che della capacità tecnica.»
Wladimiro rimase pensieroso, ma non fece altre domande.

Cannamozza

La situazione stava precipitando. All'interno dell'organizzazione si manifestava l'esigenza di passare a vie di fatto. I proclami ai governi mondiali con le relative minacce di impestare l'intera umanità non avevano prodotto i risultati sperati, almeno nei termini previsti. I falchi erano ritornati in azione tanto più che ormai si sapeva di avere il possesso del micidiale meccanismo.
Cannamozza fece cercare Roberto: «Eh! Che cazzo! Portatemi quello stronzo entro due ore, non posso parlare per telefono, ci può essere qualcuno che ascolta» ordinò perentorio ai suoi due guardia spalle. «Dovrebbe stare alla clinica, nei laboratori, a quest'ora dovrebbero aver finito di riprodurre quella maledetta apparecchiatura. Intanto cominciate a tenere pronti i ragazzi, per stasera voglio almeno una decina di belle mignotte disponibili. Non mi portate delle cose squallide che vi spacco il culo. Voglio le più appetitose che ci sono sulla piazza, quelle più ricercate. Via, datevi da fare!»
In capo ad un'ora Roberto si ritrovò nuovamente davanti a Cannamozza, era stato prelevato senza tante spiegazioni: «Allora?

Che vi prende a tutti, fatemi prima finire il lavoro, non sto fabbricando noccioline. Sono strumenti delicati, i tecnici devono osservare mille accortezze, non abbiamo un procedimento industriale, bisogna realizzarne uno per uno, tutto lavoro fatto con il microscopio...»

«Eh! Taglia corto» interviene Cannamozza, «non ti spericare in spiegazioni tecniche con me. Dimmi solo quanti ne hai pronti? Uno, dieci, cento, quanti? Non è più il tempo delle attese, si passa all'azione»

«Con calma» rispose Roberto, «non è così semplice, devono essere provati, verificare se funzionano, insomma ci vorrà ancora una settimana prima di poter pensare ad innestarli»

«Ma che ti sei impazzito! Ma tu mi vuoi vedere scuoiato?» Poi improvvisamente divenne terreo in volto, i suoi occhi sprizzavano scintille: «Senti, brutto stronzo, coglione che non sei altro, se entro le cinque di oggi pomeriggio non ci sono dieci fregnetti pronti giuro che di te non rimarrà un cazzo. Ti faccio a pezzi con le mie mani.» Poi rivolto ai suoi uomini: «Riportatelo da dove lo avete prelevato e non lo lasciatelo più per nessuna ragione. Vi voglio tutti qui pronti alle cinque. Filate, forza!» Roberto avrebbe voluto obiettare, far comprendere le sue ragioni, ma capì di non avere altre possibilità.

L'organizzazione gli aveva messo a disposizione tre bravi tecnici, in grado di lavorare su strumenti miniaturizzati, sebbene fosse risultato semplice clonare la micro - apparecchiatura, occorreva comunque del tempo per averli pronti e funzionanti. Le parti più complesse, come il dosatore controllato termicamente, erano state trafugate dalla clinica parigina insieme ai microscopici serbatoi già riempiti della terribile sostanza. Le altre parti erano state ricostruite. Si trattava ora di assemblare e soprattutto provare. Avrebbero rinunciato a questa seconda fase. Non garantiva il risultato, alcuni apparecchi non avrebbero funzionato con buona pace di Cannamozza.

Alle cinque del pomeriggio in punto ritornò da Cannamozza con la lieta notizia di ben otto micro - apparecchi già pronti per essere impiantati. «Fate preparare la sala operatoria della clinica, questa notte procederemo a tappe forzate, ho io la merce che

vi interessa, la migliore sul mercato. Dovranno fare scintille da domani in poi le mie belle puttanelle, le voglio veder con la fica arroventata. Inizieranno ad impestare Napoli, Roma e Palermo. Poi passeremo a Milano, Marsiglia, Zurigo, Francoforte, Parigi e Londra. Voglio proprio vedere se non si piegheranno. Gli ridurremo questo fottutissimo mondo in una landa deserta, voglio vedere quelle enormi facce di cazzo che ci governano morire lentamente sommersi dalla loro stessa merda»
«Calmati! Ti prego» Roberto cercò di interrompere il vaniloquio di Cannamozza.
«Ma tu chi credi di essere? Finita questa storia dovrò fare i conti con te, e ti assicuro che non sarà una cosa piacevole» parlò con un filo di voce. «Ora levati dalle palle e prepara tutto in modo che non ci siano contrattempi.»
Tutti i protettori erano stati avvertiti e così portarono le loro donne nei luoghi convenuti. Gli uomini di Cannamozza selezionarono ed esaminarono con cura da intenditore. Alla fine scelsero otto giovani ragazze che avrebbero potuto fare le sfilate di moda invece di battere i marciapiedi. A nessuna di loro venne rivelato cosa sarebbe accaduto a seguito dell'operazione, né quale sarebbe stato il meccanismo utilizzato. A tutte fu promessa una lauta ricompensa garantita da un generoso anticipo. Il sacrificio di sottoporsi ad un piccolo intervento ambulatoriale fu giudicato ben pagato.
Roberto entrò nella sala operatoria. Stavano già operando l'ottava ragazza, le altre erano state già tutte sistemate nelle camerette in attesa del risveglio dall'anestesia.
«Avete avuto qualche difficoltà?» domandò.
«No nessuna» risposero in coro il chirurgo e l'anestesista, l'infermiera era intenta a sterilizzare gli strumenti utilizzati. «Bene anche questa è finita» confermò il medico.
Roberto con calma tirò fuori una pistola Beretta con silenziatore, la puntò alla testa dell'anestesista e fece fuoco, poi senza soffermarsi a guardare fece fuoco nuovamente colpendo al viso il chirurgo e l'infermiera, che si era girata, soffocandole un grido nella gola. Gli schizzi di sangue e di sostanza cerebrale imbrattarono il pavimento e i muri. Gli uomini di Cannamozza avrebbe-

ro pensato a ripulire e a far sparire ogni traccia dei malcapitati.
L'operazione voluta dall'organizzazione per costringere i governi a cedere al ricatto cominciò a dare i suoi frutti qualche giorno dopo. Le prostitute vennero normalmente reinserite nel loro giro abituale, alcune furono inviate in trasferta a Roma e a Palermo.
Alberto Ciangola, contabile di una piccola azienda di elettrodomestici, stava viaggiando con la sua vettura verso Pomezia. Sulla strada vi erano giovani ragazze pronte a concedersi per pochi danari. Le guardava in maniera distratta, di sfuggita, non aveva intenzione di fermarsi. La paura dell'Aids aveva definitivamente gelato i suoi ardenti proponimenti. Arrestò la sua automobile al bivio per Ostia. Il semaforo era rosso. Fu in quel momento che vide una giovane ragazza che gli sorrideva ammiccante, era vestita di niente. Gli venne istintivo abbassare il finestrino e chiedere: «Hai bisogno di un passaggio?»
«Io vendo l'amore. Per te posso fare un prezzo speciale.»
Alberto Ciangola sembrò titubare, guardò meglio la ragazza, si convinse che non poteva essere malata di Aids, era troppo bella ed in salute, le sue curve erano prorompenti, i suoi denti smaglianti.
«Dove vorresti portarmi?»
«C'è un posto qui vicino, non preoccuparti non ci disturberà nessuno.»
Samantha, era il suo nome di battaglia, salì a bordo: «Quanto pensi che possa valere fare l'amore con me? Ecco quello che mi devi dare.»
Ciangola si sentì smarrire, la trasgressione stava diventando troppo preoccupante: «Non lo so» balbettò, «penso cinquanta, cento» disse tutto insieme, e senza attendere conferme tirò fuori una banconota.
Il semaforo era ridiventato verde, Samantha prese il danaro ed indicò la strada da percorrere. Si fermarono a ridosso di un capannone in fabbricazione, si spogliarono nudi. Ciangola fece appena in tempo ad assaporare le delizie di quell'amore furtivo che già terminava in preda ad una eccitazione frenetica. Eiaculò subito, ebbe appena il tempo di introdurlo nella fica della giovane prostituta.
In preda all'orgasmo non fece caso alla leggera puntura che avver-

tì sul glande. A malincuore si rivestì, riportò Samantha alla sua postazione, promettendo in cuor suo di tornare il giorno dopo.

Erano passate da poco le due del pomeriggio quando Alberto Ciangola cominciò ad avvertire i primi sintomi. Le ulcerazioni facevano male, le escrescenze tumorali stavano già devastando le pareti del suo membro. Chiamò terrorizzato il pronto soccorso, fu ricoverato al Santo Eugenio di Roma nel reparto infettivi. Non fu il solo ricovero della giornata. Quarantatré uomini furono contagiati e tutti si presentarono negli ospedali con gli stessi sintomi. Ventidue morirono nella nottata, gli altri versavano in condizioni gravissime. L'allarme si diffuse in poco tempo. Non fu più possibile tacere e tenere nascosti i drammatici avvenimenti delle ultime ore.

Il comitato di crisi

Il comitato di crisi allestito presso il Ministero della Sanità fu inondato di telefonate. Ognuno voleva sapere come comportarsi. Gli investigatori della polizia avevano ricevuto la soffiata che "merce avariata" era stata introdotta sui mercati della prostituzione, purtroppo sarebbe stato suicida porsi l'obiettivo di controllare tutte le prostitute in circolazione. Il comitato prese atto della nuova e drammatica situazione passando la palla direttamente al governo affinché prendesse una decisione.
Il Consiglio dei Ministri trovò sul proprio tavolo l'enormità del disastro che si stava producendo. Giornali e televisioni ancora non avevano diramato l'effettiva realtà dei fatti. C'era una sorta di premura professionale, avrebbero prima verificato le fonti delle informazioni che cominciavano a ricevere, per renderle di dominio pubblico. A tutti era fin troppo chiaro che una volta divulgate le notizie che cominciavano a scorrere sulle telescriventi, il panico si sarebbe impadronito della scena. Non ci sarebbe stato freno alla paura di essere contagiati.
Il Consiglio dei Ministri su sollecitazione di tutto il parlamento

e degli organi rappresentativi del paese decise di sottostare al ricatto. Venne predisposto un piano di rilascio dei carcerati contenuti negli elenchi, condizionato al ricevimento dei medicinali adatti a contrastare in maniera adeguata il male.
Il giorno dopo la ministra riuscì finalmente a rintracciare Wladimiro. Fu attivata una linea telefonica riservata che univa la gendarmeria di Parigi con il centro informativo del Ministero.
«Non ci lasciano più tempo, dobbiamo cominciare a preparare il rilascio dei detenuti, in cambio avremo l'antidoto. Siamo stati fiaccati dagli ultimi ricoveri. Sembra che non siano più solo persone che sono andate con le prostitute, ora cominciano ad essere infettati anche normali cittadini. Insomma, il processo ti è chiaro, è inutile che stia qui a riferirtelo. L'epidemia si diffonde a macchia d'olio»
«La prima partita di medicinali che riceverà deve essere assolutamente analizzata. Noi siamo già in possesso di un antidoto, quello preparato dal dottor Artois che ha già dato buoni risultati. Edo Ovale non era peggiorato dopo le prime applicazioni. Poi non abbiamo più potuto verificare. Intanto fatelo distribuire e somministratelo alle persone colpite. Qualcuna riusciremo a salvarla.» Wladimiro fece una pausa e poi riprese: «La decisione di cedere è stata già presa o ci sono ancora margini per la trattativa? Le indagini che stiamo portando a temine qui possono aprire spiragli molto promettenti. Non voglio anticipare nulla ma una traccia da seguire l'abbiamo» sottolineò l'affermazione, «e potrebbe portare a risultati insperati. Il magistrato Iervolo è d'accordo nel ritenere valide le supposizioni fatte. Ripartiamo oggi stesso per Roma»
«Che vuoi che ti dica caro Wladi! È stato doloroso anche per me accettare il diktat, ma sinceramente non avevo più argomenti per oppormi. Tutti i ministri nella riunione si sono pronunciati a favore, sia i deputati che i senatori, compresi quelli delle opposizioni. Non hanno fatto molto ostacolo alle decisioni del governo, e tu sai che in questi casi è come dare un lasciapassare. Mi sono ritrovata a fare delle obiezioni in piena solitudine, ho riferito dell'antidoto sperimentato con successo quando ormai il panico cominciava ad invadere i cervelli di tutti. Alcuni hanno rileva-

to il fatto che non a caso ero io donna a sollevare quei dubbi, ben sapendo che le donne, in linea teorica non corrono eccessivi pericoli. Sono aneddoti purtroppo, la realtà comincia a farsi pesante. I ricoverati in condizioni gravissime e senza più nessuna speranza sono ben superiori alle duecento unità. Negli ospedali c'è la rivolta dei medici e degli infermieri, nessuno vuole assistere queste persone. Vengono lasciati al loro destino senza cure e senza assistenza. La gente inizia a fuggire dalle città ed ancora non è stata diramata nessuna chiara informazione sull'argomento. Guardate i giornali di oggi non dicono nulla o quasi. Sono i soliti bene informati che si passano parola provocando una reazione a catena. Alcuni si stanno organizzando per isolare le città chiedendo l'intervento dell'esercito»
«Basta! Basta!» l'interruppe Wladimiro, «Vedrà che fra poco si organizzeranno delle squadre della morte che proveranno ad uccidere prostitute, omosessuali e chissà cos'altro. Piuttosto quanto tempo abbiamo prima che scatti il rilascio dei carcerati?»
«Non c'è molto ancora, stiamo aspettando l'elenco definitivo, e poi dovremo dar via all'operazione. Bisognerà trovare anche i fondi necessari, non è una cifra irrisoria. Ma cosa avete intenzione di fare? Posso avere una indicazione in tal senso?»
«Attenda un secondo.» Wladimiro si consultò rapidamente con il magistrato, poi riprese: «Non siamo nelle condizioni di poter tranquillamente discutere, le dirò tutto appena possibile. Ci risentiremo presto, spero solo di avere buone notizie.» Wladimiro guardò il magistrato, ora dovevano muoversi ed in fretta.
Recuperarono giornali italiani, quelli di maggiore tiratura ed esaminarono attentamente le notizie riportate. Non vi erano ancora articoli cubitali, solo articoli di cronaca nascosti nelle pagine interne, ma il contenuto era preoccupante. Riportavano strane morti avvenute negli ospedali di persone ricoverate per una malattia venerea non ancora catalogata. Si lasciava intendere che gli ambienti coinvolti erano limitati e circoscritti, interessava solo un particolare tipo di persone, sempre a rischio, che vivevano costantemente in bilico fra il lecito e l'illecito. Non riguardava certo il cittadino morigerato alle prese con la sua quotidianità già di per sé preoccupante e piena di insidie. Era comunque

pura coincidenza che tutte quelle morti si fossero verificate nello stesso momento, alcune non venivano collegate alla stessa causa. In altri articoli degli stessi giornali si avanzava l'ipotesi di una ripresa dell'iniziativa delle organizzazioni criminali dopo un periodo di relativa tranquillità. Forse stava venendo meno il controllo da parte delle forze dell'ordine? Era la retorica domanda che si ponevano gli opinionisti della cronaca. Wladimiro ed il magistrato sospesero la lettura dei giornali. L'investigatore francese Marc Leduc entrò nell'ufficio messo a disposizione dei due italiani con notizie allarmanti, portava un dispaccio della polizia di Marsiglia: «Questa mattina sono stati ricoverati due uomini, dall'apparente età di quaranta anni, con i sintomi del contagio. Uno di loro è deceduto, l'altro è in gravissime condizioni» disse con tono distaccato il francese, «è evidente che ormai ci troviamo davanti ad una azione concertata, quel che temevamo sta per succedere»

«Bisogna assolutamente ritrovare il dottor Artois. È fondamentale la sua testimonianza ed il suo contributo» intervenne Wladimiro. «Chissà che non sia la chiave per la risoluzione di questo pasticcio» precisò il magistrato.

«Che intenzioni avete?» domandò Leduc. «Sappiamo già che il vostro governo è intenzionato a cedere al ricatto delle organizzazioni mafiose. Il presidente Mitterand ha fatto sapere che non intende sottostare alle richieste dei malviventi. Qui non si riesce a valutare con esattezza la gravità della situazione, è fuori dubbio che dobbiamo lavorare di concerto. Siamo tutti convinti che la centrale operativa del ricatto è in Italia. A nostro avviso è lì che vanno fatti i maggiori sforzi investigativi.»

Wladimiro ed il magistrato non risposero, assentirono, poi rompendo il silenzio: «Ripartiamo oggi stesso, ma il dottor Artois deve essere rintracciato. È chiaro a tutti che quell'uomo è di enorme aiuto nel capire il meccanismo perverso che ha portato a questo insano flagello. Vi chiediamo ufficialmente l'apertura di un'inchiesta per chiarire il suo ruolo e quello dei suoi collaboratori nella vicenda. Inoltreremo, tramite le vie formali, la richiesta di sottoporlo ad interrogatorio sui fatti oggetto d'indagine.» Fu la volta di Leduc di assentire.

Primi effetti

I primi prigionieri liberati partirono con i loro miliardi per i posti più esotici e lontani dall'Italia.
Cannamozza era vivamente soddisfatto, solo a programma ultimato avrebbe rifilato ai suoi interlocutori l'antidoto richiesto. Ora doveva pensare allo sganciamento, rischiava di rimanere stritolato dal meccanismo. Liberati i carcerati, avviate le altre richieste a soluzione, non restava altro che sparire per un bel po' di tempo. Sarebbe dovuto scomparire nel nulla, non prima di avere fatto terra bruciata tutto intorno. Roberto non stava nella pelle, il successo del ricatto gli aveva dato alla testa. «Stai attento, non ti esporre troppo, sanno essere vendicativi. Cosa credi che non abbiano catalogato i nostri timbri di voce e la provenienza delle comunicazioni che abbiamo dovuto fare?» disse con voce tranquilla Cannamozza. «Devono avere messo in campo un esercito di investigatori che stanno setacciando tutti i mondi possibili della malavita per avere uno straccio di informazione su chi siamo. O forse già lo sanno. Ricordati che sarà più difficile per noi staccarci. I boss si sono nuovamente riuniti, mi hanno fatto dire

che sono soddisfatti dell'operazione, ma sono tremendamente incazzati per via della fuga dei nostri tre amici»
«Che amici, che fuga?» interruppe Roberto rabbuiandosi in volto.
«Quelli che avresti dovuto far finire in bocca ai pesci in mezzo al Mediterraneo. Invece sono uccelli di bosco, non solo, hanno anche liberato quel povero diavolo già condannato a sicura morte. Si sono perse le loro tracce a Palermo, pare che stiano utilizzando la stessa imbarcazione che li trasportava verso il loro ultimo viaggio. Beh! Questa non me l'aspettavo da te. Non capisco per quale motivo hai pensato di farli scomparire in quel modo, sarebbero bastati due colpi di pistola, erano a nostra completa disposizione. L'ordine è liquidarli al più presto senza esitazioni. Trovali! Fai quello che vuoi, o la bella riuscita del ricatto viene vanificata da questo inconveniente»
«Ma come hanno fatto? Vi erano sei uomini dei più esperti armati su quel battello, contro una donna ed un vecchio. Doveva essere la mossa più facile di tutta l'operazione. Continuo a non capire» disse Roberto, visibilmente sorpreso. «Ora dove li vado a pescare, bisognerebbe sapere dove sono diretti. Sono stati allertati i nostri uomini in Sicilia?»
«Ma che stai dicendo? Vuoi che non abbiano già messo in movimento tutti i disponibili? Ma è meglio se ti muovi. Prendi un elicottero sorvola quel tratto di mare, insomma datti da fare. Non restare imbambolato a guardare me»
«E l'elicottero dove lo vado a prendere?»
«Ma che ti sei rincoglionito? Ci sarà pure qualcuno che li affitta in questa puzzolente città. Guarda le pagine gialle, telefona a qualcuno, levati di mezzo» aggiunse dopo con tono di voce perfettamente identico. Roberto questa volta non rispose, iniziò la ricerca, pensando a dove potevano essere diretti quei tre maledetti rompipalle.

Gli amici ritrovati

Ovale si svegliò cullato dalle onde del mare. Capì subito di essere in una cabina di un'imbarcazione. Non aveva dolori, solo uno stimolo continuo ad orinare. Provò a muovere le braccia, gesticolò come un vigile urbano, soddisfatto provò a muovere le gambe, era debole, non riusciva ad alzarle completamente, però lievi spostamenti poteva ancora farli. Sorrise a se stesso, non era del tutto spacciato. Provò ad alzarsi dal letto per andare finalmente ad orinare, ma non riuscì nell'intento. Non osava toccare le parti maggiormente colpite dal male, era sicuro di trovare uno scempio. Si fece coraggio, allungò le mani ma dalla vita in giù fino alle gambe era completamente fasciato da bende e chissà cos'altro. Pensò di essere stato operato, lo avevano evirato tagliando di netto l'apparato genitale. Sarebbe stato un uomo impotente per il resto della sua vita. Il pensiero di questa sciagura lo rattristò profondamente, non avrebbe potuto più gioire con qualche giovane fanciulla, gli sarebbe rimasta una vita di contemplazione. Ripensò alla sua carnefice, Ilaria, si accorse di non nutrire sentimenti di odio nei suoi confronti, né tanto meno si riprometteva

propositi di vendetta. In quel mentre entrò un marinaio: «Ah! È sveglio! Meglio così, mi è stato detto di praticarvi un'altra iniezione al braccio»
«Mi puoi dire dove sono. Pensavo di essere in un ospedale»
«Siamo in mare, diretti a Napoli, il Capitano ha deciso di mettere fine a questa storia»
«Quale storia? Di quale Capitano parli?» Ovale sentì la porta aprirsi di nuovo e vide i suoi due amici di sventura.
«Finalmente ci rivediamo» disse il Capitano. «Stai meglio ora, però è necessario ricoverarti ancora in un ospedale. Bisogna tenere costantemente sotto controllo quelle maledette ulcerazioni. Hai bisogno di analisi accurate. Non so se sei ancora contagioso, credo di no, altrimenti ci avresti uccisi tutti. Però è necessario una stretta sorveglianza sul decorso della malattia.»
Ovale guardò Ilaria, la vedeva per la prima volta da quella notte, non disse una parola, continuò a guardarla fino a che lei uscì precipitosamente dalla cabina. Il Capitano ignorò tutto e continuò a parlare: «Ti abbiamo dovuto fasciare come un bebè per via delle ferite...»
«Dimmi una cosa, c'è ancora?» Ovale aspettava ansioso la risposta.
Il Capitano sorrise: «Stai tranquillo, per esserci c'è, devi guarire prima, adesso è ridotto veramente male, metteresti paura persino a tua madre. A Napoli ci sono diversi ospedali, sceglieremo il migliore, vedrai che ti rimetteranno a nuovo. Te lo rifaranno come quello di un ragazzo.»
Ovale si sentì sollevato, aveva pensato al peggio, non gli sarebbe stato facile accettare la sua menomazione. Avrebbe preferito farsi amputare un braccio: «Ma come mai stiamo andando a Napoli? Mi dovrai raccontare un bel po' di cose, ho dei vuoti di memoria paurosi. Ricordo solo il ricovero nell'ospedale di Cagliari»
«Tranquillo avremo tempo, ora preparati per l'endovenosa, senza queste punture saresti già spacciato.» Ovale allungò il braccio, il marinaio strinse il laccio emostatico e con perizia guidò l'ago nella vena. Ovale avvertì un calore che si diffondeva in tutto il corpo, dopo qualche secondo le palpebre divennero pesanti e si addormentò nuovamente.

Capovolgimento di fronte

«Pronto, pronto, sono ugola d'oro, fatemi parlare con il tenente, ho una cosa importante da dire.» Qualcuno si mosse rapidamente, venne azionato il congegno elettronico per la registrazione della telefonata.
«Sì, sono io, avanti ugola non farmi perdere tempo, che mi devi dire?»
«Ehi piano, le notizie che ho valgono qualche soldone, posso darvi una dritta da capogiro, ti faranno generale, caro il mio tenente!»
«Al solito, c'è stata forse una volta che non ti abbiamo dato quello che ti spettava? Abbiamo sempre pagato ed in più non disturbiamo molto il tuo piccolo traffico di sigarette. Che altro vuoi? Dai comincia. Innanzitutto di che stiamo parlando?»
«No, aspetta, questa volta voglio qualcosa di più, guarda sono così bravo che lascio a te giudicare quanto. Sono sicuro che dopo che ti avrò detto le novità di cui sono a conoscenza qualcuno lì da voi si ubriacherà alla mia salute»
«Madonna ci risiamo, ogni volta mi dice le stesse cose. Hai la

mia parola, se sono interessanti come dici ti pagherò il doppio del pattuito. Dai ora, non tenermi sulle spine»
«Bene, bene. C'è una clinica a Napoli, dove passano i boss a farsi risistemare in assoluta tranquillità. La clinica in questo periodo è chiusa a tutti, i medici e gli infermieri da giorni non accettano più nessuno. Tre giorni fa hanno fatto un'infornata di puttane, le più belle che c'erano sul mercato. Io se fossi in te andrei a fare una visitina sul posto, chissà, da cosa nasce cosa e va a capire dove si finisce»
«Ma che vuoi che me ne frega di un casino. C'ho altri cazzi per la testa, fra poco scoppia il mondo e tu mi parli di un gruppo di goderecci che si fanno spompinare da qualche sgualdrinella in una clinica di lusso. Questa notizia non vale una lira, mi meraviglio di te.»
Ugola d'oro non si perse d'animo era abituato alle sfuriate del tenente di polizia Luciano Tarantola e continuò imperterrito: «Ma allora non vuoi capire! Non si parla di clinica del sesso, c'è qualcos'altro, di molto più importante e grave. Insomma vai a fare una perquisizione e poi mi saprai dire. Ti presento il conto dopo, a cose fatte. Vacci corazzato, il gioco è pericoloso.»
Il tenente rimase pensieroso, poteva essere una informazione veramente importante. Informò con sollecitudine il capo della polizia di Napoli. Subito dopo inviarono la cassetta con la registrazione della telefonata al centro di crisi del Ministero degli Interni. Wladimiro Pergolati ed il magistrato erano di nuovo al centro operativo del Ministero della Sanità. Stavano per partire per Napoli quando un solerte impiegato consegnò loro un telex riservato ed urgente. Si richiedeva un'autorizzazione alla perquisizione di una clinica e veniva riportata per intero la conversazione telefonica tra il tenente Luciano Tarantola ed una persona sconosciuta. Wladimiro rimase perplesso, continuava a rileggere quel foglio di carta, poi lo passò al magistrato: «Diamo subito l'autorizzazione, potrebbe comunque essere utile capire cosa fanno con quel traffico di prostitute.» Il magistrato rimase silenzioso poi alla fine aggiunse: «Potrebbe anche essere la nostra stramaledetta centrale. E se così fosse...» Lasciò in sospeso il pensiero, chiamò il suo ufficio per il rilascio dell'autorizzazione

alla perquisizione. Subito dopo si mise in contatto con il capo della polizia di Napoli, l'operazione doveva essere fatta con la massima urgenza e dispiegando tutte le forze disponibili, nessuno doveva lasciare la clinica prima del loro arrivo. Avrebbe interrogato personalmente le persone che sarebbero state fermate. Due automobili erano in attesa della loro partenza.
Cannamozza avrebbe voluto cambiare luogo di permanenza, qualcosa gli diceva che stavano abusando della buona fortuna. Ancora non erano riusciti ad individuare una base coperta ed accogliente come la clinica. A scanso di equivoci aveva deciso per la sera di trasferirsi nella casa di via Volturno. Ridiscese a pianterreno, attese il suo autista e partirono. Un agente in borghese, mentre superavano il cancello, annotò su di un taccuino il numero della targa della vettura e le persone a bordo, comunicandoli subito dopo alla centrale operativa. Non era ancora trascorsa un'ora quando venti volanti della polizia circondarono l'intera zona bloccando ogni accesso alla clinica. Sei agenti delle squadre speciali si presentarono alla reception, mostrarono i loro documenti ad uno spaurito portiere e chiesero di parlare con il responsabile. Intanto due blindati si fermarono davanti l'ingresso, il tenente Luciano Tarantola guidò il secondo gruppo di poliziotti prendendo possesso dell'intero edificio. Non ci fu resistenza da parte di nessuno degli inservienti. Infermieri e medici si dichiaravano stupiti di quella strana intrusione. Il direttore sanitario pregò i responsabili delle forze dell'ordine di non disturbare i pazienti, alcuni avevano subito operazioni chirurgiche nella stessa mattinata. La perquisizione andò avanti per più di un'ora senza dare nessun esito. Tutto il personale venne sottoposto al controllo dei documenti. Luciano Tarantola non sembrava convinto. Girava da un reparto all'altro, per lo più vi era gente che aveva subito operazioni di poco conto, appendiciti, tonsille, alcuni erano ricoverati in day hospital per accertamenti ed analisi. La caratteristica di questi pazienti era la giovane età. Non vi erano persone anziane, l'età massima non superava i trent'anni. Di prostitute nemmeno l'ombra, il suo informatore aveva preso un abbaglio incredibile. Finalmente arrivarono Wladimiro ed il magistrato.

Chiesero un incontro con il personale medico. I dottori e gli infermieri vennero radunati in un salone al pianterreno dell'edificio, il magistrato non perse tempo in convenevoli: «Sappiamo per certo che avete ricoverato un numero consistente di prostitute, vorremmo avere le cartelle cliniche per verificare che tipo d'intervento o controlli sono stati praticati alle signore.»
Il direttore sanitario sembrò cadere dalle nuvole: «Non abbiamo avuto questo tipo di pazienti negli ultimi tempi, anzi, per il buon nome della nostra clinica, stiamo attenti ai nostri clienti. Cerchiamo per quanto possibile di selezionarli, le rette giornaliere sono quelle di un albergo di lusso, se poi aggiungiamo le prestazioni mediche, difficilmente la clinica può essere frequentata da persone che non hanno redditi elevati.»
Il magistrato si rivolse agli altri medici presenti: «Nessuno di voi è al corrente di queste strane frequentazioni? Rispondete uno alla volta.» Ottenne un coro di risposte negative.
Luciano Tarantola entrò in quel momento con la pistola in pugno, seguito da due poliziotti con le mitragliette: «Signori» disse rivolto al magistrato e a Wladimiro, «prego seguitemi voglio mostrarvi qualcosa di interessante. Nell'obitorio dentro alcune celle frigorifere abbiamo trovato i cadaveri di due uomini ed una donna morti, colpiti da proiettili sparati da distanza ravvicinata. Mi sono già informato presso la centrale, non risulta nessuna segnalazione a riguardo.»
I presenti si scambiarono strane occhiate: «Non sappiamo nulla di questi cadaveri, devono averli appena portati» provò a dire il direttore sanitario.
«Non dica stupidaggini» tagliò corto il magistrato, «e venga con noi.» Poi rivolto agli agenti: «Tenete d'occhio i presenti sono tutti in stato d'arresto per occultamento di cadaveri.»
Stavano per uscire dalla sala, quando udirono distintamente il crepitare delle armi, colpi venivano sparati da tutte le parti.
«Gettatevi per terra!» urlò il tenente. «E voi fermi dove siete!» Poi prese la sua radio portatile: «Che cazzo sta succedendo lì fuori, rispondete! Chiudo.»
La risposta non si fece attendere: «I pazienti ci hanno attaccato, avevano armi nascoste dentro i letti, sparano da tutte le parti.

Due dei nostri sono caduti, siamo asserragliati nella reception, bisogna chiedere rinforzi alla centrale. Stanno cercando di aprirsi un varco per uscire fuori. Chiudo!»
«Vi raggiungo, tenete duro.»
Il crepitare delle armi si fece più intenso, Luciano Tarantola strusciò oltre la porta e scomparve alla vista di Wladimiro. Intanto i due poliziotti si erano posti ai lati della sala così da avere sotto controllo tutti i presenti. Il magistrato tirò fuori dalla fondina una pistola: «Non sei armato» disse, «bene rimani vicino a me.»
Il tenente riuscì a portarsi a ridosso del bancone centrale della reception, gli spari provenivano dal primo piano e lungo le scale. Uno dei suoi uomini era rimasto ferito e stava disteso sul pavimento: «Non si preoccupi per me, non è cosa grave, mi hanno colpito alla gamba, stia attento sono proprio dietro quell'angolo, controllano le scale»
«I nostri dove sono?»
«Due sono rimasti feriti nel primo assalto. Siamo stati colti di sorpresa. Chi poteva immaginare che i malati erano armati e pronti a fare fuoco? Gli altri sono dispersi, ognuno ha cercato un riparo»
«Hai dei lacrimogeni con te?»
«Sì stanno nello zaino, vicino a quel tavolo, c'è anche il lanciarazzi.» Il tenente si tuffò a ridosso del tavolo prese lo zaino e velocemente ritornò al punto di partenza. Caricò il fucile, si avvicinò all'angolo che dava sulle scale e sparò il primo lacrimogeno. Ricaricò e sparò ancora. Già sentiva tossire e bestemmiare, indossò la maschera ed attese. Il fumo stava invadendo tutto lo spazio. Prese la radio: «Pronto, pronto, mi sentite? Rispondete»
«La sento, l'aria qui è irrespirabile, che dobbiamo fare?»
«Cercate di rimanere coperti ora provo a farli muovere. Perché non sono ancora intervenuti da fuori? Nel cortile dovrebbero esserci una ventina di uomini»
«I banditi hanno in mano due dei nostri, non sanno la dislocazione, potrebbero colpirci.»
Il tenente caricò nuovamente il suo fucile e sparò un altro lacrimogeno. L'aria ora era irrespirabile, nessuno senza maschera poteva resistere. Non gli restava che attendere, i topi dovevano

abbandonare la loro tana. Sentì un tramestio insolito, colpi di mitraglietta sventagliati da tutte le parti, si addossò ancora di più al muro, impugnò la pistola ed attese. Li vide venire giù a precipizio dalle scale sparando alla rinfusa. Ebbe il tempo di poggiare il ginocchio per terra e di puntare con precisione l'arma. Sparò a ripetizione abbattendo i primi sprovveduti banditi. Altri risalirono precipitosamente le scale e cercarono di gettarsi dalle finestre. Ma i poliziotti, appostati nel cortile, ebbero buon gioco, ferendo ed uccidendo, prima ancora che toccassero terra, tutti quelli che provarono a saltare. I restanti banditi, visto ormai vano ogni tentativo di mettersi al sicuro, si arresero rilasciando gli ostaggi.
Si concluse così la perquisizione alla clinica, i morti rimasti sul terreno erano otto, e tredici i feriti.
Wladimiro ed il magistrato furono raggiunti dal tenente: «Si sono arresi tutti, è stata una vera battaglia.» L'aria era ancora impregnata di gas lacrimogeni, gli occhi dei presenti nella sala delle riunioni erano tutti arrossati, qualcuno tossiva, qualcun altro provava a premersi un fazzoletto sul viso, con scarsissimi risultati.
Wladimiro era visibilmente soddisfatto, quello che era accaduto poteva significare una svolta nelle indagini. Non restava che far parlare i banditi catturati. Forse potevano ancora arrestare l'epidemia.

Il capitano e Cannamozza

Il Capitano era visibilmente stanco. Se il viaggio fosse durato ancora qualche ora, non avrebbe avuto più nessuna energia per controllare i sei uomini dell'equipaggio. La sua mente cercava una via di scampo, non riusciva più a modificare i pensieri dei marinai che si stava tirando dietro. Ebbe un gesto di gioia alla vista del golfo di Napoli. Finalmente arrivavano in porto, avrebbe potuto rilassarsi una volta abbandonata la nave al suo destino.
Un elicottero li stava seguendo da un po' di tempo. Volava ad una distanza di sicurezza, ma come si allontanavano, compiva un'intera giravolta per riportarsi a ridosso dell'imbarcazione. Ilaria, continuava a rimanere silenziosa e pensierosa. Da quando aveva lasciato la cabina di Ovale, un unico pensiero persisteva nella sua testa: come avrebbe potuto farsi perdonare dall'uomo a cui aveva fatto un male terribile, forse compromettendo la sua esistenza.
Guadagnarono il porto. L'acqua era ancora più sporca di quello che si potesse immaginare. Galleggiava di tutto, dalle buste di

plastica, ai rifiuti di spazzatura, arrivati lì chissà in quale modo. Il Capitano vide persino un barile di legno. Avviluppava tutto una lucida patina di olio dai riflessi violacei, bluastri. Sicuramente avrebbe fatto la sua bella figura la carogna di qualche animale e dei pesci morti. Navigarono in mezzo a questo putridume ed alla fine attraccarono ad un molo non molto distante da dove erano partiti il giorno prima. Il Capitano ebbe il suo ultimo bel da fare. Ordinò alla ciurma di riprendere il largo lungo la stessa direzione, dopo aver trasportato Ovale in un'autoambulanza diretta all'ospedale Cardarelli di Napoli. L'elicottero volteggiò pigramente ancora per qualche tempo nella stessa zona, poi all'improvviso scomparve.
Il Capitano ed Ilaria parlarono a lungo con i due dottori dell'autoambulanza, chiarirono le condizioni del malato ma riuscirono solo a creare una notevole agitazione. I sanitari non si sentivano ben protetti contro il possibile contagio della malattia e solo dopo un'estenuante trattativa si decisero a trasportarlo all'ospedale.
L'obiettivo del Capitano era ormai uno solo, ricercare Cannamozza. Lo avrebbe costretto a raccontare tutto quello che sapeva. Sarebbe stato il suo lasciapassare.
Lasciarono il porto a bordo di un taxi e si diressero verso la clinica. Arrivati nella zona furono fermati da un posto di blocco della polizia. Tutta la zona era sotto sorveglianza nessuno poteva accedere. «Ma che è successo?» chiese il tassista.
«Circolare! Via! Circolare! Non si può passare, deve tornare indietro, ci sono stati degli incidenti.» Il poliziotto non attese altre domande e continuò a sbracciarsi per costringere le altre vetture ad invertire la marcia. Il Capitano cambiò subito idea ed ordinò al tassista di condurli a via Volturno numero due.
Cannamozza era stato avvertito del blitz della polizia. I suoi uomini prima di arrendersi avevano avuto il tempo di telefonare. Ora era intento a fare i preparativi per mettersi al sicuro. Avrebbe dovuto lasciare Napoli al più presto, l'aria era diventata irrespirabile. Nei suoi piani era previsto anche questo. Non lo avevano certo colto di sorpresa, solo sperava di avere più tempo. Questa volta la solerzia degli investigatori della polizia lo aveva meravigliato, o forse più probabilmente qualcuno aveva spifferato tutto.

Doveva pensare ad altro, porsi in salvo ed al più presto senza lasciare traccia del suo passaggio.
Qualcuno suonò al campanello, ebbe un tonfo al cuore erano già arrivati a lui, possibile? Ordinò perentorio al suo uomo di aprire la porta ma di non lasciare entrare nessuno.
«Salve!» si sentì dire. Si girò di scatto puntando la pistola in direzione della voce. «Stia calmo e non le succederà nulla» disse il Capitano. «Siamo qui di nuovo per fare una chiacchierata tra amici, tra vecchi amici» sottolineò.
«Ma io ti sparo in bocca a te e alla troietta che ti porti dietro, vecchio stronzo allampanato!» Poi rivolto al suo autista: «E tu! Che cazzo, perché li hai fatti entrare? Rispondi, coglione!»
«Non sia irascibile» continuò calmo il Capitano, «ora ci sediamo e ci raccontiamo un po' di storie, intanto metti via il cannone, potresti farti male, fra poco, se non stai attento, comincerà a bruciare.»
Cannamozza sentì la pistola pesantissima, come se avesse avuto tra le mani un cubo di piombo. Poi avvertì una sensazione di calore che si andava intensificando. Lasciò cadere l'arma inorridito: «Porca di una troia, che cazzo succede qui! Vecchio vaso di merda che sortilegio è mai questo? Vuoi farmi diventare pazzo?»
Poi nuovamente rivolto al suo uomo: «E tu!» chiese meravigliato, «Fai qualcosa, muoviti, sparagli!»
«Lascia stare» consigliò il Capitano, «non ti ascolterà. Voglio che tu mi dica tutto quello che sai a proposito del ricatto mondiale. Voglio i nomi di tutte le prostitute contagiate che avete messo in azione. Voglio i nomi dei tuoi capi e sapere dove si trovano. Tu mi dirai tutto con calma, poi telefoneremo alla polizia.»
Cannamozza, come svuotato della sua energia, si accasciò su di una sedia e cominciò a parlare senza più freni.
La questura pullulava di gente, il traffico era indescrivibile. Il cortile interno non riusciva più a contenere le automobili di servizio che trasportavano i banditi catturati nella clinica.
Wladimiro ed il magistrato, assistiti dal tenente, avevano iniziato gli interrogatori. Non era così semplice come avevano immaginato. Per lo più si trovarono davanti persone all'oscuro dei particolari del piano ed altri che pur sapendo non avrebbero mai parlato.

«Tenente! Tenente! Desiderano parlare con lei. È qualcosa di importante.» Entrò trafelato un sergente con un telefono portatile in mano.
«Sì pronto? Ah! Veniamo subito! Dove? Via Volturno due.»
Riconsegnò il telefonino: «Voglio almeno quattro volanti a via Volturno due» disse al sergente, «subito, immediatamente.» Poi rivolto al magistrato: «C'è qualcuno che ci consegna il capo di questo gruppo di stronzi con l'indicazione di tutte le zone dove stanno operando le seminatrici di epidemia. Muoviamoci. Questa giornata non finisce di meravigliarci» aggiunse, felice di poterlo dire.
Roberto non era nato per fare l'eroe. Aveva capito che qualcosa era andato storto. Non riusciva più a collegarsi con i suoi uomini alla clinica. Aveva provato a più riprese, ma alla fine capì che i suoi tentativi erano destinati a fallire. Nonostante tutto era stato fortunato, aveva finalmente ritrovato l'imbarcazione proprio mentre stava entrando nel golfo. Fece in modo di seguirla e mentre si avvicinava, ordinò al conducente dell'elicottero di sorvolare la zona della clinica, tanto per dare un'occhiata dall'alto. Lo spettacolo che si presentò ai suoi occhi gli fece capire cosa era successo. La zona pullulava di poliziotti, volanti della polizia si muovevano ovunque. Qualcosa non aveva funzionato non gli restava che far perdere le sue tracce.
Wladimiro ebbe modo di conoscere il Capitano ed Ilaria: «Vi consiglio di raccogliere subito le dichiarazioni di questo signore e di farlo firmare. Più tardi cercherà di smentire tutto, non credetegli. I nomi dei suoi collegamenti con Palermo, per me sono degli sconosciuti, ma per voi saranno di enorme importanza. Inoltre ha parlato di collegamenti internazionali, devono avere agenti sparsi per tutta Europa, Marsiglia, Francoforte, Londra, Parigi, Zurigo. Ma la cosa più interessante credo che siano le destinazioni dei boss liberati dalle carceri italiane»
«Ma lei chi è?» provò a chiedere il magistrato. «Come ha fatto a scovare questo personaggio? Qual è il suo ruolo in questa storia? Cerchi di essere convincente, poiché se è vero che ci sta rendendo un favore inestimabile, è altrettanto vero che non possiamo tralasciare di capire la vostra posizione»

«Bene» si ritrovò a dire rassegnato il Capitano, «armatevi di pazienza, ora vi racconterò tutto»
«Siamo tutto orecchie!» disse Wladimiro soddisfatto.
Il Capitano Curiel non nascose nulla, il suo racconto fu preciso e circostanziato. Ilaria, seduta accanto a lui, annuiva ai vari passaggi, confermava senza esitazione le interpretazioni sugli accadimenti e sul ruolo dei vari personaggi. Tralasciò ogni riferimento ai suoi particolari poteri, ininfluente rispetto alle indagini, tralasciò le modalità del contagio di Ovale.
Wladimiro rimase sconcertato. Il racconto del Capitano, circostanziato e pieno di particolari, aveva finalmente svelato lo strano operare del dottor Artois. Riusciva finalmente a ricostruire le sue mosse in quello strano mosaico, ma difficilmente avrebbero potuto raccogliere prove per una incriminazione. Nessuno mai avrebbe potuto accertare l'origine del ricatto. Chi aveva consegnato alla criminalità organizzata lo strumento per il ricatto internazionale? Aveva cercato di ostacolare i banditi o li aveva assecondati? Perché dare una caccia così spietata ai tre, se non avesse avuto come obiettivo l'ostacolare le azioni dei criminali? Ed allora! Tutto tornava in alto mare, non avrebbe mai saputo la verità. Solo il dottor Artois in persona avrebbe potuto svelare ogni arcano della strana vicenda. Bisognava accontentarsi dei risultati ottenuti. La sconfitta dei criminali, la fine del ricatto, la possibilità di debellare una malattia che incuteva orrore. Era una fine onorevole, pensò che potevano anche accontentarsi.

Prima conclusione

Le storie che terminano con una verità rivelata dalla "a" alla "zeta" non rappresentano la realtà. Sono finzioni, fumetti, canovacci per la sceneggiatura di un film. Wladimiro ripensava all'enormità dei misteri che circondavano a distanza di anni stragi ed attentati di un'Italia quanto mai provata. In quelle mostruose ragnatele, l'opera degli investigatori e della solerzia di chi mai si rassegna, aveva prodotto dei buchi, squarci. Attraverso di essi si intravedeva una possibile verità, una seppur minima interpretazione. Alcuni responsabili erano stati messi al sicuro, ma per il resto rimaneva tutto ovattato in una inestricabile palude, quanto mai impervia. Chi aveva ordinato la strage di piazza Fontana? E la strage dell'Italicus, e quella di Bologna? Chi aveva abbattuto il DC9 nei pressi di Ustica? Avrebbe potuto allungare l'elenco con un'altra infinità di casi rimasti parzialmente irrisolti. Solo piccole verità, solo frammenti, frammenti inconciliabili alcune volte. Troppo grandi gli interessi che agivano dietro i mandanti di questi efferati delitti? Dietrologia della dietrologia, logica dell'impurità, filosofia delle apparenze, speculazioni socio - politiche,

tutte formule per nascondere una sana ed inguaribile incapacità a trovare il bandolo di una matassa aggrovigliata. Si era riusciti a districare piccoli segmenti di quel filo, senza sapere se si fosse a capo o in coda. Perché meravigliarsi che il ricatto internazionale, portato avanti da una banda di criminali, nascondeva alcune verità che avrebbero reso compiuto il disegno? Potevano accontentarsi? La "bomba cazzo" era stata preparata per l'ineffabile Kamel, o era solo una prova generale, con una vittima non esente da colpe? I due avventurieri, la piccola prostituta ed il magnaccia suo compare, ora alle prese con la sua tragica esistenza, erano stati messi a conoscenza dello scempio che avrebbero voluto compiere, o erano solo ignari della potenzialità dei loro gesti? E l'imperscrutabile personaggio che aveva costretto a parlare uno dei più noti e ricercati boss della malavita, era entrato in maniera così oscenamente casuale nelle vicende? Da dove traeva la sua energia, la sua potenza? Quale mistero celava?
Troppe domande a cui non valeva la pena dare una risposta. Avrebbero rispettato i patti, il Capitano Curiel, la signorina Cucirini Ilaria ed il povero disgraziato Edo Ovale erano liberi di fare e di andare dove avessero voluto o ritenuto opportuno. La polizia avrebbe pensato ad una loro discreta protezione e, aggiungeva Wladimiro, controllo.
Telefonò soddisfatto alla sua ministra, ma lo attendeva una sorpresa, incredibile sorpresa: «...come hai detto che si chiama questo strano personaggio? Ripetimelo.» La sua voce tradiva un'emozione mai avvertita prima da Wladimiro in nessun'altra occasione. La ministra sembrava in preda ad una eccitazione incontrollabile: «Ripetimelo, descrivilo... Oddio! Oddio! Non può essere, dimmi che non può essere...»

Seconda conclusione

Avevo finito di leggere il taccuino che mi era stato dato da Ortega. Come in tutte le storie la fine mi sembrò approssimata. Forse avrei dovuto parlarne con il Venerabile, chissà! La sua capacità di analisi sarebbe stata sicuramente più profonda della mia.
Questa volta mi bastò evocarlo, evento straordinario, era già lì seduto sul mio letto, avvolto nella sua tunica bianca, la testa fra le mani: «Cosa vorresti analizzare di grazia? La veridicità dello scritto? La capacità di creare attenzione? Le interconnessioni logiche? Quale di queste domande vorresti porre? Attento, però, nel rivelarti la verità, che io conosco, ti priverò di una enorme facoltà. Il tuo giudizio sarà fortemente influenzato. Ne vale la pena? Non sono questi fatti che cambiano il mondo. Lasciamo la fantasia di ognuno libera da pregiudizi, assumiti la responsabilità di credere o non credere. Il mondo ha superato un pericolo? Non l'ha superato? È ancora preda di chissà quale macchinazione ai danni dell'umanità? Ma non è sempre stato così? Da quel che ricordo, partendo dalla notte dei tempi, l'uomo e la natura, a cicli continui, hanno sempre creato i presupposti per la distruzione totale, per

l'annientamento definitivo delle forme di vita più intelligenti. Ma come per incanto, si è sempre trovata la strada per superare gli ostacoli. Il futuro che cosa potrà riservarci? Lo vorresti sapere?»
Cercai di annuire. Mi sarebbe piaciuto conoscere il futuro del mondo, ma anche il mio, certo che mi sarebbe piaciuto, ma presagivo un tranello.
«Allora lo vorresti sapere? Ne ero sicuro. Bene, allora preparati ad ascoltare a lungo. Avrai questo ultimo dono, ma subito dopo dovrò scomparire dalla tua vita, non potremo più incontrarci. Sarò anch'io una tua rivelazione. Rifletti un attimo prima di dare una risposta. E ricordati che non sono il genio della lampada, non esaudisco i desideri, aiuto a ragionare.»
Non avevo bisogno di riflettere, volevo sapere, volevo sapere tutto quello che sarebbe successo fra qualche anno. E la mia vita? Pure quella, perché no?
«Sono pronto ad ascoltare» dissi senza nessuna preoccupazione, «dai dimmi tutto, fammi sapere subito.»
Il Venerabile si alzò dal letto e cominciò a passeggiare per la stanza, si soffermava ogni tanto, mi guardava di sottecchi, e sempre in silenzio continuava il suo girovagare inconcludente. Finalmente iniziò a parlare e parlò lungamente, senza mai fermarsi. Descrisse i fatti del mondo nel loro divenire, travalicò i secoli, arrivò alla fine, che fine non era. Superò le attuali forme di vita e proiettò il suo pensiero in un futuro così lontano ed irraggiungibile da risultare fortemente incomprensibile. Poi tacque: «Ecco vedi!» disse interrompendo la pausa, «Ora sai, ma dovrebbe rimanerti un dubbio, il futuro che ho descritto è statico, chi lo conosce lo può modificare. È ancora valida la teoria che un battito d'ali di una farfalla, causato da un incauto viaggiatore nel tempo, qualche milione di anni fa potrebbe aver provocato chissà quali immani tragedie nel presente. Ora tu sei come quel viaggiatore nel tempo, con una piccola grande differenza, le tue azioni modificheranno tutto, nulla di quello che ho descritto potrà restare così come ti ho rivelato, a meno che...»
Lo sapevo, dovevo immaginarlo, c'era il trucco. Chissà cosa nascondeva quel "a meno che" buttato lì per adescare gli ingenui. Conoscevo il futuro? Forse sì, chissà?

«...ed allora, dai continua, a meno che? Che cosa? Che altro devo fare?»
«Calma! Calma figliuolo! Capisco la tua impazienza, ma la calma, in questi casi è fondamentale. I fatti di quel tuo quadernetto ora rivestono un'importanza decisamente secondaria, ne convieni?» Non avevo bisogno di risposte: «Tu sei depositario ora di un sapere che travalica i comuni mortali. Persino quel tuo vecchio Capitano impallidirebbe rispetto alla tua conoscenza dei fatti del mondo. Ma c'è una condizione, dettata da una regola fisica, il prodursi delle tue azioni. Conoscendo il divenire dei fatti del mondo, con il solo tuo agire quotidiano potrai modificare tutto e nulla sarà più identico a quello che io ho descritto. C'è un solo modo per ovviare a questo infausto inconveniente»
«Dai forza dimmelo!» Fremevo quasi per saperlo.
«Bene, e sia, eccoti servito: tu dovrai scomparire e per sempre, questo è il solo modo per salvaguardare il futuro così come si presenterà.»
Rimasi di pietra, ero stato nuovamente raggirato. Il Venerabile con la sua aria scanzonata mi aveva teso un tranello. Non avevo perso tempo a caderci. Mi serviva da lezione.

stampato presso DIGITAL TEAM - Fano